耶鲁—复旦国际福克斯基金项目“WTO 体制下的国际贸易行政法”
研究成果，项目编号：(04) 纽教（文）证字 960
复旦大学美国研究中心“985 工程”国家哲学社会科学创新基地重点项
目“美国知识产权法律制度”研究成果，项目编号：07FCZDO26

中美知识产权行政法律保护制度比较

——捷康公司主动参加美国 337 行政程序案

主　　编　朱淑娣
副 主 编　安立军
执行主编　袁　勇
顾　　问　董世忠
　　　　　丁育生

知识产权出版社
全国百佳图书出版单位

责任编辑：刘　睿　蔡敏敏　　　　责任校对：韩秀天
文字编辑：刘　睿　蔡敏敏　　　　责任出版：卢运霞

图书在版编目（CIP）数据

中美知识产权行政法律保护制度比较：捷康公司主动参加美国 337 行政程序案／朱淑娣主编．—北京：知识产权出版社，2012.6

ISBN 978－7－5130－1245－4

Ⅰ.①中…　Ⅱ.①朱…　Ⅲ.①知识产权－保护－对比研究－中国、美国　Ⅳ.①D923.404②D971.23

中国版本图书馆 CIP 数据核字（2012）第 064138 号

中美知识产权行政法律保护制度比较
Zhongmei Zhishichanquan Xingzhengfalü Baohuzhidu Bijiao
——捷康公司主动参加美国 337 行政程序案
朱淑娣　主编

出版发行：知识产权出版社

社　址：北京市海淀区马甸南村 1 号	邮　编：100088
网　址：http://www.ipph.cn	邮　箱：bjb@cnipr.com
发行电话：010－82000860 转 8101/8102	传　真：010－82005070/82000893
责编电话：010－82000860 转 8113	责编邮箱：liurui@cnipr.com
印　刷：北京雁林吉兆印刷有限公司	经　销：新华书店及相关销售网点
开　本：720mm×960mm　1/16	印　张：28
版　次：2012 年 6 月第一版	印　次：2012 年 6 月第二次印刷
字　数：424 千字	定　价：56.00 元

ISBN 978－7－5130－1245－4/D·1460(4123)

序者与编者简介

崇泉：北京对外贸易学院英语专业毕业，大学文化，经济师。1978 年 2 月至 1980 年 4 月在外贸部政治部、国际局工作。2003 年 9 月至 2006 年 9 月任商务部办公厅主任（2003 年 11 月任商务部新闻发言人兼商务部新闻办公室主任）。2006 年 9 月至 2010 年 7 月任商务部部长助理、党组成员。2010 年 7 月起任商务部国际贸易谈判副代表（副部长级）、党组成员，分管条法司、产业调查局、外贸发展局、纺织商会、企业协会、货代协会。

董世忠：1958 年毕业于华东政法学院，1981 年获得瑞士日内瓦国际研究院硕士学位，曾任复旦大学法律系主任、美国哈佛大学客座教授、中国国际经济法学会副会长，现为复旦大学法学院教授、博士生导师，兼任"WTO 争端解决专家组指示性名单"专家组成员 ，主编《国际经济法导论》《国际金融法》和《国际经济法》等。

安立军：现任盐城捷康三氯蔗糖制造有限公司董事、总经理。大学文化。商务部企业"知识产权海外维权援助中心"推荐专家。他拥有专业的法律背景和 10 多年公司管理经验，提出"未雨绸缪是投资，亡羊补牢是费用"的创新理念，将市场和法律有机结合，推行市场战养法律战、法律战促市场战的战略。在盐城捷康三氯蔗糖制造有限公司不是被告的情况下，他主动要求加入美国 ITC337 调查，成为中美知识产权诉讼史上首家主动要求加入该调查并取得完胜的企业。该案被国家知识产权局列入十大知识产权经典案例之首。

安立军总经理作为胜诉案的直接指挥者和参与者多次接受中央电视台等媒体专访。新华社等 200 多家媒体对该胜诉案进行了专题报道。

丁育生：教授，曾任南京理工大学国际商学院院长、江苏省商务厅进出口公平贸易局局长等职务。出版著作8部，发表论文80余篇。被江苏省委知识分子工作领导小组确认为首批“江苏省333工程跨世纪学术、技术带头人”。

袁勇：河南师范大学法学院副教授，浙江大学宪法学与行政法学专业博士。主要研究方向为规范审查理论、涉外经济行政法。迄今已在《政治与法律》《海南大学学报（人文社科版）》等核心刊物上发表论文10余篇，并参与编著《国际经济行政法》《法律适用学》著作近10部。

目 录

序 一

始于20世纪70年代末的改革开放开启了中国与外部世界交往的大门，并在接触、碰撞与融合的过程中走上复兴之路。在经济全球化的大背景下，中国加入世贸组织加速了这一进程，成为中国与外部世界实现“双赢”的润滑剂与助推器。同时，中国加入世贸也重塑了世界经贸格局。2011年是中国加入世界贸易组织10周年，10年时间中国出口增长4.9倍，进口增长4.7倍，中国已成为世界第一大出口国和第二大进口国。

自加入世界贸易组织以来，中国对外贸易规模不断扩大，与其他国家的知识产权摩擦日益增多，成为对外贸易摩擦新热点。在知识产权方面，我国企业与发达国家企业在中高端产品领域竞争日趋激烈，成为国外对手尤其是跨国公司防范的重点，知识产权摩擦日益成为我国企业面临的重大市场风险。以中美贸易为例，随着中美双边贸易的快速增长，美国针对中国企业发起的337调查呈上升趋势，由2001年的1起增加至2010年的19起。近10年来的大部分时间里，中国是美国“337调查”的第一涉案大国。

2011年12月，国务院新闻办公室发表了《中国的对外贸易》白皮书，书中指出：目前，中国对外贸易发展还存在不平衡、不协调、不可持续的问题，突出表现的问题之一是企业研发、设计、营销、服务等方面的竞争力还不强，自有知识产权和自有品牌出口产品所占比重不大。

2006年，胡锦涛主席访问美国微软公司时指出，加强知识产权保护不仅是中国扩大对外开放、改善投资环境的需要，也是加强自主创新能力、实现又好又快发展的需要。中国高度重视知识产权保护，已经将保护知识产权提升为国家战略。温家宝总理曾多次指出，随着知识产权的兴起和经济全球化的深入，知识产权在世界各国经济发展战略中的地位和作用日趋重要。加强知识产权保护，已成为各国发展科技、提高核心竞争力的必然选择。中国企业实现经济平稳较快发展的信心来自科技创新。中国企业要靠科技力量创造自己的专利，做到人无我有；要靠科技的力量创造自己的品牌，做到人有我优；要靠科技的力量降低成本，提高效益，提高竞争力，在世界市场上占据主动。加强知识产权保护，是中国履行国际义务的需要，更是转变经济发展方式、建设创新型国家的内在要求。中国政府采取加强与贸易有关的知识产权保护等积极措施，加快转变外贸发展方式，实现外贸的可持续发展。

保护知识产权是转变外贸发展方式、落实科学发展观的一个非常重要的内容。对于知识产权的保护不仅仅是对国外知识产权的保护，而且是对中国权利所有人的保护。在海外维护知识产权方面，江苏盐城捷康三氯蔗糖制造有限公司（以下简称捷康公司）提供了经典案例。2007 年，该公司在不是被告的情况下，主动申请加入美国 337 调查并取得完胜，为中国企业主动应对境外知识产权诉讼提供了胜诉蓝本和维权典范。捷康公司通过近两年时间的跨国诉讼，耗费 2 000多万元的律师费用，换来的不只是企业维权的声誉，更为打破西方跨国公司利用知识产权垄断国际市场、封杀中国企业竞争的企图树立了榜样。

《中美知识产权行政法律保护制度比较——捷康公司主动参加美国 337 行政程序案》一书详细阐述知识产权行政法的理论基础；对比中美知识产权体系和制度；从企业家的角度，以捷康公司胜诉案来分析企业如何做好市场与法律的战略组合，拥有自主知识产权保护和企业胜诉后赢得市场的重要性。

本书很好地将理论与实际相结合，从学者和企业家的角度分别介绍在知识产权诉讼中可能面对的问题以及如何避免和应对的措施，全方位地解读了中国企业应如何应对知识产权诉讼，是中国外贸企业的理想教科书。

希望越来越多的企业重视自身的知识产权保护，增强国际竞争力，打造成为有持续发展力的创新型企业，打造出更多的中国创造。

商务部国际贸易谈判副代表　崇泉

2012 年 2 月 14 日

序 二

如果可以把中国的改革开放分为三个阶段的话，那么1978～1991年可以说是第一阶段，其主要目的是完成市场经济改革进程的前期基础准备，开始与国际市场接触；1992～2001年可以说是第二阶段，其主要目的是完成市场经济改革，在这一阶段，中国涌现了一大批以外向型制造加工业为基础的具有一定市场竞争能力的企业，完成与国际市场接轨；2001年至今，中国加入WTO后可以说进入第三阶段，其主要目的是深化市场经济改革，全面参与国际竞争。

一、依据捷康公司的经验，中国企业究竟应如何利用美国的知识产权游戏规则，参与国际市场竞争

初加入WTO，中国产品以低端工业产品参与国际竞争，其面临的主要挑战即国际经济行政法律挑战是反倾销、反补贴。这主要是因为中国制造的产品缺乏品牌和技术含量，只能通过较低的劳动力成本参与国际竞争，虽然有许多外向型企业从中获得了实际利益，也发展壮大了一批企业，但是在国际上叫得响的企业、产品数量十分有限，还经常遭遇反倾销、反补贴的影响。

2008年金融危机之后，中国大量企业面临原材料价格居高不下、劳动力成本普遍上涨以及国际市场萎缩和汇率波动等因素影响，外向型实体经济受到巨大冲击。中国的人口结构，导致到2020年左右人口红利将不复存在，如果仍通过较低的劳动力成本这一方式参与国际竞争，那么必将被更具有人口红利的新兴国家所取代。这一经济发展历程已经被许多东南亚、

拉丁美洲国家所印证。

面对如此巨大的挑战，国内确也有一批企业开始进行创新性发展。这种创新包括品牌创新、技术创新、商业模式创新等一系列方式，并获得了成功。也有一批企业不愿意在创新上进行投入，一味照搬照抄他人的创新成果，在国际上遭到发达国家的“知识产权武器”的全面围攻，最终身败名裂。但事实上，更多的国内企业迫于资金实力和各方面技术储备，所进行的只是幅度不大的“微创新”，这种经营模式往往游走于“知识产权武器”攻击范围的边缘，稍有不慎就容易被“知识产权武器”击中，因此，它们往往需要比其他企业更重视国际知识产权游戏规则，熟悉 WTO 制度。

美国既是重要的国际知识产权游戏规则制定者，也是中国最大的出口市场。每年有无数的中国企业力图打入美国市场并站稳脚跟，同时也有无数的中国企业倒在美国“知识产权武器”的枪口之下。更有甚者，一家中国企业的“中招”会引起连锁反应——一大批具有相同或类似业务的中国企业会跟着受到牵连。此外，美国的知识产权诉讼往往需要耗费大量的人力、物力、财力，其律师费往往高达数千万元，绝非普通的中国企业能够承受，很多企业最终赢了官司、输了市场、败了企业，种种血的教训十分令人痛心。

有没有方式、方法能使那些具有创新性的中国企业不至于重蹈覆辙？本书就很好地给出了答案——通过盐城捷康三氯蔗糖制造有限公司（以下简称“捷康”）在美国全面胜诉并最终占领市场的案例介绍来评述中美两国的知识产权制度，并进一步告诉中国企业究竟如何利用美国的知识产权游戏规则保护、发展、壮大自身，并更好地参与国际市场竞争，适应 WTO 规则。

“捷康案”表明：第一，企业有这样的魄力，能够认识到法律和市场的关系，不仅认识到商业风险，也能认识到法律风险；不仅认识到法律风险，还认识到法律机遇；化法律费用为法律投资，不仅打赢了法律仗，更重要的是打赢了市场仗，是非常难能可贵的。第二，今后的竞争不是劳动密集型而是知识密集型的。要创新，就要践行国家知识产权发展战略，要发展高科技，拥有自主知识产权产品，转变生产方式，这才是最重要的。第三，所谓创新，不仅在于产品，还在于理念，要充分认识到法律的价值、法学的价值。投资法律，创新发展；投资法学，创新发展！第四，法律教育要注重三结合，法律人才要懂法律、经济和外语。第五，在今后的道路上，还要特别注重专利法律人才的培养。现在很多知识产权律师都打商标权官司，但很重要的是关于专利权的诉讼，这需要复合型的法律人才，要进入专业技术法律领域。第六，就像捷康公司总经理安立军先生提到的，打官司的时候，要重视律师的工作，律师对当事人的培训很重要。当事人的证言，需要专业培训，不能在法庭上乱说。我遇到过很多例子，证人在法庭给出了不恰当的证言，表述也很含糊，导致了败诉。

二、运用跨学科研究范式探寻国际贸易与知识产权行政法保护问题的有益尝试

姜明安教授在《WTO 与国际贸易行政诉讼》序言中指出："我国法学界专门从事国际经济行政法研究的学者很少，在这一领域取得有价值研究成果的学者更是凤毛麟角，朱淑娣教授则是这很少的、凤毛麟角的学者之一。"现在朱教授及其团队在法律交融的实然景观之下，又将国际经济行政法与知识产权法结合起来，在耶鲁大学福克斯基金项目和国家哲学社会科学创新基地重点项目基础上，结合捷康主动参与美国 ITC337 行政调查与裁决程序并取得完胜案，进行了案例评鉴、制度描述与理论阐述。

本书由 3 部分内容构成，即案例评鉴、制度描述与理论阐述。具体而言，案例评鉴是指本专著在引例部分集中介绍捷康主动参与美国 337 行政调查与裁决程序案，另外还将在书中其他章节里以其为样本，分析、描述中美，特别是美国的知识产权行政法律保护制度。制度描述则是指按照选定的逻辑结构，尽可能准确地描述中国与美国的知识产权行政保护制度，包括其立法历史背景、立法目的、制度构成、运行效果等。例如，美国的知识产权行政法律保护制度可以分为行政机关（包括但不限于专利商标局、版权局、国际贸易委员会、联邦通讯委员会等）的行政救济、美国联

邦巡回区上诉法院对行政救济行为的司法审查两个阶段。相当于我国的知识产权行政调查、行政裁决、行政强制、行政复议以及行政诉讼阶段。理论阐述则在论述全球化与知识产权的行政法保护基础上，基于对典型案例产生的制度环境的认识，从中观察出中美两国知识产权行政法律保护制度的一些基本特点；从中解读国际贸易企业海外知识产权维权与拓展方略、公关与宣传策略；从中阐释政府角色准确定位，营造公平竞争的法律环境等问题。

由此可见，本书也是一本十分严谨的知识产权领域的专业著作，完全可以供相关的研究者、学习者作为参考，以进一步了解中美知识产权制度的共性、差异，同时通过国际经济行政法的视角进一步剖析制度背后的经济背景和效益背景，为提升国内整体知识产权战略水平作出有益贡献。

2012 年 1 月 18 日

前 言

（国际经济行政法视野下的知识产权法律制度）

随着经济全球化的发展，世界经济关系日渐发达，也日益复杂，世界大多数国家相互之间的经济利益也变得密切相关、休戚与共。为了造就良好的世界经济秩序，解决世界经济发展中的自由、公平与可持续发展等问题，各个国家或地区共同设立了诸如 WTO 这样的国际经济管理组织。该类组织在运作过程中获得了越来越多的协调、干预成员之间或成员内部经济关系的权力。受其影响，各成员内部出现了一类并非纯粹基于国家主权而被调整的经济关系。国际经济组织运用其权力而产生的社会关系，以及成员方在其影响下管理经济而生的关系，不同于各个国家和地区内的经济行政关系，而是一种新的类型，即国际经济行政关系。❶

国际经济行政法正是基于前述经济全球化程度日益加深、世界贸易组织成立并发挥着越来越重要作用的社会背景下而提出的，其已成为一个日渐显现的法律分支。❷ 德国学者罗尔夫·斯特博在《德国经济行政法》一书中对其阐释道："国际经济行政法是正处在发展之中的国际行政法的一个部分，是同国际私法相匹配的法律。国际经济行政法调整内外经济之间的法律关

❶ 袁勇："国际经济行政法"内容提要，载 http：//falvshen. fyfz. cn/blog/falvshen/index. aspx？ blogid = 36043，最后访问时间：2012 年 1 月 7 日。

❷ 该领域研究主要论著包括但不限于：朱淑娣主编：《欧盟经济行政法通论》，东方出版中心 2000 年版；朱淑娣等：《中国经济行政法治与国际化》，同济大学出版社 2002 年版；朱淑娣主编：《运行中的国际经济行政法》，时事出版社 2002 年版，朱淑娣主编：《国际贸易救济司法审查》，香港文汇出版社 2004 年版；朱淑娣：《WTO 体制下国际贸易救济审查制度研究》，时事出版社 2005 年版；朱淑娣主编：《国际经济行政法》，学林出版社 2008 年版。

系。实质上，它是用来限制国内经济行政法规范适用范围的公法意义上的单边冲突规范（冲突法）。”因此，他将国际经济行政法定义为：“调整在经济领域有涉外因素的法律关系的公法规范和关于在国际（有涉外因素）的案件中适用哪种（本国的还是外国的）法律的私法规范的总和。”可见，罗尔夫·斯特博是将国际经济行政法定义为一种冲突法，而不包括实体法。这种定义的缺陷在于，大大缩小了这个概念的覆盖范围，未关注到“国家间经济领域的行政法的国际协调及其国内化”这个研究客体其独立存在的意义和价值。笔者对于国际经济行政法的定义为：调整跨国经济行政关系的国际、国内公法规范、原则的综合，换言之，是协调国家政府规制市场经济的法律规范和原则；其内容，包括国家间关于经济行政管理规则的国际公法法律规范，以及各国国内的涉外经济行政法。[1] 国际贸易经济行政法律制度涵盖面广，包括国际贸易行政法律制度、国际金融行政法律制度、国际投资行政法律制度及其他。具体到其项下的国际贸易行政法律制度，则涵摄了以《世界贸易组织协定》为主体的国际层面的国际贸易行政法律制度及国内层面的各国对外贸易管理法律制度；而包括中国与美国在内的诸国之间的经贸活动中的知识产权行政法律保护制度正隶属于国际贸易行政法律制度之下，因而具备国际经济行政法律制度的特性。

知识产权法是调整因创造、适用智力成果而产生的，以及在确认、保护和行使智力成果所有人的知识产权的过程中所发生的各种社会关系的法律规范的总称。[2] 经济全球化时代，知识产权是一种体制的描述，它体现了不同市场主体之间的竞争与合作，体现了企业与政府的合作与促进，体现了跨国组织之间的竞争与合作。它描述了智慧的力量、企业的价值、政府的职能、法律的社会贡献。[3]

---

[1] 朱淑娣主编：《国际经济行政法》，学林出版社 2008 年版，第 63～64 页。

[2] 黄勤南主编：《新编知识产权法教程》，法律出版社 2003 年版，第 12 页。

[3] 参见朱淑娣于 2010 年 4 月 25 日在人民大会堂由中国知识产权研究会、中国专利保护协会、中华商标协会、中国版权协会、国际保护知识产权协会中国分会和中国经济报刊协会联合主办的“2010 中国企业知识产权大会”上的发言，发言稿全文载 http://finance.sina.com.cn/hy/20100505/11267878756.shtml，最后访问时间：2012 年 1 月 7 日。

知识产权是受私法与公法保护的、公共利益限制、公法管理的私权利。从知识产权保护与管理法律制度这个视角出发进行考察，可以发现调整市场经济的私法与公法之间已然相互介入、交融，呈现出公法与私法、知识产权法与宪法或行政法、国内法与国际法交融的法律景观。

在国内交叉学科研究与国际学界对于新的法学分支学科研究的基础上，笔者所在团队运用“国际经济行政法”这个新的分析工具对全球化时代的知识产权行政法律制度作了解读，初步研究表明，国际贸易中的知识产权行政法律制度具备国际经济行政法的主要特征：国际性、法律性、经济性、公法行、行政性。以下分述之。

一、国际性：知识产权行政法律保护制度的区域跨度

“国际”（international）一词，作为定语，历来就有两种用法：一是专用于修饰国家政府与国家政府之间某些行为或某些事物，诸如“国际谈判”“国际条约”“国际战争”“国际均势”等；一是泛用于修饰超越一国国界的各种行为或各种事务，诸如“国际往来”“国际运输”“国际旅游”“国际影响”等，即跨国（transnational）。国际经济行政法的国际性体现在，其包含国家间关于经济行政管理规制的国际公法法律规范，以及各国国内的涉外经济行政法，具备国际性、跨国性及涉外性。

中国和美国的知识产权行政法律保护制度体现了以上两个层级的国际性。作为 TRIPs 协议的缔约国，中美两国均应保障其国内知识产权行政法律保护制度遵循国际公法法律规范的原则与规则，以国内法的行使体现了两国以上政府间建立的共同意志（包括双边、多边、区域性或全球性协定、公约），因而充分体现了其“国际性”。此外，中美知识产权行政法律保护制度均有涉外性，调整的是一国政府与具有涉外因素的市场经济主体之间的经济管理关系，因此体现了“跨国”的国际性。如美国的“337 条款”正是直接针对外国生产商的制裁措施，以此阻止侵犯美国知识产权的产品进入美国市场。

二、法律性：知识产权行政法律保护制度的约束力度

国际经济行政法无论是国际层面的国际公法法律规范和国际惯例，还

是国内层面的涉外经济行政法，其本质都是法律，都有法律的普遍约束力。

对于一国知识产权行政法律保护制度而言，其首先在其国内行使知识产权经济行政管理权的任何市场主体都必须遵守该国相关的要求；而国家的行政主体的知识产权保护管理行为也必须符相关的规定，否则将承担法律责任。此外，各国根据所签署的关于知识产权的国际公约、条约、协定以及属于公法性质的各种国际惯例，必须遵守“有诺必允”的国际法原则，以保证国内法律符合国际法的要求，因此该国关于知识产权行政保护的立法、行政、司法要求符合国际法中的承诺，因而具备法律的强制力。

三、经济性：知识产权行政法律保护制度的宗旨目标

相比国际社会中的政治、军事、外交及国际民事交往中的人身关系，知识产权行政法律保护制度具有显著的经济性。经济关系是通过物而形成的人和人之间的关系，简称物质关系或物质利益关系。国际经济关系是调整跨越国界的经济活动而形成的相关主体之间的物质利益关系，具有突出的经济性。国际经济行政法的身影在国际经济关系涉及的国际货币、国际金融、国际贸易等各个领域均有出现。

随着知识经济和经济全球化的深入发展，知识产权日益成为国家发展的战略性资源和国际竞争力的核心要素；特别是专利，已成为国际知识经济竞争中的支柱。随着经济全球化和贸易自由化进程的加速发展，知识产权的行政法律保护已然成为国际贸易运作中一种具有隐蔽性和合法性的选择性利益保护的工具。

从本质来看，经济性在知识产权行政保护制度中的体现系利益平衡原则。“利益，就是指在一定的社会形式中由人的活动实现的满足主体需要的一定数量的客体对象”。[1] 各国知识产权行政保护制度均无法忽视以下几对需要平衡的利益：知识产权权利人的私人利益与社会公众的公共利益的平衡；国内与知识产权有关的贸易主体的利益与国外和知识产权有关的贸易主体的利益的平衡；私人社会的私利益与行政国家的公利益的平衡；平

[1] 苏宏章：《利益论》，辽宁大学出版社 1991 年版，第 21 页。

行行业或上下游行业、消费者等平等民商事主体之间的私人利益与私人利益的平衡等。

四、公法性：知识产权行政法律保护制度的基本属性

国际经济行政法调整的国际经济关系，是经济行政规制关系和国际协调关系，而基本不包括平等主体之间的商事交往关系，它是公法性的，而不是私法性的。

为防止各国政府的过度干涉造成知识产权国际贸易的扭曲，“知识产权是私权”作为宣言被明确写入 TRIPs 协议的序言。对应而言，作为调整知识产权的制度规则，知识产权法本质上属于私法。但不可忽视的是，无论是创设还是对权利人的保护，根本出发点和落脚点无一不与促进创新、推动社会进步甚至是增强国家竞争力这些公共利益密切相关。从这个意义上说，知识产权法可以被看做国家的一项公共政策。知识产权是受私法与公法保护的公共利益限制的公法管理的私权利，其可以被界定为一种复合的权利。因此，对于知识产权行政法律保护制度而言，公法性即是其基本属性。知识产权对强有力的行政保护乃至刑事保护的需求是知识产权法体系建构中引入公法性规则的重要方面。

五、行政性：知识产权行政法律保护制度的实施方式

知识产权行政法保护的制度，是国家知识产权行政主管部门及相关国家机关在遵循法定程序和运用法定行政方法的前提下，依法对知识产权实施的行政保护与管理及其监督所形成的体制。它包括知识产权行政法律关系和知识产权监督行政法律关系。知识产权行政法律关系具体包括制定知识产权发展战略、知识产权行政许可、行政确认、行政裁决、行政检查、行政处罚和行政复议等制度。❶

知识产权虽然属于民事权利，但它同时具有明显的公共利益内容，大

❶ 朱淑娣、赵宇可：“法律交融中的知识产权行政法保护”，载《中国工商管理研究》2010 年第 11 期。

多数侵犯知识产权的行为不仅损害了权利人的利益，而且给国家和社会公众利益造成损害，因此知识产权法律保护制度中的行政保护具有相当重要的地位，而“行政性”也成为重要的属性之一。知识产权行政法律保护制度的行政性体现在保护主体、保护手段、保护结果的行政性上。以我国为例，知识产权的行政管理不仅包括行政机关对知识产权的确权、行使和保护，而且包括行政机关根据权利人的请求对知识产权权益纠纷进行调解、查处和裁决，即知识产权行政执法。为保证知识产权权利人依法享有各项权利，法律赋予各行政管理机关享有一定的行政管理权，并有权对侵犯知识产权的行为作出相应处罚，从而保证知识产权法律在实际生活中得以贯彻和执行。相应的，知识产权行政法律保护制度因而具备“行政性”所具备的一系列特征。首先是保护的主动性，行政机关作为国家的代表行使经济、社会管理职能，其职权直接来源于国家的授权，无须应当事人或权利人个人的请求就可以主动行使职权，打击侵权行为，以维护社会的正常秩序。其次，因为时间上的及时性、成本上的节约性、人员的专业性而具备保护的高效性。最后是保护的全程性，行政保护是事前、事中、事后全过程的保护，即权利人在知识产权登记阶段、纠纷处理阶段及损害赔偿、处罚阶段均受到行政保护。

综上所述，包括中国与美国在内的诸国之间的经贸活动中的知识产权行政法律保护制度具备国际性、法律性、经济性、公法性、行政性等属性，隶属于国际贸易行政法律制度之下。上述法律属性与制度特征的界定将有助于在经济全球化的视野下对知识产权行政法律保护制度形成更深层的理解与认识。

（朱淑娣撰稿）

引例：捷康在美337行政裁决完胜案透视

在经济全球化程度加大的进程中，我国的经济发展进入产业升级转型阶段。从劳动密集型、资源密集型产业向高新技术密集型、高附加值型产业的转变，必然基于高新产业技术的研发与运用。知识产权成为企业最宝贵的财产，成为我国经济发展的关键要素之一。

随着我国国际贸易数量与范围的扩大，我国企业出口到美国、日本与欧盟等国家和地区的高新技术产品也随之增多，其影响之一是对进口国拥有类似知识产权、使用类同生产技术、生产同类产品的企业产生了冲击。而相关企业或行业，甚至进口国，为了保护自身的经济利益，除了运用关税、技术标准等构筑贸易壁垒外，知识产权也成为其阻止中国企业进军该国市场的手段。以中美贸易为例，近年来随着中美双边贸易的快速增长，美国针对中国企业发起的337调查也呈现逐年上升态势。1986～2010年，多达109起美国337调查案涉及中国企业。[1] 其中多数案件的起因是在美企业主张中国出口到美国的商品侵犯其知识产权。337调查作为发达国家知识产权大棒的一个象征符号，已成为美国对华贸易救济中最为犀利的武器，成为美国企业吓阻和排除中国出口企业对其市场地位产生竞争威胁的手段，我国已成为337调查最主要的对象。

中国企业若要进军并稳占美国市场，并与美国同行进行竞争，就需

[1] “我国机电产品缘何频遭美国‘337调查’”，载http：//www.5ipatent.com/news/NewsDetail.aspx？newsguid=82f60699-1d17-49ff-8766-40921137b307，最后访问时间：2012年1月5日。

"以彼之道，还施彼身"。不但要积极应对美国企业发起的知识产权侵权纠纷，还要主动出击，利用美国的知识产权救济制度保护自己的合法权益。作为本书研究样本的捷康在美337行政裁决完胜案，恰是这样一个典型的案例。

人民网载文指出："知识产权是矗立在中国企业面前一座不可逾越的壁垒，还是可以产生巨大效益和机遇的武器，其主动权完全掌握在有战略眼光的企业家手中。作为新中国成立以来100个知识产权案例当中的最经典的案例之一，捷康公司理应成为中国对外的知识产权诉讼当中的一个样板和标杆。"❶

一、捷康在美337行政裁决案过程简述

（一）背景知识

涉案产品三氯蔗糖（Sucralose）是一种新型甜味剂，甜度相当于蔗糖的600倍，但几乎不被人体吸收，是通过美国食品与药品管理局（FDA）认证，迄今为止世界上公认的最安全、最健康、无热量、无脂肪的甜味剂。❷

总部位于英国的泰莱科技有限公司（Tate & Lyle Technology Ltd.）及其美国子公司泰莱三氯蔗糖公司（Tate & Lyle Sucralose, Inc.）（以下统称"泰莱公司"）是一家年收入达68亿美元的国际大公司。早在1976年，泰莱公司与伦敦大学便开始研发三氯蔗糖技术，自1988年投放市场以来，泰莱公司已经陆续申报了多达36项专利技术。由于这种产品的科技含量高、产品工艺复杂，加上泰莱公司完备的专利保护，直到2004年，全世界只有泰莱公司能生产这种产品，其在全球市场所占有的份额高达90%以上。可以说，泰莱公司在这个领域里是无可争议的龙头老大，拥有无人能撼动的垄断地位。

盐城捷康三氯蔗糖制造有限公司（JK Sucralose Inc，以下简称"捷

---

❶ 胡笑红："捷康三氯蔗糖制造有限公司在美赢得知识产权诉讼"，载 http://www.022net.com/2009/6-8/44766182741111.html，最后访问时间：2012年4月7日。

❷ http://en.wikipedia.org/wiki/Sucralose，最后访问时间：2012年1月3日。

康”）是一家坐落在江苏省射阳县经济开发区内专业生产三氯蔗糖的高新技术企业。2008年，其向美国出口三氯蔗糖80吨，占国内出口量的60%，创汇552万美元，产量列世界第二位。捷康是中国三氯蔗糖行业中获得政府批准建设的最大规模的企业，是中国第一家由上市公司参与投资的企业，是中国第一家主动参加ITC知识产权调查并被认定生产工艺不侵权的企业，是中国第一家按10万级标准建立300吨GMP包装车间的企业，是中国第一家在美国、欧洲设立专业直销公司的企业，是中国三氯蔗糖行业第一家进入国际知名食品企业的中国供应商，是中国第一家通过中国商检局的卫生注册登记的三氯蔗糖企业，是中国三氯蔗糖标准主要起草单位之一。[1]

美国337调查源自337条款，因美国的《1930年关税法》的第337节而得名，后经三次重大修订。现337条款明确授权美国国际贸易委员会（ITC）在美国企业起诉的前提下，对进口中的不公平贸易做法进行调查和裁处。

337条款规定，货物所有人、进口人、收货人或其代理人：（1）将货物进口到美国或在美国销售时使用不公平竞争方法和不公平行为，其威胁效果足以摧毁或实质损害美国国内产业，或阻碍此类产业的建立，或限制、垄断了美国的贸易和商业；（2）将货物进口到美国，或为进口到美国而销售，或进口到美国后销售，而该种货物侵犯了美国已经登记的有效且可执行的专利权、商标权、版权或集成电路芯片布图设计专有权，并且与这4项权利有关的产品有已经存在或在建立过程中的国内产业，则这些不公平竞争方法将被视为非法，美国应予以处理。

可见，337条款中将非法活动主要表述为两个部分：一是进口到美国的货物采取了不正当的竞争方法，并对美国的相关产业造成了严重的损害，即一般的不正当竞争行为；二是进口到美国的货物侵犯了美国已经登记注册的专利权、商标权、版权等知识产权，即有关知识产权的不正当竞争行为。

---

[1] http：// www.jksucralose.com，最后访问时间：2012年1月3日。

（二）案件始末

为方便读者对案件的发展有个清晰的认识，笔者制作了捷康主动应诉美国 ITC 案的大事记，以图的形式给读者直观的感受，也方便对案件的全面掌握（见图 0 – 1）。

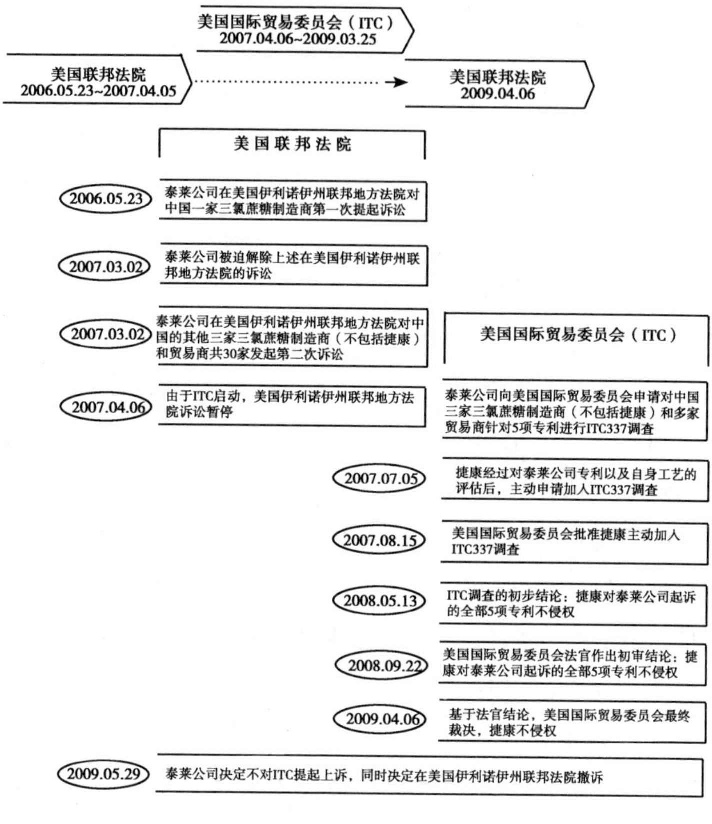

图 0 – 1　捷康公司知识产权保护微创新战略

（三）案件缘起

2007 年 3 月 5 日，泰莱公司为保持其在全球三氯蔗糖市场的绝对垄断地位，以进口到美国本土的三氯蔗糖产品（含下游产品及中间体）侵犯了其有效专利，对美国本土相关产业造成损害为由，依据美国《1930 年关税法》第337条，在美国伊利诺伊州联邦地方法院对分布在广东、河北和江苏常州的中国3家三氯蔗糖制造商和25家涉案的中外企业（其中有11家为中国企业）以侵犯了其5项专利为由，请求美国国际贸易委员会（ITC）发布永久性普遍排除令和禁止令。涉案专利为美国专利第4980463号（“专利463”）的第1～3、16～18项权利；美国专利第5470969号（“专利969”）的第20～26、28、29项权利；美国专利第5034551号（“专利551”）的第1～4、11～22项权利；美国专利第5498709号（“专利709”）的第8～9项、第13项权利；美国专利第7049435号（“专利435”）的第1项权利。

2007年4月6日，泰莱公司向ITC申请对中国三家三氯蔗糖制造商和多家贸易商针对5项专利进行ITC337-TA-604调查，请求ITC发布永久性普遍排除令和禁止令，ITC启动337调查。ITC经过法定时间的审查，于2007年5月6日受理了泰莱公司的申请，并在官方网站上公布了调查通知。

（四）决策问题

通过法律条文可以看出，一般的不正当贸易行为主要指垄断和不正当竞争行为，此类行为在威胁或者实质损害美国国内产业，或阻碍此类产业的建立，或限制、垄断了美国的贸易和商业时才能满足337条款的要求，而有关知识产权的不正当贸易行为则是指只要侵犯了美国版权、专利权、商标权等，且美国存在相关产业或相关产业正在建立，则该不正当贸易行为就违反了337条款。

在实际操作中，ITC依据此条款展开的大部分是有关知识产权的调查。有关知识产权的不正当贸易是指所有人、进口商或承销商向美国进口、为进口而买卖或进口后在美国销售属于侵犯了美国法律保护的版权、专利权、商标权、集成电路布图设计权和设计方案权的产品的行为。与一般不正当贸易不同的是，只要美国存在与该产业相关的行业或正在建立该行业，有关知识产权的不正当贸易做法即构成非法，而不是以其对美国企业造成损

害为要件。❶

如果ITC经过调查认定进口产品的确侵犯了美国的知识产权，其便可以依据337条款采取以下几种救济措施：

（1）排除令。排除令包括两类：一类是可以禁止申请书中的外国侵权企业的侵权产品进入美国市场的有限排除令；另一类是不分地域禁止与侵权产品同属于一类的产品进入美国的普遍排除令。

（2）停止令。停止令要求侵权企业立即停止侵权行为，此类行为不仅限于生产和销售，更包括侵权产品在美国的宣传等诸项行为；违反此令的企业，将被处以极其严厉的经济惩罚。

（3）没收令。如果一个企业的某一产品在出口到美国市场时，ITC发现其在之前曾被处以过排除令，此时便可直接发布没收令。美国海关根据此令可对所有试图出口到美国的侵权产品进行没收。

这3种救济措施都没有明确的有效期，除非ITC认为侵权情形已不存在，否则排除令和停止令可一直执行，可以说这对出口企业的伤害力度是相当大的。❷

就泰莱公司的起诉而言，337调查一旦成立，结果有两种：一是普遍排除令，即我国所有三氯蔗糖企业都不得再向美国出口；二是有限排除令，即应诉获胜的企业可以继续出口，其他企业则被排除在外。

根据美国相关法律规定，知识产权的诉讼中一旦ITC受理申请人提起337调查，联邦法院相关知识产权的诉讼就要暂停，要达到胜诉的目的，一般需要5年左右的时间。❸ 在ITC调查中，ITC允许不是被告的企业只要满足ITC的法律要求就可以申请主动加入ITC－337调查，保护自身的合法

---

❶ 李秀华："美国337条款对我国出口企业的影响及对策"，载《法制与社会》2009年第5期。

❷ 李勇："从捷康成功案例谈应对美国337调查法律对策"，载《中国商贸》2011年第5期。

❸ 史倩倩、黄贤涛："与狼共舞自有道 主动应诉树典范——盐城捷康胜诉三氯蔗糖'337调查'案启示"，载http：//www. nipso. cn/onews. asp? id＝534，最后访问时间：2012年1月5日。

权益，不用支付对方赔偿金，而各自承担法律费。美国地方法院在案件审理中可以随时将相关企业加入被告名单，但对主动加入诉讼的被告的生产企业的客户则不能随时加入。据此，一旦捷康被地方法院列为被告，客户将远离捷康的产品，直到几年后胜诉以后才可能被接受使用。

出自美国国际知识产权诉讼的 ITC－337 是国际知识产权最严厉的判决，主要因为时间短、费用高、封锁期长、影响面大，且欧洲等其他发达国家和地区会参照美国判决来选择贸易伙伴。也就是说，如果我国某家公司在美国输了 ITC－337 的官司，同类产品不仅被排除在美国国门之外，也将被欧洲国家嗤之以鼻。我国这 3 家生产三氯蔗糖的企业只要有 1 家败诉，泰莱公司就可以向 ITC 申请发出普遍排除令，届时中国及其他国家所有三氯蔗糖生产企业均不得出口到美国市场甚至欧洲市场。

捷康创立于 2006 年，是一家专业生产三氯蔗糖的高科技企业。2007 年，它刚刚成立不久，就已进入美国市场，美国是捷康战略规划的重要开拓市场之一。为了保护客户，占据市场主动权，捷康本系泰莱公司 337 调查的案外人，但面临被排除美国市场的风险，是主动“亮剑”还是被动排除，抉择之际，捷康选择了“进攻”。捷康自信地对其生产工艺具有自主知识产权，要以实际行动向所有的客户表明，捷康充分尊重他人的知识产权，但更希望别人同样尊重捷康的知识产权。

（五）应对策略

捷康企业管理者对国际知识产权裁决与诉讼知识的学习和积累，使其具有用法律保护自身并赢得发展的胆识。强烈的法律意识和丰富的法律知识使企业在应对国际贸易诉讼中采取了主动，占领了“先”机。在应诉中，捷康在提起申请时间、申请材料的内容和数量、申请理由、聘请律师团等多方面有着精心的安排与考量。

第一，捷康选择了全美知识产权领域知名的 Fish & Richardson 专利律师事务所，同时邀请美国最权威的化学博士担任专家证人，组建高水准的专业团队，这是捷康应诉的第一步。

第二，捷康于 2007 年 7 月向 ITC 递交主动参与 337－TA－604 全部 5 项专利的调查的申请。这在泰莱公司提起调查后的 4 个月。泰莱公司的律师竭力反对，因为捷康的加入不仅打乱了泰莱公司的法律部署，而且大大消耗了泰莱公司的律师精力和律师费用，在泰莱公司没有任何捷康的证据储备和法律方案的情况下，增加了泰莱公司的败诉几率。捷康的中文申请材料多达5 000份，经过美国律师筛选递交的材料也使得泰莱公司律师不堪重负。泰莱公司因为捷康的主动加入临时增加了律师团队和500万美金的费用预算。

第三，捷康根据ITC的法律提出了5条理由：（1）捷康实际已经出口到美国市场；（2）美国市场有捷康已有的和潜在的客户；（3）由于生产工艺不同，其他三家被告企业不能代表捷康的利益；（4）泰莱申请的普遍排除令经严重损害捷康的市场利益；（5）捷康可以按ITC的法定程序，在规定时间内，赶上程序并完成证据递交和辩护，不会申请法律程序延期。经过捷康辩护律师的积极辩护，ITC法官和ITC委员于2007年8月15日同意捷康主动加入ITC－337－TA－604针对三氯蔗糖产品的调查。

第四，2007年10月，根据递交的资料和对证人的询证，泰莱公司与捷康的律师、专家以及ITC官员等到捷康工厂现场进行生产过程的摄像和取样。捷康为了确保样品化验数据的准确性，按着与泰莱公司同样的取样方法和保温冷藏方式寄到捷康在美国的指定实验室。随后，捷康的美国辩护律师为了确保绝对胜诉，按照ITC法律程序要求到英国对泰莱公司的主要专利申请人进行调查，并针对专利在美国的实际使用情况进行调查，发现大量的资料证明泰莱公司的专利无效。按照ITC法定程序要求，2008年2月28日捷康的证人、技术证人、专家证人参加法庭当庭答辩程序，同时证据递交截止。

第五，2008年9月22日，经历双方递交的证据资料和法庭的答辩，ITC行政法官对本案作出认定：进口到美国的三氯蔗糖及下游产品并不侵犯泰莱公司诉请的“专利463”“专利0969”“专利709”“专利435”四项专利；对于泰莱公司诉请的“专利551”，ITC没有管辖权；同时还认定，美国并不存在与“专利463”相关的国内产业。基于此，ITC裁决，除缺席者和败诉的以外，捷康及中国三家被诉企业的生产工艺并不侵犯泰莱公司的专利权。

二、捷康在美337行政裁决案透析

知识产权制度目前成为世界发达国家发展高科技、增强综合竞争能力的战略性措施。在我国深化改革开放、进入全面建设小康社会的新阶段，制定和实施国家知识产权战略，既是应对知识产权国际国内挑战的当务之急，也是我国走中国特色自主创新道路、加快转变经济发展方式的必然选择。

美国建国之初就把保护知识产权作为其基本国策之一，是世界上最早建立知识产权法律制度的国家之一。当前，在美国多数企业中，知识产权保护与管理是企业经营活动中的重要环节，把企业的知识产权战略纳入整个企业发展的重中之重。相比而言，我国的知识产权发展及保护水平仍处于发展阶段。经过多年发展，我国知识产权法律法规体系逐步健全，执法水平不断提高；知识产权拥有量快速增长，效益日益显现；市场主体运用知识产权能力逐步提高；知识产权领域的国际交往日益增多，国际影响力逐渐增强。但是，从总体上看，我国知识产权制度仍不完善，自主知识产权水平和拥有量尚不能满足经济社会发展需要，社会公众知识产权意识仍较薄弱，市场主体运用知识产权能力不强。在近年的国际贸易领域，中国企业在国际市场面临的跨国知识产权诉讼不断增加。据统计，中国在对全球最大消费市场美国的出口贸易中遇到的知识产权诉讼越来越多。自2000年起，在ITC有关外国产品是否存在知识产权侵权行为的337调查中，中国连续7年成为第一涉案大国，而近期美国针对全球的337调查，近40%涉及中国企业。❶

（一）总体评价

美国是中国最主要的贸易伙伴。中国现已取代日本成为美国国际知识产权争端的首要对象。以捷康在美337行政裁决完胜案为例研究中美知识产权行政法律保护制度比较，具有以下几方面的价值。

---

❶ 许小青："主动应诉美国337调查 中国糖企'盐城捷康'获胜"，载http://news.hexun.com/2009-06-08/118436432.html，最后访问时间：2012年1月5日。

首先，捷康胜诉案是中国企业首次主动应诉美国 337 调查并取得完胜的典范。这在中国知识产权保护史上具有重要的战略意义，将其置于中美知识产权的行政保护制度中、从法律体系与理论体系的高度和层面加以全面和深入的观察、思考与总结，一方面可以总结和推介捷康的成功之处，另一方面也可以为中国对美国出口企业提供参考经验，为中国的企业家提供应对美国知识产权保护的策略。过去，中国企业在面对美国 337 调查时往往选择消极避诉，不愿意“蹚浑水”，在面临跨国知识产权诉讼时，往往因为不愿花费巨额律师费而放弃应诉。捷康提倡的把知识产权诉讼当做“投资”，以诉讼拓市场的“主动”理念，值得广大中国企业学习借鉴。

其次，通过一个典型案例来观察、比较与反思中美知识产权行政保护制度，从比较法的角度看，不仅可以加深对美国知识产权行政保护制度的理解与认识，还可以从对比中发现美国制度的可取之处及我国制度的不足之处，提出并论证关于我国知识产权行政法律保护改革的一些立法建议，如健全行政保护机制、完善知识产权行政立法与行政诉讼制度等。

最后，但不是最次要的，当知识产权的排他性应用到跨国生产经营当中时，一国的知识产权保护政策就与国际贸易联系起来，从国际法的角度来说，知识产权保护就成为国际法领域的重要课题；中美知识产权的行政保护制度，作为一种业已存在并运行着的制度，属于行政法学研究的一个领域。通过一个案例研究两国的制度，将其有条理地加以如实描述与理论评价，可以将该领域的社会法律制度现象知识化、理论化，进而可以为关注该领域的人们提供所需的理论知识。捷康胜诉案亦即拥有国际法、行政法上重要的研究意义。

捷康胜诉经验强有力地表明，法律意识是权利保护的前提，是法治社会成熟的标志之一，民众的法律意识反映了一个现代国家法治状况的发展程度。加入 WTO 后，适应中国从传统社会向现代社会的结构转型的要求，我国依法治国、建设社会主义法治国家的进程已经启动。在这一过程中，民众法律意识状况是我国实现法治社会不可缺少的社会基础，并直接关系到法治现代化的进程。中国企业能否应对国际经济的潮涨潮落，重在能否在经营中增强法律意识，尤其是知识产权法律保护的意识要增强，主动应变，积极行动。

（二）捷康胜诉给企业带来的战略利益

（1）知名度提升。捷康成立于2006年1月，落后于同行十几年，自主动加入ITC的337调查后，全球行业都知道捷康主动加入了ITC的337调查，其知名度上升到全球第二名。

（2）销售网络建设加快。由于捷康主动加入ITC调查，全球各国的经销商和客户主动来与捷康接洽业务，在很短时间内建立了遍布北美洲、欧洲、南美洲、亚洲、南非、澳大利亚等全球销售网络。

（3）取得市场主动权。根据美国法律，如果泰莱公司先把捷康告上法庭，如果有客户购买捷康的产品，泰莱公司随时可以将捷康的客户告上法庭。由于捷康是主动加入的，所以泰莱公司无法在审理期间把捷康的客户加到被告名单，捷康就获得了市场主动权，可以确保法律诉讼期间捷康产品得以正常销售。

（4）出口和产能跃居中国第一、全球第二。由于主动加入ITC调查，捷康用一年时间跃居到2008年中国出口和实际生产第一位、全球第二位。

（5）扩产加快。由于主动加入ITC的337调查，捷康的产品供不应求，在全球金融危机和美元贬值的残酷经济环境下，捷康的销售每年以80%的速度增长，并长期处于扩产状态。

（6）融资容易。由于主动加入ITC的337调查，捷康得以确保渠道的建立和免除出口市场的风险，确保固定资产的投资风险最低。银行和投资商纷纷要求与之合作，确保其后期发展对资金的需求。

（7）高级管理人才的引进。由于主动加入ITC的337调查，国际销售和管理人才愿意加入这个新建立的企业，为捷康的快速发展提供了保障。

（三）捷康胜诉给国家带来的积极影响

（1）鼓励企业主动出击掌握市场和法律主动权，起到示范作用。如果一个企业要进入高端市场或高附加值的市场，激烈的市场竞争首先出现的是知识产权的竞争。只有突破了知识产权的封锁，才能在市场上占有一席之地。

（2）鼓励企业创新。知识产权竞争的基础是企业的知识产权创新，企业通过不断提升核心竞争力，并合理利用知识产权相关法律来创新成果。

（3）改变投资理念。知识产权和国际市场渠道的投资都是企业无形资产的投资，它是企业得以长期发展的基础，应将知识产权投资作为软资产投资来提升理念。

（4）引导企业做好法律、市场、工厂、投资等方面的有机组合，确保企业得以在不同时机集中精力解决核心问题，最终达到企业协调发展的目的。

（5）带动行业发展。捷康的主动加入，给身处被告的同行胜诉提供了帮助，避免了中国整个行业被排除在国际市场之外不良后果的发生。

（四）捷康胜诉给同行带来的诉讼经验

捷康成功应对美国337调查的经验表明，中国的企业在面临同类讼时，主要应考虑以下问题。

首先，诉讼的战略选择，即要不要打、该不该打的问题。这是考验企业内在软实力的关键问题，是考验企业管理者是否具备足够的法律意识和战略眼光的重要问题。捷康在不是被告的情况下积极参与美国ITC的337调查案件中并取得完胜，主要是它把主动参与知识产权的诉讼行为没有作为“负担”而是作为一项“投资”来对待。捷康总经理安立军先生多次向公众讲述他“投资法律”的经营理念。他认为，时代要求企业有创新，要求企业家有创新思维，投资理念的创新之一，就是把企业应诉、打法律战也当做一种“投资”，法律诉讼不是传统观念里劳民伤财、避之不及的猛兽，而是积极面对、以智取胜的法宝。捷康的胜诉换来的不只是企业维权的声誉，更为打破西方跨国公司利用知识产权之争垄断国际市场、遏制国外行业巨头滥施337调查大棒封杀中国企业、对中国企业运用法律武器主动维护自身权益具有极为深远的意义，同时为中国企业主动应对境外知识产权诉讼提供了胜诉蓝本和维权典范。

捷康的胜利完全归结于投资意识的转变，得益于市场和法律的有效结合。在2007年的下半年的全球行业展览中，美国和英国的两个国际大型展览会因为泰莱公司刚发起了337调查，其他企业担心在展会期间被警察抓走没有参展。整个会场只有泰莱公司和捷康两家三氯蔗糖生产企业参加展览。捷康在胜诉后不到两年的时间里，在全球范围内扩大了市场知名度，市场份额大幅度提升。市场战养法律战、以市场战支持法律战是取得胜诉的根本。捷康充分认识到法律战的最终目的是占领和拥有国际市场，要想保护和发展市场就必须取得法律主动权。按照美国法律一旦成为被告，客户将远离被告企业的产品，直到几年后取得胜诉才可能被接受使用。在几年的法律诉讼过程中，一定要确保市场的畅通才能达到以市场战养法律战的目的，否则，赢得法律、丢了市场则失去了知识产权保护的根本意义。

知识产权的胜诉，还为捷康后期固定资产的继续投资提供了更可靠的保障，更为在短期内整合国内同行闲置资源提供了可能，确保了在有限资本情况下，做好国际市场、知识产权投资、供应能力提升等同步协调发展，为企业持续高速发展打下了坚实的法律基础，更为后期资本运作拿到了法律通行证。

其次，怎么打、怎么打赢的问题，即诉讼策略。捷康胜诉的关键之一是它以诉讼赢市场、以市场养诉讼。具体地说，捷康为应诉，专门在美国设立了新的公司，该公司主要负责在美市场的销售业务。由于捷康应诉，成为在337调查中首次主动应诉的中国企业，诉讼全过程广受中、美乃至世界媒体的关注，这使得捷康之名屡登报端，成为舆论焦点，企业胜诉声名远扬。诉讼，为捷康赢得了市场关注度、软广告效应，成果显著。海内外生产与销售增长，不仅解决了高达2 000万元人民币的海外诉讼费与律师费，更为捷康的后续发展奠定了坚实基础。另外，注重策略，谋篇布局。如上述应诉策略所述，捷康在提起申请时间、申请材料的内容和数量、申请理由、聘请律师团等多方面有着精心的安排与考量，这些都是确保企业胜诉的关键步骤。国际贸易诉讼中，由于原被告以及法官、官员所处的法律制度、法律文化、语言、思维方式等不同，诉讼技巧的运用尤为重要。如何准备证据，如何有力地证明并说服法官，是从事国际贸易诉讼的律师必须要仔细研习并训练的。此外，与其他被泰莱公司提起调查的3家企业相比，捷康不需要在接受ITC的行政裁决后，继续参加地方法院的“侵权之诉”。它赢得了全球同行惟一主动加入并“不侵权”的判决。这大大减少了诉讼时间，并降低因为应诉而带来的丧失市场、费用增加的风险。

（五）捷康胜诉给同行带来的预防之策

虽然我国已成为美国调查的最大受害国，但只要我国企业从现在做起、从自己做起、采取一定的有效的预防和应对措施，是可以避免被调查的。

（1）知识上的预防。我国企业应当主动加强对美国关税 337 条款的研究，加强对 337 调查实体以及程序的认识和理解，避免在遭到侵权指控时，由于自己在这方面知识的缺乏而不知所措，甚至出现放弃应诉的可悲现象。

（2）产品上的预防。企业在产品出口前，应进行充分的调查研究。首先，企业应了解最近同类产品在美国遭到 337 调查的情况，谨慎制定出口战略，如果此类产品在美国遭到 337 调查，则最近一段时间尽可能减少甚至不向美国出口此类产品；其次，在产品出口前，应进行专利检索，确定是否有可能涉及该产品的美国专利或涉及该产品的制造方法的美国方法专利。如果存在侵权的可能，可以通过更换非专利方法来避开侵权，也可以从专利权所有人那里取得使用许可。

（3）知识产权上的预防。我国企业应当积极在美国申请专利，避免成为美国 337 条款的调查对象。同时，也可以利用在美国享有的知识产权，使用 337 条款起诉侵犯其所享有知识产权的其他国家企业甚至不在美国本土生产产品的美国企业。这也许是企业防止 337 调查的最直接有效的办法之一。国内企业，特别是外向型企业，首先要有自主知识产权，在正常经营中，还要注意自主知识产权等相关资料的积累，从产品研发、专利申请、专利管理、专利布局、市场分布、了解竞争对手的专利情况等各个环节出发，全面构建知识产权管理体系，从根本上提高企业防范和应对 337 调查的能力。❶

（4）通过仲裁条款预防。作为预防措施，生产厂家可以在知识产权许可协议或类似协议中订立仲裁条款。假如原告是协议的对方当事人，则被告可依据仲裁条款通过仲裁来解决纠纷，因为相对于 337 调查，在仲裁程序中，双方基本处于平等的地位，较有可能取得公正的裁决结果。

---

❶ 姜鸿、张艺影：“美国对华 337 调查的原因与我方对策”，载《经济管理》2007 年第 1 期 。

（5）加强知识产权领域的自主创新。可以认为，从法律上讲，捷康能够胜诉的最大原因是其自主研发的产品具有独立的知识产权，并不造成侵权，所以才最终得到了ITC的支持。而国内的大部分企业往往做不到这一点，多数企业急于取得短期的经济利益而疏于取得自己的知识产权，同时也缺乏相应的法律知识。这就要求我国企业，特别是出口型企业，不仅要加强自身的创新能力，打造出自己的品牌，还要注意自主知识产权等相关资料的积累。这样才能在不断的337调查与知识产权的挑战中立于不败之地。

（六）捷康胜诉给同行带来的应对策略

（1）积极应诉。积极应诉是合法维权的前提条件，特别是面对跨国公司的知识产权挑战，更是如此。借用捷康总经理安立军的话："捷康主动加入的主要出发点是以法律推动市场。外向型企业一定要注重维护自身的知识产权，这实际上也是一种投资意识的竞争。"面对跨国公司知识产权的挑战，我国企业不能盲目迷信跨国公司，来自跨国公司的知识产权挑战并非无懈可击，如果不加分析就全盘接受跨国公司的指控要求，我国企业肯定要吃亏。最不可取的就是不应诉，这种做法就意味着败诉，意味着企业将长期失去美国市场。只有积极应诉，才能打破壁垒，赢得市场，才可能遏制337调查不断被提起的势头。❶

从历年来的337调查中可以看出，面对美国对华的这一调查，中国的大部分企业选择了回避。根据ITC公布的数据，在过去几年，中国企业作为被告方参与的337程序案件，中方应诉的案例寥寥无几，这间接上鼓励了外国公司对中国公司提起337调查诉讼，并且肆意申请普遍排除令。面对来自其他国家的挑战，中国企业首先不能不加分析地接受指控。如果这样，企业势必会丧失国际市场。只有积极应诉、拿起法律武器捍卫自己的权利，才能从根本上抵抗337调查，从而长期保持和拓展市场。根据337条款的规定，一旦启动337条款的程序，躲避是不行的。如果中国企业对

❶ 肖志勇、陈永梅："从捷康胜诉'三氯蔗糖案'解读美国对华337调查"，载《软科学》2010年第5期。

ITC 置之不理，或拒绝回答问题，或无故缺席，则都将被视为放弃应诉。虽然应诉的费用较高，但如果因此不去应诉的话，不但产品可能永远无法进入美国市场，而且从长期看，应诉率越低，越会助长当地公司利用 337 条款压制我国企业出口的倾向。由此 337 条款将给我们制造更大的障碍。❶

面对 337 调查，积极应诉的前提就是做好各项充分准备，而不是仓促盲目地应战。由于 337 调查涉及的知识产权诉讼不仅仅是知识产权法律问题，还必然会涉及相关技术问题，甚至是属于比较前沿的专业性很强的技术问题，因此，应对诉讼的关键在于组织一个理想的应诉团体，包括相关领域的技术专家和具有丰富实践经验、精通专利法的法律专家、专利代理人、律师等。在本案的应诉过程中，为确保此次主动加入诉讼的胜利，捷康组成了国内精干的专业团体，聘请美国知名的知识产权律师事务所 Fish & Richardson 的资深律师作主要辩护律师，同时邀请美国权威的化学博士担任专家证人，查阅了大量资料和文献。本案的实践证明，这些技术准备工作是不可或缺的，对于本案的胜诉起到了至关重要的作用。❷

（2）积极探询与研究对方知识产权中的漏洞，以证明其专利无效。美国是一个非常注重知识产权保护的国家，在美国，专利权的取得既容易又宽松，因此极有可能在其有效专利中找到漏洞与缺陷。

（3）证明不存在侵权行为。专利权的保护范围记载在权利要求书中，一般有 1 项或多项技术要素，只有当被诉产品涉及权利要求书中的所有技术要素时，才可以判定侵权。我国被诉企业可以根据这一特别要求，争取胜诉。如证明我出口产品并不完全符合美国专利保护要求的范围，与受保护的专利并不等同，涉案产品是用别的方法生产出的，必要时还可在生产现场展示生产设备、生产过程等。❸

---

❶ 李勇："从捷康成功案例谈应对美国 337 调查法律对策"，载《中国商贸》2011 年第 5 期。

❷ 肖志勇、陈永梅："从捷康胜诉'三氯蔗糖案'解读美国对华 337 调"，载《软科学》2010 年第 5 期。

❸ 李秀华："美国 337 条款对我国出口企业的影响及对策"，载《法制与社会》2009 年第 5 期。

（4）争取庭外和解。据统计，全球有关337调查案件，50%左右的案件达成和解。337调查程序中，有3次法定和解机会，但是达成和解是有条件的。其一，原告会权衡获得案件胜利的难度大小和时间长短，如原告的举证难度较大、专利保护期即将届满等。其二，被告具备可用于交换、和解与撤诉的条件，如被告也拥有自己的专利技术，可以与原告进行交叉许可；原告向被告所在国出口产品，需要被告方给予配合，以提高市场占有率等。其三，一方或双方适当地让步或者提供优惠条件，如被告方承认原告专利的合法性，愿意支付合理的专利许可费；被告支付部分赔偿金，并对生产工艺作出适当调整；双方具备良好的合作条件和合作前景等。比如，曾经有3家中国拖拉机企业成为被告，其中两家应诉，最后达成和解，只是稍微改变了外观的颜色就行了。事实上，有一些美国企业就是利用337调查来以打求和或者以打逼和，通过诉讼等威胁手段达到和解的目的。我国企业应当把握住谈判的时机，摆脱作为被告的被动局面。[1] 从其他国家以往应诉337条款指控的案件看，争取庭外和解是一个主要途径。庭外和解可以保证不会因败诉而被ITC下达禁止进口令，至少可以保住一定的市场。

（5）行业间联合应对337调查。在337调查案件中，诉讼成本是企业的最大难题，企业进行应诉所要耗费的律师费平均在100万美元以上。这足以让我国企业尤其是中小型企业，在面对调查时呈现出独力难支的局面。面对这一问题，我国企业应首先抛开行业内部的利益矛盾，用长远的眼光认清337调查对整个行业的伤害，通过行业协会或者商会的渠道来加强交流，而这不仅限于整合资源共享证据，甚至完全可以采取集体应诉的方式主动加入案件的调查中去。此种将诉讼成本分摊化的方式能够大大提高胜诉的可能性。[2]

美国的337调查程序被许多跨国公司所利用，成为其竞争策略之一。捷康此次主动应诉并取得胜利，树立了我国高新企业主动保护知识产权的

---

[1] 吕璐：“从两起案例看如何应对美国337调查”，载《对外经贸实务》2009年第1期。

[2] 李勇：“从捷康成功案例谈应对美国337调查法律对策”，载《中国商贸》2011年第5期。

典范，该案的胜诉让人们看到中国企业科技创新意识、知识产权保护意识和依法维权的意识都在不断增强，也看到了同行业联手对外的成果，❶ 从中得到的经验的确值得中国外向型企业学习和借鉴。

（王雪松　李文靓　胡意意撰稿）

❶ 尚炜："自主创新铸就维权典范——捷康公司美国'337知识产权调查'案胜诉记"，载《太原科技》2009年第7期。

第一章　全球化时代的知识产权与行政法

调整市场经济的私法与规范公权力的公法之间已然相互介入、交融，呈现出公法与私法、知识产权法与行政法、国内法与国际法交融的法律景观。

知识产权是受私法与公法保护的、公共利益限制的、公法管理的私权利。知识产权侵权救济采用行政救济和司法救济并行的“双轨制”，在当下中国各具优势，具有各自的正当性。

知识产权行政法保护的制度，是国家知识产权行政主管部门及相关国家机关在遵循法定程序和运用法定行政方法的前提下，依法对知识产权实施的行政保护与管理及其监督所形成的体制。它包括知识产权行政法律关系和知识产权监督行政法律关系。具体包括制定知识产权发展战略、知识产权行政许可、行政确认、行政裁决、行政检查、行政处罚和行政复议、行政诉讼等制度。除了人权限制外，知识产权保护的一个重要限制在于如何处理保护与反垄断的关系。

WTO 法的缔结及其实施就是国际法与国内法交融的典型之一。在知识产权法律制度全球化的时代，考察知识产权的行政法保护，必须注意到以下几个问题：（1）贸易摩擦凸显知识产权纠纷，行政保护重要性愈发彰显；（2）知识产权法律制度呈全球化，行政权运作受国际法约束；（3）知识产权运行涉及各方利益，规制需注重利益平衡原则。

第一节　法律交融中的知识产权

一、公私法交融中的知识产权

“知识产权是法律赋予权利人对特定的客体的垄断权或者独占权，也即知识产权权利人在法律的授权范围内排他性地享有或者行使其知识产权”。[1]美国的《知识产权》一书，是由西方出版公司出版的法学概要系列丛书之一，很具有代表性。其作者在导言中指出，知识产权传统上包括专利、商标和版权三个领域，它们的共同之处在于，都具有无定形的特征，并且都是一种非常抽象的财产概念。[2]当代知识产权，远超传统的领域范围并不断扩大。

（一）公私法交融的实然景观[※]

在经济的发展过程中，两种对立的社会组织形式——国家与市场交织在一起，贯穿数百年的历史。期间“市场失灵”与“政府失灵”的现象，使得它们之间的相互补充、相互作用日益增强。曾经一度在市场管理上只是充当“守夜人”的政府，随着市场经济本身固有缺陷的显现，不得不加强对某些市场领域的规制。[3]政府对市场的规制体现了公权力对私领域的介入。政府干预经济的法律后果，一方面表现为私法的公法化，如公法限制绝对私有财产；另一方面则表现法律规定政府以私法手段，如合同方式，实现公共行政管理，即表明公法的私法化。调整市场经济的私法与规范政府规制的公法之间相互介入、交融。

---

[1] 孔祥俊：《反垄断法原理》，中国法制出版社 2001 年版，第 639 页。

[2] Arthur R Miller & Michael H Davis. *Intellectual Property* , West Publishing Co. 1990 p. 1.

※ 朱淑娣：“论法律交融中的国际贸易行政诉讼”，载《现代法学》2008 年第 2 期。

[3] 关于政府规制的原理及其模式，参见 Stephen G. Breyer，Richard B. Stewart，Cass R. Sunstein，Matthew L. Spitizer. *Administrative Law and Regulatory Policy：Problems，Text，and Cases（Fifth Edition）*，New York：Aspen Law & Business，2002，pp. 5 ~ 15.

（二）公私法交融理论观照下的知识产权

知识产权是私人就其智力成果可享有的排他性民事权利，是私权，这一点不仅为TRIPs协议以“知识产权为私权”所宣称，也为当今世界各国所一致认可。知识产权的产生、行使和保护，适用于民法的基本原则和基本制度。但是，考察知识产权的理论与实践，很显然，知识产权并不是纯粹的私权，相反，它是与公权力关系十分密切的私权。无论是创设知识产权法律制度，对知识产权的保护，其根本出发点与落脚点无一不与促进创新、推动社会进步甚至是增强国家竞争力这些公共利益密切相关。从这个意义上来说，知识产权法律也可以看做是国家的一项公共政策，体现了公法与私法的交融。

综合考量，庶几可在公私法交融的理论观照下如此界定知识产权：知识产权是受私法与公法保护的、公共利益限制的、公法管理的私权利。这里的私权利指的是私主体的权利，并非仅受私法保护的权利。知识产权，从其性质上看，它可以界定为一种复合权利：在私法法律关系中，它是私主体的私法权利；在公法法律关系中，它是私主体的公法权利。狭义的公法包括宪法与行政法。行政法是以确保公民权利为目的，以利益平衡、控制政府权力为任务的法律部门。以行政法视野观照之，行政法既能够保护权利人的合法权利，又必须秉承利益平衡原则。

二、知识产权的行政法保护

（一）知识产权行政法保护的宪法基础

这是一个民主和法治的时代，知识产权作为一项宪法权利理应受到保护。

美国宪法规定：“国会有权……为促进科学和实用技艺的进步，对作家和发明家的著作和发明，在一定期限内给予知识产权的保障。”以专利法为例，美国国会行使这项权力制定了现行的专利权法。《美国专利法》规定：“凡发明或发现任何新颖而适用的制法、机器、制造品、物质的组分，或其任何新颖而适用的改进者，可以按照本编所规定的条件和要求取得专利权。”该法通过允许发明者和开发者对专利权临时垄断以收取报酬补偿其在开发研究期间花费的方式，鼓励创新与投资。

我国《宪法》第47条规定：“中华人民共和国公民有进行科学研究、文学艺术创作和其他文化活动的自由。国家对于从事教育、科学、技术、文学、艺术和其他文化事业的公民的有益于人民的创造性工作，给以鼓励和帮助。”尤其是2004年我国宪法进行了第四次修正，规定“公民的合法的私有财产不受侵犯”，对私有财产的保护范围和保护力度都明显加大，确立了著作权人所获得的财产利益的合法地位，并且明确提出保障人权，在“公民基本权利”前面增加“国家尊重和保障人权”的规定。作为人权主要体现方式的言论自由和出版自由是宪法的内容，也是知识产权法的主要内容。因此，这次修宪使知识产权法的地位更加重要，也使法学界包括知识产权界对知识产权限制的关注都日益强烈。

可见，知识产权是各国宪法都规定的一项重要权利。行政法是调节国家行政机关履行职能时所发生的各种社会关系的法律规范的总称，是国家对经济、政治、文化和社会生活等各方面进行主动干预的法律表现形式。行政法的作用在于保障行政权的有效行使，维护自然人、法人的合法权益和社会公共秩序，确保政府向社会提供秩序和政策等特殊“产品”。❶ 作为宪法最重要的实施法，也是最具有社会影响力的法，行政法比其他法律更具有普遍强制性与实施的可能性，所以著作权和其他类型知识产权的实现必须要求政府介入并采取行之有效的行政保护措施。

（二）知识产权行政法保护的构成要素

现代行政法体系一般由3个部分，即行政实体法、行政诉讼法、行政程序法组成。❷ 也可以说，这三者共同构成知识产权的行政法保护体系。行政实体法，一方面是明确知识产权行政机关作为行政主体的法律地位，规定知识产权行政主体行使相关权力的职权和界限；另一方面是明确知识

❶ ［德］毛雷尔著、高家伟译：《行政法学总论》，法律出版社2000年版，第21页。

❷ 崔卓兰：“论行政法权利保障功能的发挥”，载《法学研究》1994年第4期。

产权人享有的具体权利和义务，规定知识产权行政主体的相应义务。行政诉讼法，以监督制约行政权力的滥用为基本宗旨，一般须以知识产权侵害结果的产生为前提，是对知识产权造成的侵害后果进行的事后补救。因此，其只能对行使知识产权领域的行政权产生的既成违法或错误事实进行纠正，而在及时预防制止知识产权被侵害方面往往是鞭长莫及的。行政程序法，顾名思义是为知识产权领域行政权的行使者合法行权所规定的法定“程序”，它将知识产权行政主体的义务具体化为具有实际可操作性的内容。知识产权行政主体无论在行政立法、行政执法还是行政救济过程中，都必须严格遵守法定的公开的操作规程。知识产权行政主体违反法定程序，同样是对公民知识产权的侵犯，权利人可以此提出申诉或控告来维护自身权利的实现。知识产权行政法保护体系的这 3 个构成要素之间是相互关联的，共同“为国家的权力和公民的权利的平衡作出贡献”。❶ 行政实体法更多的起到权利与权力的宣示作用；行政程序法侧重保证知识产权领域行政权行使过程中行政主体与知识产权权利人之间的均衡；行政诉讼法则立足于对已被打破的均衡的恢复。

（三）知识产权的行政法保护的实际意义

知识产权行政法保护的制度，是国家知识产权行政主管部门、相关行政主体与司法机关在遵循法定程序和运用法定行政方法的前提下，依法对知识产权实施的行政保护与管理及法制监督所形成的体制。它包括知识产权行政法律关系和知识产权监督行政法律关系。知识产权行政法律关系具体包括制定知识产权发展战略、知识产权行政许可、行政确认、行政裁决、行政检查、行政处罚和行政复议等制度。

1. 知识产权行政法保护有利于改善知识产权法治环境

当前，我国经济贸易在世界经济和国际贸易中的比重不断提升，对外投资日益增加，创新能力逐步增强，经济结构、进出口结构不断改善，加

---

❶ ［英］威廉·韦德著，徐炳译：《行政法》，中国大百科全书出版社 1997 年版，第 7 页。

强知识产权保护和行政执法工作，既是促进对外开放、营造有利于我国和平发展的国际环境的需要，也是深化改革、促进我国经济又好又快健康发展的需要，两者统一于国家的总体发展方针，统一于满足人民不断提高的物质文化生活水平的需要。近年来，侵权者与假冒者借助快捷、广泛传播的知识产权信息，利用现代技术手段提高了知识产权侵权产品制造、扩散的水平和速度，依靠一种执法途径的保护模式，难以解决知识产权侵权、假冒问题。在完善司法保护的同时，行政保护在解决知识产权纠纷和打击知识产权违法行为方面的作用日益显现。

2. 知识产权行政权保护符合政府职能转变的方向

市场经济条件下，政府将不再直接控制企业、控制项目，它提供的是良好的社会环境、市场环境，遵循的原则是依法行政。依法行政具体体现在两个方面：一是抽象的行政行为，即制定规章制度与政策，并尽可能使政策规范化、制度化；二是行政执法，即具体的行政行为，包括依法裁决相对人之间的争端，迅速化解各类社会矛盾，查处违法行为，保护守法者的正当利益，维护和谐稳定的社会秩序与诚信的市场秩序。所以，从长远来看，加强和完善行政执法是完善社会主义市场经济体制、规范市场秩序和建立诚信社会的需要。

（四）我国现行知识产权行政法保护主要制度

我国现行的知识产权法律（如《专利法》《商标法》《著作权法》等），多数规定了知识产权行政管理机构。我国知识产权行政管理机关依据法律规定的职权，制定知识产权发展战略，加强知识产权保护的行政指导，维护知识产权法律秩序，鼓励公平竞争，调解纠纷，查处知识产权的侵权案件，保障知识产权权利人的合法利益和良好的社会经济环境。

1. 知识产权的行政许可与确认

通常来说，知识产权要获得法律的认可与保护，必须在符合法定条件的前提下通过知识产权行政管理机关的审查与核准。《专利法》《商标法》《著作权法》《计算机软件保护条例》《集成电路布图设计保护条例》等相关法律法规及规章分别就各自范围内知识产权的审查、授权、登记等方面作了详细规定。这些规定的实施，从一定意义上说是对知识产权进行行政保护的首要内容，同时也为进一步的知识产权行政保护奠定了基础。

2. 知识产权侵权行为的行政裁决、行政调解和行政处罚

根据法律规定，知识产权行政管理机关具有行政执法权。当知识产权受到侵害，有权机关可以根据权利人的申请或根据发现的线索主动对侵权行为进行调查、处理。发生知识产权侵权纠纷时，权利人可以向侵权行为地或者侵权人住所地的知识产权行政管理机关提出保护其知识产权的请求。知识产权行政管理机关可以根据权利人的申请和要求，依法对知识产权纠纷、知识产权许可使用费用、损害赔偿数额等事项进行调解。对于侵犯商标权、专利权、著作权等行为，有权机关可以责令侵权人停止侵权，可以没收违法所得，可以罚款，在必要时还可以收缴用于侵权的工具、设备，可以没收、销毁侵权产品及物品。

三、国内或国际法交融中的知识产权与行政法

（一）国内或国际法交融实然景观

随着国际经济和高新技术竞争的日益激烈，世界各国和地区对知识产权制度的发展给予极大的关注，围绕知识产权的争端频发，使得确立有关知识产权的法规和制度已成为全球性的重要课题。

自20世纪后期以来，知识产权国际化的过程在加快，使得当代知识产权保护制度也呈现出国际化趋势，保护知识产权的国际组织纷纷建立。如1970年，世界知识产权组织（WIPO）建立；1974年，世界知识产权组织成为联合国组织系统中第十四个专门机构；同年欧洲专利局成立等。知识产权法律制度也逐渐国际化。有关知识产权的国际公约越来越多、加入公约成员的数量越来越广、涉及的范围越来越广、保护的力度越来越强。考察经济全球化与知识产权全球化的关系，可以说，经济全球化推动了知识产权法律制度的全球化；反过来，知识产权全球化又进一步促进了经济的全球化。

可见，在知识产权保护与管理及其他经济规制领域出现了国内法与国

际法交融的现象。在经济全球化的进程中，经济一体化日益加剧，各国对其涉外经济的调整有意无意地存在保护本国产业的影子，国内法的规制时有失灵，因此需要国际法的规制，国际法也有这方面的要求。这两个方面相互作用，提供了国际法与国内法交融的现实动力。在其推动下，该交融包括两个方面：其一，在缔结国际法时，受西方法治成熟国家政治经济实力的影响，它们国内法——特别是英美国内法——的理念、原则与制度，会转化为国际法的组成部分；其二，后发国家为了融入世界政治秩序，与世界发展接轨，需要加入并受到已有国际法的影响，而且要承担通过制定国内法履行国际法定义务的责任。这样，国际法的内容就成为后发国家国内法的组成部分，即国际法的国内化。[1] WTO 法的缔结及其实施就是国际法与国内法交融的典型之一。[2]

（二）国内或国际法交融理论观照下的知识产权行政法保护

在经济全球化、知识产权法律制度全球化的时代，在国内法与国际法交融的时代，考察知识产权的行政法保护，必须注意到以下几个问题。

1. 国际贸易摩擦凸显知识产权纠纷，行政保护的重要性愈发彰显

改革开放以来，我国对外进出口贸易和国民经济迅速发展，与此同时，国内外贸易摩擦也与日俱增。近年来，我国面临的国内外经济贸易摩擦中，知识产权保护的争端表现得尤为突出。知识产权侵权纠纷的纠纷解决机制中，行政权力的运作具体表现为行政调解、行政裁决，其专业性、效率性的优势有助于化解纠纷。

2. 知识产权法律制度呈全球化，行政权运作受国际法约束

经济全球化导致了知识产权的全球化，各国关于知识产权的法律制度必须符合国际条约。因此，一国国内涉及知识产权的行政权的运行除了受到该国法制的约束之外，更需受制于国际条约的限制，符合国民待遇、最

---

[1] 朱景文：《比较法社会学的框架和方法——法制化、本土化和全球化》，中国人民大学出版社 2001 年版，第 567 ~ 570 页；刘文静：《WTO 规则国内实施的行政法问题》，北京大学出版社 2004 年版，第 212 页。

[2] 朱淑娣：“论法律交融中的国际贸易行政诉讼”，载《现代法学》2008 年第 2 期。

惠国待遇、程序正义原则、透明度原则等一系列国际规则中关于行政法治的要求。

3. 全球知识产权运行涉及各方利益，规制需注重利益平衡原则

经济全球化的时代下，知识产权的使用、保护的过程中将涉及国内及国外、公司及个人、市场主体及公共社会等不同主体的利益问题，因此运用行政法对于知识产权进行保护的过程中，必须秉持利益平衡原则，依据利益运动的规律，在符合多元利益特性的基础上，根据知识产权法律规范和其他相关法律去调整该多元利益体系中的冲突，以实现知识产权法律体制下的利益最大化而应遵循的指导法则。具体而言，应注重以下几对利益关系的平衡：（1）本国知识产权主体与他国知识产权主体的利益关系；（2）私人利益与公共利益的关系；（3）本国公共利益与他国公共利益之间的关系。

以私人利益与公共利益之间的平衡为例，公共健康权与知识产权保护的关系一直以来是国际知识产权界关注的焦点，也是学者集中笔墨最多的论题之一。在研发阶段投入大量资金、人力和时间的药品制造商期待通过知识产权来收回成本、获得盈利，而遭受疾病困扰、大多数民众无力支付昂贵药价的发展中国家将生存作为最大的公共利益，知识产权面对生存权、健康权必须退居第二位。同具有人权属性的知识产权和健康权在促进和维护人类福利方面具有共同的目标，两者之间的平衡是个值得深入思考的问题，借助公法对私权的限制达到私权保护和社会公共利益维护均能实现的双赢效果是行政法的目标。应从公法与私法的交融、国内法与国际法交融两个维度予以应对，以保护弱势方合法权益、维护国际公共利益、寻求国际社会内的稳定与和谐，增进人类福祉。

第二节 知识产权行政法保护的学理阐释

一、知识产权行政法保护的比较优势

（一）宪法、国际法对于知识产权保护的局限

1. 宪法条文过于原则性，不利于实际操作

在成文宪法国家，宪法是国家的根本大法，知识产权通过宪法被确认为公民基本权利后，就意味着其成为公民首要的、根本的、具有决定性意义的权利，在公民的权利体系中居于核心的地位，任何组织或个人都不得非法剥夺、限制或侵害。宪法所确定的公民基本权利反映了国家权力与公民权利之间的关系，在民主和法治国家，公民权利是国家权力的本源。知识产权被宪法确认为公民所享有的权利，就意味着国家机关应当履行相应的义务。虽然宪法是各成文法国家法律体系的最高规范，但在其神圣的光环下不可避免地充斥着较多的意识形态与价值判断的成分。宪法对于公民的知识产权大多是从原则上确定了公民对基本权利的享有，而缺乏具体的权利内容、实现途径和救济保护等内容，在公民知识产权受到侵害时很难被作为权利救济依据，司法机关也通常因为缺少明确的法律依据而对案件无从下手。可以说，宪法虽然是公民权利的宣言书，但要把宣言变成现实，还需要相应的可供实际操作的法律将宪法内容具体化。

2. 宪法确定的权利需要行政主体予以实施

人的主观认识能力的有限性与客观世界的无限性之间存在无法消解的差距，体现在社会生活中，立法者永远无法超越其所处的历史环境、个人知识能力以及立法技术的限制，因此“法律所未及的问题或法律虽有涉及而并不周详的问题确实是有的”。[1] 成文宪法的高度原则性、概括性及稳定

---

[1] ［古希腊］亚里士多德著，吴寿彭译：《政治学》，商务印书馆 1965 年版，第 163 页。

性，注定了其在瞬息万变的现代社会更具保守、迟缓的特征。尤其是处于急速的社会转型时期，宪法的尊严和权威性与社会现实的频繁变动性之间的冲突更为明显。随着社会的不断发展变化，相对稳定的宪法条文逐渐显得僵化和保守，宪法中所确认的原则性、概括性的公民基本权利日益被赋予了新的内涵，需要及时进行诠释。当今社会保护知识产权的理念已深入人心，知识产权的实现过程中遇到了很多新情况、新问题需要国家通过法律规范的形式予以确认，并由行政主体予以贯彻实施。

3. 国际条约中的知识产权条款无法直接在国内实施

一系列国际条约的相继产生和生效，使得知识产权的保护越出一国之范围而走向了国际保护轨道。条约各成员国应当按照其规定承担在本国保障权利实现的法律义务。然而，关于国际法与国内法的关系，或者说国际条约在国内的实施效力问题，国际法上目前还没有统一的规则。实践中大体存在两种对立的比较典型的模式：一是“个别转换”，即条约的国内法效力依赖于国家通过个别立法实施的转换过程；二是“自动纳入”，即国家一旦缔结或加入某一国际条约，该条约便自动地成为国内法的一部分。[1]到目前为止，很多国家对国际法与国内法的关系一直未能明确，具体法律规定和相关实践也没有统一的标准。要在各缔约国国内真正实现保护公民的知识产权，还有赖于各国完善其本国相关法律规则。

（二）知识产权行政法保护的显著优势

1. 行政法将知识产权内容具体化，使其更具有可操作性

宪法作为国家具有最高法律效力的根本大法，其核心内容是对国家权力的实现方式及其运作进行规范，其政治性色彩颇为浓厚。行政法所关心的则是行政权的存在及其行使的合法性，表现出更多的技术性特性。按照当代自由主义思想大师哈耶克的说法，宪法“旨在分配权威，限制政府权力”，而行政法指“调整政府机关及其公务员的行为的规则，决定社会资

[1] 龚刃韧：“关于国际人权条约在中国的适用问题”，见夏勇主编：《公法（第一卷）》，法律出版社1999年版，第284页。

源的配置方式”，两者的核心作用都在于“对政府手中的任意权力加以限制，以免公民个人及其财产沦为政府恣意支配的工具”。[1] 宪法与行政法虽然在调整对象、范围及方法等方面都存在一定的差异，但出于对公共权力制约及基本人权保障的共同关切，行政法与宪法并没有泾渭分明的界限，二者具有公法精神上的一致性和规范内容上的紧密延承性。

宪法抽象和原则性的规定需要不同形式的法律部门将之具体化，行政法是实施宪法的最重要的法律部门。宪法对知识产权的原则性规定，是知识产权行政法保护的立法依据和指导思想，行政主体在不违背宪法规定和行政职权范围内制定相关知识产权行政法律规范，明确公民知识产权的具体权利内容、知识产权行政主体的义务和权力界限以及对侵害知识产权的救济等内容。没有行政法，宪法每每是一些空洞僵死的纲领和一般原则，至少不能全部地见诸实践。[2] 可以说，对公民知识产权的行政法保护是在“宪法公民基本权利”与“公民实际获得利益”之间架起的一座宽阔的桥梁。

2. 行政法对知识产权的保护更加具有能动性、及时性

在国家权力结构体系中，行政权是最能动、最有力的，行政法规范因其效力等级的多元性以及授权立法的技术性，灵活地对社会政治、经济、科技的发展作出回应。在知识产权保护方面，行政权可以对社会生活作出迅速、敏锐和有效反应，积极地根据知识产权发展的现实需要制定相应层级的知识产权行政法规或规章，扮演了缓解宪法所面临窘境的最佳角色。在知识产权的行政法保护过程中，行政法作为独立的法不仅在制度层面上是宪法的具体化，而且在价值层面上将宪法所宣示的实体性价值转换成行政法意义上的程序性价值予以实现。因此可以说，行政法补充、拓展了宪法保护知识产权的内容，在一定限度内减缓甚至消解了社会变动与宪法滞后之间的紧张关系，促进了公民知识产权的实现。伴随着政府职能转变和

---

[1] 张文显：《二十世纪西方法哲学思潮研究》，法律出版社 1996 年版，第 258 页。

[2] 龚祥瑞：《比较宪法与行政法》，法律出版社 1985 年版，第 5 页。

社会公共事务管理模式多样化，行政法适用范围拓宽，促成了一系列行政法制度与观念的更新。行政法理念由权力行政向服务行政的转变，以知识产权行政法规为骨干，以知识产权部门规章、地方规章为主体的知识产权行政法保护体系将不断完善。

3. 行政法规制公权力的行使，促进知识产权领域依法行政

公民的知识产权属于基本权利，但权利的侵犯不可避免，尤其是来自国家行政机关的侵犯比来自其他公民个人的侵犯程度更高，这是因为“国家机关在行使权力时具有垄断性、专门性和强制性”。❶“一切有权力的人都容易滥用权力，这是千古不易的一条经验。有权力的人们使用权力一直到遇有界限的地方才休止”。❷在权力不受制约的地方，一切权利都会化为乌有。面对强大的国家权力，无论宪法规定的公民基本权利是多么的完备，如果不对行政权力进行控制，公民的基本权利可能仅仅是一种宣示。行政法是“关于行政的法”，其核心是行政权与行政相对人的权利之间的矛盾关系。“行政法的最初目的就是要保证政府权力在法律的范围内行使，防止政府滥用权力，以保护公民权利”。❸从某种程度上可以说，保护宪法基本权利是行政法的出发点，也是行政法的目标和归宿。

由此可见，行政法对知识产权的保护具有独特的价值功能：不仅将宪法上规定知识产权的原则性规定具体化，从正面保障公民知识产权；而且通过规制知识产权行政机关在行政过程中的权力授予、行使以及对权力的监督，确定行政权的界限，以否定的形式保障公民知识产权的实现。

4. 行政法将国际条约中的知识产权内容转化为国内法实施

国际条约中规定的知识产权内容大多无法被“自动纳入”缔约国的国内法，只能通过国内法的“个别转换”来实现。事实上，即使是在采用

---

❶ 龚祥瑞：《宪政的理想与现实》，中国人事出版社 1995 年版，第 160 页。

❷ ［法］孟德斯鸠著，张雁琛译：《论法的精神（上册）》，商务印书馆 1963 年版，第 154 页。

❸ ［英］威廉·韦德著，徐炳译：《行政法》，中国大百科全书出版社 1997 年版，第 5 页。

“自动纳入”方式的国家，仍有一部分“非自动执行条约”需要转化为国内法才能得以实施。而且，有些国际条约本身就要求缔约国将其转化为国内法来实施。因此，各国在国际法与国内法关系的基本态度指导下，制定不同层级的知识产权行政法律规范，将其在所缔结条约中所作出的承诺转化为具体的国内法，才是尊重和保护公民行使知识产权、促成国际条约上公民知识产权实现的有效途径。

二、知识产权行政法保护的理论基础

（一）行政法治理论

关于“法治”，不同国家、不同历史时期、不同学者有不同的表述。英国宪法学家戴雪将法治归纳为三项基本内容，其中最为重要的一项为“正式的法绝对优先于专横权力”。德国学者认为法治的最重要的内容是“依法行政”，并据此导出“法律保留”（对国民自由、财产的限制必须有法律规定）和“法律优先”（行政应从属于法律，不得违反法律）原则。日本学者将现代法治主义归纳为四项主要内容，其中第一项、第二项分别为“行政权只依宪法存在”“行政的目标是实现法律所体现的国民意志”。❶如同人权具有普遍性与特殊性一样，各国法治也既具有普遍性，又具有特殊性。就其普遍性而言，政府服从法律、行政受法的支配是法治一般原则之一。

法治是现代行政法产生的基础，是人类文明与发展的标志。法治原理是指依法治国，在行政领域主要表现为依法行政或法治行政，反映了当代社会客观发展的要求。❷ 其核心是国家权力的组织与运用要受法律的制约，以法律来制约政府行为，政府的侵权行为受法律的追究。现代行政法的产生与发展是以法治思想为基础的。法治原理的意义主要在于任何行政活动都依宪法与法律进行，因行政活动自身利益受侵害者能够得到有效的救济。

❶ ［日］室井力主编，吴微译：《日本现代行政法》，中国政法大学出版社 1995 年版，第 20～22 页。

❷ 张正钊、韩大元：《比较行政法》，中国人民大学出版社 1998 年版，第 54 页。

在君主专制时代，行政具有任意性，不受任何制约，社会主体权利与自由得不到有效的保护。近代资产阶级革命改变了行政与法律相互脱节的局面，把行政置于法律的严格制约之下，以防止行政的恣意性，保障公民的权利。制约与影响行政活动的法治行政原理（法治主义），经过了从形式主义法治行政向实质主义法治行政的发展演变过程。形式主义法治行政指的是行政的法律支配。

在大陆法系国家行政法发展的早期，法的支配实际上指的是法律支配，即根据立法机关制定的形式的法律来治理国家。然而，对法律本身的价值判断以及价值层面上的法律与行政关系并没有给予应有的重视，或者说只是从形式意义上理解法律与行政的关系。第二次世界大战以后，形式主义法治原理逐渐暴露出自身的局限性，不适应行政与法律在深层次上相互结合的现实要求。法治行政从依法律行政发展为依法治行政的新的思想与制度基础。实质意义的法治行政不仅强调依立法机关制定的法律来制约行政，同时要求立法机关制定的法律须符合理性与人权要求，并有效地保护公民个人的权益。❶

法治主义是现代法治国家追求的目标与基本精神。经过历史的变迁，法治主义原理的价值已经得到各国的普遍公认与尊重。但法治主义原理并不是固定不变的，随着社会的发展与行政活动的变化，传统的法治主义逐步向实质法治主义演变，给法治行政提出了新的课题。从历史上看，法治主义是以国家主权为前提而形成的，但今天的国际化时代，国家主权所发生的变化必然引起传统的法治主义原理的变化。如前所述，法治主义原理作为一种价值规则，适用于不同的文化背景，但在具体运用法治行政方面又有不同的特点。正如前面所分析的那样，法治主义在大陆法系与英美法系国家中呈现出差异性，法的支配观念实际上影响着英美行政法的制度，戴雪关于法治的理论主张曾经支配了英美行政法理论。在西方国家与非西方国家行政法的法治中，法治主义原理的具体运用过程与表现形式是不同

❶ 张正钊、韩大元：《比较行政法》，中国人民大学出版社 1998 年版，第 54 页。

的。在各国行政法制度运行中所采用的具体的理论基础有差异，反映了法治行政原理的理论与实践特点。由于行政法产生与运行的具体历史背景不同，法治主义所体现的价值也表现出多样化的结构。在传统行政法体制下，法治主义在行政领域中的主要功能是“行政抑制的功能”，即把行政活动完全置于议会的控制之下，最大限度地限制行政权的活动。这种观念是传统行政思想的必然产物，使行政与法的关系成为单向的制约关系。但是到了现代社会，随着行政功能的扩大与国家观的变化，行政与法的单向制约关系变为双向制约与合作关系，行政的能动性得到尊重与发展。为了适应行政社会的需求，法律从限制功能逐步进入国家政策功能，除抑制功能外，“行政的向导功能”得到了发展。[1]

综上所述，不同历史发展时期的法治主义价值性有不同的表现形式，其基本内容包括两个规则：一是行政的法的从属性，行政活动发挥法律效果的前提是符合宪法和法律的精神，不仅程序上符合法律，而且在实体内容与法律的价值性上符合法的精神，发挥人权保障的功能；二是对行政作用的司法审查，即为了实现法治主义的实体内容，通过司法审查制度确立行政的合法性与合理性原则。

我国《宪法》第5条明确规定：中华人民共和国实行依法治国，建设社会主义法治国家。用法治保障人民的主权，保障人民当家做主是现代社会很多国家采用的治国方式。具体到著作权领域，法治原理就是要求著作权行政机关的活动应该合法、合理、权责统一。著作权行政机关应当依照法律、法规、规章的规定进行行政活动；公平、公正对待行政相对人，不偏私、不歧视。著作权行政机关行使自由裁量权应当符合法律目的，排除不相关因素的干扰；所采取的措施和手段应当必要、适当；著作权行政机关违法或者不当行使职权，应当依法承担法律责任，实现权力和责任的统一，不能仅仅通过“重拳出击”追求执法效果，而忽视了依法合理地行使

[1] ［日］盐野宏著，杨建顺译：《行政法讲义（上）》，中国政法大学出版社 1997 年版，第 45 页。

行政权，损害著作权权利人或从事著作权产业的从业者的利益。

（二）利益平衡理论

利益平衡是贯穿整个知识产权法律体系的“帝王原则”，也是现代知识产权法精神中的精髓部分。在几百年的知识产权立法设计中，人们逐渐发现，利益平衡原则作为一项根本的指导原则起着实质性的作用。“平衡”也可以理解成均衡。所谓均衡，用法律经济学的观点看，是指每一方都同时达到最大目标而趋于持久存在的相互作用形式。[1] 知识产权法律制度是一种分配围绕知识产权所产生的各方权益的平衡机制，其中知识产权人的垄断利益与社会公众利益之间的平衡是知识产权利益平衡机制的立足点。在当代各国的著作权立法和著作权国际公约中，利益平衡始终是永恒的主题，作为知识产权法的价值目标和理论基石，利益平衡机制的建立对知识产权法的发展具有深远意义。知识产权的发展，主要涉及这几方利益，即知识产权人、知识产权使用者、知识产权行政机关和社会公众利益，这几者像一个“制衡链条”，双向循环运行。不能因为要保护某一方或某几方利益，而忽视其他方的利益，这样这个制衡关系就要发生断裂，导致知识产权保护也成为虚谈。所以，在进行知识产权行政法保护时应看清各利益方之间的制衡关系，关心知识产权相关产业链中各个环节的利益分配理论问题，将著作权人、知识产权人、知识产权使用者、知识产权行政机关、社会公众看成是作品的价值实现的大系统，建立一个相互依存、相互影响、相互作用的正常关系来缓解甚至是平息各方的矛盾。在对知识产权进行行政法保护时，要充分考虑知识产权人、知识产权使用者、知识产权行政机关和社会公众的利益关系。不能只重视一个或两个而忽视其他方的利益。在立法时不仅要考虑知识产权人、知识产权使用者的利益，也要听取社会公众的意见，更重要的一点，是要正确处理政府与知识产权产业链上各个主体的关系，实际上也是制衡关系。

---

[1] ［美］罗伯特·考特托马斯·尤伦著，张军等译：《法和经济学》，上海三联书店1991年版，第22页。

三、知识产权行政法保护的基本原则

（一）体现行政法定原则

行政法定主要表现为权力都应当具有明确的法律依据，行政法定原则是行政法的理念的具体化。从我国的立法实践看，无论是已经颁布实施的《行政处罚法》和《行政许可法》，还是已经公布的《行政强制法》（征求意见稿）都已经将法定原则视为各自的首要原则。[1] 尤其是《行政处罚法》实施以来，“处罚法定”原则已经成为我国广大公民特别是行政机关工作人员所熟悉，它对培育全社会先进的行政法律意识起到了重要的推动作用。因此，如果将这些立法中的法定原则及时总结并上升为行政法的基本原则就能够进一步发挥其潜在的作用。可见，行政法定原则在我国具有广泛的生存空间。这一原则显示，人们所需要的政府首先应当是一个位居法律之下的政府，而“法律之下”的政府又恰恰是宪法“主权在民”或“人民主权”精神的集中体现。笔者认为，这一原则包括以下具体要求。

第一，职权法定。这是指任何行政权力的来源都必须是法律的明确授予。在现代法治国家，行政权力与公民权利具有完全不同的运行规则：对于公民权利而言，法不禁止即自由；但对于行政权力来说，法无授权即禁止。换言之，只有当法律对某种行为明确加以禁止时，公民才不得为之；对于法律没有规定的事项，公民就可以自由地为之。然而，行政机关则不同，只有当法律对其进行明确地授权时，其才能实施相应的行为，否则，缺乏法律的授权，行政机关就不得为之。因此，职权法定的核心要求就是一切机关都不能自我设权，从而在根本上杜绝行政权的膨胀。正是从这个意义上来说，职权法定是行政法定原则的第一性要求，它是行政源于法律的真实写照。需要说明的是，职权法定通常是在两个意义上使用的：一是职权来源于行政组织法的授予，如地方政府的规章制定权即来自《地方政

---

[1] 参见《行政处罚法》第3条、《行政许可法》第4条和《行政强制法》（征求意见稿）第4条的规定。

府组织法》的授予；二是由单行的法律授予行政机关或公务组织某方面的职权，如知识产权的管理权即来自《专利法》《商标法》和《著作权法》等单行法律的授予。

第二，法律保留。这是指当宪法或法律将某些事项保留给立法机关时，行政机关非经特别授权不得对此制定任何规范性文件。法律保留的目的主要在于约束行政机关创制行政法规范的活动，防止行政立法权的自我膨胀。我国《立法法》第8～9条已经就此作出初步规定。例如，对公民政治权利的剥夺和限制人身自由的强制措施和处罚就只能由法律来规定，即使法律尚未制定，行政机关也不可能得到立法机关的任何授权而率先就此作出规定，这就是所谓的“法律绝对保留”；又如，对于财政、税收、海关、金融及外贸的基本制度也属于立法机关通过制定法律予以设定的事项，但在此之前，国务院可以根据特别的授权率先制定出行政法规，这就是所谓的“法律相对保留”。除此之外，我国《行政处罚法》第二章关于“行政处罚的设定”也表达了法律保留的要求。

第三，法律优位。这是指在已经具有法律规定的情况下，行政法规、地方性法规及规章等规范性文件都不得与法律相抵触，凡有抵触，则以法律为准；或者在法律尚未规定而其他规范性文件率先作出时，一旦法律就同一事项作出规定，则法律具有优先地位，其他规范性文件必须服从之。法律优先的目的在于解决不同行政法规范之间的效力等级问题，防止行政机关置立法机关之不顾，单纯依照其内部系统所出台的规范行使行政权力。这一子原则对于我国行政法制的推行大有裨益。原因在于，我国的行政立法与法律相抵触的现象极为严重，而行政机关往往都乐于依据这些大量“违法”的行政规范性文件作出相应的行政行为，造成了事实上的行政权由行政权自我规定。而法律优位则体现了行政立法应在法律之下的精神，对于廓清立法权与行政权的关系、维系国家法制的统一具有重要的意义。

第四，越权无效。这是指凡是逾越行政权边界的行为都应当作无效处理。如果说职权法定、法律保留、法律优位主要是一种价值宣示的话，那么越权无效无疑应当是一种直接的责任承担。很显然，当行政权的形式尤其是越权行使之后的问责机制缺席时，上述三方面的要求都将成为空中楼阁。换言之，离开了对越权行政的评判与审查，单方面地希冀行政机关自觉恪守职权法定、法律保留和法律优位无异于在沙滩上作画。因此，越权无效是行政法定原则内在的重要保障。只有当法定的国家机关尤其是司法机关对行政机关的越权行为直接给予撤销或宣布其为无效时，行政在法律之下的理念才能得到彰显。

（二）符合正当程序原则

正当程序是英美国家普通法所普遍奉行的原则。在英国，其行政法上的自然正义原则就是对行政权力行使最低限度的程序要求。核心思想是由两条根本规则构成：一个人不能在自己的案件中做法官；人们的抗辩必须被公正地听取。❶ 在美国，源自其《宪法修正案》第 5 条的正当程序原则更是被行政法学家推崇到极致，以至于他们认为行政法既不是指行政机关所指定的行政实体规范，也不是指立法机关、法院所制定的由行政机关加以执行的实体法律，而是指有关规范行政机关的权力和程序的法律规则。❷如今，正当程序无论是作为一种控制行政权力的理念，还是作为一种原则，都风行于两大法系的行政法当中，全球范围内行政程序法典化的浪潮迭起即是其典型的表现。诚如学者所言："正当程序模式在现代社会显示了它超越时空的优越性，对正当程序模式的借鉴已经成为重建现代行政法模式的基础。用程序控权来取代实体控权，或者说以正当程序模式的行政法来弥补严格规则模式行政法之不足，已经成为当代行政法发展的主流。"❸ 虽然这种论述不免有对程序的溢美之嫌，但一个不争的事实是，自 20 世纪 90 年代开始，在行政法中确立行政程序观念尤其是正当程序观念已经成为我国行政法学界的广泛共识。在这一背景下，恐怕没有人会怀疑将正当程序原则引入行政法的必要性。

---

❶ ［英］韦德著，徐炳等译：《行政法》，中国大百科全书出版社 1997 年版，第 95 页。

❷ 王名扬：《美国行政法》，中国法制出版社 1995 年版，第 39 页。

❸ 孙笑侠：《法律对行政的控制》，山东人民出版社 1999 年版，第 176 页。

笔者认为，正当程序是约束行政机关活动过程的根本原则，其意指行政权力的行使应当遵循最低限度的程序要求。如果说行政权力在其源头上已经遵循了行政法定原则的话，那么接下来的任务就是严格按照既定的正当程序行使行政权力。正当程序体现了现代社会对一个富有理性和权威的政府的迫切要求。甚至可以说，是否遵守正当程序应当成为权力型政府与权威型政府、任性政府与理性政府的直接分水岭。正当程序原则的具体要求主要表现在以下 4 个方面。

第一，资讯公开。正当程序的首要标准就是资讯公开。所谓“太阳是最好的防腐剂”“电灯是最好的警察”，就是对资讯公开意义的生动说明。在行政权力的运用过程中，无论是吸收相对人的参与，还是自觉接受外界的监督，相关的资讯公开都是重要的前置条件。离开资讯公开，行政权力就会在神秘、黑暗的状态中渐行渐远，从而自绝于现代法治社会。诚如学者所言：“没有事先通知其利益有可能因政府的决定而受到影响的人，一切其他权利便可能毫无价值。”❶ 资讯公开的内容应当是全方位的，只要不涉及国家机密、商业秘密和个人隐私，凡是与行政职权有关的事项以及行政机关自身的基本情况都应当向相对人公开。

第二，听取意见。这是指行政机关在作出对相对人不利的决定之前，必须充分听取相对人的意见。是否认真地听取相对人陈诉和申辩是区分开明行政和专制行政的重要标准。所谓“只许州官放火，不许百姓点灯”，就是那种专制行政的极好形容。很显然，在现代民主理念之下，吸收民众广泛参与行政活动、充分听取民众意见已经成为政府施政的重要环节。听证制度的兴起和适用领域的日渐拓宽就是这一趋势的反映。听取意见不仅体现了对相对人的人格尊重和参与权的关怀，而且还能有效地避免行政偏私，进而提高行政相对人对行政权力行使的认同感。

第三，说明理由。这是指行政机关在作出涉及相对人一方权益尤其是

❶ ［美］盖尔霍恩等著，黄列译：《行政法和行政程序概要》，中国社会科学出版社 1996 年版，第 123 页。

将对其产生不利影响的行政行为时，必须向相对人说明作出该行政行为的事实根据、法律根据以及相关的政策考量。是否充分地进行说理，是区分行政机关“以力服人”和“以理服人”的根本标尺。❶ 拒绝说理的行政行为也有可能为相对人所默默接受，但这只是相对人对行政权力背后所隐藏的国家强制力的屈服，绝非相对人的心悦诚服。行政权力的行使要想获得相对人的接受和通力配合，行政机关就必须努力进行理由的证成，通过说理来赢得相对人的信赖。尤其需要指出的是，说明理由的适用范围是极其广泛的，它不仅存在于行政权的初次行使中，而且在行政权的二次运用即改变权过程中更应当得到贯彻，从而切实地维护相对人的信赖利益。

第四，案卷排他。这是指行政机关的任何行为都只能以行政案卷作为根据，不能在案卷之外以相对人所未知或未质证的事实作为根据。是否遵循案卷排他的要求是检验行政机关诚实程度、听取相对人意见实效的根本标准。如果行政机关公然地置已经相对人认可的案卷于不顾，以案卷外的事实作为其最终决定或裁定的根据，那么整个行政活动的程序就将成为骗局。因此，案卷排他是正当程序的落脚点，是实现程序正义的关键所在。

（三）提高行政效益原则

效益的基本含义是：从一个给定的投入量中获得最大的产出，即以最少的资源消耗取得同样的效果，或者以同样的资源消耗取得最大的效果。在经济学上，效益是指在特定情形下，社会总成本与总收益之间的关系，即以最少的资源消耗获取同样多的收益，或以同样多的资源消耗获取最大的收益。当代西方经济分析法学家十分重视研究法的效益价值，其核心思想是：效益——以价值得以极大化的方式分配和使用资源，是法的宗旨。❷ 笔者认为，这种分析方法值得在行政法学中加以援用。事实上，追求效益的最大化同样是现代社会对政府的要求。行政法上的行政效益原则是指在行政法规范的制定和实施过程中，要求以消耗最少的社会资源而获取最多

❶ 其实，在普通百姓眼里，讲不讲理是判断一个政府是不是民主政府的最朴素的标志。因而，说明理由也应当成为对政府形象的最低限度的要求。

❷ 吕世伦等：《法哲学论》，中国人民大学出版社 1999 年版，第 585 页。

的社会效果。如果说正当程序是对行政权力的行使过程给予关注的话，那么行政效益原则无疑体现了对行政权力行使结果的极大关注。

在我国行政法中，引入行政效益原则有明确的宪法依据。现行《宪法》第 27 条规定："国家机关不断提高工作质量和工作效率，反对官僚主义。"虽然这一表述尚有些政治宣言的嫌疑，但它却表达了宪法对效益原则的肯定。同时，引入行政效益原则也有助于更新行政法观念，从而更好地回应服务行政、给付行政时代的需要。笔者认为，行政效益原则的具体要求包括以下两点。

第一，行政法规范创制符合效益。这是指行政立法活动必须以较少的成本支出获得较高的社会效果。众所周知，行政立法活动本身需要消耗大量的人力、物力，而立法后的贯彻实施也需要支付相应的社会成本，如设立机构、招募人员、增加经费等。因此，行政立法活动必须尽力节约社会成本，并追求最大社会效益。如因出台相关立法维护了某一领域的秩序、保护了社会成员的切身利益等。例如，2003 年 5 月 12 日，国务院在抗击"非典"斗争期间出台的《突发公共卫生事件应急条例》就是讲求行政立法效益的典范。该项行政法规从起草到发布实施不足一个月时间，可谓成本低廉；同时，其及时公布实施不仅对维护社会的公共安全具有重要意义，而且对保障广大公民的生命健康也发挥着极为特殊的作用。

第二，行政法规范实施符合效益。其指行政机关在使用行政法规范处理个案时，必须尽可能减小对相对人的利益的损害，在公共利益与个人利益之间寻求平衡。从某种意义上来说，行政法规范的实施过程也是行政机关对各种相关利益进行权衡、取舍的过程。在这一过程中，作为公共利益维护者的行政机关无疑应当追求公共利益的最大化，但同时也应当将其行为对相对人造成的损失减少到最低限度。否则，这种行政权力的行使也不符合行政效益原则。例如，行政机关按照法律的规定拆除违章建筑时，应当尽可能采取对相对人权益损害最小的手段。这一要求类似于大陆法系国家行政法中的狭义的比例原则，即行政权力的行使虽然是达成行政目的所必要的，但是不可给予公民超过行政目的价值的侵害。[1] 我国相关立法已经初步认可了这一具体原则，如《行政强制法》（征求意见稿）第5条即规定："设定和实施行政强制应当依照法定条件，兼顾公共利益和当事人的合法权益，正确使用法律、法规，选择适当的行政强制方式，以达到行政管理的目的为限度。"

上述基本原则，无一不适用于知识产权行政法保护领域。无论是在知识产权行政立法、行政执法还是知识产权行政救济中，都要严格按照上述标准来衡量相关行政行为的正当性。

第三节 个论——基于《IP2报告》的知识产权行政立法

美国司法部（DOJ）与联邦贸易委员会（FTC）于2007年4月17日联合发布《反托拉斯执法与知识产权：促进创新和竞争》（以下简称为《IP2报告》)。这是一份美国联邦行政机关按照行政程序发布的具有普遍约束力的规范性文件，属于美国知识产权行政立法范畴。

笔者研究表明：反垄断法和知识产权法互为补充，相辅相成，因为它们都希望保护、鼓励创新和发展。知识产权是受私法与公法保护的、公共利益限制的、公法管理的私权利。这里的私权利指的是私主体的权利，并非仅受私法保护的权利。知识产权，从其性质上看，可以界定为一种复合权利。在私法法律关系中，它是主体的私法权利，在公法法律关系中，它是主体的公法权利。狭义的公法包括宪法与行政法。行政法是以确保公民权利为目的，以利益平衡、控制政府权力为任务的法律部门。以行政法视野观照之，行政法既能够保护权利人的合法权利，又必须秉承利益平衡原则，为了实现公共利益，对知识产权垄断进行规制。

[1] 陈新民：《中国行政法学原理》，中国政法大学出版社2002年版，第43页。

一、知识产权反垄断行政立法个例：美国《IP2 报告》简介

2007 年，美国司法部和联邦贸易委员会发布了一份联合文件，即《IP2 报告》，其中包括 6 个关于反垄断和知识产权的交叉主题。

第一章：单方面地、无条件地拒绝颁发专利许可证所产生的反垄断责任并不会在专利权和反垄断保护的互相作用中具有重要价值。然而，如果有条件地拒绝颁发专利许可证会伤害竞争的话，该行为可能受到反垄断责任的制约。

第二章：参与者根据标准制定的事前许可审议条款可以提高竞争，而且在总体上应该根据合理原则来分析这种事前许可审议条款。

第三章：一般说来，结合交叉许可或者专利池领域的互补性专利将会促进竞争，最典型的就是，会根据合理性原则这一基础来分析这种许可。反垄断行政机关一般不会深入查究特许权使用费设置的合理性。

第四章：灵活的合理性规则使得反垄断行政机关制定的《1995 反垄断——知识产权指南》基本上是健全的。反垄断行政机关将继续用它来评估一系列许可限制对竞争力的影响，这些许可限制包括禁止主张权利条款、回授条款和商业回报分享协议在内。

第五章：关于与知识产权相关的问题，《1995 反垄断——知识产权指南》将继续指导各反垄断行政机关进行分析，也就是说，这些反垄断行政机关将重点关注卖方的市场力量、捆绑产品市场中的竞争效果以及支持捆绑和搭售能产生效率的理由。

第六章：当许可行为被指出超越了法律条款所规定的专利权限时，反垄断行政机关将适用标准的反垄断分析手段，通常也将意味着根据合理性原则进行分析，包括考虑该专利权是否授予了市场主体以市场力量。值得一提的是，反垄断行政机关注意到，收取版税（或者更加确切地说，就是收取与使用以前的专利发明有关的费用）超越了专利权条款所允许的范围。

《IP2 报告》是继《IP1 报告》公布 11 年之后由同样的行政机构公布的，它集中地反映了美国行政机构在知识产权领域实施反托拉斯法的最新

政策主张，其目的是更好地解决在知识经济时代如何在知识产权保护与反托拉斯执法之间求得平衡，以保证知识产权制度和反托拉斯能达到“鼓励创新、勤勉和竞争”的共同目标。但从两者关系来说，《IP2 报告》不是要完全取代《IP1 报告》，而是在体现《IP1 报告》的指导思想和主要内容的基础上进一步发展和完善。

从总体上来说，《IP2 报告》强调在涉及知识产权的领域执行反托拉斯法时要维护竞争与知识产权之间的平衡，以达到既鼓励竞争又激励创新的目标。

二、知识产权反垄断行政立法的现实意义

近年来，美国法律界、学术界和商业社会都对行政法、知识产权法和反垄断法的交融非常关注。最近，美国联邦贸易委员会和美国司法部反垄断部门开始对知识产权法和反垄断法的地位和互动开展听证。司法界遭遇了尖锐的问题，比如，音像制品行业的行为是否违反了反垄断法。美国国家科学院还成立了一个委员会，来调查最近 25 年来专利法和专利行政的变化带来的经济效应。

而对于中国，在遭遇了 WTO 中美知识产权第一案之后，包括知识产权反垄断行政立法这一前沿而重要的课题在内的知识产权行政立法问题，也逐渐引起了各界的关注。我国如何应对发达国家对于知识产权保护日益加强的事实，则需要从理论应然和实践可然等多个方面进行探讨。此为研究知识产权反垄断行政立法的现实意义。

（一）知识产权保护视野下的行政立法

行政主体行使权力制定了一系列知识产权方面的行政法规，赋予了知识产权人排除他人对知识产权进行使用、处分和收益的权利。而这种排他的权利是以公开知识产权内容作为交换条件的。知识产权是知识、经济和法律相结合的典型形式，它起到了技术变革和经济发展的助燃剂、调节器和保护神的作用。

麻省理工学院经济学家罗伯特·索洛曾研究了关于从静态力量中产生

的经济增长结果，该研究使他获得了诺贝尔经济学奖。静态力量可以表示为劳动和资本密集度，而索洛所说的动态力量可以表示为“技术变革”。该研究发现，1909～1949年，由劳动和资本密集所产生的收益只占美国国民生产总值增长的1/8，而其余的增长都可以归因于一个未被测定的力量，他称之为“技术变革”。最后，他推断说：“从最广泛的意义上来说，恒定的增长率……是独立于储蓄（投资）利率，并且完全依赖于技术进步率的。”换句话说，改进技术（也就是说使用新的生产方法，而不是仅仅使用旧方法来增加密集度）真正地创造和改善了绝大多数的社会财富。综上，知识产权反垄断行政立法则必须通过有效、充分和合理、适度的保护来完善知识产权法律制度。

（二）反垄断限制视野下的行政立法

反垄断限制的目的是保护竞争的力量。反垄断限制视野下的行政立法是为了保持并提高市场的竞争性。从法经济学的角度来看，一个竞争的市场可以保证经济的迅捷运转，从而维持一个低价位、多选择以及消费者福利最大化的市场状态。

以美国的反垄断行政立法为例，反垄断限制视野下的行政立法旨在防止潜在的竞争者之间签订排除竞争的协定；这种态度在反托拉斯法《谢尔曼法》第一部分原则中得到明确，该法的第二部分保持了这一原则，即排斥影响市场竞争状态的垄断权。

但是，需要明确的是第二部分的用词，在第二部分中，法律并没有禁止“垄断权”（monopoly），而是禁止了“垄断行为”（monopolization）和“垄断企图”（attempts to monopolize），可见法律所禁止的重点就在于垄断取得和试图取得的方式。

《谢尔曼法》的规定以及这些典型判例的态度直接影响了《IP2 报告》等一系列知识产权反垄断行政立法，使它们如今并不仅仅关注垄断的状态，而是更多地结合或关注这个垄断是通过什么手段获取的。

（三）知识产权反垄断限制的行政立法

在行政立法的过程中，维持知识产权法和反垄断法之间的平衡，对知识产权进行反垄断限制，是一个非常重要的议题。

比如，美国的专利法中赋予专利所有人的权利是，排除他人生产、使用并销售专利产品。权利的实质是拒绝销售或转让专利商品。如果行政立法允许专利侵犯者在反垄断法的领域中提出3倍赔偿的要求，并在每当专利所有人拒绝转让专利产品时要求审查专利所有人的主观动机，这将是对专利权的威胁，而鼓励创新和加强专利保护之间的平衡也会被打破。

在中国现有的知识产权法律体系中，一些具体的原则也对知识产权反垄断行政立法起到了重要启示意义。比如在著作权行政立法领域，就存在合理使用原则、法定许可使用原则、强制许可使用等规定。

但是也可以看到，我国关于知识产权反垄断限制的行政立法只是局限在著作权领域，还远远不够完善，不能很好地起到平衡公私利益的作用。

三、知识产权反垄断行政立法的理论分析：利益平衡的视角

行政立法是行政法学上的一个学理概念，学者通常将其用于对一类行政行为的描述。行政立法是国家特定行政机关依照法定权限和程序，制定具有普遍约束力的法的规范的活动。以利益平衡为重要目的的行政法，通过行政立法在知识产权垄断规制领域践行此目的。

法是分配利益的方式，也是定纷止争、解决利益冲突的工具。知识产权本质上属于私权，但由于其客体知识产品，可以被社会公众获知和利用，而被授予专利的知识产品又表现为垄断和专有，因此知识产权反垄断行政立法必须面对个人利益（知识产权人）与公共利益（社会公众）之间的平衡，在私权与公权之间之间创设一种平衡机制作为利益的调节器，实现实质主义（正义）的要求。

而在知识产权反垄断行政立法的过程中，也存在利益平衡问题，需要实现知识产权的行使与反垄断控制间的平衡。这种平衡机制总的来说是平衡各种应当保护的利益，主要涉及知识产权的私人利益和促进公平竞争的社会利益。一方面，知识产权权利人的利益必须得到充分保障，以使创造性劳动得到公平补偿，从而进一步刺激智力创造活动，丰富人类知识宝库；

另一方面，也需要切实禁止妨碍技术革新、知识与信息传播的行为，以实现社会资源的有效配置、确保公平竞争的社会利益。

运用利益平衡性上的分析，笔者认为《IP2 报告》体现了以知识产权保护为中心，运用利益平衡机制处理知识产权与维护竞争的关系，分析如下。

知识产权具有促进知识经济发展与阻碍知识经济发展的两面性；知识产权法本身也具有促进竞争和限制竞争的两种机制。对于知识产权如果过度保护，会遏制竞争；而对知识产权保护力度不够，又会导致创新能力的不足。如何协调二者的关系，是一大难题。从总体上来说，《IP2 报告》强调在涉及知识产权的领域执行反托拉斯法时要维护竞争与知识产权之间的平衡，以达到既鼓励竞争又激励创新的目标。

《IP2 报告》指出：从今天动态的市场来看，新技术代替了原有的技术，竞争者为了保住市场份额就会不断改进现有的产品和发明新的产品。反垄断法通过禁止垄断性的经营者集中、垄断协议和滥用垄断性地位和权力来培育竞争。通过合法的方式获得垄断是不违反反垄断法的，这种方式包括根据知识产权法防止竞争对创新能力的破坏。

法律经济学有一个著名悖论，即没有合法的垄断就不会有太多的信息被生产，但有了合法的垄断又不会使太多的信息被使用。解决这一悖论也成为知识产权领域利益平衡的核心命题，即要为知识产权设定边界。

笔者认为协调二者关系首先还是要理解知识产权与反垄断法最终目的的同一性，都是促进竞争、推动创新、推进经济发展。此外，对知识产权的保护和限制水平和程度还要与 WTO 相关协议的要求（主要是 TRIPs 协议）和国家发展的历史阶段相联系，确定保护与限制的深度与广度。

四、《IP2 报告》对我国知识产权反垄断行政立法的启示

（一）强化知识产权反垄断行政立法，完善知识产权垄断规制法律体系

美国最高法院在过去的两年里受理了大量反垄断领域的案件、知识产权领域的案件以及同时涉及这两个领域的案件。美国通过强化知识产权反垄断行政立法，完善知识产权垄断规制法律体系的先进经验值得中国汲取。在我国当前的知识产权反垄断行政立法领域中，对涉及知识产权的垄断或限制竞争行为的直接或间接的规定散见于《中华人民共和国中外合资经营企业法实施条例》《中华人民共和国技术进出口管理条例》等法规之中。它们的适用面狭窄，集中于对外经济贸易活动中，普适性不足，远不能达到美国《IP2 报告》等一系列知识产权反垄断行政立法的水平。因此，我国政府和相关行政部门应尽快根据《反垄断法》第 55 条等相关规定所确立的基本原则，来制定相关的实施细则；努力借鉴美国《IP2 报告》，通过强化具有一定比较优势的行政立法来完善知识产权反垄断法律体系，同时希望能运用一定的立法技术，使制定出的行政立法不要与这些已有的法律文件相矛盾，从而符合法治统一原则。

（二）动态兼顾鼓励竞争与激励创新双重目标

《IP2 报告》在继续关注竞争的同时，体现出执法机构对知识产权的某种程度的倾斜。这表现为对知识产权权利人的一些排除限制行为更加宽容，一些以往可能会受到执法机构审查的排除限制行为现在被明确排除在其审查的范围之外。在知识产权行政立法中动态性地既鼓励竞争，又激励创新，这种注重利益平衡、复合目标兼顾的理念，值得中国知识产权反垄断乃至整个知识产权领域行政立法借鉴。

（三）确立符合本国国情的知识产权反垄断行政立法政策目标

总体来说，《IP2 报告》的内容非常全面、细致，各方面的意见反映得比较充分，体现的基本原则和分析框架也比较合理，因此它在很多方面值得其他国家和地区参考借鉴。由于我国《反垄断法》已经公布并于 2008 年

8 月 1 日起实施，该法在实施过程中肯定会同样面临如何在知识产权领域有效、合理执法的问题，因此《IP2 报告》对我国将来的反垄断执法实践具有重要的参考借鉴价值，将来国务院反垄断委员会在制定具体的实施指南时可以着重借鉴其基本原则和分析方法。但同时也需注意，《IP2 报告》作为特定国家、特定时期、基于其特殊情形的处理知识产权与反垄断法关系的一种政策主张，其具体结论并不一定都合理，也不一定都能适用于其他国家。

（朱淑娣　黄莉娜撰稿）

第二章　国际知识产权体制与知识产权行政保护

自 TRIPs 协议诞生以来，知识产权国际协调发生一些新的变化，知识产权国际体制中的棘轮效应表现更加明显，场合转换理论得到更加广泛的运用。《反假冒贸易协定》（ACTA）正是欧盟、美国、日本等 WTO 发达成员充分利用场合转换理论，背离多边舞台另起炉灶创造的更高执法标准的数边贸易协定，包括 ACTA 在内的体现棘轮效应的最新国际协调成员必将对国内知识产权体制产生重要影响，知识产权的行政执法首当其冲。国际知识产权保护与知识产权的行政法保护存在内在的逻辑关联。

第一节　TRIPs 协议与国际知识产权体制

TRIPs 协议将知识产权与贸易成功结合，无疑是乌拉圭回合最重要的成果之一，并且在知识产权的国际保护体制中扮演着重要角色。知识产权保护的棘轮效应在 TRIPs 协议实施后开始凸显出来，这是由于不同主体在不同场合推动高于 TRIPs 协议的保护水平和执法标准。正如温斯顿·丘吉尔所言：你能看到多远的过去，就能看到多远的未来。为了梳理 TRIPs 协议在国际知识产权保护机制中的作用，首先有必要对 TRIPs 协议进行总结和反思。

一、TRIPs 协议的积极意义

19 世纪之前，交通和通讯障碍限制了国家进行知识产品的生产和贸易能力。当时，国际知识产权保护并不是一个问题。随着交通和通讯产业的发展，工业革命大大加速了知识产品的生产，跨越国境的国际市场开始发展壮大，国家担心有限的知识产权国内保护和产品的国际贸易不匹配。当时外国人作为本国居民可以获得保护，但这种保护是非常不充分的。虽然《巴黎公约》《伯尔尼公约》等 WIPO 体系的基础性公约对知识产权国际保护进行了有效的协调，但由于体制本身的可实施性问题，并没有完全解决与贸易有关的知识产权冲突。直到 GATT 东京回合的《反假冒守则》谈判，知识产权议题开始和贸易紧密相连。TRIPs 协议充满曲折的谈判过程表现出国际社会对知识产权保护标准远没有达成一致。然而，最终还是形成了对世界贸易规则和国际知识产权立法体制都产生了重要影响的 TRIPs 协议，即使在今天，要对 TRIPs 协议的功过是非下一个结论并不容易。但可以听取不同声音，帮助全面地理解和评价 TRIPs 协议。对于 TRIPs 协议的正面评价主要有如下方面。

（一）在 WIPO 管理公约的基础上，TRIPs 协议统一了传统的国际知识产权保护制度规则

TRIPs 协议第 1 条第 2 款规定：本协议所称的“知识产权”一词系指第二部分第 1 ~ 7 节所列举所有种类的知识财产。而在第二部分第 1 ~ 7 节中则纳入《巴黎公约》《伯尔尼公约》《罗马公约》和《有关集成电路知识产权条约》等 WIPO 管理的基础条约。虽然在 1995 年 1 月 1 日 TRIPs 协议生效时，《巴黎公约》的成员国有 129 个，《伯尔尼公约》的成员国有 111 个，《罗马公约》的成员国有 47 个，但是却有 15 个国家不受当时《巴黎公约》最新版本（1967 年斯德哥尔摩修订）的约束，有 23 个国家不受《伯尔尼公约》（1971 年巴黎修订）的约束，即不同国家遵守不同版本的国际条约。此外，尽管 1994 年年底 GATT 已经有 125 个成员，这其中却有许多国家没有加入 WIPO 的基础公约。[1] 因此，TRIPs 协议将当时最高版本的

---

[1] Friedrich-Karl Beier and Gerhard Schricker, *From GATT to TRIPs: the Agreement on Trade-related Aspects of Intellectual Property Rights*, Weinheim, New York: VCH, 1996, pp. 10 ~ 11.

基础条约整体纳入，实际上统一了国际知识产权的保护规则。

（二）TRIPs 协议依托 WTO 的争端解决制度，通过贸易制裁来加强知识产权的国际实施

传统知识产权国际保护制度中，虽然也有些条款来规范知识产权的实施，如《巴黎公约》第 9 条规定：对非法带有某一商标或厂商名称的商品在进口时予以扣押；第 10 条规定：对带有假冒原产地或生产者标记的商品进口时予以扣押。其后，《伯尔尼公约》第 16 条也出现了类似规定：在该作品受到法律保护的本联盟各成员国，可以对作品的侵权复制品进行扣押。此外，1891 年的《制裁商品来源的虚假或欺骗性标志协定》规定了成员国有义务禁止进口涉及虚假标志或欺骗性标志的商品或在其进口时予以扣押，或采取其他制裁措施。❶ 但由于缔约方较少，该条约并未在国际社会产生广泛影响。由于上述条约没有良好的执法机制和手段，实施条款也形同虚设，并没有起到严格知识产权执法来保护知识产权的作用。而 TRIPs 协议将知识产权与争端解决机制的结合，利用贸易报复作为强制力后盾，能有效地严格知识产权执法，从而切实保护权利人的知识产权。

在 GATT 时期，争端解决机制远非完美，但比较于 WIPO 体制实施机制的缺乏还是有一定的优越性。后来，争端解决机制进行了调整，“反向一致”原则的采用大大提高了争端解决的强制性和有效性。有关 TRIPs 协议的 29 起争端，对 TRIPs 协议条文进行解释和澄清，大大丰富了 TRIPs 协议和争端解决的实践。❷ 虽然《巴黎公约》规定关于条约的争议可以提交国

❶ 郑成思：《知识产权论》，法律出版社 2007 年版，第 326 页。

❷ http：//www. wto. org/english/tratop_ e/dispu_ e/dispu_ agreements_ index_ e. htm?id = A26#selected_ agreement，最后访问时间：2011 年 8 月 27 日。案号分别是 DS409、DS408、DS372、DS362、DS290、DS224、DS199、DS196、DS186、DS176、DS174、DS171、DS170、DS160、DS153、DS125、DS124、DS115、DS114、DS86、DS83、DS82、DS79、DS59、DS50、DS42、DS37、DS36、DS28；这些案件涉及 TRIPs 协议的第 1 ~4 条、第 7 ~14 条、第 16 条、第 20 条、第 22 条、第 24 条、第 27 ~28 条、第 31 条、第 33 ~34 条、第 39 条、第 41 ~55 条、第 58 ~59 条、第 61 ~63 条、第 65 条、第 70 条等 44 个条文。

际法院，❶ 但实际上没有实际发生过一起案件。此外，由于这一条款本身允许成员国作出保留，所以使得争端解决更加形成虚设。

GATT/WTO 的实施机制也是吸引发达国家将知识产权议题纳入的重要原因。当时，国际社会对于打击假冒商品贸易为主的知识产权议题的协调场合，除了 GATT 之外，也曾考虑过世界海关组织（CCC/WCO）和 WIPO 等国际组织，特别是发展中国家认为：在 WIPO 管理公约的基础上进行国际协调是顺理成章的事情；然而由于发达成员方意识到 WIPO 体制的脆弱性，特别是《巴黎公约》修订的失败，更加导致国际社会对于 WIPO 协调体制的担忧，转而寻求更具执行力的 GATT/WTO 体制。❷

（三）TRIPs 协议在多边体制内就知识产权问题进行磋商，减少单边行动和双边协调的带来的弊端

发达国家主导将知识产权议题纳入 GATT/WTO 框架，并最终得到发展中国家的认同；其中一个重要原因，就是发展中国家担心发达国家继续采取单边或双边行动，脱离多边体系，会给发展中国家带来的更大的压力；❸ 与其让少数国家在小范围层面的实践影响了整个国际机制，不如在多边场合进行谈判和协调；当时的典型做法就是美国的 337 条款和 301 条款。然而，最终这些单边做法并没有因为 TRIPs 协议的生效和实施而取消。根据 WTO 协定，双边和区域协调机制仍然有效。甚至事实表明，双边和区域协调在 WTO 成立之后，特别是多哈回合以来更加繁荣。❹

诚然，多边体制保护知识产权的优点是不可否认的。多边体制国际立法能确保不同条件、不同需要和愿望的国家之间进行更好的协调。这种多边协调机制能创造确定性和可预测性，特别是当一国企业要在海外进行投

---

❶ 《巴黎公约》第 28 条。

❷ Jayashree Watal, *Intellectual Property Rights in WTO and Developing Countries*, Kluwer Law International, 2001, pp. 15 ~ 21.

❸ Duncan Matthews, *Global Intellectual Property Rights*, Routledge, 2002, pp. 31 ~ 33.

❹ http://rtais.wto.org/ui/PublicAllRTAList.aspx，最后访问时间：2011 年 10 月 3 日。根据该网站列出的已经生效的 RTA 有 217 个，其中 1994 年之前生效的 RTA 有 40 个，1994 ~ 2000 年生效的 RTA 有 45 个，2001 年之后生效的有 132 个。

资、研发和知识产权许可时；多边体制中的国民待遇和最惠国待遇还能防止国家通过降低其保护和管理标准来相互竞争以吸引和保留商业投资。最后，通过鼓励集体决策，多边体制程序允许国际社会的成员来协调它们的知识产权体制，更加高效地解决争端和差异。这种鼓励合作的过程能增加国际知识产权保护体系的稳定性。

二、TRIPs 协议的负面评价

当然，事物都是一分为二的，多边体制的国际协调让发展中国家和最不发达国家失去自主权，不能自主制定与其经济和发展水平、文化传统等相关的知识产权法律规则。所有国家采用统一标准可能剥夺了少数国家根据自身条件为自己量身定做知识产权体系的机会。更坏的是，国际立法程序越来越容易受到跨国公司、贸易协会、价值导向的利益集团的影响，导致忽视了消费者的权益、国家主权、文化多样性、生态可持续性和人权等。2003 年 2 月，联合国发展计划发布的世界贸易体系的报告激烈地批评了 TRIPs 协议，认为 TRIPs 协议对于发展中国家是有问题的，发展中国家应替代 TRIPs 协议，或者至少修改 TRIPs 协议的解释和实施。[1] 此外，英国知识产权报告[2]、南方中心[3]都对 TRIPs 协议体制及其效果提出了质疑。这种质疑有两个主要原因：一方面，从 TRIPs 协议的谈判历史来看，由于 TRIPs 协议谈判时南北力量的不均衡，TRIPs 协议的谈判历史显示以权力为基础的谈判策略，发达国家强迫发展中国家同意条约规则，而发展中国家对规则知之甚少，何谈建设性的贡献。当然，由于一揽子计划的策略，要么接受，要么放弃，使得谈判有些胁迫或无奈。另一方面，从 TRIPs 协议的实

[1] UN Development Programme, Making Global Trade Work for People, 2003, p. 221, http://www.undp.org/dpa/publications/globaltrade.pdf，最后访问时间：2011 年 10 月 5 日。

[2] Commission on Intellectual Property Rights, http://www.iprcommission.org/text/documents/final_ report.htm，最后访问时间：2011 年 10 月 5 日。

[3] South Center, NGOs Demand Re-thinking on TRIPs, http://www.southcenter.org/info/southbulletin21/bulletin21-01.htm，最后访问时间：2011 年 10 月 5 日。

施来看，一个重要趋势就是：来自商业和产业代表对TRIPs协议的遵守情况进行机警地监督；美国产业界一方面继续通过特别301条款来施压，另一方面通过美国贸易代表办公室来寻求WTO机制的支持。❶ 而产业利益与普通市民和终端消费者之间存在紧张的冲突关系。

知识产权保护的规则已经非常清晰，但在执法议题上还是有许多规则值得推敲；此外，知识产权执法的有效性问题并没有解决，即法律规则和执法的现实差距并没有得到显著缩小，特别是假冒和盗版商品的贸易行为并没有得到有效遏制。现实中，有些国家执行超TRIPs协议要求的标准，有些执行TRIPs协议最低标准。

TRIPs协议在实施时由于发达成员的企业对全球业务的关注，转而寻求政府对相关国家在WTO场合施压，迫使相关国家遵守TRIPs协议，而对于TRIPs协议的弹性条款、限制和例外，却又通过WTO的争端解决作严格的限制性解释，而对于知识产权能力建设的援助等扶持发展中国家的条款却又视而不见。这种有选择性地实施加剧知识产权保护和执法水平的不平衡。综上所述，TRIPs协议成了国际知识产权体制发展历程中的一座里程碑，它通过集大成的方式对19世纪和20世纪的知识产权国际协调进行了总结和提炼，同时为21世纪的知识产权发展奠定坚实的基础。

三、知识产权国际协调中的棘轮效应

自19世纪末以来，知识产权的国际协调已经有100多年的历史，WIPO在其中扮演着重要角色。随着知识产权与贸易的结合，知识产权的国际协调变得日益复杂，考虑到更多的国际政治和经济因素，已经不再是简单地就某个议题是否保护、如何保护达成一致，而是更多地兼顾到国际经济和国际贸易的复杂背景，因此知识产权的国际协调出现了一些新的特点，如知识产权国际协调中的棘轮效应和体制转换理论的适用等。

---

❶ Susan K. Sell, *Industry Strategies For Intellectual Property and Trade: The Quest For TRIPs, And Post-Trips Strategies*, 10 Cardozo J. Int'l & Comp. L. 79 2002, pp. 79 ~ 108.

由于TRIPs协议在世界的153个经济体中得到遵守和适用，无论它们是否是《伯尔尼公约》和《巴黎公约》等国际知识产权保护条约的缔约国，它们实际上遵守着WIPO公约的法律规范。由于TRIPs协议最低义务的要求，各成员国在实施知识产权时，只可能高于TRIPs协议的标准，而不可能低于TRIPs协议的标准。TRIPs协议已经抵制了国际知识产权产权保护水平的倒退。TRIPs协议为知识产权保护树立的新的标杆，成为知识产权国际保护棘轮机构中的驱动棘爪和止回棘爪。最重要的是，TRIPs协议最低标准构成了整个国际知识产权保护体制的棘轮机构的止回棘爪。那些有意加入WTO的成员，将TRIPs协议视为标杆，力争达到TRIPs协议标准；而已经达到TRIPs协议标准和成员方却又主动或被动通过自主立法、双边条约、区域协定等来提高知识产权的保护和执法标准。

（一）棘轮机构与棘轮效应

棘轮机构是由棘轮和棘爪组成的一种单向间歇运动机构。棘轮轮齿通常用单向齿，棘爪铰接于摇杆上，当摇杆逆时针方向摆动时，驱动棘爪便插入棘轮齿以推动棘轮同向转动；当摇杆顺时针方向摆动时，棘爪在棘轮上滑过，棘轮停止转动。为了确保棘轮不反转，常在固定构件上加装止回棘爪。棘轮的发明是很巧妙的，据考古介绍，我国大约在西汉时代便有棘轮发明。后来又有了许多改进，并且应用范围也越来越广。[1]

由棘轮机构的特征所引发的只能前进不能后退的单向运动效应即称为棘轮效应。而棘轮效应在各个领域都有广泛的应用，最典型的是经济管理学中的使用。如在20世纪50年代，美国著名的苏联经济问题专家博林纳就曾提出过研究中央计划经济中计划者为国有企业所定生产计划中的“棘轮效应”问题。在他那本在西方比较经济学圈子内颇有影响的《苏联的工厂与厂长》一书中，博林纳是用棘轮效应一词描述这样一种实践现象：计划者根据一个企业的本期绩效来制订其下期的计划指标；[2] 在人力资源管

[1] 武际可：“从仙鹤喝水谈棘轮效应”，载《百科知识》2010年第19期。
[2] 韦森：“棘轮效应与代理的动态行为”，载《经济科学》1998年第6期。

理领域，可以用棘轮效应去解释对员工的激励机制；❶ 在法律领域，学者也开始尝试棘轮效应来分析和解释法律规则的发展机制。❷ 日常生活中，也可用棘轮效应去归纳事物的发展规律，例如，对于只升不降的房价和物价以及对于生活水准的要求等，正所谓“由俭入奢易，由奢入俭难”。

由于棘轮效应实现单向运动，运动方向正确与否就非常重要；如果运动方向错误，那么由于棘轮的单向推动，只会错得越来越远，越来越严重。当然，判定运动方向根本上还是要看事物本身的性质，即其发展规律。例如，国家根据经济发展水平的提高不断增加国防预算，企业根据熟练工的最好生产水平设定新的计件标准，家长根据学生学习成绩的提高不断设定新的学习目标，这些都值得反思和总结。如果根据不断发展的经济水平，不断提高环境保护标准和医疗保险标准，则基本上不会受到置疑。但是，对于许多呈现出棘轮效应的事物，并不是所有人都能从中受益的，而且往往是朝一个方向运动时，一个群体受益；朝另一个方向运动时，则其他群体受益。不同主体对于棘轮效应的接受程度不同，在国际市场上，还涉及不同国家的国家利益、不同市场主体的权益，这就会让问题变得更加复杂。

（二）知识产权保护领域的棘轮效应

学者已经开始研究知识产权保护领域的棘轮效应，❸ 并尝试从不同客体的角度去论证和分析。❹ 从国际知识产权保护的视角来看，知识产权保护领域的棘轮效应是从 TRIPs 协议诞生之后才真正开始凸显的。虽然自 1883 年《巴黎公约》至今，总体上知识产权的保护标准是只升不降的单向

❶ 王明辉、张光旭：“人力资源管理中‘棘轮效应’的对策研究”，载《生产力研究》2008 年第 7 期。

❷ Frank H. Easterbrook, “Is There a Ratchet in Antitrust Law?” 60 *Tex. L. Rev.* 705, 1981 ~ 1982.

❸ Peter Drahos, Secure The Future Of Intellectual Property: Intellectual Property Owners And Their Nodally Coordinated Enforcement Pyramid, 36 *Case W. Res. J. Int' l L.* 53, pp. 53 ~ 77.

❹ 陶锋、邢会歌：“专利权国际保护的异化：棘轮效应”，载《特区经济》2008 年第 1 期。

运动，呈现出棘轮机构运动的特点，但是由于国际知识产权实施机制的欠缺，知识产权保护的棘轮是可以倒转的，并可能会出现上上下下的往复运动。实际上，《伯尔尼公约》和《世界版权条约》的竞争就表达了不同主体对不同保护水准的担忧。由于TRIPs协议规定了成员方的最低保护义务，并借助WTO争端解决机制的强制力保障，使得知识产权保护的棘轮只能单向前进运动。

1. 知识产权保护棘轮的止回棘爪——TRIPs协议的最低义务

TRIPs协议第1条中关于“义务的性质和范围”，第1款规定：“各成员方应使本协议的规定生效。各成员方可以，但不应受强制地，在其本国法律中实行比本协议所要求的更加广泛的保护，只要这种保护不与本协议条款相抵触。”这一条款集中反映了TRIPs协议在国际知识产权保护体系中的作用和地位。

“成员方应使本协议规定生效”这样的表述明确规定了成员方的首要义务。根据TRIPs协议第1条第1款第一句话，成员方应使TRIPs协议各项规定“得以有效”（shall give effect）。“shall”明显不同于第2款中的“may”，表明第1款是不容商量，当然也不得保留的，必须在成员方域内得到实施的。这一款是TRIPs协议对WTO成员规定的第一项，也是最主要的国际法义务，即各成员政府必须无保留地（包括TRIPs协议在内的WTO一揽子协议不允许保留）在其域内，通过立法、行政与司法实施，使TRIPs协议各规定成为有效的法律制度。除享受过渡期安排的成员，成员方自加入WTO之日起，应使域内相关知识产权制度与TRIPs协议相一致。我国在加入世贸组织前，先后曾修订了大量的知识产权法律、法规，也是保证法律、法规符合WTO的规则。根据《建立WTO协定》第16.4条：“每一成员应保证其法律、法规和行政程序与所附的各项协定对其规定的义务一致。”根据丹尼尔教授对TRIPs协议的起草与谈判过程的研究发现，“得以有效”这一宽泛的术语表述，旨在强调不局限于成员方政府的立法改变，还包括政府间安排（例如欧盟）的成员方采取所有合理措施来确保这种安排与协定的一致性。❶ 基于这样的认识，可以说，TRIPs 协议文本规定的第一项国际法义务就是“有效实施”的义务。当然，就其义务渊源来说，这首先是 TRIPs 协议文本的条约法义务。根据《建立 WTO 协议》第 2 条第 2 款，包括 TRIPs 协议在内的 WTO 一揽子协议“对所有成员具有约束力”（binding on all members）。在国际法上，国家是一个拟制的国际人格者，通常由一定的政府行使国家主权或条约规定的其他权利，承担相应的义务以及由此可能产生的国家责任。作为国际条约的 TRIPs 协议，其对成员所具有的约束力，就是指该成员政府必须履行协议规定的国际义务。❷

对于 TRIPs 协议所确立的最低义务，笔者认为：国际知识产权体制无法保存国内体制中常见的平衡，限制和例外本身同授予权利一样重要。由于对最低义务地过分关注，国家制定的政策可能保护不了本国产业和国民，并且没有通过例外和公共利益来附加平衡。此外，国家很难从全局的角度来制定知识产权法律、法规，即提供包括加强知识产权保护和公共利益平衡的一揽子立法，特别是当这些规则要受 WTO 争端解决机制的审查时，更是如此。❸

2. 知识产权保护棘轮的驱动棘爪——知识产权与贸易的结合

对于贸易利益的追求是国际知识产权保护的根本驱动力。尽管有学者认为“与贸易有关的知识产权”这种表述是名不副实的，❹ 似乎是与贸易无关的，完全是知识产权的内容，然而这种理解确实过于狭隘。笔者对于 TRIPs 协议的理解恰恰是其过于重视“知识产权”，而忽视了“与贸易有关”，当然还包括被们所忽视的“假冒商品贸易在内的”这一附注。

由于跨国公司的巨大能量，只要一种知识产权能够带来经济利益或者

❶ Daniel J. Gervais, *The Trips Agreement: Drafting History and Analysis*, Sweet & Maxwell, 1998, p. 42.

❷ 张乃根：“论 TRIPs 协议义务”，载《浙江社会科学》2002 年第 5 期。

❸ Peter K. Yu, The International Enclosure Movement. 82 *Ind. L. J.* 827 2007, pp. 827 ~ 907.

❹ 孔祥俊：《WTO 知识产权协定及其国内适用》，法律出版社 2002 年版，第 2 页。

经济上的比较优势，和它有关的规则就都是与贸易有关的，以至于现在也很难找到“与贸易无关”的知识产权。无论是 WIPO 列举的传统的 7 种客体，还是后来被 TRIPs 协议纳入的计算机程序和数据库，还是成自成体系的网络域名保护，这些都是贸易商激烈竞争和追求保护的对象。对于贸易利益的渴望曾经引发过对海洋、新大陆的瓜分以及大大小小的无数次战争，那么，现在对贸易利益的追求也是不断扩大知识产权客体和不断提高执法标准背后的经济动机。表面上看，知识产权国际协调的主体还是国家和政府，实际上他们只是代理人，而幕后真正的操作者则是寻求知识产权利益的跨国公司。正如《公司的力量》所揭示的国家经济实力与公司的关系，“在经济全球化进程中，情况变得越来越复杂，在其中公司的作用越来越重要。是否拥有大量强大的公司，已经成为关乎一个国家经济实力的问题”。❶

TRIPs 协议对国际知识产权立法带来了不曾预料的结果。知识产权成为众多国际组织或场合的重要议题，一些场合制定了新的条约，而更多的是通过解释现有条约产生了许多不具有拘束力的宣言、指南、建议等软法。❷ 从长远来看，由于知识产权和世界贸易交织在一起，国际贸易的成功主要依赖于对 TRIPs 协议规则的执行情况如何。

（三）知识产权保护棘轮的驱动效果

由于 TRIPs 协议为知识产权保护所设定的底线，再加上双边和数边协定的扩张，主权国家自主地制定知识产权政策的空间变得越来越小。尽管少数国家并不具备发达国家的经济发展水平和技术能力，也不得不严格地遵守 TRIPs 协议的规则。正如余教授所说，TRIPs 协议所设定的规则是地板（the floor）而非天花板（the ceiling），所以才出现了 TRIPs 增加（Trips-

❶ 中央电视台《公司的力量》节目组：《公司的力量》，山西教育出版社 2010 年版，第 16 页。

❷ Laurence Helfer, Regime shifting: the TRIPs Agreement and New Dynamics of International Intellectual Property Law Making, 29 *Yale Journal of International Law* 1, pp. 1 ~83.

plus)、TRIPs 额外（Trips-extra）、TRIPs 限制（Trips-restrictive）❶，甚至出现 TRIPs 递增（Trips-plus-plus）❷ 等不同称谓，但都以 TRIPs 规则为最低标准。“TRIPs 增加”是指 TRIPs 协议第 1 条规定的各成员国可以规定高于 TRIPs 标准的规定；即 TRIPs 协议有相关规定，但成员国采取了更高的标准。例如，TRIPs 协议的边境措施只规定成员国有义务适用进口，但中国的知识产权海关保护条例对进出口商品都进行知识产权边境执法。“TRIPs 额外”是指成员国的规则要求根本不是 TRIPs 协议所要求的，虽然从字面上，既然是额外的，制定的规则既可以规定一些不在 TRIPs 协议规则之内的，例如，权利穷竭理论的适用，有的禁止平行进口，有的允许平行进口，但这些规则仍不得与 TRIPs 规则相冲突。而“TRIPs 限制”是指那些除提高保护标准 TRIPs 增加和增加保护范围 TRIPs 额外的条款，而是所有成员国的知识产权立法原则和条款受到 TRIPs 协议的限制，这就限制成员国的政策选择空间。因此，不难总结得出：TRIPs 协议的最低标准义务是底线，是成员国必须遵守的；而成员国在此基础上可以提高保护标准、增加保护范围，在 TRIPs 协议限定的基础之上进行法律规则的制定和执行。所以，从广义的角度来看，上述四种条款都是超 TRIPs 的，都是 TRIPs 增加的，这是从不同保护范围标准和限制条件上进行的阐释。常见的 TRIPs 增加规则包括以下几类：增加知识产权的保护客体、消灭或减少允许的例外和限制、延长保护期限、增加严格的知识产权执法标准。

（四）区域、双边协定中的超 TRIPs 规则

知识产权国际保护领域是以 TRIPs 协议为基础，但却不仅限于 WTO 多边场合，美国等发达国家总是选择理想的场合（体制）进行知识产权谈判。体制切换在“二战”后变得更加重要，并且美国是积极的主要使用

❶ Peter K. Yu, The International Enclosure Movement 82 *Ind. L. J.* 827 2007, pp. 827 ~ 907.

❷ Susan K. Sell, The Global Ip Upward Ratchet, Anti-Counterfeiting And Piracy Enforcement Efforts: The State Of Play, http: //keionline. org/misc-docs/Sell_ IP_ Enforcement_ State_ of_ Play-OPs_ 1_ June_ 2008. pdf，最后访问时间：2011 年 9 月 26 日。

者，因为美国有能力和资源同时在多个场合加强谈判。

由于非洲国家在 TRIPs 理事会寻求公共健康和药品专利的平衡，导致 TRIPs 协议《公共健康多哈宣言》对美国制药产业的专利利益造成打击。美国对自由贸易协定一直保持关注，并于近年来在大量双边和数边自由贸易协定中进行知识产权的国际协调。双边和数边条约中出现大量超出 TRIPs 协议的规定，例如：《美国—新加坡自由贸易协定》中，专利保护纳入了 TRIPs 协议第 27 条第 3 款规定的除外客体中的动植物，❶ 美国把“太阳底下任何东西都可专利”的想法带进双边协调中，这就是超出 TRIPs 协议的规定。对于著作权的保护期限，TRIPs 协议规定为作者有生之年加死后 50 年，而《美国—新加坡自由贸易协定》则规定作者有生之年加死后 70 年。❷ 此外，TRIPs 协议不涉及权利穷竭问题，而《美国—新加坡自由贸易协定》则明确采用了国内权利穷竭的理论。❸

以 2010 年 12 月达成《反假冒贸易协定》（ACTA）为例，其中也有许多高于 TRIPs 协议的条款；特别在执法层面，该协定第二章专门规定知识产权实施的法律框架，除了更加细化和严格的民事、边境和刑事措施之外，还在第二章第四节增加了网络环境下的知识产权实施等内容，规定了网络环境下特例和限制的运用、网络服务供应商的救济和限制、技术保护措施的规避及其法律责任等。

最低保护原则在知识产权国际保护的规制棘轮中发挥着重要作用。每个双边或多边协定都会有一个条款，即协定成员方可以实施比本协定所要求的更高保护。❹ 这就意味着每个后来的双边或数边协定都将建立一个更高的标准，总是朝着更高的标准单向递进运动。

---

❶ 《美国—新加坡自由贸易协定》16. 7. 1。

❷ 《美国—新加坡自由贸易协定》16. 4. 4。

❸ 《美国—新加坡自由贸易协定》16. 7. 2。

❹ 《北美自由贸易协定》1702，《美国—约旦自由贸易协定》4. 1，《美国—澳大利亚自由贸易协定》17. 1. 5，ACTA 2. 1。

四、知识产权国际协调中的体制转换

体制转换（regime shifting）或场合选择（forum shopping）虽然是不同的表述，但其基本意思都是一致的，那就是谈判主体根据自身的利益选择最适合自己、并能达成理想结果的谈判体制或场合。体制转换的基本原因就是给切换者带来胜利的机会。余家明教授认为体制转换应当有更加丰富的内容，不仅包括体制之内（intra-regime shift）的转换，也包括体制之间（inter-regime shift）的转换。例如，体制之内的切换就是同一议题从双边到多边或从多边到双边的回归，从 TRIPs 协议到 ACTA 和 TPP，则是从多边主义向数边或双边的一种体制内转换。而将知识产权议题从知识产权国际组织切换到人权组织或论坛，或将传统资源从 WTO 切换到生物多样性论坛等就属于体制之间的切换；他还提出了体制转换的矩阵结构。❶ 根据实践，可总结出国际协调中的体制转换的两个基本策略：把议题从一个组织转向另一个组织，同时在多个组织推动议题。当然，现实中有可能暂时地离开或放弃某一个组织。然而，这并不常见，即使是离开，也是策略性地离开，等时机成熟时可以再回归，任何场合都是可以利用的。正如约瑟夫·奈在其代表作《软实力》中所言，在世界政治博弈中，不同的牌桌上有着不同的牌手和不同的筹码。❷ 而拥有硬实力的美国也非常注重软实力和巧实力，美国自然是国际社会中体制转换实践的高手，TRIPs 协议就是其值得自豪的代表作。

（一）从 WIPO 到 WTO —相同议题在不同组织之间的切换

知识产权议题成功从 WIPO 体制转向 GATT/WTO 体制，就是体制转换理论的成功运用。根据不同学者对 TRIPs 协议谈判历史的回顾，知识产权从 WIPO 转向 GATT 原因主要有三：一是国际社会特别是发达成员对 WIPO 管理条约的谈判和协调感到不满；二是 GATT 制度的特点，便利采纳更加

---

❶ Peter K. Yu, Currents and Crosscurrents in the International Intellectual Property Regime, 38 *Loy. L. A. L. Rev.* 323, pp. 323 ~ 444.

❷ Joseph S. Nye, Jr., Soft Power. *Foreign Policy*, Issue 80, Fall 1990, pp. 153 ~ 171.

严格的知识产权保护标准；三是争端解决机制的吸引力。1980～1984年的WIPO外交会议期间，成员代表要求修订《巴黎公约》的专利规则，美国和发展中国家并没有就此达成一致，从而形成僵局。由于WIPO的一国一票的决策规则所限，1985年外交会议没有达成任何条约修订的成果。此后，美国产业界认为要提高在国外市场的竞争力，打击广泛存在的假冒商标等侵权活动。修订《巴黎公约》的失败让美国人意识到不能在WIPO体制下进行知识产权议题的谈判，美国在双边关系中将知识产权和贸易连接起来。这种单位主义的行动让发展中国家意识到：美国单边、双边做法对多边规则是有害的，无法合理规制。在双边领域连接策略的成功和国内企业跨国公司的推动下，美国开始转向多边场合进行知识产权谈判。❶

在GATT体制下，这些发达国家享受重要的谈判资源。由于美国和欧共体巨大的市场，它们承诺对国外商品开放市场是一种巨大的利益刺激。此外，GATT谈判中的共识原则和"一揽子协定"的设计会大大降低谈判和协调的成本，让与贸易成功连接的知识产权议题更加容易在多边场合达成。

知识产权议题从WIPO转向GATT，是一种体制之间的转换。这种转换与发展并不是独创，更不是空前绝后，只是特定发展阶段的国际协调的产物。只要具备相应的天时、地利、人和，知识产权议题在不同场合之间的转换将会变得十分普遍。

（二）体制转换的参与者——利益攸关者

当前知识产权体制是各种动力和阻力不断交互作用的产物。多边推动的潮流偏向强调统一性和增加国际协调；反对的声音强调保护国家的自主性和国际的多样性。通过对这些动力和阻力的综合，国际知识产权体制处在动态博弈中，同时为发达国家和发展中国家提供机会和危险，同时为权利人和单个终端用户也提供机会和风险。❷

---

❶ Laurence Helfer, Regime Shifting: the TRIPs Agreement and New Dynamics of International Intellectual Property Law Making, 29 *Yale Journal of International Law* 1, pp. 1～83.

❷ Peter K, Yu Currents and Crosscurrents in the International Intellectual Property Regime, 38 *Loy. L. A. L. Rev.* 323, pp. 323～444.

知识产权国际协调的体制转换现在不仅为发达国家所用，发展中国家，甚至非国家行为体也学会了体制转换。它们学会了在不同适合场合来谈论它们的议题。体制转换并不意味着绝对放弃一种体制来寻求另一种体制，对一种体制的坚守，只要是对它们有利的场合，同样是对体制转换所作的广义解释。例如，发展中国家通过 TRIPs 协议理事会通过了公共健康宣言，修改第 6 段实施决定，这些都是成功体制转换的例子。此外，TRIPs 协议之后，知识产权议题上的南北差异不再那么泾渭分明，部分国家集团可能就某一主题持共同立场，发达国家可能默认甚至支持发展中国家的体制转换。体制转换对于发展中国家和发达国家都可接受，在发达国家看来，在其他体制讨论这个问题，就为在 WTO 体制探讨该问题产生借口和回避的理由。而发展中国家则也认为体制转换是一个安全阀，发展中国家内部对议题的分化可缓解国内利益集团对政府施加的压力，并且政府已经尝试在多边舞台解决问题。更有利于达成理想政策结果的体制，产生知识产权规范的对抗体制，发展出能够在未来融合到 WIPO 和 WTO 中的具体建议。TRIPs 协议的另一个影响，就是知识产权保护标准和其他国际体制的原则、规范和规则之间的冲突和紧张。从知识产权保护的角度，要求成员方给基因资源、药品和植物新品种以保护，但在其他体制中，这些道理或文化的理由是不能落入私有权的范围之内的。从程序上说，WTO 体制之外的条约实施没有 WTO 严格，其他体制的原则规范和规则要从属于 WTO 条约，例如，生物多样性、植物遗传资源、公共健康和人权。

此外，后 TRIPs 时代，非国家行为体和许多非政府组织也在利用各种场合积极进行知识产权有关议题的谈判和推动。例如，面对网络环境的挑战，特别是域名和商标的冲突，发展出域名争议解决统一政策（UDRP）；而面对著作权与网络的分享精神的冲突，发展出软件的开放源代码运动、开放存取运动和知识共享运动等。

（三）体制转换的副产品——竞争带来繁荣

知识产权的体制转换还会带来条约谈判的竞赛。以 WTO 和 WIPO 关系为例，在 TRIPs 这场国际知识产权革命后形成一种格局，即由 WTO 负责知识产权的实施、执法和争端解决，而 WIPO 负责知识产权保护新规则的制定，管理现有知识产权协定，给发展中国家提供技术援助。而 WTO 作为国际知识产权立法体制的成功似乎激励 WIPO 要有所作为，其后很快导致 WIPO 互联网条约、实体专利法条约、新加坡商标法条约等数个有关版权专利和商标的新条约的制定等。WTO 通过争端解决对 WIPO 知识产权规则的规范性反馈，也会影响 WIPO 协定的修订和补充。国际知识产权保护中 WIPO 和 WTO 的双轨制促进了知识产权保护标准的提高。WTO 导致了 WIPO 的危机和竞争意识，让 WIPO 能更加适应新形势的要求和挑战。

虽然知识产权保护已经成为单向棘轮，公共领域也逐渐被侵占，但知识产权领域的国际圈地运动并不是一个绝对的单向运动，发展中国家和非政府组织的抵制也起到重要的平衡作用。[1] 知识产权国际协调中主体和场合的多元化对于国际知识产权的发展是有利的，而发展中国家的行业协会和集体管理组织发挥的功能有待加强。

第二节　知识产权国际体制的新成果——《反假冒贸易协定》

在 TRIPs 协议基础上，通过运用体制转换的理论，展现棘轮效应的最新国际协调成果就是《反假冒贸易协定》（ACTA），它将建立一个国际框架，成员方政府努力有效地抑制假冒和盗版等知识产权侵权行为，因为这些行为损害了正当贸易和世界经济的持续发展；同时，它们又是一种跨国活动，这种非法贸易的增长促使 ACTA 的缔约方同意发展新的方法和工具来加强国际合作，通过国家共同努力来应对这种共有的假冒威胁。因此，ACTA 的目标就是规定实施现有知识产权的有效程序，ACTA 主要集中于：成员方合作应对假冒和盗版商品跨境贸易的挑战；并共同建立一套主管机

[1] Peter K. Yu，The International Enclosure Movement. 82 *Ind. L. J.* 827 2007，pp. 827 ~ 907.

关使用的最佳实践的实施规则。假冒和盗版不仅发生在物理世界，并且在数字世界中越来越多。ACTA 将假冒和盗版问题作为一个整体来关注，寻求网上、网下两个维度都去尝试解决，但 ACTA 本身并不要求提高知识产权保护的实质标准。

一、谈判历史

ACTA 的谈判一直是闭门进行的，并且游离于 WTO 和 WIPO 体制之外；2007 年 10 月，美国、欧盟、瑞士、日本首先宣布，它们将就 ACTA 进行协商；后来，澳大利亚、加拿大、约旦、摩洛哥、新西兰、韩国、新加坡、阿拉伯联合酋长国等加入谈判过程。从 2008 年 6 月的第一轮协商至 2010 年 9 月的第十一轮协商，历时两年多，澳大利亚、加拿大、欧盟、日本、约旦、韩国、墨西哥、摩洛哥、新西兰、新加坡、瑞士、阿拉伯联合酋长国和美国等作为原始缔约方参加了多轮协商，并就主要问题达成一致意见（见表 2 – 1）。

表 2 – 1　前十一轮谈判情况

协商	时间	地点
第一轮	2008 年 6 月 3 ~ 4 日	瑞士日内瓦
第二轮	2008 年 7 月 29 ~ 31 日	美国华盛顿
第三轮	2008 年 10 月 8 ~ 9 日	日本东京
第四轮	2008 年 12 月 15 ~ 18 日	法国巴黎
第五轮	2009 年 6 月 16 ~ 17 日	摩洛哥拉巴特
第六轮	2009 年 11 月 4 ~ 6 日	韩国首尔
第七轮	2010 年 1 月 26 ~ 29 日	墨西哥瓜达拉哈拉
第八轮	2010 年 4 月 12 ~ 16 日	新西兰惠灵顿
第九轮	2010 年 6 月 28 日 ~ 7 月 1 日	瑞士卢塞恩
第十轮	2010 年 8 月 16 日 ~ 8 月 20 日	美国华盛顿
第十一轮	2010 年 9 月 23 日 ~ 10 月 2 日	日本东京

二、主要内容

根据 2011 年 5 月 1 日公布的条约文本，ACTA 主要有 6 章，分别是：

初始条款和定义、知识产权实施的法律框架、国际合作、实施实践、制度安排和最后条款。

（一）初始条款和定义

ACTA 第一章主要规定一些基本条款，对专有名词加以澄清和解释。其中在 A 节初始条款中，提及 ACTA 和其他协议的关系，即 ACTA 协议的任何规定不得损抑成员方对其他成员根据共同参加的国际条件应该履行的国际义务。❶

关于成员方义务的性质与范围，草案规定："成员方均应使本协议的规定生效。成员方可在其域内法中，规定宽于本协议要求的保护，只要其不违反本协议，但成员方亦无义务非作这类规定不可。成员方有自由确定以其域内法律制度及实践实施本协议的恰当方式。本部分的任何规定均不产生知识产权执法与一般法的执行之间涉及财力物力分配的义务。"❷

关于知识产权有效性和保护范围的关系，草案规定："本协定不对成员方法律关于知识产权获取、保护范围、有效性及维持等产生偏见。本协议不对根据成员方法律法规不受保护的知识产权产生任何义务。"❸

（二）知识产权实施的法律框架

ACTA 第二章中规定知识产权实施的法律框架。其中，实施的一般义务主要包括：为执行本章规定所采纳、维持或为执行本章规定所采纳、维持或应用的程序应当公平合理；知识产权的执法程序应公平合理，它们不得过于复杂或花费过高，或包含不合理的时效或无保障的拖延。对于知识产权实施中的民事救济和刑事处罚，每个成员方都应该考虑侵权严重程序与救济或惩罚的对称性。❹ 这些用语和表述基本沿用了 TRIPs 协议的思路，

❶ Article 1：Relation to other Agreements.

❷ Article2：Nature and Scope of Obligations2.

❸ Article3：Relation to Standards Concerning Availability and Scope of Intellectual Property Rights.

❹ Article 6：General Obligations with Respect to Enforcement.

并没有本质的突破。[1]

1. 民事实施的主要内容

在第二节民事实施的相关规定中包括：民事程序的提供、禁令、损害赔偿、其他救济、侵权有关的信息和边境措施。草案规定：成员方应该给权利人提供民事司法程序来处理关于任何知识产权侵权行为。[2]

禁令规则的规定包括：在民事司法程序中，成员方提供禁令停止侵权，包括防止侵权物品进入商业渠道，并且防止出口。关于损害赔偿的规定有：在民事司法程序中，司法机关有权要求明知或有理由明知其从事侵权活动的人；赔偿的计算方式包括：赔偿足以补偿权利人因侵权所遭受的损失，或者按侵权人因侵权行为所获的利益计算；在决定赔偿数额时，司法机关应当考虑权利人提交的计算价值的合法措施，包括由市场价格或建议零售价格计算的损失的收益、侵权物品或服务的价值，还有提到法定赔偿适用。

其他救济措施：包括处理侵权物品时，应当是立即的，并且没有任何补偿，以最小化再次发生侵权的风险。执行救济措施的费用由侵权人承担；此外，司法机关考虑相称性和第三方的利益。[3]

为了收集证据，条约规定：司法机关有权要求（嫌疑）侵权人提供侵权商品或服务的来源及分销网络的任何相关信息；此种信息包括所涉及的任何人、生产或销售的任何方式，包括涉及第三人的确认。[4]

关于临时措施，条约规定：成员方应该让司法机关有权签发诉前禁令，旨在防止任何即发侵权；有权提供临时措施保存相关证据。作出此种决定时，除少数情况外，不应有不适当的延误。主管机关有权没收或扣留嫌疑侵权货物、材料或相关工具。司法机关有权要求原告提供证据，表明原告正在被侵权或此种侵权即将发生；并可要求原告提供合理或等价的担保来

---

[1] 郑成思：《WTO知识产权协议逐条详解》，中国方正出版社2001年版，第146～150页。

[2] Article 7：Availability of Civil Procedures.

[3] Article 10：Other Remedies.

[4] Article 11 ：Information Related to Infringement.

保护被告和防止权利滥用。❶

2. 边境措施的执法程序

边境措施的主要内容有：适用范围、少量例外、扣押嫌疑侵权物品的程序、没有权利人通知的海关行动、决定货物是否侵权的程序、侵权货物的处理、安全和担保、存储的责任、销毁成本以及对权利人信息的披露。

边境措施的适用范围包括：进口、出口和临时过境或货物处于海关监管之下的其他情形；其中，少量例外规定是指个人行李中携带的少量非商业性质的物品。❷ 条约还规定：除了依申请人的申请外，海关当局应有权依职权主动行动，暂扣涉嫌侵权的物品；主管当局可要求原告提供合理或等价的担保来保护被告和防止权利滥用；这种担保的提供不应当不合理地阻止程序的进行。❸ 成员方应当采纳或维持一个程序，以便在采取扣押行动后的合理时间内决定侵权与否。

关于边境措施的救济方式有：主管机关有权下令销毁侵权货物；如在货物没有销毁时，成员方要保证货物要清理出商业渠道，以避免对权利人造成损害；当涉及假冒商标的货物时，简单清除不合法的依附商标并不足以放行货物进入商业渠道，除非是少数特例。成员方还可以设定相关的行政处罚。每一方应该提供主管机关核定的任何申请费、存储费和销毁费用，但不能不合理地阻止程序的进行。❹

关于信息披露制度，规定：在不对成员方关于信息保密和隐私的法律偏见的前提下，成员方可以授权主管机关向权利人提供关于货物的信息，以有助于侵权货物的侦查。提供的信息包括但不限于：货物的数量和描述，发货人、进口商、出口商或收件人的名称和地址，货物的原产地，货物制

---

❶ Article 12：Provisional Measures.

❷ Article 13：Scope of the Border Measures；Article 14：Small Consignments and Personal Luggage.

❸ Article 18：Security or Equivalent Assurance.

❹ Article 20：Remedies.

造商的名称和地址。❶

3. 刑事实施的有限适用

ACTA 关于刑事实施的主要内容有：刑事执法的范围、威慑刑罚、主管机关依职权行动、有权下令搜查和没收、侵权货物的处理、没收资产等。

条约规定：成员方应当至少对故意的商标假冒和版权盗版提供刑事程序和处罚。商业规模的故意盗版包括：虽没有直接或间接的获利意图，但有重大的故意盗版，以及为了商业优势或财务利益而故意盗版。❷

此外，成员方建立必要的措施规定法人侵犯知识产权的责任；根据成员方的法律原则，法人责任可以是刑事的或非刑事的。这种责任不影响自然人的刑事责任。对于引诱、协助和教唆犯罪的违法行为同样适用。对于上述的违法犯罪行为，成员方应提供有效的、比例适当的劝诫性的惩罚，包括监禁和罚金。❸

4. 数字环境下的知识产权实施

ACTA 第二章第五节关于数字环境下的知识产权实施的主要内容有：与第三方责任相关的救济、网络服务供应商的救济和应用限制、技术保护措施的规避及其法律责任等。其规定：成员方应确保本协定中的民事条款和刑事条款适用于数字环境中的知识产权侵权行为。措施、程序和救济也应当合理和成比例。❹

（三）执法操作和实践

ACTA 第三章实施实践的主要内容有：培养有资质的主管机关的专业人才、数据和其他相关信息的收集和分析、内部协调、包括公共和私有的咨询集团、更好地识别和定位嫌疑货物的措施、程序信息的公布和公共意识及推广。

---

❶ Article 22：Disclosure of Information.

❷ Article 23：Criminal Offenses.

❸ Article 24：Penalties.

❹ Article 27：Enforcement in the Digital Environment.

（四）国际合作

ACTA 第四章有关国际合作主要内容包括：有资质的主管机关之间的合作、有资质的主管机关间的信息共享、交换统计数据和最佳实践的信息、隐私和数据保护、能力建设和技术协助。❶

成员方承认国际合作对有效保护知识产权的有效性。为了打击侵权，成员方主管机关间实施合作，包括刑事调查或起诉。为了达成信息分享，成员方应致力于建立合适的方式，包括举行定期的会议。

为了更好地实施 ACTA，条约还要求：（发达）成员方应在能力建设和技术协助方面提供支持。国家成员方同意支持发展中国家协调它们的法律以来履行义务和行使权利；确保可预测和持续的财务支持；加强与 WTO 秘书处和 WIPO 等其他国际组织关于技术协助的国际协调。

其中，技术协助的主要内容有：培养知识产权文化、培训负责保护知识产权权利人的专业人士、相关主管机构间的能力建设和经验的分享、假冒对经济影响的测评工具以及衡量反假冒和反盗版行动、在地区和国际标准上采取联合行动、打击互联网假冒和盗版的法律实施等。

（五）条约执行机构的制度安排

ACTA 第五章关于制度安排的主要内容有：委员会及其功能、会议举行和秘书处功能、透明度问题和成员方之间的协商等。❷

条约规定：委员会由每一成员方派出一名代表组成，代表可由替补代表、顾问或专家协助。委员会的职责包括：监督该协定的实施，定期互相评估成员方的实施情况；监督该协定的进一步发展，处理协定修正事宜，确保不与其他的知识产权实施的国际努力重复；解决由协定解释或应用引起的争议。

委员会可以建立全体或常设工作小组或专家小组来协助委员会完成任务，还可寻求非政府个人或团体的建议，对该协定的实施给出建议，包括

❶ Article 33 ~ 35.

❷ Article 36 ~ 38.

签署最佳实践指南以确认和监督盗版与假冒技术及其演进、帮助非成员方政府评估加入协定所带来的优势、支持知识产权实施的国际组织。

（六）最后条款

ACTA 第六章最后条款部分的主要内容有：该协定的基本功能、协定的加入、修订和退出等。并详细规定：退出条约时间要求、一致同意修正条约的程序、签署证书的保管和条约生效等。[1]

三、ACTA 所反映的知识产权国际协调的难点

（一）不同利益群体的支持与反对——各方利益博弈加剧

ACTA 的协商缔约过程自始至今，充满了争议，支持与反对的意见层出不穷。对于 ACTA 的支持，除了积极倡导的原始成员方之外，最大的也是幕后的最大推手就是知识产权的行业组织和集体管理机构，如国际知识产权联盟、美国药品研究与制造商以及唱片工业协会等。例如，2010 年 4 月 23 日，商业软件联盟（BSA）给奥巴马总统的支持信中，BSA 总裁和首席执行官罗伯特说道："知识产权对持续创新和全球经济复苏至关重要。BSA 及其会员支持 ACTA 谈判伙伴加强全球知识产权保护和实施的努力。全球知识产权的侵权不仅影响了知识产权的生产者和所有者，并且会给侵权的国家和公司不公平的经济利益，有损未来的创新和就业机会 。我们期待 ACTA 缔约方的努力使得全球更广泛的知识产权保护和实施成为现实。"[2]

同样，国际商标协会（INTA）在致信美国总统时，提及：INTA 同意，伴有持续就业增长的强健的未来经济，只能通过在全球范围内对知识产权的积极保护来获得，这已经不仅是一个经济或商业问题。假货，如假的药品、电子产品、关键技术组件给消费者和国家安全带来严重的健康和安全

[1] Article 39～45.

[2] "Continued Progress on ACTA Important for IP Protection", http://www.bsa.org/country/News% 20and% 20Events/News% 20Archives/en/2010/en-04232010-acta.aspx，最后访问时间：2011 年 7 月 20 日。

隐患。

此外，美国商会全球知识产权中心认为："知识产权的偷盗行为影响着美国的就业和所有类型的公司。在这个经济不确定的日子里，通过保护知识产权来确保美国企业的竞争力应当是政府首要考虑的。一个全面的ACTA会帮助实现这个目标，刺激就业，这就是我们为什么鼓励政府在今年缔结这个协定的原因。"❶

虽然说，ACTA得到业界的声援和支持，但批评的声音也不少。电子前线基金会（EEF）认为：TRIPs协议第三部分、1996年两个互联网条约、世界海关组织的示范条款和众多的双边合作协议已经为WTO成员提供了一套复杂的知识产权的执法救济。此外，美国双边自由贸易协定要求外国贸易伙伴遵守一套高于TRIPs协议标准的执法义务。EEF相信没有实证经验能证明一个新的TRIPs协议多边知识产权执法条约的正当性。然而，美国贸易代表确实要缔结这样一个条约，它至少要保护美国及其贸易伙伴的公民的基本隐私权利和表达自由，协助建立一个操作互通的全球环境，并且利于技术创新。最重要的是：任何的知识产权执法条约必须平衡所有利益相关者的需要。

（二）秘密协商过程备受质疑——透明度需求有增无减

在ACTA第八轮谈判共同声明和草案的公开之前，整个协商过程处于秘密状态。对于协商保密过程，柯克大使竟然这样解释道：如果ACTA文本公之于众，人们将会离开谈判桌。❷ 作为欧盟谈判代表的佩德罗（Pedro Velasco Martins）也曾为秘密协商给出相似的辩护：我从没有看到过条约的

❶ "U. S. Chamber Joins Nationwide Call for Speedy Completion of Robust ACTA", http: //www. theglobalipcenter. com/pressreleases/us-chamber-joins-nationwide-call-speedy-completion-robust-acta.，最后访问时间：2011年7月20日。

❷ Ambassador Kirk, "People would be 'walking away from the table' if the ACTA text is made public", http: //www. keionline. org/node/706，最后访问时间：2011年7月20日。

协商过程是公开的，它并不合理。❶ 美国贸易代表办公室官员对 ACTA 协商过程的极度保密也有过类似的借口。但事实上，透明的协商过程能在全球找到很多实践的案例，比如 WTO 的多哈回合❷、OECD 的多边投资协定❸等。国际协定中，只有双边协商的保密性才比较常见。

一方面是对公众的保密，另一方面却是对少数团体和个人的有限公开，ACTA 文本被出示给了很多公司游说者和所有的贸易伙伴。尽管协商过程是秘密的，很多组织作为美国贸易代表咨询委员会的成员，却有机会接触 ACTA 的秘密文档。这些组织包括：美国出版商协会、美国农作物保护协会、美国非专利制约协会、美国电影协会、美国唱片工业协会、知识产权所有人协会；生物化学和制药公司，如雅培、强生公司、杜邦化学墨克制约、孟山都公司、辉瑞制约陶氏化学等；软件 IT 公司，如电子海湾（易趣，eBay）、甲骨文公司、太阳微系统（Sun Microsystems）、IBM 公司、Intel 公司等。从中不难发现，主要集中在传统的知识产权行业协会组织或联盟、信息技术类公司、生物制药公司、化学品公司及老牌跨国公司等。❹这样的政策考虑大量的商业利益，却很少顾及公共利益和消费者利益。学术专家和一般公众仍没有机会查看文档。私人影响力在国际政治中发挥的作用在此得到验证。❺

为什么只对公众保密？显然，这样的差别待遇，谈判缔约方能给出解

---

❶ ACTA is Secret. How Transparent are other Global Norm Setting Exercises? http：//www. keionline. org/misc-docs/4/attachment1_ transparency_ ustr. pdf，最后访问时间：2011 年 7 月 20 日。

❷ Doha Development Agenda：Negotiations，Implementation and Development. http：//www. wto. org/english/tratop_ e/dda_ e/dda_ e. htm ，最后访问时间：2011 年 7 月 20 日。

❸ Multilateral Agreement on Investment. http：//www. oecd. org/document/35/0，3343，en_ 2649_ 33783766_ 1894819_ 1_ 1_ 1_ 1，00. html，最后访问时间：2011 年 7 月 20 日。

❹ James Love. White House shares the ACTA Internet text with 42 Washington insiders，under non disclosure agreements. http：//www. keionline. org/node/660，最后访问时间：2011 年 7 月 20 日。

❺ ［美］苏姗·K. 塞尔著，董刚、周超译：《私权公法——知识产权的全球化》，中国人民大学出版社 2008 年版，第 2 - 7 页。

释只能是“公众不是利益有关方”这样的错误借口。在给奥巴马总统的公开请愿信❶中，众多组织和个人大声疾呼：“ACTA 作为一个贸易协议却包括广泛的知识产权实施问题，包括政府、民事诉讼和刑事制裁的准则，我们知道知识产权的实施非常重要，它也是一个复杂的领域，实施的解决方案也弃满争议，要平衡不同种类的竞争利益，确保实施私有的知识产权的措施不损害民事权利和隐私，或者不合理的抑制创新。不像其他多边或数边知识产权规则的讨论，ACTA 的协商处于高度秘密中，这引发了诸多批评，要求公开 ACTA 流程并披露文本，这些要求在 WIPO 和 WTO 协商中是习以为常的准则。保密 ACTA 的唯一理性解释就是不让公众对协议的规则提出批评，有限获取协议和秘密流程并不能提高开放性和透明度，也不会引起公众对未来协议的尊重。我们要求 ACTA 在对政府和内部人士开放的同时，也与每个人分享。”数以百计的个人和团体在上述请愿信上签名表示支持，并且还有人在不断加入。❷ 终于在第八轮的协商之后，协议草案公之于众，这是所有利益攸关者极力争取的结果。上文复述了 ACTA 的谈判历程，介绍了 ACTA 草案的主要内容，也对一些争议问题作了述评，ACTA 的影响虽然还不能凸显，但其作用不能低估。❸ 2011 年 10 月 1 日，澳大利亚、加拿大、日本、韩国、摩洛哥、新西兰、新加坡和美国八国政府代表签署了 ACTA，为该协定的生效迈出了重大的一步。虽然欧盟、墨西哥和瑞士的代表只是出席了该签字仪式，并未签署，但表示将继续大力支持该协定，为在情况许可时尽快签署协定做好准备。所有代表均明确表示要进行合作，使该协定尽快生效，并积极支持该协定的目标。❹

---

❶ Petition to President Obama, Regarding Transparency of the Anti-Counterfeiting Trade Agreement. http://keionline.org/acta-petition，最后访问时间：2011 年 7 月 20 日。

❷ Signatures to the Petition to President Obama, Regarding Transparency of ACTA. http://keionline.org/acta-sign，最后访问时间：2011 年 7 月 20 日。

❸ Margot Kaminski. The Origins And Potential Impact Of The Anti-Counterfeiting Trade Agreement (ACTA). 34 *Yale J. Int'l L.* 247 *Winter* 2009.

❹ USTR. http://www.ustr.gov/about-us/press-office/press-releases/2011/october/joint-press-statement-anti-counterfeiting-trade-ag，最后访问时间：2011 年 7 月 20 日。

尽管中国并没有目前也无意加入 ACTA，然而不能无视它的存在和发展。笔者认为：国际层面加强知识产权执法是大势所趋，ACTA 的内容还会通过多边条约和双边协定的方式向国际社会的其他成员渗透，所以我国政府和企业都要加强研究做好应对，特别是出口企业，对于国际贸易领域的知识产权执法条约更应当慎重对待；如果世界主要经济体都签署 ACTA，那么尽管它游离于 WTO 体系之外，其未来对国际知识产权体制的影响却不会亚于 TRIPs 协议。

第三节　知识产权国际体制的发展对国内的影响

由于国际贸易和经济一体化的深度推进，国际知识产权规则的趋同化日益明显，知识产权国际体制的演变和发展必然对主权国家的国内法制产生重要影响。首先在立法层面，国内立法自主选择的空间越来越小，国家迫于条约义务或主动融入国际体系的需要，也会选择与国际规则接轨；法律、法规的趋同必然带来行政和司法的相应改变，国际社会的发达成员一直对发展中成员和不发达成员的执法情况和现状表示不满，在各种场合推动执法议题，ACTA 就是最新例证，所以严格执法和司法成为今后各主权国家的主要命题，特别是假冒和盗版情况严重的国家和地区。

一、知识产权国际体制的发展对国内立法的影响

由私有机构的逐利行为所导致的国际知识产权规则，不断侵占公共利益和公有领域的地盘。由于国际社会中并没有形成“全球公共利益”的代表性机构和个人，一国的消费者或终端用户与国际规则抗衡显得势单力薄。知识产权领域的国际圈地运动是非常危险的，以至于对基本药品、信息和生存资源的获取都将受到私有产权的限制。当然这种现象是不平衡的，发达国家的最低生活标准不同于发展中国家的贫困标准。发展的不同步导致的贫富差距，在知识产权领域表现也很明显：发达国家和不发达国家之间的经济差距，表现为研发投入的差距、技术进步程度的差距、法治环境的

差距、公民法律意识和观念的差距。此外，发达国家对资金、人才、资源的“抽吸”范围不受地域限制，比如，发展中国家的许多科研人才投身发达国家的科研工作。如果不在国际层面进行宏观的政策调整，知识产权领域的“富者越富，贫者越贫”的马太效应将越来越大。发达国家追求严格的知识产权执法标准以保障其知识产权利益，而发展中国家更需要稳定的政治环境和宽松的经济环境来谋发展，这使得双方利益平衡越来越难，增加了南北协调的难度。这种协调难度的增加对于主权国家的影响是多方面的。

从维护国家利益的角度，在当今国际知识产权体制的环境下，国内立法要注意以下几个方面：知识产权规则的全球趋同迫使国内立法适应国际规则。这一方面是由于国家和地区都已加入 WTO、WIPO 等主要国际组织，为了履行作为条约成员的国际义务，国家被动接受国际规则；另一方面，国家为了争取主动，也会选择设计或加入一些对自己有利的国际规则议题；所以我们需要主动地融入国际组织和议题，选择性地进行支持和反对。同时，在进行国内立法和法律修订时，要合理利用国际条约的弹性条款和例外条款结合国情自主立法，特别是对处于空白状态的国际规则，要根据国家利益需要和结合本国国情进行设计；同时也需要进行一些前瞻性的制度考虑，前提是对国际知识产权规则有很好的研究和判断。

二、知识产权国际体制的发展对国内行政执法的影响

当前，知识产权执法国际协调的发展表现出如下 4 个新特点：一是国际协调的主体和场合的多元化；二是国际知识产权行业协会和组织的积极参与；三是网络的发展对执法带来的新挑战；四是行政执法体系的协调发展。

（一）知识产权执法国际协调的主体和场合日益多元化

虽然 WIPO 和 WTO 仍然是进行知识产权国际协调的主要场合，特别是 WTO 争端解决机制的优越性使得 WTO 在进行知识产权执法义务的国际协调时更具吸引力，因为有授权贸易制裁作为保障。然而，除了 WTO 和 WIPO 等国际组织之外，众多地区组织开始加强知识产权执法的协调。欧盟

2004年颁布《知识产权执法指令》，这是欧盟基于《罗马公约》的内部市场条款在知识产权领域颁布的一项对内指令，旨在协调各成员国知识产权执法方面的法律法规，在单一共同体内建立完整的执法框架，以便更有效地打击假冒、盗版等侵权行为。❶

亚太经合组织（APEC）的组织性质虽为官方论坛，却对亚太地区的贸易投资自由化、便利化和经济技术合作等经济领域发挥着重要作用。1996年，APEC贸易和投资委员会成立“知识产权专家工作组”，为知识产权提供适当和有效的保护。在2003年第15届APEC部长级会议上，先后通过了日本提出的“APEC知识产权综合战略”和美国提出的“有关光盘生产法律的最佳实践”两个法律文件，使APEC开始了有关知识产权专门问题的深入讨论。❷ 2004年的第16届APEC部长级会议上，强调有效的知识产权执法保护机制的重要性，并对进一步完善“APEC知识产权综合战略”达成一致，鼓励各成员以“综合战略”中所列的指导原则为基础，努力减少盗版、假冒产品的交易和在线盗版，增加成员间的合作和能力建设。2005～2006年，美、日等发达成员紧盯假冒、盗版问题，相继推动通过《反假冒和盗版倡议》《防止未经授权的复制品侵害指南》《减少假冒和盗版产品交易指南》《防止通过网络销售假冒产品的指南》和《开展有效提高公众意识行动示范指南》等文件。❸ APEC对知识产权的协调已成为当今知识产权国际保护发展趋势的一个缩影，其中，交织着发达经济体和发展中经济体的分歧和利益，也集中体现了知识产权发展的强调执法的发展潮流。❹

与此同时，2005年、2006年的八国集团峰会（G8）通过了专门针对打击假冒盗版的联合声明。2007年6月召开的G8以“世界经济中的增长

❶ 余敏友、廖丽：“欧盟《知识产权执法指令》述评”，载《欧洲研究》2009年第6期。

❷ 陈福利：“亚太经合组织中的知识产权问题”，载《知识产权》2008年第2期。

❸ APEC. Intellectual Property Rights Experts Group. http：//www.apec.org/Home/Groups/Committee-on-Trade-and-Investment/Intellectual-Property-Rights-Experts-Group，最后访问时间：2011年3月1日。

❹ 陈福利：“亚太经合组织中的知识产权问题”，载《知识产权》2008年第2期。

与责任”为主题，将“推动创新，保护创新”作为重要议题。会议指出：知识产权是创新的关键前提；各国同意在知识产权保护领域，尤其是在海关和执法机关之间，增加国际合作，同时进一步与私营部门合作，有效解决盗版和假冒的供给与需求问题。❶ 2008年的G8，知识产权保护方面的成果扩大，出台了一份长达21页的《八国集团知识产权专家组会议讨论报告》。❷ 除了G8之外，知识产权保护和执法问题亦引起20国集团首脑峰会（G20）的关注。从2008年11月至今，G20已召开6次峰会；会议在推动世界经济复苏、国际金融体系改革、加强金融监管和解决全球经济失衡方面取得了广泛共识。在匹兹堡峰会上，G20更是被确定为未来世界经济的主要政策协调机制，成为国际经济合作的首要论坛。❸ 与此同时，历史悠久的达沃斯世界经济论坛由于知识产权代表的出席，增加了知识产权相关的议题，成为指引知识产权的新的风向标之一。❹

2011年2月的第六届全球反假冒和盗版大会上，会议以“树立对知识产权的尊重意识：为全球性问题寻求可持续解决方案”为主题，讨论核心就是以平衡的方式打击假冒和盗版，包括强化尊重知识产权与可持续发展之间的联系。全球反假冒和盗版大会的国际影响力，让其在构建合作、提高公共意识、开展联合行动打击假冒和盗版方面已成为一个领先的全球性论坛。因此，全球反假冒和盗版大会的议题成为知识产权执法的国际协调关注的新动向。

除了上述国际组织、官方论坛和首脑峰会对知识产权执法进行协调之外，国家间知识产权主管机构也开始进行协调。自2007年开始，欧、日、韩、中、美五方知识产权局（IP5）已经召开多次合作会议，虽然五局合作的初衷是消除各局之间不必要的重复工作，加强专利审查的效率和质量，但不排除将来在解决专利审查积压问题之后，实施产权执法问题的国际协调。

---

❶ 杨国华：“G8峰会再议知识产权保护”，载《WTO经济导刊》2007年第7期。

❷ 杨国华：“G8推进知识产权保护成果显现”，载《WTO经济导刊》2008年第8期。

❸ 金灿荣：“G20的缘起与前景”，载《现代国际关系》2009年第11期。

❹ 李雪：“达沃斯论坛指引知识产权风向标”，载《今日财富（中国知识产权）》2010年第2期。

（二）国际行业协会和集体管理组织积极参与国际执法协调

国际（国家）知识产权协会和集体管理组织在知识产权执法的国际协调方面将发挥越来越重要的作用。行业协会和集体管理组织能够引导企业建立有效的知识产权保护机制，利用专业人员，随时关注市场信息，监控行业和企业知识产权保护和执法工作。同时，行业协会和集体管理组织还可以建立有效的促进知识产权开发、形成和产业化的激励机制，促进知识产权的管理和应用。2010 年 6 月 22 日，美国知识产权执法协调员（IPEC）正式发布的美国历史上第一份《知识产权执法联合战略计划》引起不少评论和争议，其中支持的声音主要是来自行业协会社团为代表的业界的利益群体，如美国电影协会、全美制造商协会、全美服装和鞋业协会等；这些协会承认《知识产权执法联合战略计划》的发布和实施将会大大保护权利人在海内外市场中的利益，能够有效地抑制盗版和假冒，最终促进就业和美国经济增长。相关的产业联盟和行业协会的话语权甚至能够影响知识产权议题的决策和实施，例如 ACTA 前几轮协商过程是秘密的，但很多组织和机构作为美国贸易代表咨询委员会的成员有机会接触 ACTA 的秘密文档。这些行业组织包括：美国出版商协会、美国农作物保护协会、美国非专利制约协会、美国电影协会、美国唱片工业协会等。[1] 而这些机构曾经对 TRIPs 协议的制定所施加的影响力早就证明了它们在国际政治经济中发挥的作用。[2] 尽管中国的行业协会改革成果尚未凸显，集体管理组织数量也非常有限，然而行业协会和集体组织发出的声音也越来越强，如作家协会对谷歌数字图书馆的抗议和中国文字著作权协会对百度文库的质疑等。

（三）网络环境下的知识产权执法成为关注的重点

由于互联网对知识产权（执法）的影响是前所未有的，所以技术措施

[1] James Love. White House shares the ACTA Internet text with 42 Washington Insiders, under non Disclosure Agreements. http://www.keionline.org/node/660. 最后访问时间：2010 年 7 月 22 日。

[2] ［美］苏姗·K. 塞尔著，董刚、周超译：《私权公法——知识产权的全球化》，中国人民大学出版社 2008 年版，第 2 ~ 7 页。

和电子权利管理信息的保护显得尤其必要。以著作权为例，技术的发展使得作品的复制变得更加简单、快捷和方便。复印机的出现大大提高了复制的效率，而数码相机和扫描仪的出现更是让纸质作品的电子化变得易如反掌；而网络环境让侵权作品的传播和储存变得更为方便。盗版作品的“运输”也因网速（带宽）的提升而更加泛滥。网络信息技术的发展导致视听作品可以被轻易复制、转载、传播，而且基本上没有声音、视频质量的损失，而网民也不用对此付费。大量的在线服务供应商更是推波助澜，以帮助侵权为代价，吸引用户点击率来获得广告收入。另一方面，知识产权权利人通过采取技术措施来保护自己的作品，如正版作品中广泛使用的许可码、密钥、水纹和压缩技术等。所以，除了传统的物理环境中知识产权执法问题，网络环境下的知识产权保护和执法水平成为判断知识产权体系是否健全和完善的最重要标志。WIPO 为了应对网络对知识产权的挑战，缔结了《世界知识产权组织版权条约》及《世界知识产权组织表演和录音制品条约》，由于主要针对网络环境中的知识产权问题，又被称为“互联网条约”。截至 2011 年 3 月 18 日，WCT 和 WPPT 的缔约方已经分别达到 88 个和 87 个，美国更是不遗余力地推动 WTO 成员加入 WCT 和 WPPT，不仅在双边自由贸易协定中加入要求对方缔结互联网条约，还在每年的特别 301 报告中，及时公布当年加入条约的国家。

网络环境中知识产权执法的主要内容包括网络服务供应商的义务设置、技术措施和权利管理信息的保护三个方面。网络环境中的一个重要参与者就是网络服务供应商，它虽然类似于物理世界中的出版商，但又不同于出版商；主要体现在对发行出版的材料的控制和审核上。网络世界中，用户上传到网站中的材料数量巨大，由于技术和资源投入的原因，网络服务供应商无法及时监管材料的知识产权权属状态。其次，网络材料的内容可能随时处于变化中，不同于纸质材料一旦固定不易改变；所以，要在本就不易监管的情形下，还要做到动态监管，就难上加难。但如果法律规定过于严格和呆板，又会让网络给人类社会带来快捷和便利而无法实现。此外，从鼓励技术发展与创新的角度，也应当给技术一个宽松发展的环境。因此，供应商的义务设定要做到监管灵活，操作便利。然而，如果适当放松对网络服务供应商的要求，那么相应地就要加强权利人的自力救济，理所当然就应当对权利人对作品所标示的权利管理信息和所设置的技术措施进行保护，这样才能弥补网络环境中作品易于遭受侵权的损失。

（四）行政执法环节中，海关保护与其他知识产权行政保护要加强衔接

海关知识产权保护只是中国知识产权行政保护一个部分，自然要同其他知识产权行政执法做好衔接与配合工作。根据美国海关的统计数据，2009 财年查获的侵权产品有 79% 来自中国，而在 2010 财年，有 66% 的侵权产品来自中国。[1] 同样，根据世界海关组织的《海关与知识产权报告》，2007 年和 2008 年，假冒和盗版产品的来源国排在首位的就是中国。[2] 这样的报告并不能否认我们海关的工作，反而表明海关知识产权执法的工作任务繁重，工作成效突出。2011 年 6 月 8 日，全球反假冒组织向中国海关总署颁发了“反假冒最佳政府机构奖”，充分说明中国海关的知识产权保护工作获得了国际社会的认可。[3] 令人尴尬的数据说明，我国的知识产权侵权现象还比较严重，并且如果只依赖海关一个部门，并不能解决这个顽疾。因此，如何在国内生产环节加强保护才是解决问题的有效出路，国家知识产权局、工商总局和版权局要加强行政执法，并严格执行刑事处罚的标准，这样才能减轻海关知识产权执法的压力。同时，海关与其他行政部门应当加强执法数据和信息的分享，充实和完善执法数据库，这样才能确保执法效率。对于进口产品的知识产权保护，海关保护是上游，行政机关的知识产权执法是下游。而对于出口产品的知识产权保护，行政机关的保护是上

---

[1] U. S. Customs and Border Protection, U. S. Immigration and Customs Enforcement. Intellectual Property Rights Fiscal Year 2010 Seizure Statistics — Final Report. 2011 January, 15.

[2] World Customs Organization. Customs and IPR Report. 2009：7.

[3] 海关总署：“中国海关荣获全球反假冒组织‘反假冒最佳政府机构奖’”，载 http：//www. customs. gov. cn/publish/portal0/tab33391/info304869. htm，最后访问时间：2011 年 6 月 19 日。

游，而海关知识产权保护是下游。因此，做好上游保护，切断源头，才能有效解决问题。可见，海关与其他行政执法部门的合作显得尤为必要。

三、知识产权国际体制的发展对国内司法的影响

司法和执法虽说都是国家主权对内的体现，但也越来越多地受到国际规则的影响。体现在相关的立法规则上，比如基本诉讼原则和程序的要求；还有具体规则的提高，如法定赔偿标准的提高、三倍赔偿、惩罚性赔偿标准的引入、判决文书的公开等。

（一）涉外诉讼增多，案件类型复杂，对法官的专业水平要求日渐提高

2010 年《中国法院知识产权司法保护状况》白皮书显示，2010 年，全国法院新收一审知识产权刑事案件 3 992件，同比上升 9.58%。共审结涉及知识产权侵权的一审刑事案件 3 942件，同比上升 7.7%；知识产权案件数量在不断增多，而且新类型、重大、复杂、疑难案件、涉外案件在不断增多，审理难度也不断加大，其中民事案件一审的民事受理和审结的案件都在40 000件以上，而且很多的案件都涉及相关的经济、社会、文化领域的价值判断和司法导向问题。在行政案件当中也可看到主要集中在商标行政案件，这表明注册商标作为区别商品和服务来源的重要手段，作为生产者、经营者相应的重要载体越来越受到社会的重视，随着生产者和经营者品牌意识的不断增强，中国经济发展正在从产品竞争阶段走向品牌竞争阶段，市场经济体制改革也在向纵深推进。[1] 因此，这需要国内法院系统加大对知识产权法官的培训力度，培养一些高学历、高能力且具有复合技术背景的专业法官队伍。同时，就三审合一和专门的知识产权法院进行探索。2009 年 4 月 24 日，最高人民法院印发《关于当前经济形势下知识产权审判服务大局若干问题的意见》；最高人民法院要求各级法院采取一系列措

[1] “最高法发布 2010 年知识产权司法保护白皮书”，载 http：//news. xinhuanet. com/legal/2011 -04/19/c_ 121323808. htm，最后访问时间：2011 年 10 月 30 日。

施，提高知识产权保护的水平，正在加紧起草知识产权审判、服务经济方发展方式的指导意见，来明确基本的政策和法律标准，而且会在降低维权成本、提高违法成本、加大保障力度方面做进一步的工作，同时进一步扩大管辖知识产权基层法院的数量，合理布局来加强指导。

（二）国际条约的透明度义务要求国家的审判制度公开透明

TRIPs 协议和 ACTA 都有明确条款要求成员方在司法制度上公开透明。因此，这不是简单法律法规的公开，更不是判决书上网的问题，而是一个系统的制度设计。2007 年 6 月，最高人民法院公布《关于加强人民法院审判公开工作的若干意见》，这是中国最高司法机关首次以司法文件的形式对公开审判进行全面规范。首先，审判公开要强化和规范对当事人的依法告知义务，保障当事人在立案、审判、执行、审判监督等各环节对审判权运行过程的知情权。其次，建立案件办理情况查询机制，方便当事人了解案件进展信息、查阅裁判文书。再次，还要建立健全新闻发言人制度，及时发布重要审判信息，主动接受舆论监督。最后，可以借助审判活动，积极开展法治宣传。由于知识产权案件经常涉及外国诉讼当事人，案件类型又比较复杂，但这并不是审判公开制度建设不力的借口，反而更要成为典范。以审判文书公开为例，还存在一些问题值得改进：是否所有知识产权判决文书都上网公开，查询搜索的快捷与便利性如何保证，全国层面的案例汇编数据库的体系建设等。

（三）国际层面，法官的交流和会议开始出现并增多

如今，法官的会议交流不仅局限于司法管辖区内部，越来越多的法官开始和学者一样主动融入各种会议和论坛中。与学者和同行对话，开始对审判活动产生潜移默化的影响。中国的知识产权法官也应当主动“走出去、请进来”，加强与不同国家和地区的同行的交流，吸收和借鉴各种审判制度和实践中的优秀做法。以知识产权法官国际会议为例，它已经在世界范围内举办了六届[1]（见表 2－2），由此可以看出会议交流变得更加频繁，

[1] http://www.ipo.org/AM/Template.cfm?Section=International_ Judges_ Conference&Template=/CM/ContentList.cfm&NavMenuID=1462，最后访问时间：2011 年 10 月 30 日。

并且举办地点开始走出美国，走向世界的其他国家和地区。

表 2－2　知识产权法官国际会议情况

	时　间	地　点	主办方
第六届	2011. 5. 23～25	比利时布鲁塞尔	知识产权权利人教育基金会
第五届	2009. 4. 20～21	美国华盛顿	知识产权权利人教育基金会
第四届	2005. 10. 24～26	美国华盛顿	知识产权权利人教育基金会
第三届	1999	美国华盛顿	美国联邦巡回上诉法院
第二届	1995	美国华盛顿	美国联邦巡回上诉法院
第一届	1989	美国华盛顿	美国联邦巡回上诉法院

中国国家知识产权战略中强调，要发挥知识产权司法保护的主导功能。中国各级法院和广大知识产权法官要认识到：加强知识产权保护制度建设，大力提高知识产权司法保护水平，是增强我国自主创新能力、建设创新型国家的迫切需要。同时，知识产权司法保护也是增强我国企业市场竞争力、提高国家核心竞争力的迫切需要。所以，密切关注知识产权国际体制的变化，特别是最新缔结或修订的国际条约，对于提高我国知识产权司法保护水平具有重要的现实意义。

第四节　国际体制视野下的中美知识产权制度与行政法保护

中美知识产权制度的联系可追溯到100多年前的清政府时期，无论是中国还是美国，知识产权的行政保护都是国内知识产权保护体系中非常重要的组成部分；其中，知识产权的海关保护是具有代表性的行政执法实践，不同国家对于保护客体和保护模式等都有不同的制度设计；而美国的“337条款”则被实践证明是一种有效地保护进口贸易知识产权的制度，而对于中国企业而言，理解这种行政保护的实践，有针到性地加以应对则是它们的共同命题。

一、中美知识产权制度的联系

中美之间有关知识产权条约的渊源可以追溯到中美之间于1903年签订的

《通商行船续订条约》❶，当然由于清朝的落幕和随后连年战乱，中国的知识产权法制并未得到系统建立，更不可能得到有效实施。而新中国成立后，1979 年中美之间签订的《中华人民共和国国家科学技术委员会和美利坚合众国能源部在高能物理领域进行合作的执行协议》❷ 则开启了中国当代知识产权立法的大幕。因此，中美之间知识产权的联系可谓渊源久远，并且，由于当代国际体制的发展和影响，双方之间的联系更加紧密。中美之间共同参加了世界知识产权组织，并先后加入 WIPO 体系所管理的众多知识产

❶ 第九款 无论何国人民，美国允许其在美国境内保护独用合例商标，如该国与美国立约，亦允照保护美国人民之商标；中国今欲中国人民在美国境内得获保护商标之利益，是以允在中国境内美国人民行铺及公司有合例商标实在美国已注册或在中国已行用或注册后即欲在中国行用者，中国政府准其独用，实力保护。凡美国人民之商标在中国所设之注册局所由中国官员查察后，经美国官员缴纳公道规费，并遵守所定公平章程，中国政府允由中国该官员出示禁止中国通商人民犯用、或冒用、或射用、或故意行销冒仿商标之货物，所出禁示应作为律例。

第十款 美国政府允许中国人民将其创制之物在美国注册，发给创造执照，以保自执、自用之权利。中国政府今允将来设立专管创制衙门。俟该专管衙门既设，并定有创制专律之后，凡有在中国合例售卖之创制各物已经美国给以执照者，若不犯中国人民所先出之创制，可由美国人民缴纳规费后，即给以专照保护，并以所定年数为限，与所给中国人民之专照一律无异。

第十一款 无论何国若以所给本国人民版权之利益一律施诸美国人民者，美国政府亦允将美国版权律例之利益给与该国人民。中国政府今欲中国人民在美国境内得获版权之利益，是以允许，凡专备为中国人民所用之书籍、地图、印件、镌件者，或译成华文之书籍系美国人民所著作或为美国人民物业者，由中国政府援照所允保护商标之办法及章程，极力保护十年，以注册之日为始，俾其在中国境内有印售此等书籍、地图、镌件或译本之专利。除以上所指明各书籍、地图等件不准照样翻印外，其余均不得享此版权之利益。又彼此言明，不论美国人所著何项书籍、地图，可听华人任便自行翻译华文，刊印售卖。

凡美国人民或中国人民为书籍、报纸等件之主笔或业主或发售之人，如签该件有碍中国治安者，不得以此款邀免应各按律例惩办。

以上内容摘自王铁崖先生编的《中外旧约章汇编（第二册）》，生活·读书·新知三联书店 1959 年版，第 186～187 页。

❷ 第六条 双方认识到，需要就有关版权保护以及在执行本协议的过程中或按本协议所作出或设想出的发明或发现的处理，达成协议条款以便按此进行具体活动。因此，双方应指定这两方面的专家，分别由他们向双方推荐条款细节，这些条款细节，如经双方同意，将作为附件列入本协议。

权条约（见表2－3）。

表2－3　中美之间共同参加的代表性知识产权公约

公约名称	制定时间	中国生效时间	美国生效时间
《巴黎公约》	1883	1985. 3. 19	1887. 5. 3
《伯尔尼公约》	1886	1992. 10. 15	1989. 3. 1
《罗马公约》	1961	未加入	未加入
《日内瓦公约》	1971	1993. 4. 30	1974. 3. 10
《布鲁塞尔公约》	1974	未加入	1985. 3. 7
《商标法条约》	1994	未加入	2000. 8. 12
《专利法条约》	2000	未加入	未加入
《专利合作条约》	1970	1994. 1. 1	1978. 1. 24
《马德里协定》	1989	1995. 12. 1	2003. 11. 2
《WIPO版权条约》	1996	2007. 6. 9	2002. 3. 6
《WIPO表演与录音制品公约》	1996	2007. 6. 9	2002. 5. 20
TRIPs协议	1995	2001. 12. 11	1995. 1. 1

注：《巴黎公约》（Paris Convention for the Protection of Industrial Property），现有成员173个。

《伯尔尼公约》（Berne Convention for the Protection of Literary and Artistic Works），现有成员164个。

《罗马公约》（Rome Convention for the Protection of Performers, Producers of Phonograms and Broadcasting Organizations），现有成员91个。

《日内瓦公约》（Convention for the Protection of Producers of Phonograms Against Unauthorized Duplication of Their Phonograms），现有成员77个。

《布鲁塞尔公约》（Brussels Convention Relating to the Distribution of Programme-Carrying Signals Transmitted by Satellite），现有成员35个。

《商标法条约》（Trademark Law Treaty），现有成员49个，中国已经于1994年签署。

《专利法条约》（Patent Law Treaty），现有成员29个，美国已经于2000年签署。

《专利合作条约》（Patent Cooperation Treaty），现有成员144个。

《马德里协定》（Protocol Relating to the Madrid Agreement Concerning the International Registration of Marks），现有成员84个。

《WIPO版权条约》（WIPO Copyright Treaty），现有成员89个。

《WIPO表演与录音制品公约》（WIPO Performances and Phonograms Treaty），现有成员89个。

TRIPs协议（Agreement on Trade-Related Aspects of Intellectual Property Rights），现有成员153个。

“他山之石，可以攻玉”。美国的做法中有许多值得我们借鉴的地方，从上面表格中不难解读出以下特点：

首先，美国注重技术和创新对经济和社会发展的推动作用，较早地加入了《巴黎公约》和《专利合作条约》，这与美国技术（专利）立国的思想不无关系。《美国宪法》第1条第8款第8项是国会制定版权法和专利法的依据，其具体规定是：为了促进科学和实用技术的发展，国会有权保障作者和发明者在有限的期间内就他们各自的作品和发明享有专利权利。而20世纪80年代，美国对专利制度的重视标志着亲专利（pro-patent）时代的到来，这种发展是向知识资本主义过渡的一个表现。为了抑制日益强大的竞争对手，为了弥补创造发明的投资不足，知识产权制度的强化就成了美国当时的紧迫需要。而专利作为技术发明的保护形式，最能体现发明创造的价值，也最能体现智力资本的作用。美国当时的做法包括：设立联邦巡回上诉法院，统一专利的司法实施的标准和尺度；改变反垄断政策，让其有利于知识产权的实施。这些都从国家层面去引导提升专利的经济价值；此外，在司法审判中，专利侵权诉讼中权利人的胜诉率、专利赔偿额度不断提高等。从微观层面上说，公司也更加积极主动申请专利，并提升它的价值，除了自我实施，还通过各种途径和渠道来提升它的经济效用。因此，美国得以保持技术优势，从而保证经济上和军事上的绝对领先。

其次，美国在21世纪更加注重版权的保护与实施。美国直到20世纪80年代才加入《伯尔尼公约》及其体系，这也表明美国开始在20世纪后期注重软实力的作用和价值，特别是文化软实力的影响。软实力的竞争是全球化的产物。20世纪以来，世界经济日趋全球化和一体化，各类商品和技术在国际上自由流动，国与国之间的经济依存度明显加深，世界贸易组织（WTO）已经维系着153个主要经济体之间的贸易关系。全球化带来的不仅仅是商业的全球化，在经济交往过程中，文化、价值、观念等一些软资源也被带出国门，融入全球化进程之中。并且，这些软资源的强弱往往又会对经济的交往产生重要影响。这样，在全球化的大背景下，国与国之间的竞争不是简单的军备竞赛，而是同样体现综合国力的软实力之间的较量。❶人们戏言：美国用“三大片”策略就征服了世界，那就是麦当劳、肯德基的薯片、英特尔和AMD的微机芯片和好莱坞的影片。实际上，从1996年开始，美国的文化产业已经超过航空、重工业等传统领域成为美国最大的出口产业，美国的文化产业已经占美国GDP的25%左右。❷

而著作权的核心功能就是保护思想和观念的表达形式，而和著作权相关的邻接权则保护作品及衍生品的制作与传播。从1886年的《伯尔尼公约》开始，国际社会就开始注重对文化产品的保护；此后，《伯尔尼公约》历经7次修订，最新文本是1971年的巴黎文本。《伯尔尼公约》历次修订的主要目的是应对新技术发展（如录音技术、摄影技术、无线电广播技术、电影技术、电视技术、计算机技术、互联网技术），扩大著作权的保护客体。例如，《伯尔尼公约》于1896年9月9日制定，而电影问世于1895年，因此不可能那么早出现对电影作品的国际保护；此外，1961年，国际社会在罗马缔结了相连权或邻接权的国际公约《保护表演者、录音制品制作者和广播组织的国际公约》，1971年在日内瓦又缔结了《保护录音制品制作者防止未经许可复制其录音制品公约》和《关于播送由人造卫星传播载有节目信号的公约》，制定这两个邻接权条约的目的是协调各国不同的法律制度，打击录音制品和节目信号的盗版问题。虽然自20世纪90年代以来并没有修订《伯尔尼公约》，但针对互联网技术的发展，WIPO专门制定了1996年WCT和WPPT。因此，不难看出，国际版权制度100多年的协调历史都是在保护文学艺术作品及其衍生品。而这些作品本质上都是文化的凝结，是一个国家或民族所倡导的价值观和理念的体现。只有对文化创造给予充分的保护，才能保护创作的激情和动力，带来创作的繁荣，真正形成“百花齐放，百家争鸣”的良好局面。

---

❶ 李海娟：“‘软权力’竞争背景下的文化战略”，载《毛泽东邓小平理论研究》2004年第12期。

❷ “中国文化软实力与文化安全”，载 http://theory.people.com.cn/GB/41038/12283880.html，最后访问时间：2010年12月20日。

此外，美国在立法、司法、行政活动中都为企业和产业知识产权组织的参与提供了重要的保障来加强知识产权的扶持和管理，并在国际市场中加强保护的表达机会，成为企业利益的忠实代言人和平衡协调者。虽然说，政府制定政策是为国内经济发展服务，但加强知识产权的经济和管理的最终职责还是企业自身。在美国，由于知识产权保护问题直接涉及企业利益，美国企业组成各种产业知识产权联盟，或通过行业协会积极参与知识产权立法和执法活动，并与立法机关及行政机关建立了相当密切的关系。这些都值得中国企业学习和借鉴。中国2008年颁布《国家知识产权战略纲要》，其第56条指出：充分发挥行业协会的作用，支持行业协会开展知识产权工作，促进知识产权信息交流，组织共同维权。

虽然说中国利用加入WTO的契机修改了专利法、商标法和著作权法等主要知识产权法，建立了符合TRIPs协议要求的国内法规则。现在看来，这不仅是一个权宜之计，更是出于自身的内在动力；这种动力就是源自经济的高速发展，知识产权的因素在企业的经济和管理活动中不断强化；市场和企业越来越意识到保护知识产权不是仅为禁止别人侵权，更是为提升自身的竞争实力，同时也是为知识产权交易保驾护航，为自己赚取更多利润。有学者以上市公司知识产权对企业盈利能力的贡献为主要研究对象，根据上市公司知识产权主要结构及不同类型知识产权价值创造方式，将知识产权划分为技术类知识产权（专利权、专有技术）和商标权两类，在总结以往研究结果的基础上，将未予以资本化的研发费用和广告费用分别划入技术类知识产权和商标权价值中，选择符合条件的沪市A股上市公司为研究样本。经过实证研究发现，知识产权与样本公司盈利能力呈正相关关系，技术类知识产权明显高于商标权。[1] 此外，知识产品和知识产权本身的交易也得到加强，知识产权不再是简单的“谁创造，谁实施”，当理性的“经济人”觉得许可或转让更能让自己收益最大化时，自我创新就不是

[1] 于磊：“知识产权与企业盈利能力相关性研究——基于沪市A股市场的实证研究载”，载《会计之友（上旬刊）》2010年第3期。

惟一选择了。创新主体和实施主体的交易也已经司空见惯了，如在“2009中国上海专利周”专利拍卖会上，共有5项专利拍卖成功，总金额6 536万元，[1] 上海联合产权交易所挂出3 000万元的专利转让项目[2]；交易的知识产权类型也非常丰富，不仅有传统的专利商标，还包括软件、域名等新型客体，甚至出现专门的注册商标、域名出售的“投资客”。这些都从不同角度证明了知识产权交易的繁荣。

综上所述，传统的知识产权在当下“知识资本主义”大环境下更加有用武之地，不再是简单地创造和保护，而是更要加强运用和管理，因此《国家知识产权战略纲要》在制定目的中明确提出：“为提升我国知识产权创造、运用、保护和管理能力，建设创新型国家，实现全面建设小康社会目标，制定本纲要。”笔者以为，纲要中的“运用”主要是利用知识产权作为智力资本的经济价值，而“管理”则有更丰富的内涵，包括为了实现组织的战略目标、整合所有的知识产权资源，制定相应的方案或规划，并在执行中不断改进完善。所以，从“创造”“保护”到“运用”“管理”，这种转变无疑对国家和企业都提出了更高的要求。

二、知识产权制度中的行政保护的重要意义

虽说知识产权是一种私权，但这种私权的行使从始至终离不开公权力的介入，行政保护对于知识产权制度来说有不可替代的重要意义和价值。

（一）知识产权的产生需要行政权的确认和许可

知识产权法作为平衡知识产权权利人与社会公众利益的调节器，在维护利益平衡的过程中，离不开行政法的广泛介入和调整。知识产权的确立、保护以及侵权后的救济都离不开行政权。正是基于这种原因，有学者认为，

[1] http://finance.qq.com/a/20091123/000701.htm，最后访问时间：2010年10月12日。

[2] http://new.suaee.com/suaee/portal/project/projcon.jsp?projid=201007270002&ptype=czjr，最后访问时间：2010年10月12日。

行政权是知识产权的强力后盾。[1] 虽然相较于专利权和商标权，著作权不需要行政权的参与，作品一经创作完成即可获得保护，然而，著作权的自动保护原则却带来了诸多问题。

以电影作品为例，《伯尔尼公约》对于电影作品作者身份的确定并没有强制性的统一规定，由于两大法系对著作权的精神权利（人身权）的看法不同，再加上这个问题本身的复杂性，谈判者可能有意回避这个问题，交给成员方自己决定。我国《著作权法》第15条第1款规定："电影作品和以类似摄制电影的方法创作的作品的著作权由制片者享有，但编剧、导演、摄影、作词、作曲等作者享有署名权，并有权按照与制片者签订的合同获得报酬。"因此，作为整体影视作品的著作权由制片者享有，其他与整体作品可分的作品则由各自作者享有署名权。

然而，根据《伯尔尼公约》所确立自动保护原则，由于著作权保护不像专利权和商标权那样需要公权力的确认和许可，所以著作权在流转环节中进行保护，权利确认是首先要解决的问题。一般认为，署名是著作权人主体资格的初步证据。我国《著作权法》第11条第3款规定："如无相反证据。在作品上署名的公民、法人或者其他组织为作者。"然而，影视作品的署名却是乱象丛生。据不完全统计，影视作品的署名包括法人和自然人两种，法人署名形式有"制片单位""出品单位""出品方""荣誉出品""联合出品""联合摄制单位""特约制作""联合制作""联合摄制""协助摄制""出品承制"等，而自然人署名的形式有："总监制""总策划""总制片人""制片人""出品人""导演"等。头衔和数量众多是判断困难原因的一方面，而同一作品中的宣传海报、片头、片尾、制作许可证、发行许可证的署名都不一致，这就更加增添确定作者身份的困难。

举例说明，当出现下列不一致时，如何确定作品的著作权人：（1）发行许可证的制作机构的署名与片尾出品署名的不一致。（2）出品人与出品

[1] 武善学："对抗、渗透与互动：知识产权法与行政法关系辨析"，载《知识产权》2011年第5期。

方的不一致，首先是数量可能不一一对应，如电影《武侠》的出品方有6个，而出品人只有5个；其次，出品人不一定是出品方的法人代表或主要负责人。(3) 境外作品的发行许可证的出品单位与认证机构出具有证明书的权利人的不一致等。如电影《童梦奇缘》的公映许可证上标明银都机构有限公司和香港寰亚电影有限公司，而香港影业协会出具的版权证明上的著作权人只有香港寰亚电影有限公司。这些实践中产生的问题确实证明了判断著作权人的身份的重重困难。

2011年11月，为强化版权公共服务功能，完善作品登记制度，国家版权局下发《关于进一步规范作品登记程序等有关工作通知》，对作品登记申请受理、审查、时限等方面作出详细规定。此举表明，此后版权局在全国作品登记工作中将统一登记程序、统一作品登记证书格式内容、及时统计作品登记信息，并建立全国作品登记信息数据库。因为自1994年版权局颁布《作品自愿登记试行办法》以来，作品登记制度在降低作品市场交易成本、促进智力成果转化等方面发挥了重要作用。但各地版权机构在实践中也存在登记程序、登记证书、登记信息不统一和无法统一公告、查询等问题，使得作品登记制度缺乏应有的严肃性，也给行政执法和司法审判带来了困惑。上述通知同时对作品登记申请受理、申请审查作出明确规定：申请人在提交作品登记申请表的同时，还应提交作品样本及申请人身份证明；委托他人代为办理作品登记的，应提交相应的授权委托书以及其他必要材料。对申请人提交的作品著作权归属存在争议的、申请人拒绝提交其他必要材料的，登记机构应作出不予登记的决定。[1]

(二) 知识产权的行使需要行政权来保障

知识产权的行使离不开行政权的坚实保障。由于知识产权无形性的特点，和有形财产相比，权利人对体现其权利的客体的控制非常弱。例如，专利一旦公开，作品一旦发表，权利人想要完全靠自己来控制其载体的传

---

[1] "作品著作权统一登记 国家版权局负责人答记者问"，载 http://news.xinhuanet.com/zgjx/2011-11/17/c_131252137.htm，最后访问时间：2011年11月30日。

播和权利不受侵犯，基本上变得不现实。因此，更加需要公权力来保护其权利的行使。对于中国知识产权保护的双轨制，虽然一直各种争论、质疑的声音不断。可是针对中国知识产权保护状况的实际情况，行政执法都需要加强，而非弱化。2008 年，我国颁布《国家知识产权战略纲要》“完善知识产权制度”中则强调：“健全知识产权执法和管理体制。加强司法保护体系和行政执法体系建设，发挥司法保护知识产权的主导作用，提高执法效率和水平，强化公共服务。”这从表面上意味着，司法保护是知识产权保护的主导作用，而国家知识产权局、版权局、商标局等行政机关的执法则要强化公共服务的职能，弱化行政执法。实际上，并非如此。《国家知识产权战略纲要》战略措施中提道：要提高知识产权执法队伍素质，合理配置执法资源，提高执法效率。针对反复侵权、群体性侵权以及大规模假冒、盗版等行为，有计划、有重点地开展知识产权保护专项行动。加大行政执法机关向刑事司法机关移送知识产权刑事案件和刑事司法机关受理知识产权刑事案件的力度。此外，还要加大海关执法力度，加强知识产权边境保护，维护良好的进出口秩序，提高我国出口商品的声誉。充分利用海关执法国际合作机制，打击跨境知识产权违法犯罪行为，发挥海关在国际知识产权保护事务中的影响力。上述表述在 2009 ~ 2011 年的《中国保护知识产权行动计划》中都得到落实。此外，为加大知识产权保护力度、维护公平有序的市场环境，经国务院同意，2010 年 10 月 ~ 2011 年 3 月，在全国集中开展打击侵犯知识产权和制售假冒伪劣商品专项行动，后又将该专项行动延长至 2011 年 6 月底。由于受多方面因素的影响，侵犯知识产权、制售假冒伪劣商品的现象仍时有发生，在一些地区和领域还比较严重。这不仅影响正常的市场经济秩序、妨害企业竞争力和创新积极性，也损害了我国的国际形象。所以，从我国的实际出发，知识产权行政保护只会得到强化。

互联网领域的知识产权保护状况的困境实际上从一个侧面反映了网络领域行政执法相较于物理环境存在更大的困难和挑战。计算机和互联网技术让著作权的复制行为变得更加容易，侵权行为更加隐蔽，且难以控制。复印机的出现大大提高了复制效率，数码相机和扫描仪更是让纸质作品的电子化变得易如反掌，而网络环境让侵权作品的传播和储存变得更为方便，复制、存储、转载和传播作品的成本很低。高速网络的普及更是为盗版和假冒作品的非法传播提供便利。盗版作品的“运输”因网速（带宽）的提升而更加泛滥。分布式 P2P 共享技术让每一个网络用户成为上传者和下载者，导致很难追踪存储位置和上传来源，似乎陷入了“法不责众”（终端用户）的困境。互联网具有匿名性，追踪和定位网民的行为虽然在技术上并非不可能，但在实际操作中相对困难。因此，发生在互联网环境中的侵权行为增加了权利人的维权成本，加大了维权难度（如举证）。由于网络侵权成本低、传播快、维权难，非法复制件源头和流出途径也不好控制，所以网络侵权的影响程度和范围日益加深、加大。在线服务供应商的惟利是图更是推波助澜，以帮助侵权为代价，吸引用户点击率来获得广告收入，这种不正常的发展模式让网络侵权日益严重。

（三）知识产权的侵权救济也需要行政机关的参与

虽然说，司法机关最终判定侵权与否和赔偿数额多少，但行政机关的作用也不可或缺。首先，知识产权的刑事保护源头还是在知识产权主管机关和公安机关的基础工作，这样才能进一步推动“两法衔接”工作，积极推动行政执法与刑事司法机关建立“网上衔接，信息共享”机制。其次，行政调解在知识产权侵权纠纷解决中能够起到积极作用，行政调解对于部分侵权事实较为清楚，证据确凿，侵权数额较低的知识产权纠纷是可行的、必要的。[1] 再次，知识产权行政主管机关的日常执法有助于减少司法纠纷，便于侵权现象早发现和早制止。此外，知识产权的宣传教育和文化建设离不开行政主管机关的积极推动。

（孙益武撰稿）

---

[1] 孟庆刚：“行政调解在知识产权侵权纠纷中的适用”，载《人民论坛》2009 年第 21 期。

第三章　中国知识产权行政法律保护制度

捷康公司在美国337行政调查与裁决完胜案，从行政法角度看，关涉知识产权的行政保护制度以及司法审查制度。在本章主要介绍中国知识产权行政实体法律保护制度，从立法框架、保护机制、保护主体、保护内容和措施几个方面展开讨论，旨在使读者对中国知识产权行政实体法律保护制度有一个较为全面的了解。

第一节　制度概述

随着知识经济和经济全球化的深入发展，知识产权日益成为国家发展的战略性资源和国际竞争力的核心要素，国际社会更加重视知识产权，更加重视鼓励创新，各国均积极采取适应国情的知识产权政策措施，促进自身发展。实施国家知识产权战略，大力提升知识产权创造、运用、保护和管理能力，有利于增强我国自主创新能力，建设创新型国家；有利于完善社会主义市场经济体制，规范市场秩序和建立诚信社会；有利于增强我国企业市场竞争力和提高国家核心竞争力；有利于扩大对外开放，实现互利共赢。❶

改革开放以来，我国在较短的时期内制定并实施了专利法、商标法、

❶ 国务院办公厅："国务院关于印发国家知识产权战略纲要的通知"（国发［2008］18号），载http：//www. gov. cn/zwgk/2008－06/10/content_ 1012269. htm，最后访问时间：2011年12月23日。

著作权法等知识产权法律法规，经过多年发展，知识产权法律体系逐步健全。根据国情和国际发展趋势，我国已建立起由行政权、司法权有机结合、有效协作的保护机制，形成了有中国特色的知识产权保护体系。

知识产权行政法律保护制度，即是根据我国的实际情况而采取的加强知识产权保护的重要措施之一，其主要由两部分构成：一是行政权的干预——知识产权的行政保护；二是司法权对行政权的监督——对知识产权行政保护的司法审查。知识产权行政法律保护制度的建立和实施，规范了市场秩序，激励了发明创造和文化创作，促进了对外开放和知识资源的引进，对我国经济社会发展发挥了重要作用。

一、知识产权的行政保护

知识产权的行政保护，是指国家行政管理机关，依据有关法律的规定，运用法定行政权力，通过法定的行政程序，用行政手段对知识产权实施全面的法律保护。知识产权行政保护不仅局限于行政执法，其保护范围是比较广泛的，包括政府管理机关对于知识产权予以保护的各个方面。❶ 行政保护是我国知识产权制度所广泛采取的保护方式，是知识产权保护体系的重要基础。行政保护具有法定性特征，在专利法、商标法、著作权法等知识产权立法中，立法机关通过法律规定，确定行政权对知识产权的保护。除规定知识产权行政管理机关对有关知识产权行使确认权之外，立法还不同程度授予行政管理机关行政司法权，对知识产权予以行政保护。❷

与其他保护方式相比，知识产权的行政保护具有若干突出优势：

第一，管理知识产权工作的部门比较熟悉知识产权业务，具有人才优

❶ 王晔："知识产权行政保护刍议"，见《北大知识产权评论（第1卷）》，法律出版社2002年版，第195页。目前，学界一般认为该界定是知识产权行政保护的主流观点。

❷ 如《商标法》第2条规定："国务院工商行政管理部门商标局主管全国商标注册和管理的工作。国务院工商行政管理部门设立商标评审委员会，负责处理商标争议事宜。"我国针对不同的知识产权类型及其保护要求，从中央到地方，均设置了相应的履行保护知识产权职责的部门。

势和专业优势，赋予其解决知识产权纠纷的权力，可以及时、有效地维护当事人的合法权益。[1] 第二，程序较为简便，行政机关解决纠纷可以不受诉讼程序的严格约束，可以按照不同性质的纠纷采取较为简易的程序规则。第三，法律适用灵活。行政管理机构要遵循法定职责行使职权，但是在具体适用法律解决实际问题时可以灵活适用法律，与法院诉讼程序相比而言有更大的裁量权。第四，时间短、费用低。行政程序简便易操作的特性，决定了行政机构解决知识产权纠纷相对于诉讼程序而言可以节省时间和费用。第五，符合社会立法需要。在知识产权纠纷发生时，有关社会立法所发生的争端影响公平时，需要迅速解决，行政机构能够满足这方面的需要。[2] 第六，行政保护在保护方式上更具主动性，能够克服司法保护只能按照“不告不理”原则被动处理案件的某些缺陷。[3] 第七，采用行政手段处理知识产权纠纷，具有历史基础和社会基础。我国强行政的传统深入人心，行政机制解决纠纷具有较强的权威性和较高的社会认可度。正是基于以上特征和优势，知识产权的行政保护在多年的实践中发挥了巨大作用，内涵、外延不断完善，显示出蓬勃的制度生机。

二、对知识产权行政保护的司法审查

对知识产权行政保护的司法审查，亦是中国知识产权行政法律保护制度的重要内容之一。行政权的正确行使离不开司法权的制约，依据“司法终局原则”，司法审查是知识产权行政保护的最后一道防线，知识产权行政机关应当接受司法机关的监督和审查。依据行政诉讼法及专利法、商标法、著作权法等知识产权相关立法，司法机关依法履行对知识产权行政保护的司法审查职能。对知识产权行政保护的司法审查范围主要包括：当事人对工商行政管理总局商标评审委员会、各级工商行政管理部门作出的责

[1] 冯晓青：《知识产权法理论与实践》，知识产权出版社 2002 年版，第 348 页。

[2] 王名扬：《英国行政法》，中国政法大学出版社 1996 年版，第 137 页。

[3] 邓建志：《WTO 框架下中国知识产权行政保护》，知识产权出版社 2009 年版，第 47 页。

令停止侵犯商标权行为或者罚款的处理决定不服的，以作出行政决定的工商管理部门为被告，向人民法院提起的行政诉讼；当事人对国务院专利行政部门、专利复审委员会和地方管理专利工作的部门作出的行政决定不服的，具体有不服专利复审委员会作出的维持驳回申请复审决定和专利权无效宣告请求决定案件；不服国务院专利行政部门作出的实施强制许可决定、实施强制许可使用费裁决及行政复议决定案件；不服地方管理专利工作的部门作出的行政决定案件等，在法定期限内向人民法院提起的行政诉讼。当事人对著作权行政管理机关作出的行政处罚决定不服，向人民法院提起的行政诉讼。❶

第二节　立法框架

20 世纪 80 年代以来，国家颁布实施了《专利法》《商标法》《著作权法》和《计算机软件保护条例》《集成电路布图设计保护条例》《著作权集体管理条例》《音像制品管理条例》《植物新品种保护条例》《知识产权海关保护条例》《特殊标志管理条例》《奥林匹克标志保护条例》等涵盖知识产权保护主要内容的法律法规，并颁布一系列相关的实施细则和司法解释，使中国知识产权保护的法律体系不断趋于完善。为了对知识产权实行切实有效的法律保护，2001 年中国加入 WTO 前后，对知识产权保护相关法律法规和司法解释进行全面修改，在立法精神、权利内容、保护标准、法律救济手段等方面更加突出促进科技进步与创新的同时，做到了与世界贸易组织 TRIPs 协议以及其他知识产权保护国际规则相一致。

一、商标法

1982 年 8 月 23 日，第五届全国人民代表大会常务委员会第 24 次会议通过《中华人民共和国商标法》，并于 1983 年 3 月 1 日起施行。这是中国

❶ 刘世宽主编：《知识产权理论与实践》，甘肃人民出版社 2006 年版，第 393 页。

开始系统建立现代知识产权法律制度的一个重要标志。1993 年对商标法进行第一次修改，扩大了商标保护范围，加大了对商标侵权行为的打击力度。2001 年 10 月 27 日，第九届全国人大常委会第 24 次会议通过《关于修改〈中华人民共和国商标法〉的决定》，对《商标法》进行第二次修改，并于当年 12 月施行。2002 年 8 月 3 日，国务院公布《中华人民共和国商标法实施条例》，该条例自 2002 年 9 月 15 日起施行。为适应经济社会发展的需要，目前国家正在进行《商标法》第三次修改工作。2009 年，工商行政管理总局报请国务院审议的《商标法（修订送审稿）》已广泛征求意见并就意见集中问题展开研讨和调研。同时，《商标法实施条例》等配套法规的修改工作正稳步推进。修改送审稿拟进一步简化和完善商标确权制度，加强对恶意注册行为的规制，加大对侵权假冒行为的惩处力度，为中外商标申请人提供更好的服务，加强对地理标志的保护力度。[1]

二、专利法

1984 年 3 月 12 日，第六届全国人民代表大会常务委员会第四次会议通过《中华人民共和国专利法》，并于 1985 年 4 月 1 日起施行。1992 年进行了第一次修改，把专利技术的保护扩大到生产过程中的生产和最终产品，发明专利的期限由原来的 15 年改为 20 年。2000 年 8 月 25 日，第九届全国人大常委会第 17 次会议通过《关于修改〈中华人民共和国专利法〉的决定》，对专利法进行了第二次修订。2010 年，专利法及其实施细则第三次修改工作顺利完成，修改后的《专利法实施细则》于 2010 年 2 月 1 日开始施行，修改后的《专利法》及《专利法实施细则》提高了专利授权标准，完善了外观设计审查制度、强制许可制度，增加了诉前证据保全制度和维护公众权益的措施，加强了专利保护力度；同时，《专利行政执法办法》《专利审查指南》等 12 部规章的制定、修订工作基本完成，进一步规范了

---

[1] “商标法修改将按四方向展开 将向社会公开征求意见”，载 http：//www.cnr.cn/2011zt/2011lianghui/2011xwzx/lhzb2011/313rd/zbzy/201103/t20110313_507784950.html，最后访问时间：2011 年 12 月 23 日。

专利行政执法行为，加强了专利权保护。

三、著作权法

1990 年 9 月 7 日，第七届全国人大常委会第 15 次会通过《中华人民共和国著作权法》。2001 年，对著作权法进行修订。对不符合 TRIPs 协议等国际组织规则的条款进行修改，充分体现了保护著作权人权利的原则，并增加了网络环境下著作权保护的规定，完善了有关法律责任的规定，使我国的著作权法更臻于成熟。《计算机软件保护条例》《著作权法实施条例》《著作权行政处罚实施办法》和《著作权集体管理条例》等一系列法规、规章，使著作权保护有了较为完善的法律基础。新修订的《著作权法》已于 2010 年 2 月 26 日公布，并自 4 月 1 日起施行；《著作权质权登记办法》已于 2010 年 11 月 25 日颁布；《民间文学艺术作品著作权保护办法》等法规、《作品自愿登记办法》《教科书法定付酬办法》等规章的修改和制定工作也取得了积极进展。

四、其他法规、规章、规定

我国的知识产权法律体系除了全国人大制定的知识产权基本法律以外，还包括各级行政机关所制定的一系列保护知识产权的行政法规、规章、规定等，这为我国知识产权行政管理部门依法行政，在实际管理活动中做到有法可依提供了强有力的支撑。其中包括《专利法》《商标法》和《著作权法》三法的“实施细则”和《音像制品管理条例》《计算机软件保护条例》《药品行政保护条例》《农业化学物质产品行政保护条例》《知识产权海关保护条例》等，以及由有关的专利管理行政部门根据授权制定的《专利管理机关处理专利纠纷办法》《管理专利工作的部门行政执法办法》《著作权行政处罚实施办法》《音像制品复制管理办法》《农业化学物质产品行政保护实施细则》等。[1]

此外，地方各级有权机关还结合本地知识产权保护状况制定了适合自己地区的知识产权保护的法规、办法等，如广东、四川等多省出台了“地方专利保护条例”，各知识产权行政管理机关依据有关的法律、法规等处理本辖区内的知识产权纠纷、处理知识产权申请案件，有力地保护了知识产权权利人的切身利益。

《国家知识产权战略纲要》提出，到2020年，把我国建设成为知识产权创造、运用、保护和管理水平较高的国家。作为战略重点之一，为完善知识产权制度，国家需要进一步完善知识产权法律法规，及时修订专利法、商标法、著作权法等知识产权专门法律及有关法规。适时做好遗传资源、传统知识、民间文艺和地理标志等方面的立法工作，加强知识产权立法的衔接配套，增强法律法规的可操作性。完善反不正当竞争、对外贸易、科技、国防等方面法律法规中有关知识产权的规定。[2]

第三节　保护机制

一、多元分层的保护机制

在知识产权领域，建立一个符合本国实际、高效、公平、合理的知识产权保护机制是十分重要和必要的。在知识产权保护实践中，中国形成了行政保护和司法保护“两条途径、并行运作”的知识产权保护模式。在我国，有多个部门分别履行保护知识产权的职能，主要包括国家知识产权局、工商行政管理总局、新闻出版总署、版权局、文化部、农业部、国家林业

---

[1] 王晔：“知识产权行政保护刍议”，见《北大知识产权评论（第1卷）》，法律出版社2002年版，第204页。

[2] “国务院关于印发国家知识产权战略纲要的通知”（国发［2008］18号），载http：//www.gov.cn/zwgk/2008－06/10/content_1012269.htm，最后访问时间：2011年12月23日。

局、公安部、海关总署、最高人民法院、最高人民检察院等（见表3－1）。

表3－1　我国知识产权行政管理机构设置的现状

序号	知识产权种类	行政管理部门名称
1	专利权、集成电路布图设计专有权	国家知识产权局（及其所属专利局）
2	商标权	工商行政管理总局商标局
3	著作权	版权局（新闻出版总署）
4	制止不正当竞争	工商行政管理总局公平交易局
5	原产地标记	质量监督检验检疫总局
6	农业植物品种权	农业部
7	林业植物品种权	林业部
8	国际贸易中的知识产权	商务部
9	与科技有关的知识产权	科技部
10	与进出境货物有关的知识产权	海关总署

资料来源：朱雪忠、黄静："试论我国知识产权行政管理机构的一体化设置"，载《科技与法律》2004年第3期。

二、机制改革及发展愿景

为进一步加大知识产权保护力度，2004年，中国成立了以国务院副总理为组长的国家保护知识产权工作组，负责统筹协调全国知识产权保护工作。国家保护知识产权工作组办公室设在商务部，承担工作组日常工作。

总的来看，我国知识产权行政保护具有多元性和分散性以及多层次的特点。多元性表现在中央一级的层面上，有国家知识产权局、版权局、工商行政管理总局、林业局、商务部等数十家单位；多层次性则是指在中央一级知识产权行政管理机关存在的情况下，又在有关的国家政府机关和各省、自治区、直辖市、经济特区等城市设立了相关的知识产权管理机关，各知识产权行政管理机关自成体系，在自己的职权范围内进行确权、纠纷处理以及相应的行政执法活动。[1] 多年来，这些部门在各自领域开展了卓有成效的工作。但是总的来看，我国知识产权行政机构部门庞杂、门类众多，职责单一，各自为政。这种格局是否有必要改造重组，需要研究。[2]

2008 年《国家知识产权战略纲要》提出，为完善知识产权制度，要进一步健全知识产权执法和管理体制。深化知识产权行政管理体制改革，形成权责一致、分工合理、决策科学、执行顺畅、监督有力的知识产权行政管理体制。以《国家知识产权战略纲要》为指导，逐步探索一种以统一部署、综合保护、协作配合为特征的运作模式，为我国建立更趋精简、统一、效能的未来保护机制奠定良好基础。

第四节　保护主体

一、专利权保护主体

根据《专利法》第 3 条，国务院专利行政部门负责管理全国的专利工作；统一受理和审查专利申请，依法授予专利权。国家知识产权局是国务院主管专利工作和统筹协调涉外知识产权事宜的直属机构，其前身为中国专利局。[3] 国家知识产权局的主要职责为：（1）负责组织协调全国保护知识产权工作，推动知识产权保护工作体系建设。会同有关部门建立知识产权执法协作机制，开展相关的行政执法工作。开展知识产权保护的宣传工作。会同有关部门组织实施国家知识产权战略纲要。（2）承担规范专利管理基本秩序的责任。拟订专利知识产权法律法规草案，拟订和实施专利管理工作的政策和制度，拟订规范专利技术交易的政策措施，指导地方处理、

---

[1] 邓建志：《WTO 框架下中国知识产权行政保护》，知识产权出版社 2009 年版，第 44 页。

[2] 曹新明、张建华主编：《知识产权制度法典化问题研究》，北京大学出版社 2010 年版，第 277 页。

[3] 更多资料参见国家知识产权局网站，http：//www. sipo. gov. cn/gk/.

调解侵犯专利的纠纷案件以及查处假冒他人专利行为和冒充专利行为，会同有关部门指导和规范知识产权无形资产评估工作。(3) 拟订知识产权涉外工作的政策。研究国外知识产权发展动态。统筹协调涉外知识产权事宜，按分工开展对外知识产权谈判。开展专利工作的国际联络、合作与交流活动。(4) 拟订全国专利工作发展规划，制订专利工作计划，审批专项工作规划，负责全国专利信息公共服务体系的建设，会同有关部门推动专利信息的传播利用，承担专利统计工作。(5) 制订专利和集成电路布图设计专有权确权判断标准，指定管理确权的机构。制订专利和集成电路布图设计专有权侵权判断标准。制定专利代理中介服务体系发展与监管的政策措施。(6) 组织开展专利的法律法规、政策的宣传普及工作，按规定组织制定有关知识产权的教育与培训工作规划。

国家知识产权局为国务院直属局；地方各级知识产权局则分别属于各级地方政府。在业务上，国家知识产权局对地方知识产权局实施指导。在全国31个省级知识产权局中，机构编制为政府行政部门的12个，占总数的39%；事业单位的19个，占总数的61%。在隶属关系上，有15个直属政府，占总数的49%；15个归口科技部门（科技厅，委），占48%；科技部门挂牌知识产权局的1个（内蒙古），占3%。从级别上看，正处级的有6个（其中5个归口科技部门），占19%；副厅级的20个（其中10个归口科技部门），占65%；正厅级的5个，其中科技厅挂牌知识产权局的正厅级1个（内蒙古），直属政府的正厅级独立机构4个（上海市知识产权局、北京市知识产权局、广东省知识产权局、四川省知识产权局），两者合计占16%。各省级知识产权局人员数量，最少的仅为4人（西藏），最多的达到91人（上海），一般分布在20~40人之间。大体说来，一般经济水平较为发达、机构设置级别较高的省份，其省局的工作人员也相对较多。[1]

[1] 中国社会科学院知识产权研究中心：《中国知识产权保护体系改革研究》，知识产权出版社2008年版，第11页。

二、商标权保护主体

根据《商标法》第2条，国务院工商行政管理部门商标局主管全国商标注册和管理工作，各地工商行政管理部门对商标使用行为进行监督管理，依职权或应权利人请求查处侵犯注册商标专用权行为，保护商标权人和消费者的合法权益。❶ 国务院工商行政管理部门设立商标评审委员会，负责处理商标争议事宜。商标局隶属于工商行政管理总局，承担商标注册与管理等行政职能，具体负责全国商标注册和管理工作，依法保护商标专用权和查处商标侵权行为，处理商标争议事宜，加强驰名商标的认定和保护工作，负责特殊标志和官方标志的登记、备案和保护，研究分析并依法发布商标注册信息，为政府决策和社会公众提供信息服务，实施商标战略等工作。此外，工商行政管理总局的另一个内设机构公平交易局的部分职能也涉及知识产权的保护，即反不正当竞争。公平交易局下设反不正当竞争处，主管市场上的各种不正当竞争行为。在知识产权保护方面已经有专利法、商标法等特别立法的情况下，反不正当竞争法更多意义上提供的是对传统知识产权法所没有覆盖的知识产权的保护。例如，专利法中没有包含的商业秘密权，商标法中没有包含的除商标权以外的其他商业或商品标志权，如商号以及知名商品特有的名称、包装、装潢等。

三、著作权保护主体

根据《著作权法》第7条，国务院著作权行政管理部门主管全国的著作权管理工作。新闻出版总署（版权局）是国务院主管新闻出版事业和著作权管理的直属机构。在著作权管理上，以版权局名义对内、对外单独行使职权。新闻出版总署与版权局为“一个机构两块牌子”。❷ 版权局的主要职责是：（1）贯彻实施著作权法律、法规；起草著作权方面的法律、法规

❶ 更多资料参见国家工商管理总局商标局网站，http：//sbj. saic. gov. cn/zzjg1/sbjjj/.

❷ 更多资料参见国家版权局网站，http：//www. ncac. gov. cn/cms/html/205/1800/List－1. html.

草案；制定著作权管理的规章和重要管理措施并组织实施和监督检查。(2) 审批著作权集体管理机构，著作权涉外机构、国（境）外著作权认证机关、外国和国际著作权组织在华设立代表机构。(3) 指导地方著作权行政管理部门的工作；查处或组织查处有重大影响的著作权侵权案件；代表国家处理涉外著作权关系，组织参加著作权的双边或多边条约、协议的谈判、签约和国内履约活动。(4) 负责著作权管理工作全国性宣传、教育及表彰活动。

四、知识产权海关保护主体

作为一种知识产权特殊行政保护机构，海关在进出口货物的知识产权保护中发挥着十分重要的作用，我国海关的职责之一即保护与进出口货物有关的受中国法律保护的知识产权。2010 年 3 月 17 日，国务院对《中华人民共和国知识产权海关保护条例》（以下简称《知识产权海关保护条例》）作出修订并于 2010 年 4 月 1 日起施行。根据该条例，知识产权海关保护，是指海关对与进出口货物有关并受我国法律、行政法规保护的商标专用权、著作权和与著作权有关的权利、专利权（以下统称知识产权）实施的保护。根据 TRIPs 协议和《知识产权海关保护条例》的有关规定，海关对知识产权的保护主要包括：(1) 中止放行和扣留即将进出口的侵权嫌疑货物，这是知识产权海关保护中的首要环节；(2) 对货物的侵权状况等进行调查、认定；(3) 对进出口侵权货物的当事人进行处罚和对侵权货物的处置；(4) 协助法院执行；(5) 对涉嫌知识产权犯罪案件的移送司法机关处理。[1]

中国海关是国家的进出境监督管理机关，实行垂直管理体制，海关总署是中国海关的领导机关，是国务院下属的直属机构。海关总署政策法规司全面管理、指导和监督全国海关的知识产权边境保护工作，并具体办理

[1] 范晓波主编：《中国知识产权管理报告》，中国时代经济出版社 2009 年版，第 10 页。

知识产权海关保护备案。其具体职责包括：（1）研究提出海关立法规划并组织实施。（2）参与起草有关法律，负责起草或组织起草海关法规和综合性规章，审核署内各部门起草的专业性规章、海关方面的国际条约文本及其他规范性文件，按规定发布海关法规、规章，负责海关法规、规章的执法解释工作。（3）归口管理海关系统的普法教育。（4）归口管理海关系统行政审批、行政许可的制度建设和日常管理。（5）负责建立和维护管理海关业务规范性文件数据库。（6）归口管理海关标准化工作，制定、管理和维护海关业务信息系统标准化规范和参数数据库。（7）管理海关行政复议、行政应诉、行政赔偿工作，审理总署管辖的行政复议、申诉案件，办理总署行政应诉事宜，承办总署案件审理委员会日常工作；组织实施对海关行政执法的法律监督。（8）研究拟订各类进出口货物贸易管制政策、措施和海关实施的规章、制度并组织实施。（9）受理知识产权海关保护备案申请，组织实施知识产权海关保护。❶

五、其他知识产权保护主体

原产地名称也是一种知识产权，原产地名称产品与所具有的质量、声誉或其他本质上取决于其产地的自然因素和人文因素的特性有关，它必须经审核批准才能以原产地名称进行命名。根据自 2005 年 7 月 15 日起施行的《原产地名称产品保护规定》，质量监督检验检疫总局统一管理全国的原产地名称产品保护工作。各地出入境检验检疫局和质量技术监督局依照职能开展原产地名称产品保护工作。主要包括原产地名称产品的申请受理、审核批准、原产地专用标志注册登记和监督管理工作。

根据我国《专利法》第 25 条，动植物品种并不属于可申请专利保护的客体，但植物新品种却能享受类似专利的保护，这表现在按《植物新品种保护条例》申请保护的植物新品种。植物新品种保护是新品种保护审批机关对经过人工培育的或发现并加以开发的野生植物的新品种，依据授权

❶　更多资料参见海关总署网站，http://www.customs.gov.cn/tabid/8009/Default.aspx.

条件，按照规定程序进行审查，决定该品种能否被授予品种权。植物新品种也是知识产权的重要组成部分。

根据我国《植物新品种保护条例》第3条，国务院农业、林业行政部门按照职责分工共同负责植物新品种权申请的受理和审查，并对符合该条例规定的植物品种授予植物新品种权。具体而言，是由农业部植物新品种保护办公室和林业局植物新品种保护办公室分别负责农业植物新品种权和林业植物新品种权申请的受理和审查，并对符合规定的植物新品种授予新品种权。

国家重视加强国际贸易中的知识产权保护，逐步建立和完善与我国国际贸易发展阶段相适应的有中国特色的国际贸易中的知识产权保护制度。我国与国际贸易有关的知识产权保护主体以商务部为主。其下属的条约法律司的主要职能为：起草有关法律法规草案和规章；提出我国经济贸易方面的法规之间及其与国际多双边经贸条约和协定之间衔接的意见；承担国际经贸公约拟订的有关工作；审核多（双）边经贸条约和协定等谈判文件；组织经贸领域多（双）边知识产权、投资（保护）协议对外谈判；承担争端解决有关工作；承担机关有关规范性文件的合法性审核工作；承办相关行政复议和行政应诉工作。商务部积极参与世界贸易组织、亚太经合组织等国际组织有关国际知识产权秩序的构建，不断完善知识产权海外维权机制，妥善处理知识产权争端。并积极和美国国际贸易委员会等国外的相关部门进行交流沟通，完善我国企业知识产权海外维权机制，为国内相关企业提供指导和协调，帮助企业应对处理海外知识产权争端。

第五节　保护内容及措施

一、专利权行政保护内容及措施

修改后的我国《专利法》第60条明确规定：未经专利权人许可，实施其专利，即侵犯其专利权，引起纠纷的，由当事人协商解决；不愿协商或者协商不成的，专利权人或者利害关系人可以向人民法院起诉，也可以请求管理专利工作的部门处理。管理专利工作的部门处理时，认定侵权行为成立的，可以责令侵权人立即停止侵权行为，当事人不服的，可以自收到处理通知之日起15日内依照《中华人民共和国行政诉讼法》（以下简称《行政诉讼法》）向人民法院起诉；侵权人期满不起诉又不停止侵权行为的，管理专利工作的部门可以申请人民法院强制执行。进行处理的管理专利工作的部门应当事人的请求，可以就侵犯专利权的赔偿数额进行调解；调解不成的，当事人可以依照《中华人民共和国民事诉讼法》（以下简称《民事诉讼法》）向人民法院起诉。《专利法》第63条规定：假冒专利的，除依法承担民事责任外，由管理专利工作的部门责令改正并予公告，没收违法所得，可以并处违法所得四倍以下的罚款；没有违法所得的，可以处20万元以下的罚款；构成犯罪的，依法追究刑事责任。第64条规定：管理专利工作的部门根据已经取得的证据，对涉嫌假冒专利行为进行查处时，可以询问有关当事人，调查与涉嫌违法行为有关的情况；对当事人涉嫌违法行为的场所实施现场检查；查阅、复制与涉嫌违法行为有关的合同、发票、账簿以及其他有关资料；检查与涉嫌违法行为有关的产品，对有证据证明是假冒专利的产品，可以查封或者扣押。

2001年3月，国务院制定了《集成电路布图设计保护条例》，该条例第8条规定：“布图设计专有权经国务院知识产权行政部门登记产生。未经登记的布图设计不受本条例保护。”第18条规定：“布图设计登记申请经初步审查，未发现驳回理由的，由国务院知识产权行政部门予以登记，发给登记证明文件，并予以公告。”第31条规定，当事人可以请求国务院知识产权行政部门处理侵权纠纷，责令侵权人立即停止侵权纠纷，没收、销毁侵权产品或者物品；国务院知识产权行政部门可以应当事人的请求就侵犯布图设计专有权的赔偿数额进行调解。根据该条例，行政机关不仅可以制止侵权行为，还以采取没收、销毁侵权产品或物品的措施。

近年来，各地知识产权局发挥行政执法程序简捷、专业力量相对较强的优势，并利用行政执法见效快的特点，高效地受理、处理专利纠纷，打击假冒他人专利行为和冒充专利行为。2010 年，全国知识产权局系统共受理专利侵权纠纷案件 1 095件，受理其他专利纠纷案件 18 件，查处假冒专利案件 728 件，出动执法人员 20 646人次，检查商业场所 10 642次，检查商品2 134 668件，跨部门执法协作545 次，跨地区执法协作972 次。同年，中国知识产权审批登记也在质和量两个方面取得新的突破，国家知识产权局全年共受理专利申请 122.2286 万件，首次突破百万大关，同比增长 25.1%；全年共授权专利 81.4825 万件，同比增长 40.0%。国内专利 74.0620 万件，占总量的 90.9%；授权国外来华专利 7.4205 万件，占总量的 9.1%。其中，发明专利 13.5110 万件，实用新型专利 34.4472 万件，外观设计专利 33.5243 万件；共受理依据《专利合作条约》提出的国际申请 1.2917 万件；受理进入中国国家阶段的国际申请共 6.2558 万件；共受理复审请求 1.2369 万件，受理无效宣告请求 2 411件。[1]

二、商标权行政保护内容及措施

我国《商标法》第 3 条规定：“经商标局核准注册的商标为注册商标，包括商品商标、服务商标和集体商标、证明商标；商标注册人享有商标专用权，受法律保护。”第4 条规定：“自然人、法人或者其他组织对其生产、制造、加工、拣选或者经销的商品，需要取得商标专用权的，应当向商标局申请商品商标注册。自然人、法人或者其他组织对其提供的服务项目，需要取得商标专用权的，应当向商标局申请服务商标注册。”第 53 条规定：有该法第 52 所列侵犯注册商标专用权行为之一，引起纠纷的，由当事人协商解决；不愿协商或协商不成的，商标注册人或利害关系人可以向人民法院起诉，也可以请求工商行政管理部门处理。工商行政管理部门处理时，认定侵权行为成立的，责令停止侵权行为，没收、销毁侵权商品和专门用于制造侵权商品、伪造注册商标标识的工具，并可处以罚款。当事人对处理决定不服的，可以自收到通知之日起 15 日内依照《行政诉讼法》向人

[1] 国家知识产权局《二〇一〇年中国知识产权保护状况》白皮书。

民法院起诉；侵权人期满不起诉又不履行的，工商行政管理部门根据当事人的请求，可以就侵犯商标专用权的赔偿数额进行调解；调解不成的，当事人可以依照《民事诉讼法》向人民法院起诉。第54条规定：对侵犯注册商标专用权的行为，工商行政管理部门有权依法查处；涉嫌犯罪的，应当及时移送司法机关依法处理。第55条规定：县级以上工商行政管理部门根据已经取得的违法嫌疑证据或者举报，对涉嫌侵犯他人注册商标专用权的行为进行查处时，可以行使下列职权：（1）询问有关当事人，调查与侵犯他人注册商标专用权有关的情况；（2）查阅、复制当事人与侵权活动有关的合同、发票、账簿以及其他有关资料；（3）对当事人涉嫌从事侵犯他人注册商标专用权活动的场所实施现场检查；（4）检查与侵权活动有关的物品；对有证据证明是侵犯他人注册商标专用权的物品，可以查封或者扣押。

依据商标权保护的相关规定，全国各级工商行政管理机关依法严厉查处商标侵权假冒等行为，以保护注册商标专用权为核心，加大驰名商标认定和保护工作力度，重点查处侵犯食品、药品、农产品商标、驰名商标、地理标志、涉外商标专用权的违法行为。2010年，全国工商行政管理系统共查处各类商标违法案件56 034件，查处一般违法案件7 486件，商标侵权假冒案件48 548件，其中查处商标涉外案件11 524件；共收缴和消除违法商标标识1 275.22万件，案值140 561万元；移送司法机关涉嫌商标犯罪案件175件，犯罪嫌疑人163人；对2 310件商标通过驰名商标认定进行扩大保护，其中114件为外国注册人所有，分属16个国家和地区，有效保护了国内外商标注册人的合法权益。工商行政管理总局全年共受理商标注册申请107.2187万件，突破百万大关，连续9年位居世界第一；共审查商标注册申请148.0680万件；共受理通过世界知识产权组织国际局提交的马德里商标国际注册领土延伸申请1.6142万件，国内申请人通过工商行政管理总局提出的马德里商标国际注册申请1 820件；共收到商标评审案件新申请7.2253万件。❶

❶ 国家知识产权局《二〇一〇年中国知识产权保护状况》白皮书。

三、著作权行政保护内容及措施

修改后的我国《著作权法》第48条规定："有下列侵权行为的，应当根据情况，承担停止侵害、消除影响、赔礼道歉、赔偿损失等民事责任；同时损害公共利益的，可以由著作权行政管理部门责令停止侵权行为，没收违法所得，没收、销毁侵权复制品，并可处以罚款；情节严重的，著作权行政管理部门还可以没收主要用于制作侵权复制品的材料、工具、设备等；构成犯罪的，依法追究刑事责任"。《著作权法实施条例》第36条规定：有《著作权法》第47条所列侵权行为，同时损害社会公共利益的，著作权行政管理部门可以处非法经营额3倍以下的罚款；非法经营额难以计算的，可以处10万元以下的罚款。第37条规定：有《著作权法》第47条所列侵权行为，同时损害社会公共利益的，由地方人民政府著作权行政管理部门负责查处，国务院著作权行政管理部门可以查处在全国有重大影响的侵权行为。

《作品自愿登记试行办法》规定，为维护作者或其他著作权人和作品使用者的合法权益，有助于解决因著作权归属造成的著作权纠纷，并为解决著作权纠纷提供初步证据，对于作品实行自愿登记。第2条规定：作品实行自愿登记。作品不论是否登记，作者或其他著作权人依法取得的著作权不受影响。第3条规定：各省、自治区、直辖市版权局负责本辖区的作者或其他著作权人的作品登记工作。国家版权局负责外国以及中国台湾、中国香港和中国澳门地区的作者和其他著作权人的作品登记工作。

《计算机软件保护条例》第5条规定：中国公民、法人或者其他组织对其所开发的软件，不论是否发表，依照该条例享有著作权。外国人、无国籍人的软件首先在中国境内发行的，依照该条例享有著作权。外国人、无国籍人的软件，依照其开发者所属国或者经常居住地国同中国签订的协议或者依照中国参加的国际条约享有的著作权，受该条例保护。第7条规定：软件著作权人可以向国务院著作权行政管理部门认定的软件登记机构办理登记。软件登记机构发放的登记证明文件是登记事项的初步证明。

2010年，全国作品自愿登记量达375 649件，软件著作权登记量达81 966件，连续5年保持高速增长态势。国家版权局深入开展打击网络侵权盗版专项治理，组织专项整治行动，全年责令经营单位改正131 681家次，受理举报47 816件，立案调查60 132件，移交案件2 184件，办结案件51 248件，警告经营单位120 984家次，罚款14 877万余元，没收违法所得186万余元，没收非法物品2 810万余件，停业整顿12 378家次，吊销许可证426家。[1]

四、知识产权海关行政保护内容及措施

根据《知识产权海关保护条例》，在知识产权备案方面，知识产权权利人可以依照《知识产权海关保护条例》的规定，将其知识产权向海关总署申请备案；申请备案的，应当提交申请书。申请书应当包括下列内容：（1）知识产权权利人的名称或者姓名、注册地或者国籍等；（2）知识产权的名称、内容及其相关信息；（3）知识产权许可行使状况；（4）知识产权权利人合法行使知识产权的货物的名称、产地、进出境地海关、进出口商、主要特征、价格等；（5）已知的侵犯知识产权货物的制造商、进出口商、进出境地海关、主要特征、价格等。前款规定的申请书内容有证明文件的，知识产权权利人应当附送证明文件。海关总署应当自收到全部申请文件之日起30个工作日内作出是否准予备案的决定，并书面通知申请人；不予备案的，应当说明理由。有下列情形之一的，海关总署不予备案：（1）申请文件不齐全或者无效的；（2）申请人不是知识产权权利人的；（3）知识产权不再受法律、行政法规保护的。海关发现知识产权权利人申请知识产权备案未如实提供有关情况或者文件的，海关总署可以撤销其备案。知识产权海关保护备案自海关总署准予备案之日起生效，有效期为10年。知识产权有效的，其权利人可以在知识产权海关保护备案有效期届满前6个月内，向海关总署申请续展备案。每次续展备案的有效期为10年。

---

[1] 国家知识产权局《二〇一〇年中国知识产权保护状况》白皮书。

在扣留侵权现有货物的申请及其处理方面，知识产权权利人发现侵权嫌疑货物即将进出口的，可以向货物进出境地海关提出扣留侵权嫌疑货物的申请。知识产权权利人请求海关扣留侵权嫌疑货物的，应当提交申请书及相关证明文件，并提供足以证明侵权事实明显存在的证据。申请书应当包括下列主要内容：（1）知识产权权利人的名称或者姓名、注册地或者国籍等；（2）知识产权的名称、内容及其相关信息；（3）侵权嫌疑货物收货人和发货人的名称；（4）侵权嫌疑货物名称、规格等；（5）侵权嫌疑货物可能进出境的口岸、时间、运输工具等。侵权嫌疑货物涉嫌侵犯备案知识产权的，申请书还应当包括海关备案号。知识产权权利人请求海关扣留侵权嫌疑货物的，应当向海关提供不超过货物等值的担保，海关发现进出口货物有侵犯备案知识产权嫌疑并通知知识产权权利人后，知识产权权利人请求海关扣留侵权嫌疑货物的，海关应当自扣留之日起30个工作日内对被扣留的侵权嫌疑货物是否侵犯知识产权进行调查、认定。海关对被扣留的侵权嫌疑货物进行调查，请求知识产权主管部门提供协助的，有关知识产权主管部门应当予以协助。知识产权主管部门处理涉及进出口货物的侵权案件请求海关提供协助的，海关应当予以协助。

在法律责任方面，被扣留的侵权嫌疑货物，经海关调查后认定侵犯知识产权的，由海关予以没收。海关没收侵犯知识产权货物后，应当将侵犯知识产权货物的有关情况书面通知知识产权权利人。被没收的侵犯知识产权货物可以用于社会公益事业的，海关应当转交给有关公益机构用于社会公益事业；知识产权权利人有收购意愿的，海关可以有偿转让给知识产权权利人。被没收的侵犯知识产权货物无法用于社会公益事业且知识产权权利人无收购意愿的，海关可以在消除侵权特征后依法拍卖，但对进口假冒商标货物，除特殊情况外，不能仅清除货物上的商标标识即允许其进入商业渠道；侵权特征无法消除的，海关应当予以销毁。

2010年，中国海关全年共扣留侵权货物约2.03万批，涉及侵权商品约1.1亿件，商品价值达人民币约2.5亿元。其中，主动依职权扣留的侵权货物和物品达到了20 138批，占全部扣留批次的99.5%。2010年，海关总

署新增加核准备案3 035件。❶

五、其他知识产权行政保护内容及措施

植物新品种是指经过人工培育的或者对发现的野生植物予以开发，具备新颖性、特异性、一致性和稳定性并有适当命名的植物品种。由于植物新品种的保护与专利保护有许多相似之处，因此世界贸易组织的知识产权协议允许其成员通过专利或专门制度对植物新品种给予保护。我国1997年颁布的《植物新品种保护条例》即采用专门制度对植物新品种予以保护。该条例第29条规定，主管部门可以应当事人请求处理侵权行为，也可以对侵权造成的损害赔偿进行调解；同时在处理侵权案件时，为了维护社会公共利益，可以责令侵权人停止侵权行为，没收违法所得，可以并处罚款。

2010年，全国植物新品种保护进一步加强。农业部全年受理国内外植物新品种权申请1 206件，创历史新高，在23个省（区、市）抽取1 330份种子样品并进行身份鉴定，打击“套牌”假冒侵权行为。国家林业局全年受理国内外品种权申请89件，授权植物新品种26件，对19个省（区、市）林业重点工程造林使用种苗质量进行抽查，有效加强了涉及林木新品种的知识产权保护力度。❷

综上所述，可以看出，自改革开放以来的30多年中，我国从立法到完善相关法律法规，知识产权的法律法规体系逐步得到完善。为了适应国际社会上知识产权的发展趋势，我国也已初步建立起由行政权、司法权有机结合、有效协作的保护机制，形成了有中国特色的知识产权保护体系。在知识产权地位日益突出的当今社会，我国应立足当下，放眼未来，进一步完善我国的知识产权法律法规体系，以促进我国的知识产权发展。

（林丙南　胡意意撰稿）

---

❶ 国家知识产权局《二〇一〇年中国知识产权保护状况》白皮书。

❷ 同上。

第四章　中国知识产权侵权纠纷的行政裁决制度

因知识产权纠纷而引起的知识产权争端解决涉及的法律法规多以及处理的难度大，进而在相当程度上影响到了整个社会的创新并阻碍了对知识产权的保护。有鉴于此，现阶段加强对知识产权纠纷争端解决分析并进而寻求有效的对策与措施，无疑具有极为重大的理论与实践意义。作为解决知识产权侵权纠纷的途径之一，对知识产权侵权纠纷的行政裁决的考察与研究具备一定的实践价值与理论意义。

第一节　知识产权侵权纠纷行政裁决的宏观背景

知识产权侵权纠纷的行政裁决，作为一种制度的存在，具有深厚的理论依据作为背景支持。

一、多元纠纷解决机制

（一）多元纠纷解决机制概要

多元纠纷解决机制是各种纠纷解决机制的有机统一体，主要包括诉讼和 ADR（代替性纠纷解决机制）两大部分。[1] 人们在调控利益关系的社会生活中，如何避免冲突的发生，以及当冲突发生后如何解决，是人类经常

[1] 梁帅：“论我国多元纠纷解决机制的建立”，载《法制与社会》2008 年第 15 期。

要面对的问题。[1] 人类社会最初纠纷的解决依靠的是私力救济，现代社会则更为依赖于司法审判，诉讼是审判机关和案件当事人在其他诉讼参与人的配合下为解决纠纷依法定程序所进行的活动。[2]

然而随着社会关系的复杂化，在以司法诉讼作为社会调整之最高和最佳方式的情况下，出现了“诉讼爆炸”的现实危机，使得人们最终采取了灵活的应变措施，以多元化的纠纷解决机制替代和补充司法的中心地位，以示对当事人自治的提倡和重视；鼓励当事人通过利益衡量以及协商和妥协，赞成并积极实验和推行各种新型多元纠纷解决机制，以替代诉讼及司法审判。

现代社会中的各种代替性纠纷解决机制的功能就是通过其自身的特点和优势，在解决纠纷方面只对诉讼审判制度补偏救弊、分担压力和补充代替作用，从而建设社会在解决纠纷方面的成本和代价，更及时有效地调整人际关系和社会关系，并有效地节约司法资源。[3]

（二）知识产权侵权纠纷的多元纠纷解决机制

知识产权侵权纠纷作为社会纠纷的一种，其解决方式除了传统的民事诉讼的司法解决途径外，还有各种多元的纠纷解决机制，大致可以分为以下几种。

第一种，私力救济方式，其中包括知识产权侵权纠纷的和解、民间调解等，当事人可以通过讨价还价，或在独立的民间第三方的斡旋调解下达成合意，从而终结纠纷的谈判过程。在这种情况下，纠纷过程的参与者都存在利害关系，为了最大限度地实现自己的利益而使用一切可能的手段。纠纷的解决完全是根据当事人之间的具体状况而定。《知识产权报》2008年1月3日刊登的《“超微虫草粉”专利权纠纷和解》正是以和解的方式

---

[1] 张江河：《论利益与政治》，北京大学出版社2002年版，第2页。

[2] 张树义：《纠纷的行政解决机制研究：以行政裁决为中心》，中国政法大学出版社2006年版，第12页。

[3] 同上书，第17页。

解决知识产权侵权纠纷的典型案例。[1]

但这种决定解决纠纷是随意的决定过程，以私力来保证决定得到的可能性极其有限，强制实行随意的决定所付出的代价往往是巨大的。

第二种，仲裁制度。仲裁是一种经过当事人各方同意，将争议提交1名或多名仲裁员对争议作出具有约束力裁决的程序。其所具备技术性、保密性、时效性的特点，可以在知识产权纠纷解决中发挥重要作用。根据我国有关知识产权的法律规定，侵犯著作权、商标专用权和专利权的纠纷由行政管理部门处理或通过司法途径解决，而著作权合同纠纷则可根据仲裁协议向仲裁机构申请仲裁。由此可知，凡属合同方面的纠纷均可提交仲裁；至于侵权纠纷则由行政管理部门或司法部门管辖，是否可以提交仲裁，目前没有明文规定。

第三种，行政解决制度。现代社会，行政机关在纠纷的解决中扮演了重要的角色，英国的行政裁判所即是典型，其是在一般法院之外，由法律规定设立，用以解决行政上的争端以及公民间某些和社会政策有密切联系的争端的特别裁判机构；[2] 与英国相同的情景也出现在美国，只不过处理方式与英国稍有不同，其存在大量的独立管制机构，享有立法、行政与司法三种权力。

我国的行政机关历来承担着处理公民的纠纷和各种申诉的职能，各种行政机关根据有关法律法规的规定，一般都具有行政调解或决定或裁定等方式处理该领域公民的申诉和其他纠纷的职责。其中，根据纠纷解决方式的不同性质有所区别，基本上可以分为行政调解和行政裁决两大类。

对于知识产权侵权纠纷的行政调解的规定，如《专利法》第60条规定："进行处理的管理专利工作的部门应当事人的请求，可以就侵犯专利权的赔偿数额进行调解；调解不成的，当事人可以依照《中华人民共和国民事诉讼法》向人民法院起诉。"《商标法》等法律也有类似规定。

---

[1] "'超微虫草粉'专利权纠纷和解"，载 http：//www. ipr. gov. cn/，最后访问时间：2009年2月3日。

[2] 张越：《英国行政法》，中国政法大学出版社2004年版，第606~608页。

行政调解是指由国家行政组织出面主持的，以国家法律和政策为依据，以自愿为原则，通过说服教育等方法，促使争议双方当事人友好协商、互让互谅、达成协议，从而解决争议的方法和活动。❶

《知识产权报》2008年02月28日刊登出的《商丘成功调解“恒昊玻璃”专利侵权纠纷》正是行政调解知识产权侵权纠纷的典型案例。❷

知识产权侵权纠纷行政裁决与行政调解的区别为：（1）启动方式不同：行政裁决只需要知识产权权利人或利害关系人的申请就可以启动；行政调解的启动必须由侵权纠纷双方当事人的共同认可与请求才可以启动。（2）处理对象不同：行政裁决是对行为是否构成侵权进行裁决；行政调解的对象是对侵权造成的赔偿数额进行的处理。（3）处理方式不同：行政裁决是行政主体单方作出的裁决；行政调解是双方合意下的产物。（4）是否可进行司法审查不同：当事人对行政裁决不服，可以依照《行政诉讼法》提起行政诉讼；而根据《最高人民法院关于执行“中华人民共和国行政诉讼法”若干问题的解释》第1条，调解行为不纳入行政诉讼的受案范围。（5）效力不同。行政裁决形成的裁决决定具备行政行为的效力，具有确定力、拘束力、公定力和执行力；行政调解形成的行政调解书协议不具有强制执行的法律效力，它的性质是合同，应当按照法律对合同的规定来处理相关问题。如果纠纷当事人不愿意履行行政调解协议，可以提起民事诉讼。

（三）知识产权侵权纠纷行政裁决救济与司法救济的关系

在我国现行知识产权法律体系下，对于一般侵犯知识产权行为，即侵害之严重程度尚不足以追究行为人刑事责任的侵权行为，权利人可以寻求民事救济（民事诉讼），也可以寻求行政救济（行政裁决），此为人们常说的“双轨制”，即行政裁决与民事诉讼是两种并存的救济形式。

知识产权人可以根据自己的意志对行政裁决程序和司法救济进行选择，行政裁决不必是司法救济的先行程序。值得一提的是，当事人对行政裁决

❶ 胡建淼：《行政法学》，法律出版社2001年版，第425页。

❷ “商丘成功调解‘恒昊玻璃’专利侵权纠纷”，载http：//www.ipr.gov.cn/，最后访问时间：2009年2月3日。

和司法救济方式之间的选择，法律明确规定的是在民事诉讼和行政裁决之间的选择。但当事人对行政裁决结果不满意的，仍然可以寻求行政诉讼的救济，此时行政救济便又成为行政诉讼的先行程序。

在知识产权人就同一侵权纠纷，向行政部门及司法部门寻求救济，若请求事项相同，在一部门已立案查处或审理的情况下，另一部门不应就同一纠纷提起的相同请求事项进行审理或者查处，即对于同一纠纷，权利人不应就相同的请求事项同时寻求两个部门的救济。

二、行政权力的扩张

（一）行政权对司法权的介入

传统的法治理念下的三权分立，行政权和司法权之间存在严格的界限，行政权只能由行政机关行使，其主要职能就是管理、指导、命令、强制，而司法权只能由司法机关行使，其主要职能就是适用法律、解决纠纷。而现代国家权力运行的过程已经发生了显著的变化，它们之间不单单是分立与制约的关系，已经出现了一定程度的融合，美国政治家麦迪逊就认为："分权原则不是一个教条，而是一个行动的指南。不仅因为权力的性质在有些情况下不易确定，而且因为三种权力不能混合在实际上不可能。"❶

有学者对于权力的整合总结如下："行政司法化趋势归因于正当程序保障的宪法原则在行政领域的广泛适用，而司法的行政化趋势则因为法院的案件负担过重，传统司法程序规则无法应对日益加剧的案件负担，若所有纠纷都事无巨细地按复杂的诉讼程序解决，国家及当事人皆无法承受程序的沉重代价。治安法院及小额法院甚至初审法院出现程序简化和非讼化倾向，而程序简化和非讼化的本质在于程序的行政化。"❷

而这种融合的典型代表就是由行政机关解决部分司法争议的现象。行政裁决权是现代行政权力扩张的产物，20 世纪尤其是第二次世界大战以

❶ 王名扬：《美国行政法》，中国法制出版社 1995 年版，第 93 页。

❷ 何兵："论行政解决民事纠纷"，见《行政法论丛（第五卷）》，法律出版社 2002 年版，第 485 页。

来，在美国、法国、英国、德国等国家，行政权力日益扩张，最为突出的就是将一些立法权和司法权委托给行政机关行使。[1] 由于法律争议的日益增多，特别是某些法律争议本身具有的专业性与技术性，为行政权介入司法权提供了客观合理性。行政权对司法权的介入既可以在一定程度上缓解法院的压力，也可以在一定程度上提高法律争议处理的效率，自有其客观必要性与合理性。

（二）行政权介入司法权的限制

行政权救济的手段不是无限的，必须是有限制的，行政权不能侵犯公民自治的领域，也不能完全取代司法权的地位。

第一，裁决权限必须为法定性。知识产权侵权纠纷的行政裁决是行政机关依照法律授权，对于平等主体当事人之间发生的、与行政事务密切相关的知识产权侵权纠纷进行审查，并作出裁决的行为。因此，知识产权侵权纠纷的可行政裁决范围以现行法律的明确规定为准。除私力救济外，绝大多数民事纠纷的救济途径通常是诉讼或仲裁，或者说，法院和仲裁机构是解决民事纠纷的当然法定机构，而行政机关则主要是以实现国家行政管理（如政治管理、经济管理、文化教育管理以及社会服务管理等）为主要职责的国家机关。从这个意义上说，行政机关裁决有关民事纠纷的职责非其固有职责，而为法律授权职责，只有那些法律明确授权由特定国家行政机关解决的民事争议，行政机关才能裁决；凡法律未有明确规定该类民事争议可由行政机关裁决的，则行政机关无权处理，而由法院主管处理。

第二，裁决启动必须为被动性，秉持程序自愿原则。知识产权侵权纠纷行政裁决程序的启动取决于当事人的选择。由于行政机关作为管理机关角色的定位，一般而言，“主动”行政是行政机关履行职责的主要方式。但是，由于裁决侵权纠纷非为行政管理职责，因此，该项权力须“被动”行使。

[1] 张树义：《纠纷的行政解决机制研究：以行政裁决为中心》，中国政法大学出版社2006年版，第33页。

第三，行政裁决必须为非终局性。终局性程序是权利保护的最后程序。在现代法治社会，司法是国家为当事人双方提供不用武力解决争端的方法，司法被视为解决社会冲突的最终方式，是实现公平、正义的最后屏障。对于行政程序而言，其双方分别是身为社会弱者的相对人与拥有强大权力和优势地位的行政主体，如果允许行政机关作出终局性裁决，则会出现自己成为自己案件的裁判者的情形，而这既有违司法最终解决原则，也不符合公民权利保护的一般要求。因此，一般来说，行政裁决应当受到司法最终解决原则的限制，行政机关所作的行政裁决不能具有最终效力，当事人对行政裁决不服的，可以提起行政诉讼，由司法机关对所争议的行政纠纷作出最终裁决，以防止行政权力的滥用，并使公民权益的法律保护与救济方式更为合理。对此，我国相关法律也作出明文规定，如《专利法》规定："管理专利工作的部门处理时，认定侵权行为成立的，可以责令侵权人立即停止侵权行为，当事人不服的，可以自收到处理通知之日起十五日内依照中华人民共和国行政诉讼法》向人民法院起诉。"

三、知识产权的行政保护

（一）知识产权行政保护概要

知识产权行政保护制度，是指国家知识产权行政主管部门及相关管理机关在遵循法定程序和运用法定行政方法的前提下，依法对知识产权实施的行政保护及其所形成的体制，具体包括对知识产权的法律审查、处理各种知识产权纠纷、对知识产权违法行为的行政检查和行政处罚、针对知识产权保护工作制定发展战略、进行知识产权保护的行政指导、其他有关提高知识产权保护的社会意识和维护知识产权秩序的行政行为等。[1] 知识产权的行政保护包括行政处罚、行政裁决、行政调解等。

[1] 李泰山："我国知识产权行政保护制度的理论基础及构成"，载《苏州教育学院学报》2008 年第 3 期。

（二）知识产权行政权保护的必要性

1. 知识产权行政权保护有利于知识产权法治环境

当前，我国经济贸易在世界经济和国际贸易中的比重不断提升，对外投资日益增加，创新能力逐步增强，经济结构、进出口结构不断改善，加强知识产权保护和行政执法工作，既是促进对外开放、营造有利于我国和平发展的国际环境的需要，也是深化改革、促进我国经济又好又快健康发展的需要，两者统一于国家的总体发展方针，统一于满足人民不断提高物质文化生活水平的需要。近年来，侵权者与假冒者借助快捷、广泛传播的知识产权信息，利用现代技术手段提高了知识产权侵权产品制造、扩散的水平和速度，依靠一种执法途径的保护模式，难以解决知识产权侵权、假冒问题。在完善司法保护的同时，行政保护在解决知识产权纠纷和打击知识产权违法行为方面的作用日益显现。[1]

2. 知识产权行政权保护符合政府职能转变的方向

市场经济条件下，政府将不再直接控制企业，控制项目，它提供的是良好的社会环境、市场环境，遵循的原则是依法行政。依法行政具体体现在两个方面：一是抽象的行政行为，即制定规章制度与政策，并尽可能使政策规范化、制度化；二是行政执法，即具体的行政行为，包括依法裁决相对人之间的争端，迅速化解各类社会矛盾，查处违法行为，保护守法者的正当利益，维护和谐稳定的社会秩序与诚信的市场秩序。所以，从长远来看，加强和完善行政执法是完善社会主义市场经济体制、规范市场秩序和建立诚信社会的需要。

党和国家领导人历来十分重视知识产权保护，多次作出重要指示，强调行政执法的重要性。2006 年 1 月，胡锦涛总书记在全国科技大会上的讲话中指出："要加大对知识产权保护的力度，完善国家知识产权制度，健全知识产权保护的法律体系，加强知识产权保护的司法和执法工作，依法严

[1] 国家知识产权局：《关于加强知识产权保护和行政执法工作的指导意见》，2007 年。

厉打击侵犯知识产权的各种行为。”2006 年 4 月，温家宝总理在参观中国保护知识产权成果展时强调，中国将采取四项重要措施，以形成一个比较完整的保护知识产权体系，“第一，加强执法，依法保护知识产权；第二，加强行政监管，经常地开展专项保护知识产权的行动；第三，加强国际合作，同世界各国密切配合共同打击侵权行为；第四，加强全民教育，在全社会形成保护知识产权的氛围”。

（三）知识产权行政权保护的可行性

1. 知识产权行政执法符合知识产权的性质

知识产权是与公权力有密切关系的私权，是知识产权侵权纠纷可行政裁决的基本原因。以行政裁决方式处理的侵权纠纷，往往与公共利益密切相关，特别是当事人所侵犯的权利与行政机关的公权力之间存在来源上的联系，知识产权行政裁决即是如此。知识产权是私人就其智力成果可享有的排他性民事权利，是私权，这一点不仅为 TRIPs 协议以“知识产权为私权”所宣称，也为当今世界各国所一致认可。知识产权的产生、行使和保护，适用于民法的基本原则和基本制度。❶

但是，考察知识产权的理论与实践，很显然，知识产权并不是纯粹的私权，相反，是与公权力关系十分密切的私权，这不仅因为许多知识产权的取得、丧失或者变更都必须经过行政审批程序，更重要的是，知识产权的保护在很大程度上依赖于行政权力的介入。

知识产权作为一种私权与其他传统民事权利一样，固然需要法院这种司法机构提供各种民事救济作为权利保护的方式，但是，行政执法便捷、高效的特点也使其在知识产权保护中占有非常重要的地位。TRIPs 协议第 49 条专门就各成员的行政机关通过行政程序裁判知识产权案件并提供民事救济的问题作了规定，显然反映了国际社会在知识产权行政保护上的共识。特别是，知识产权本身虽然是私人对于创造性智力成果所享有的权利，但

---

❶ 吴汉东等：《知识产权法基本问题研究》，中国人民大学出版社 2005 年版，第 8 页。

无论是创设知识产权法律制度，还是对权利人知识产权的保护，其根本出发点与落脚点无一不与促进创新、推动社会进步，甚至是增强国家竞争力这些公共利益密切相关。从这个意义上来说，知识产权法律也可以看做是国家的一项公共政策，如此，赋予作为实现国家政策的行政机关民事纠纷的裁决权，则因其行政机关这一主体维护公益的职责所在，因而更容易实现知识产权侵权纠纷当事人之私益与维护良好知识产权法律秩序之公益的双重需要。

2. 知识产权行政执法符合国际普遍做法

根据英国专利法的规定，英国专利局对专利侵权问题有法定的管辖权，以减少当事人的时间与费用，其前提是，当事人约定同意向英国专利局就专利侵权纠纷提出请求，英国专利局可就是否构成侵权、损害赔偿及有关开支费用等作出决定。在美国，联邦贸易委员会（FTC）可以发布禁止商业中的不正当竞争方法的禁令。如果当事人认为某一专利侵权属于这类不正当竞争方法，可以向 FTC 起诉。根据有关法律规定，ITC 可禁止包括不正当竞争行为和方法的产品向美国进口，如果这种进口会对某一项在美国的产业造成实际上的损害。

从国际规则来看，TRIPs 协议的救济程序中专门规定了行政程序，涉及的条文多达 20 条（TRIPs 协议第 41 ~ 61 条）。

（四）我国现行知识产权行政保护体制

基于我国知识产权的立法现状和人们对知识产权保护意识等方面的特殊性，短期内将知识产权的行政保护淡出我国知识产权保护领域是不现实的，也是不理智的。相反，随着知识产权保护中对行政保护的要求越来越高，我国对知识产权的行政保护不仅不应被淡化，而且应当加强。只有这样，才能充分发挥知识产权行政保护的特殊作用，切实保障知识产权权利人的合法权益。

我国现行的知识产权法律（如《专利法》《商标法》《著作权法》等），多数规定了知识产权行政管理机构。相关知识产权行政管理机关依据法律规定的职权，制定知识产权发展战略，加强知识产权保护的行政指导，维护知识产权法律秩序，鼓励公平竞争，调解纠纷，查处知识产权的侵权案件，保障知识产权权利人的合法利益和良好的社会经济环境。具体包括：

1. 知识产权的权利确认

通常来说，知识产权要获得法律的认可与保护，必须在符合法定条件的前提下通过知识产权行政管理机关的审查与核准。《专利法》《商标法》《著作权法》《计算机软件保护条例》《集成电路布图设计保护条例》等相关法律法规及规章分别就各自范围内知识产权的审查、授权、登记等方面作了详细规定。这些规定的实施，从一定意义上说是对知识产权进行行政保护的首要内容，同时也为进一步的知识产权行政保护奠定了基础。

2. 知识产权侵权行为的行政裁决、行政调解和行政处罚

根据法律规定，知识产权行政管理机关具有行政执法权。当知识产权受到侵害时，有权机关可以根据权利人的申请或根据发现的线索对侵权行为进行调查、处理。当发生知识产权侵权纠纷时，权利人可以向侵权行为地或者侵权人住所地的知识产权行政管理机关提出保护请求。知识产权行政管理机关可以根据权利人的申请和要求，依法对知识产权纠纷、知识产权许可使用费用、损害赔偿数额等事项进行调解。对于侵犯商标、专利、著作权等行为，有权机关可以责令侵权人停止侵权，可以没收违法所得，可以罚款，在必要时还可以收缴用于侵权的工具、设备，可以没收、销毁侵权产品及物品。

3. 对知识产权纠纷的裁决处理

根据规定，知识产权行政管理部门可以对知识产权权利归属纠纷进行审查，有时在法律许可的范围内（如专利的复审），还可以依法作出裁定。

由此，知识产权侵权纠纷行政裁决是知识产权行政保护的一种形式。

第二节　知识产权侵权纠纷行政裁决的理论界定

如果说从理论的角度剖析知识产权侵权纠纷行政裁决的宏观背景，是从学理上给予其存在的合法性基础，则考量该制度的性质、分析其优势，

是立足制度本身从微观的角度进行分析，对制度存在的价值进行更深入的分析与论证。

一、知识产权侵权纠纷行政裁决的主要属性

（一）私权的行政救济性

行政裁决是行政救济的一种。通常学者认为行政救济机制包括行政诉讼、行政复议、行政赔偿三大制度；❶ 有的学者把信访、集会、游行、示威也作为行政救济机制的组成部分，❷ 却很少将行政裁决制度作为行政救济制度的一种。这种在域外已经成规模的大量运用的一种救济体制，在国内实实在在存在并一直服务于人们的救济方式，而被众多学者排除于行政救济机制之外。

实则，行政裁决属于典型的行政救济方式。救济通常是指法律救济，即通过诉讼或非诉讼的方式对冲突进行解决。救济的本质是一种权利，所谓“无救济则无权利”，是指冲突主体请求司法机关及其他机关给予解决或法律允许范围内自行解决的权利。救济也是冲突主体解决冲突的管道。救济意味着对纠纷的解决、对权利的保护、对义务的履行。行政救济则意味着纠纷的解决、权利的保护是通过行政的方式得以实现的。我国知识产权侵权纠纷的行政裁决对知识产权侵权纠纷当事人提供的就是一种冲突解决的途径，它是享有行政裁决的知识产权相关行政主体通过裁决纠纷，使纠纷解决并对受害者的权利给予保护。

（二）侵权纠纷解决的准司法性

行政裁决作为纠纷多元解决机制之一，与司法解决相比，有其特性；而行政裁决就其自身而言具有极强的司法化的特征，包括行政裁决的目的是出于解决纠纷的考虑，包括行政裁决主体的独立性、中立性特点，包括行政裁决程序中适用的公正性原则等，这些使得行政裁决具备司法裁判所

❶ 应松年：“完善我国的行政救济制度”，载《江海学刊》2003 年版，第 1 页。

❷ 姜明安：“完善行政救济机制与构建和谐社会”，载《法学》，2005 年版，第 5 页。

拥有的相当一部分的基本属性。

故行政裁决行为既具有司法裁判的特征，同时还保留了行政活动的天然属性，从而知识产权侵权纠纷行政裁决具备解决侵权纠纷的准司法性。可以说，行政裁决是一种行政司法行为，即“行政机关根据法律授权，按照准司法程序审理和裁决有关争议或纠纷，以影响当事人之间的权利义务关系，从而具有相应法律效力的行为”。[1]

（三）行政裁决的非终局性

行政权对司法权的制约关系意味着司法权，即由法院行使的审判权对纠纷的解决具有最后的、最终的决定力，而这正是司法权的核心内涵。因此，所谓的民事争议的司法保留的意义关键在于保障民事纠纷的解决由法院享有最后的、最终的裁决权，其他国家权力则无权介入。因此，司法权的关键性权力在于对纠纷的最后决定权，而非第一手发言权。就权利救济的角度而论，权利救济保障的要点在于，为公民权利的保护提供最后的司法救济途径。保障的重点在于公民的权利受到侵害时，最后仍有通过司法救济的权利，而不在于公民权利受到侵害最初即必须请求法院救济。

因此，知识产权侵权纠纷行政裁决所具备的非终局性，仍保证了“司法是权益保障的最后一道屏障”，司法仍然是穷尽其他救济方式后的一种例外。《专利法》第60条和《商标法》等知识产权法律法规也对不服行政裁决可提起行政诉讼作出了规定。

二、知识产权侵权纠纷行政裁决的主要优势

（一）专业性优势

由于技术活动的日益专业化并与科学技术相结合，技术本身不仅成为一般人所难以理解的东西，也成为以“司法”为己任的职业法官们一筹莫展的领域。在知识产权审判方面，案件专业性强，常涉及高技术问题，给审判工作带来了很大的难度。北京市高级人民法院知识产权庭在一份工作

---

[1] 文正邦：“论行政司法行为”，载《政法论丛》1997年第1期。

总结——《解决知识产权案件中专业技术问题的办法》中指出："在实践中发生的知识产权纠纷案件案情复杂、新情况、新问题多，案件多次延期审理，不能及时审结。"❶ 可见，由知识产权行政管理部门处理在其管理领域内的涉及专业技术性问题的纠纷，以克服法院在处理相应问题时遇到的困难和不便，是其专业性优势的体现。例如，在商标争议领域，由于其具有的较高的专业性而且案件的数量多年来高居不下，在行政程序中设置商标争议制度，可以充分发挥行政机关的人才优势与专业优势，否则大量的商标争议案件如果全部由司法机关进行处理的话，势必会使司法机关不堪重负。❷

（二）效率性优势

路甬祥副委员长在第十届全国人大常委会第二十二次会议上所作的《全国人大常委会执法检查组关于检查专利法实施情况的报告》明确指出："专利侵权、冒充专利和假冒他人专利的行为屡屡发生，专利权人的合法权益得不到有效保护，普遍反映打官司费时费力，'维权成本高，侵权成本低'，有的'法律上赢了，经济上输了'。""解决这些问题，必须依法加强专利的行政保护，充分发挥专利行政执法简便、快捷、效率高的优势"。❸

正如应松年教授曾经指出的："行政裁决不过是在行政领域内为当事人受到损害的民事权益提供一种省时、快速的行政救济"。❹ 效率性优势，指的是运用行政裁决的有利于以最小的投入获得最大的效益，使得纠纷及时而迅速的解决。效益，包括经济效益和社会效益，是公正和效率价值目标融合的最佳平衡点。公正是人类永恒追求的主题，然而公正也不是绝对的，它具有多元性，受制于不同时代对价值追求的迥异，受制于社会制度

❶ 北京高级人民法院知识产权庭："解决知识产权案件中专业技术问题的办法"，载《人民司法》1998 年第 2 期。

❷ 史新章："商标争议制度的反思与完善"，载《政治与法律》2010 年第 1 期。

❸ 国家知识产权局建议修改的主要内容，参见国家知识产权局网站，2009 年 2 月 1 日网上资料。

❹ 应松年：《行政法学新论》，中国方正出版社 1999 年版，第 470 页。

的设计，也受制于社会成员的不同理解和期待，而效率对公正具有绝对的影响。

知识产权侵权纠纷行政裁决制度有利于及时、正确地化解矛盾，维持知识产权运作的正常秩序。以非诉讼方式的柔韧性灵活、妥善地处理纠纷，建立起社会冲突的缓冲机制，不仅有利于化解矛盾，而且有利于新规范、新秩序的形成。此外，复杂的社会结构本身也需要多元化的纠纷解决方法加以调整，以适应不同主体的不同需求。

（三）经济性优势

日本学者棚濑孝雄指出："无论审判能怎样完美地实现正义，如果付出的代价过于昂贵，则人们往往只能放弃通过审判来实现正义的希望。"❶知识产权侵权纠纷行政裁决有利于减少人民法院的工作负担，节约国家有限的司法资源；节约当事人在纠纷解决中的成本，减少当事人的诉累。行政裁决虽然具有准司法性，但其实质是行政行为，是行政活动复杂性、效率性与司法公正性的有机结合，也决定了其解决纠纷既迅速又成本低廉的性质。行政裁决的程序在保证公正的前提下，相对司法程序而言较为简易且灵活，且收费低廉。如行政裁决人为了调查事实，既可以主动询问当事人，也可以主动调查证据。

（四）政策形成优势

司法机关对纠纷的解决一般仅约束案件当事人，对其他纠纷以及当事人没有约束力，即司法诉讼主要是一种就事论事的个别性救济和处理。因此，司法机关不能通过纠纷的解决而制定一些法律或政策。行政裁决则不同，它不受司法诉讼的上述限制，具有通过纠纷解决或在纠纷解决过程中逐渐形成新政策的空间；而且，行政机关所解决的知识产权侵权纠纷都是与其行政管理相关的纠纷。在这些纠纷中，有些不仅仅是当事人自身违法造成的，也是行政管理制度本身不完善或不健全造成的，甚至可能是相关

❶ ［日］棚濑孝雄著，王亚新译：《解决的纠纷与审判制度》，中国政法大学出版社1994年版，第266页。

法律法规的不完善或者不健全所造成的。在此情况下，行政机关可以通过对有代表性的纠纷解决事例进行分析和总结，并将其结果科学地反馈到行政政策和行政管理制度当中去，以预防和避免未来类似纠纷的发生或有利于类似纠纷的合理化解决。实际上，行政管理相关政策的修改和调整很多都是通过解决纠纷获得相关信息和资料而完成和推动的，此即行政裁决独特的政策形成机制。

三、知识产权侵权纠纷行政裁决的基本原则

知识产权侵权纠纷行政裁决作为行政行为的一种，首先应该符合行政法一般性的基本原则，包括合法性原则和合理性原则，除此之外，还必须遵守下列基本原则，以符合知识产权侵权纠纷行政裁决的主要功能。

（一）自愿原则

所谓自愿原则，就是行政机关解决民事纠纷必须根据当事人的申请或请求而开始，而不得依职权主动进行。当然，这里的自愿仅针对纠纷申请人而言，对于纠纷被申请人并不适用，否则，申请人的纠纷解决目的就可能因被申请人的反对而落空。另外，自愿也不意味着解决结果的自愿，相对于行政调解是依据和尊重双方当事人的意愿而作出的以外，行政裁决不必考虑当事人的意愿而进行裁断。

（二）快速原则

行政裁决采取的是非诉讼解决，因此必须比一般的民事诉讼便捷、迅速，才能发挥其特色。迟来的正义不是正义，知识产权侵权纠纷的行政裁决必须遵循快速原则，其意义在于：首先，行政裁决存在的价值之一就是它能够避免诉讼的拖延而使纠纷快速地得到解决，然而，我国行政机关在行政管理活动中一直存在办事拖沓的毛病，加之行政裁决的非司法、非行政的“模糊”性质，更易导致不迅速解决纠纷的拖延现象，有必要强调快速原则；其次，无论是社会成本和国家成本，还是当事人的成本，行政裁决成本都小于诉讼成本，若不尽可能地快速解决纠纷而导致投入过多的时间和精力，就会与其低成本优势；最后，裁决解决的是知识产权侵权纠纷，

其中的受害方往往需要尽快地采取措施，若不贯彻快速原则，受害方的意愿就无法实现，其知识产权不能得到最快的保障。

这里必须强调的是，尽管快速原则是从纠纷申请人的立场而言的，却不是不顾被申请人的利益。行政处理机关不能为了单纯地追求快速，而忽视和拒绝给予被申请人充足的准备时间和答辩机会，也不能为了追求快速而忽略一些应有的程序。快速原则必须以处理结果的公正为前提，它应在公正中尽可能地快速，在快速中尽可能地公正。换句话说，必须将快速和公正两种目标有机地统一起来。

（三）程序公正原则

在实体的正义被相对化、纠纷所涉及的关系越来越复杂的当代社会中，以程序保障为中心的程序正义观念在其固有的重要意义基础上获得了前所未有的重要性。在此背景下，作为一种解决知识产权侵权纠纷的机制，强调其程序公正便是不言而喻的。

什么样的程序才是公正程序？法学家戈尔丁认为，公正程序应该包括以下几个方面：一是与自身有关的人不应该是法官，结果中不应含纠纷解决者的个人利益，纠纷解决者不应有支持或者反对某一方的偏见；二是对各方当事人的诉讼都应给予公平的注意，纠纷解决者应听取双方的论据和证据，纠纷解决者应只在另一方在场的情况下听取一方的意见，各方当事人都应得到公平的机会来对另一方提出的论据和证据作出反响；三是解决的诸项条件应以理性推演为依据，推理应论及所提出的论据和证据。❶

第三节　我国知识产权侵权纠纷行政裁决的制度分析

我国有关知识产权侵权纠纷行政裁决的法律规定始于1984年的《中华人民共和国专利法》（以下简称《专利法》）。1984年《专利法》诞生时即规定，关于专利纠纷案件，专利权人或者利害关系人可以请求专利管理机

❶ ［美］戈尔丁著，齐海滨译：《法律哲学》，三联书店1987年版，第240~241页。

关进行处理。[1] 到2000年《专利法》第二次修改时，除了将专利管理机关的名称改为管理专利工作部门外，将该机关有权责令停止侵权行为和赔偿损失的原有规定改为可以责令停止侵权行为，当事人如果不服，可以向人民法院提起行政诉讼。同时，将行政裁决的位置放在诉讼解决方式的后面，即发生纠纷后，根据2000年《专利法》第70条，当事人“不愿协商或者协商不成的，专利权人或者利害关系人可以向人民法院起诉，也可以请求管理专利工作的部门处理”。赔偿损失问题因为属于典型的民事纠纷，所以管理专利工作部门只能调解赔偿数额，调解不成时，其不能作出决定，因此改为：可以就赔偿数额进行调解，调解不成的，当事人可以另行向人民法院提起民事诉讼。2008年对《专利法》进行修改时，仍然保留了相关条款，规定为第60条。

从上述专利侵权纠纷行政裁决在《专利法》中的产生、发展历史，不难看到：首先，历经两次修改，专利行政机关裁决专利侵权纠纷的权力依然被保留。在《专利法》之后，《中华人民共和国商标法》（以下简称《商标法》）、《集成电路布图设计保护条例》《植物新品种保护条例》等也都对相关知识产权侵权纠纷的处理规定了行政裁决的处理方式。

知识产权侵权纠纷的行政裁决作为解决机制的一种，正如上文所述，具有技术性、效率性、灵活性的优势；从法学理论上分析，是行政权对知识产权的公法保护的一种方式，也是知识产权侵权纠纷多种争端解决方式的一种，可供争议当事人选择；知识产权侵权纠纷行政裁决理应在纠纷解决上发挥一定的优势，为争议的解决、社会的和谐稳定提供一份力量，但从实际考察而言，无论是从特定案例，还是从实际数据，都能发现行政裁决并没有发挥出其应有的作用，这不能不说是一种遗憾，而这种实践的遗憾实际上是源于制度设计的遗憾，使得行政裁决的功能并没有较好地发挥出来。

---

[1] 汤宗舜：《专利法教程》，法律出版社2003年版，第238页。

一、我国知识产权侵权纠纷行政裁决的受理范围

（一）我国知识产权侵权纠纷行政裁决受理范围的现行规定

知识产权纠纷的行政裁决，是学术上的用语，在现实的法条上表述多为“处理”，如《专利法》第60条：“未经专利权人许可，实施其专利，即侵犯其专利权，引起纠纷的，由当事人协商解决；不愿协商或者协商不成的，专利权人或者利害关系人可以向人民法院起诉，也可以请求管理专利工作的部门处理。”综合考察，我国现行国家层面的法律法规中对于知识产权行政裁决主要见如下规定。❶

1. 专利权侵权纠纷的行政裁决

《专利法》第60条：“未经专利权人许可，实施其专利，即侵犯其专利权，引起纠纷的，由当事人协商解决；不愿协商或者协商不成的，专利权人或者利害关系人可以向人民法院起诉，也可以请求管理专利工作的部门处理。管理专利工作的部门处理时，认定侵权行为成立的，可以责令侵权人立即停止侵权行为，当事人不服的，可以自收到处理通知之日起十五日内依照《中华人民共和国行政诉讼法》向人民法院起诉；侵权人期满不起诉又不停止侵权行为的，管理专利工作的部门可以申请人民法院强制执行。进行处理的管理专利工作的部门应当事人的请求，可以就侵犯专利权的赔偿数额进行调解；调解不成的，当事人可以依照《中华人民共和国民事诉讼法》向人民法院起诉……”

2. 商标权侵权纠纷的行政裁决

《商标法》第53条❷作了与《专利法》第60条类似的规定，在此不再赘述。

3. 著作权侵权纠纷的行政裁决

我国现行法律法规对此问题没有作出相关规定。

---

❶ 对于知识产权纠纷的分类标准参照2008年2月4日最高人民法院公布《民事案件案由规定》。

❷ 张越：《英国行政法》，中国政法大学出版社2004年版，第606～608页。

4. 其他知识产权侵权纠纷的行政裁决

（1）植物新品种权及其侵权纠纷的行政裁决。《植物新品种保护条例》第39条作了与《专利法》第60条类似的规定，在此不再赘述。

（2）集成电路布图设计专有权侵权纠纷的行政裁决。《集成电路布图设计保护条例》第31条❶作了与《专利法》第60条类似的规定，在此不再赘述。

（3）侵犯特殊标志专有权纠纷的行政裁决。《奥林匹克标志保护条例》第10条❷及《世界博览会标志保护条例》第9条❸作了与《专利法》第60条类似的规定，在此不再赘述。

（4）侵犯企业名称（商号）权纠纷的行政裁决。《企业名称登记管理规定》规定了侵犯商号权的行政处罚，但没有规定相应的行政裁决制度。

（5）侵犯计算机网络域名侵权纠纷的行政裁决。《中国互联网络域名

❶ "商丘成功调解'恒昊玻璃'专利侵权纠纷"，载《知识产权报》，http://www.ipr.gov.cn/，2009年2月3日。

❷ 《奥林匹克标志保护条例》第10条：未经奥林匹克标志权利人许可，为商业目的擅自使用奥林匹克标志，即侵犯奥林匹克标志专有权，引起纠纷的，由当事人协商解决；不愿协商或者协商不成的，奥林匹克标志权利人或者利害关系人可以向人民法院提起诉讼，也可以请求工商行政管理部门处理。工商行政管理部门处理时，认定侵权行为成立的，责令立即停止侵权行为，没收、销毁侵权商品和专门用于制造侵权商品或者为商业目的擅自制造奥林匹克标志的工具，有违法所得的，没收违法所得，可以并处违法所得5倍以下的罚款；没有违法所得的，可以并处5万元以下的罚款。当事人对处理决定不服的，可以自收到处理通知之日起15日内依照《中华人民共和国行政诉讼法》向人民法院提起诉讼；侵权人期满不起诉又不履行的，工商行政管理部门可以申请人民法院强制执行。进行处理的工商行政管理部门应当事人的请求，可以就侵犯奥林匹克标志专有权的赔偿数额进行调解；调解不成的，当事人可以依照《中华人民共和国民事诉讼法》向人民法院提起诉讼。利用奥林匹克标志进行诈骗等活动，触犯刑律的，依照刑法关于诈骗罪或者其他罪的规定，依法追究刑事责任。

❸ 《世界博览会标志保护条例》第9条：未经世界博览会标志权利人许可，为商业目的擅自使用世界博览会标志即侵犯世界博览会标志专有权，引起纠纷的，由当事人协商解决；不愿协商或者协商不成的，世界博览会标志权利人或者利害关系人可以依法向人民法院提起诉讼，也可以请求工商行政管理部门处理。应当事人的请求，工商行政管理部门可以就侵犯世界博览会标志专有权的赔偿数额进行调解；调解不成的，当事人可以依法向人民法院提起诉讼。

管理办法》没有规定相应的行政裁决制度。

（6）商业秘密权侵权纠纷的行政裁决。《反不正当竞争法》及《关于禁止侵犯商业秘密行为的若干规定》中仅规定了侵犯商业秘密权的行政处罚，没有规定相应的行政裁决制度。

（二）我国知识产权侵权纠纷行政裁决受理范围的评价

通过上述对可行政裁决的知识产权侵权纠纷的梳理，可以得出下列结论。

1. 受理的知识产权侵权纠纷种类尚欠完整

与《民事案件案由规定》二级案由“知识产权权属、侵权纠纷”的下属案由对比，目前可行政裁决的知识产权侵权纠纷基本覆盖了知识产权侵权纠纷的范围，但并没有覆盖全部侵权纠纷，如著作权侵权纠纷、企业名称权侵权纠纷、计算机网络域名侵权纠纷等的行政裁决缺乏法律依据。

《著作权法》第 54 条规定：“著作权纠纷可以调解，也可以根据当事人达成的书面仲裁协议或者著作权合同中的仲裁条款，向仲裁机构申请仲裁。当事人没有书面仲裁协议，没有在著作权合同中订立仲裁条款的，可以直接向人民法院起诉。”可以发现，该条文虽然提到著作权纠纷可以调解，可以仲裁，也可以向法院提起民事诉讼，但没有如《专利法》《商标法》等明文规定可以由相关行政机关进行“处理”。特别是《著作权法》第 55 条，仅规定了当事人对著作权行政管理部门行政处罚的司法救济方式，《著作权法实施细则》也没有对此问题予以明确补充甚至提及。因此，即便是由于文字表述的问题，也不能当然地根据现有法律规定解释出行政机关可对著作权纠纷进行裁决。

此外，对于软件著作权纠纷，也没有规定可以进行行政裁决。《计算机软件保护条例》第 34 条规定：“软件著作权侵权纠纷可以调解，调解不成或者调解达成协议后一方反悔的，可以向人民法院起诉。当事人不愿调解的，也可以直接向人民法院起诉。”因此，根据现行法律规定，也很难认为软件著作权侵权纠纷可以由行政机关进行裁决。

2. 不受理侵权的损害赔偿纠纷，有其合理性

知识产权侵权纠纷行政裁决的范围，仅对是否构成侵权进行裁决，而不包括侵权造成的损害赔偿。行政机关只能对是否构成侵权作出裁决，而对于侵权造成的损害赔偿，行政机关在作出侵权认定后，可以应当事人的申请就赔偿数额问题进行调解；调解不成，受害人要弥补自己的损失就必须再向法院提起民事诉讼。

现行《专利法》以降相关法律法规如此设置，是有其一定的原因考量：（1）赔偿数额属于双方可以意思自治的范畴，应当充分尊重当事人选择纠纷处理途径，公权力不应过多地、强行地介入私权利的范畴。（2）对行政裁决的司法审查只能审查其行政行为合法性，人民法院只能作出维持原决定，或者撤销原决定并判令专利管理机关重新作出决定，而不能自行对侵权作出其认为适当处理的判决，使得处理侵权问题成了专利管理机关的行政管理权限。（3）专利管理机关处理侵权纠纷适用行政程序，难以保证达到公开、公正的目的。[1] 此外，当双方当事人愿意接受行政机关作出行政裁决后再作出的行政调解时，侵权的认定与赔偿数额的确定将一并予以解决，保障了纠纷解决的效率，及时确定了争议中的法律关系，对于社会的稳定发挥了较好的作用。

二、我国知识产权侵权纠纷行政裁决的行政主体

（一）我国知识产权侵权纠纷行政裁决行政主体的现行规定

前述“我国知识产权侵权纠纷行政裁决的受理范围”中明确了行政裁决制度的知识产权侵权纠纷类型，对其行政主体作出分析；未明确有行政裁决制度的知识产权侵权纠纷类型在此不予阐述。以下几节同。

1. 专利权侵权纠纷的行政裁决的行政主体

根据《专利法》第3条，省、自治区、直辖市人民政府管理专利工作的部门负责本行政区域内的专利管理工作。《专利法实施细则》第81条规

[1] 汤宗舜：《专利法教程》，法律出版社2003年版，第238页。

定，当事人请求处理或者调解专利纠纷的，由被请求人所在地或者侵权行为地的管理专利工作的部门管辖。

2. 商标权侵权纠纷的行政裁决的行政主体

根据《商标法》第53条，商标权纠纷行政裁决的行政主体是工商行政管理部门。

3. 其他知识产权侵权纠纷行政裁决的行政主体

（1）植物新品种权侵权纠纷的行政裁决的行政主体。《植物新品种保护条例》第39条规定，根据植物新品种的类别，行政裁决的行政主体为省级以上人民政府农业、林业行政部门。

（2）集成电路布图设计专有权侵权纠纷的行政裁决的行政主体。根据《集成电路布图设计保护条例》第31条及《集成电路布图设计保护条例实施细则》第2条行政裁决的行政主体为国家知识产权局。

（3）侵犯特殊标志专有权纠纷的行政裁决的行政主体。根据《奥林匹克标志保护条例》第10条、《世界博览会标志保护条例》第9条，侵犯奥林匹克标志专有权纠纷的行政裁决、侵犯世界博览会标志专有权纠纷的行政裁决的行政主体都是工商行政管理部门。

（二）我国知识产权侵权纠纷行政裁决行政主体的评价

1. 行政裁决主体的级别有较高的级别要求

我国现行知识产权行政保护机构的设置呈现出“多元”和“多层级”的特点。“多元”是指不同类型的知识产权由不同的行政保护机构来保护；“多层级”是指各知识产权的行政管理机构又分为中央和地方若干个管理层次。[1] 而知识产权侵权行政裁决的行政主体的级别呈现出较高的要求，除了集成电路布图设计专有权侵权纠纷的主管机关为国家知识产权局，其他知识产权侵权纠纷的主管级别均为省级以上机关，从而保障了行政主体的专业性、权威性。

---

[1] 邓建志、单晓光：“2010年上海世博会知识产权的行政保护”，载《法学》2006年第4期。

某种业有限公司诉颜某侵犯其“两优培九”植物新品种权一案[1]中，当地农林局查处侵犯植物新品种权的行为被法院宣判无效、所取得的证据也不应纳入民事侵权案件中作为证据使用，正是由于当地农林局为市级行政部门，无权对上述行为进行查处，所为的行政行为系超越职权的行为，不具法律效力。

2. 缺乏专门的行政裁决受理机关

不同类别的知识产权纠纷由不同的行政机构进行行政裁决，没有统一的知识产权行政管理机构进行受理，如专利权纠纷由管理专利工作的部门负责行政裁决，商标权纠纷由工商行政管理部门负责行政裁决。这样的制度安排的优势在于由各个相关领域的行政部门及相关人员进行行政裁决，可以保障行政裁决的专业性与权威性。但是，由分散的机构进行行政裁决，没有统一的管理与指导，可能使得不同的部门的人员配备、组织地位、操作流程不统一，使得不同类型的知识产权侵权纠纷的行政裁决不统一，不利于法制统一目标的实现，也不利于各部门交流行政裁决的经验与教训。

3. 对行政裁决的人员缺乏特殊规定

正如前文所言，知识产权侵权纠纷的行政裁决需要较高的专业技术性，对法律与相关领域的技术知识与经验都有一定的要求；由于技术进步太快，知识产权行政管理机构有时并不能发现适合的人才来处理相关的知识产权申请。缺乏其中的任何一方面，都有可能造成行政裁决专业性的降低甚至是丧失。

我国对知识产权侵权纠纷行政裁决人员没有资格限制，人员素质可能良莠不齐；同时，行政裁决工作量大、待遇低、条件艰苦，一些高素质、专业化人才不愿从事行政裁决工作。裁决人员的独立性也是不得不提的问题。由于缺乏职位、薪酬、晋升等方面的制度保障，裁决人员的不得不完全听命于掌握其生杀大权的行政长官，无法作出自认为公正的裁决。最后

[1] 详见中华人民共和国国家知识产权局网站“要案追踪”，载 http://www.sipo.gov.cn/albd/2007/200804/t20080402_ 366269.html.

是吸收公众参与、提高行政裁决公正性问题。我国的行政裁决人员基本上都是由行政人员充任，一方面给行政机关造成了很大的工作压力，另一方面使裁决者失去了倾听各种不同声音、使裁决更加客观公正的机会。❶

三、我国知识产权侵权纠纷行政裁决的行政程序

（一）我国知识产权侵权纠纷行政裁决行政程序的现行规定

1. 专利权侵权纠纷行政裁决的行政程序

专利权侵权纠纷行政裁决的行政程序的规定较为完善，在《专利法》《专利行政执法办法》中进行了较为具体详细的制度性安排，总结而言，其行政程序如下。

（1）行政裁决的申请。

①申请行政裁决的条件。

根据《专利行政执法办法》第5条，请求管理专利工作的部门处理专利侵权纠纷的，应当符合下列条件：第一，请求人是专利权人或者利害关系人；第二，有明确的被请求人；第三，有明确的请求事项和具体事实、理由；第四，属于受案管理专利工作的部门的受案范围和管辖；第五，当事人没有就该专利侵权纠纷向人民法院起诉。

利害关系人包括专利实施许可合同的被许可人、专利权的合法继承人。专利实施许可合同的被许可人中，独占实施许可合同的被许可人可以单独提出请求；排他实施许可合同的被许可人在专利权人不请求的情况下，可以单独提出请求；除合同另有约定外，普通实施许可合同的被许可人不能单独提出请求。

②申请行政裁决的请求书及其他递交材料。

根据《专利法》第6条，请求管理专利工作的部门处理专利侵权纠纷的，应当提交请求书以及所涉及专利权的专利证书复印件，并且按照被请求人的数量提供请求书副本。必要时，管理专利工作的部门可以向国家知

❶ 王豪：《我国行政裁决法律制度研究》，中国政法大学2005年硕士学位论文。

识产权局核实所涉及专利权的法律状态。专利侵权纠纷涉及实用新型专利的，管理专利工作的部门可以要求请求人出具由国家知识产权局作出的检索报告。

根据《专利法》第7条，请求书应当记载以下内容：第一，请求人的姓名或者名称、地址。法定代表人或者主要负责人的姓名、职务；委托代理人的，写明代理人的姓名和代理机构的名称、地址。第二，被请求人的姓名或者名称、地址。第三，请求处理的事项以及事实和理由。有关证据和证明材料可以请求书附件的形式提交。请求书应当由请求人签名或盖章。

（2）行政裁决的受理

根据《专利行政执法办法》第8条，请求符合相关条件的，管理专利工作的部门应当在收到请求书之日起7日内立案并通知请求人，同时指定3名或3名以上单数承办人员处理该专利侵权纠纷；请求不符合规定条件的，管理专利工作的部门应当在收到请求书之日起7日内通知请求人不予受理，并说明理由。

（3）行政裁决的审理。

①行政裁决的中止。根据《专利法实施细则》第82条，在处理专利侵权纠纷过程中，被请求人提出无效宣告请求并被专利复审委员会受理的，可以请求管理专利工作的部门中止处理。管理专利工作的部门认为被请求人提出的中止理由明显不能成立的，可以不中止处理。

②行政裁决的审理方式。根据《专利行政执法办法》第10条，管理专利工作的部门处理专利侵权纠纷，可以根据案情需要决定是否进行口头审理。管理专利工作的部门决定进行口头审理的，应当至少在口头审理3日前让当事人得知口头审理的时间和地点。当事人无正当理由拒不参加的，或者未经允许中途退出的，对请求人按撤回请求处理，对被请求人按缺席处理。

根据《专利行政执法办法》第11条，管理专利工作的部门口头审理的，应当将口头审理的参加人和审理要点记入笔录，经核对无误后，由案件承办人员和参加人签名或盖章。

③行政机关的调查取证。根据《专利行政执法办法》第27条，在处理专利侵权纠纷、查处假冒他人专利或者冒充专利行为过程中，管理专利工作的部门可以根据需要依职权调查收集有关证据。

（4）行政裁决的作出。

根据《专利行政执法办法》第13条，除当事人达成调解、和解协议，或者请求人撤回请求之外，管理专利工作的部门处理专利侵权纠纷应当制作处理决定书，写明以下内容：第一，当事人的名称或姓名、地址；第二，当事人陈述的事实和理由；第三，认定侵权行为是否成立的理由和依据；第四，处理决定，认定侵权行为成立的，应当明确写明责令被请求人立即停止的侵权行为的类型、对象和范围；认定侵权行为不成立的，应当驳回请求人的请求；第五，不服处理决定提起行政诉讼的途径和期限。处理决定书应当由案件承办人员署名，并加盖管理专利工作的部门的公章。

（5）行政裁决的执行。

《专利行政执法办法》第33条规定，管理专利工作的部门认定专利侵权行为成立，作出处理决定的，应当责令侵权人立即停止侵权行为，采取下列制止侵权行为的措施：

①侵权人制造专利产品的，责令其立即停止制造行为，销毁制造侵权产品的专用设备、模具，并且不得销售、使用尚未售出的侵权产品或者以任何其他形式将其投放市场；侵权产品难以保存的，责令侵权人销毁该产品。②侵权人使用专利方法的，责令其立即停止使用行为，销毁实施专利方法的专用设备、模具，并且不得销售、使用尚未售出的依照专利方法所直接获得的产品或者以任何其他形式将其投放市场；侵权产品难以保存的，责令侵权人销毁该产品。③侵权人销售专利产品或者依照专利方法直接获得产品的，责令其立即停止销售行为，并且不得使用尚未售出的侵权产品或者以任何其他形式将其投放市场；尚未售出的侵权产品难以保存的，责令侵权人销毁该产品。④侵权人许诺销售专利产品或者依照专利方法直接获得产品的，责令其立即停止许诺销售行为，消除影响，并且不得进行任何实际销售行为。⑤侵权人进口专利产品或者依照专利方法直接获得产品

的，责令侵权人立即停止进口行为；侵权产品已经入境的，不得销售、使用该侵权产品或者以任何其他形式将其投放市场；侵权产品难以保存的，责令侵权人销毁该产品；侵权产品尚未入境的，可以将处理决定通知有关海关。⑥停止侵权行为的其他必要措施。

2. 商标权侵权纠纷行政裁决的行政程序

除了《商标法》第53条对侵权纠纷行政裁决的原则性规定外，没有针对行政裁决程序性的细化法律规定。

3. 其他知识产权侵权纠纷行政裁决的行政程序

（1）植物新品种权侵权纠纷行政裁决的行政程序。

根据主管机关的不同，植物新品种的侵权纠纷分为农业植物新品种侵权纠纷和林业植物新品种侵权纠纷，对于林业植物新品种侵权纠纷，目前没有关于其行政裁决的具体程序性规定，但对于农业植物新品种侵权纠纷的行政裁决，有明确的法律依据，为《农业植物新品种权侵权案件处理规定》。其行政裁决的程序性规定与专利权侵权纠纷的行政裁决大致相同，在此不予赘述。

（2）集成电路布图设计专有权侵权纠纷行政裁决的行政程序。

《集成电路布图设计行政执法办法》对行政裁决的程序作了具体的规定，其行政裁决的程序性规定与专利权侵权纠纷的行政裁决大致相同，在此不予赘述。

（3）侵犯特殊标志专有权纠纷行政裁决的行政程序。

除了《奥林匹克标志保护条例》第10条、《世界博览会标志保护条例》第9条对侵权纠纷行政裁决的原则性规定外，没有针对行政裁决行政程序具体规定。

（二）我国知识产权侵权纠纷行政裁决行政程序的评价

应松年教授曾对我国行政裁决的程序制度作过如下评论："我国目前的行政裁决制度没有一套相对统一的法定程序，各种裁决适用的程序零散地见之于单行法律、法规以及规章的规定之中。这就使多数行政裁决适用的程序在实践中难有统一的法定之规可循，而主要靠各裁决机构取舍，随意性较大，只追求裁决结果，不注重裁决程序的情况比较突出。这种现状很不利于行政裁决制度的健康发展。”[1]而上述现状对于知识产权侵权纠纷行政裁决的行政程序领域也同样适用。

1. 行政裁决的程序性规定不够全面

对于知识产权侵权纠纷行政裁决的申请，相关法律法规、部门规章对专利权侵权、农业植物新品种权侵权、集成电路布图设计专有权侵权纠纷的行政裁决作了详细的规定，对行政裁决的申请人、申请行政裁决的条件、申请行政裁决请求书的内容和形式、行政裁决的受理、行政裁决的审理、行政裁决的作出等都作了详细的规定，为行政裁决的程序提供了明确的法律依据。但是，除了上述领域外，知识产权的其他领域，如商标权、林业植物新品种权、特殊标志专有权等领域内，对于知识产权侵权的行政裁决缺乏详细规定。

2. 行政裁决的程序不够统一

现有的规定比较详细，内容大致相同，但是少数内容有所不同，具体体现在：

（1）集成电路布图设计专有权侵权纠纷的行政裁决，没有对作为申请人条件之一的“有直接利害关系”进行界定。[2] 而专利权侵权的行政裁决和农业植物新品种权侵权的行政裁决都有具体规定。[3]

（2）专利侵权纠纷、集成电路布图设计专有权侵权纠纷的行政裁决领域，规定了管理专利工作的部门作出认定侵权成立的处理决定之后，被请求人就同一知识产权再次作出相同类型的侵权行为，知识产权人或者利害关系人请求处理的，管理专利工作的部门可以直接作出责令立即停止侵权行为的处理决定。[4] 而农业植物新品种权侵权纠纷的行政裁决没有被赋予同样的效力。

---

[1] 应松年：《行政法新论》，中国方正出版社 2004 年版，第 337 页。

[2] 《集成电路布图设计行政执法办法》第 4 条。

[3] 《专利行政执法办法》第 5 条、《农业植物新品种权侵权案件处理规定》第 4 条。

[4] 《专利行政执法办法》第 14 条、《集成电路布图设计行政执法办法》第 16 条。

（3）专利侵权、集成电路布图设计专有权侵权纠纷的行政裁决领域，侵权纠纷行为过程中，管理专利工作的部门可以根据需要依职权调查收集有关证据。[1] 而植物新品种权侵权纠纷的行政裁决主体没有被赋予同样的权力。

（4）集成电路布图设计专有权侵权纠纷的行政裁决中，行政裁决的主体可以委托有关单位对复杂的问题进行专业技术鉴定，[2] 但对专利权侵权、农业植物新品种权侵权的行政裁决没有作相关规定。

3. 行政裁决的程序性规定不够健全

对于行政裁决的程序，现有的法律规定存在某些方面的空白；而对某些方面的规定有待完善，具体体现在：

（1）根据《专利行政执法办法》第10条[3]、《农业植物新品种权侵权案件处理规定》第9条[4]、《集成电路布图设计行政执法办法》第12条[5]，知识产权侵权纠纷的行政裁决以书面审理为主，“必要”或者“可以根据案情需要”才进行口头审理，但是对于“必要”和“案情需要”没有细化

---

[1] 《专利行政执法办法》第五章“调查取证”、《集成电路布图设计行政执法办法》第三章“调查取证”。

[2] 《集成电路布图设计行政执法办法》第10条。

[3] 《专利行政执法办法》第10条：管理专利工作的部门处理专利侵权纠纷，可以根据案情需要决定是否进行口头审理。管理专利工作的部门决定进行口头审理的，应当至少在口头审理3日前让当事人得知进行口头审理的时间和地点。当事人无正当理由拒不参加的，或者未经允许中途退出的，对请求人按撤回请求处理，对被请求人按缺席处理。

[4] 《农业植物新品种权侵权案件处理规定》第9条：省级以上人民政府农业行政部门处理品种权侵权案件一般以书面审理为主。必要时，可以举行口头审理，并在口头审理7日前通知当事人口头审理的时间和地点。当事人无正当理由拒不参加的，或者未经允许中途退出的，对请求人按撤回请求处理，对被请求人按缺席处理。省级以上人民政府农业行政部门举行口头审理的，应当记录参加人和审理情况，经核对无误后，由案件承办人员和参加人签名或盖章。

[5] 《集成电路布图设计行政执法办法》第12条：行政执法委员会处理侵犯布图设计专有权的纠纷，可以根据案情需要决定是否进行口头审理。行政执法委员会决定进行口头审理的，应当至少在口头审理3日前让当事人得知进行口头审理的时间和地点。无正当理由拒不参加或者未经允许中途退出口头审理的，对请求人按撤回请求处理，对被请求人按缺席处理。

的标准，赋予行政机关较大的自由裁量权。而书面的审理方式缺乏双方的对抗性、审理的直接性和公开性，虽然能够较好地保障审理的效率，但是并不利于保障审理的公开性和公正性。

（2）没有规定回避制度。回避原则是行政程序的基本原则，我国目前没有统一对回避原则的具体内容作出规定的“行政程序法”，因此需要将此原则落实到具体的法律、法规、规章中，以确保行政程序的公正性。

（3）行政相对人提起行政裁决的申请，对于行政机关不予受理的决定，没有规定相应的救济手段，不利于最大限度地保障相对人的权利。

（4）没有对行政机关应在多长时间内作出行政裁决予以规定，也没有规定应在多长时间内将裁决文书递交给当事人。行政裁决作为解决知识产权侵权纠纷的一种方式，其优势在于运用专业技能高效率地解决纠纷。“迟来的正义不是正义”，缺乏法定的时间规定，不利于对当事人权利的保护和社会关系的稳定。

四、我国知识产权侵权纠纷行政裁决的结果及效力

（一）我国知识产权侵权纠纷行政裁决结果及效力的现行规定

1. 我国知识产权侵权纠纷行政裁决结果的现行规定

《专利法》第60条规定：“管理专利工作的部门处理时，认定侵权行为成立的，可以责令侵权人立即停止侵权行为，当事人不服的，可以自收到处理通知之日起十五日内依照《中华人民共和国行政诉讼法》向人民法院起诉。侵权人期满不起诉又不停止侵权行为的，管理专利工作的部门可以申请人民法院强制执行。”根据《专利行政执法办法》第34条，管理专利工作的部门作出认定专利侵权行为成立的处理决定后，被请求人向人民法院提起行政诉讼的，在诉讼期间不停止决定的执行。《商标法》第53条、《集成电路布图设计保护条例》第31条也都各自作了类似的规定。

由此可以得出：知识产权侵权纠纷行政裁决的结果在于立即停止侵权行为，是一种停止侵权救济。

2. 我国知识产权侵权纠纷行政裁决效力的现行规定

《专利法》第 60 条规定："管理专利工作的部门处理时，认定侵权行为成立的，可以责令侵权人立即停止侵权行为，当事人不服的，可以自收到处理通知之日起十五日内依照《中华人民共和国行政诉讼法》向人民法院起诉。侵权人期满不起诉又不停止侵权行为的，管理专利工作的部门可以申请人民法院强制执行。"根据《专利行政执法办法》第 34 条，管理专利工作的部门作出认定专利侵权行为成立的处理决定后，被请求人向人民法院提起行政诉讼的，在诉讼期间不停止决定的执行。《商标法》第53 条、《集成电路布图设计保护条例》第 31 条也都各自作了类似的规定。

此外，《集成电路布图设计行政执法办法》第 12 条还特别强调："行政执法委员会作出认定侵权行为成立的处理决定后，被请求人向人民法院提起行政诉讼的，在诉讼期间不停止决定的执行。"

上述法条意味着，认定知识产权侵权行为成立并责令侵权人立即停止侵权行为的行政裁决，当事人不自觉履行的，行政机关应当申请人民法院强制执行。基于行政机关的性质，行政机关在认定知识产权侵权行为成立并作出责令侵权人立即停止侵权行为的裁决后，因其并无强制执行此类裁决的权力，所以当事人不自觉履行的，该行政机关不能强制执行，而只能申请人民法院强制执行。

根据《专利行政执法办法》第 14 条，管理专利工作的部门或者人民法院作出认定侵权成立的处理决定或者判决之后，被请求人就同一专利权再次作出相同类型的侵权行为，专利权人或者利害关系人请求处理的，管理专利工作的部门可以直接作出责令立即停止侵权行为的处理决定。这意味着针对同样当事人的相同类型的侵权行为，该行政裁决有类推的效力。

《最高人民法院关于审理专利纠纷案件适用法律问题的若干规定》第 25 条规定："人民法院受理的侵犯专利权纠纷案件，已经过管理专利工作的部门作出侵权或者不侵权认定的，人民法院仍应当就当事人的诉讼请求进行全面审查。"《最高人民法院关于审理商标案件有关管辖和法律适用范围问题的解释》第 3 条规定，商标注册人或者利害关系人向工商行政管理部门就侵犯商标专用权行为请求处理，又向人民法院提起侵犯商标专用权诉讼请求损害赔偿的，人民法院应当受理；第10条规定，人民法院受理的侵犯商标专用权纠纷案件，已经过工商行政管理部门处理的，人民法院仍应当就当事人民事争议的事实进行审查。

（二）我国知识产权侵权纠纷行政裁决结果及效力的评价

1. 我国知识产权侵权纠纷行政裁决的停止侵权结果

《专利法》第60条规定："管理专利工作的部门处理时，认定侵权行为成立的，可以责令侵权人立即停止侵权行为，当事人不服的，可以自收到处理通知之日起十五日内依照《中华人民共和国行政诉讼法》向人民法院起诉；侵权人期满不起诉又不停止侵权行为的，管理专利工作的部门可以申请人民法院强制执行。进行处理的管理专利工作的部门应当事人的请求，可以就侵犯专利权的赔偿数额进行调解；调解不成的，当事人可以依照《中华人民共和国民事诉讼法》向人民法院起诉。"根据《专利行政执法办法》第34条，管理专利工作的部门作出认定专利侵权行为成立的处理决定后，被请求人向人民法院提起行政诉讼的，在诉讼期间不停止决定的执行。《商标法》第53条、《集成电路布图设计保护条例》第31条也都各自作了类似的规定。由此可以得出：知识产权侵权纠纷行政裁决的结果在于立即停止侵权行为，是一种停止侵权救济。

（1）停止侵权行政裁决的预防性。

停止侵权是预防性救济，这是与损害赔偿救济最根本的区别。法院在决定是否判决停止侵权时，要判断在其作出判决这一刻起往后的时间里，被告是否会侵权；只有当被告在未来的时间里可能侵权，法院才有理由判决停止侵权。停止侵权救济的预防性质意味着，它只能是对未来可能发生的侵权的救济，而不能是对已经发生的侵权的救济。对于已经发生的侵害是用损害赔偿来救济的，无论损害赔偿如何不充分，也无法用停止侵权来救济，因为时光不能倒流，法院判令侵权人在过去的某个时间段里"停止侵权"是不可能实现的，因而是没有意义的。停止侵权甚至不以侵权行为已经发生为前提，与此相反，损害赔偿救济必然以侵权行为已经发生为前提。

（2）停止侵权行政裁决的谦抑性。

在现代社会，停止侵权救济与损害赔偿相比具有谦抑性。损害赔偿意味着对侵权人的事后惩罚，而停止侵权意味着在侵权行为发生之前就对当事人的行为加以限制。从社会控制的角度看，与损害赔偿相比，停止侵权对人们的行动自由施以更多的限制。因此，对于停止侵权的行政裁决的作出应更具有谦抑性。

2. 我国知识产权侵权纠纷行政裁决的效力受到一定限制

知识产权侵权纠纷行政裁决作为行政行为的一种，理应充分具有行政行为的效力，但是从上述现行规定中可以发现，其效力受到一定的限制，具体体现在：

（1）行政裁决的执行力欠完善。

所谓行政行为的执行力，是指行政行为生效后，行政主体依法有权采取一定手段，使行政行为的内容得以实现的效力。行政行为具有执行力，并不等于所有行政行为都必须执行，有些行政行为就不涉及强制执行问题。同时，也并不意味着行政行为在任何情况下都必须强制执行。一般来说，必须是在相对方拒不履行义务的情况下，行政行为才需要予以强制执行。知识产权的行政裁决的强制执行，必须通过法院作出。

《专利法》《商标法》等对行政裁决的执行力作了明文规定，但是也可以发现，法律法规并没有对所有知识产权侵权纠纷行政裁决的效力予以明确，如《植物新品种保护条例》并没有对行政裁决的强制执行问题进行规定。应当认为，由于此类规定系根据法理而来，并非法律特殊授权方才照此办理，因此，即便在该条例中并无关于此问题的明确规定，也应当参照上述规定内容申请人民法院强制执行。

（2）行政裁决的公定力受到民事诉讼的挑战。

所谓行政行为的公定力，指行政主体作出的行政行为，不论合法还是违法，都推定为合法有效，相关当事人都应当先予以遵守和服从，这是行政效率原则的要求。

《最高人民法院关于审理专利纠纷案件适用法律问题的若干规定》第

25 条和《最高人民法院关于审理商标案件有关管辖和法律适用范围问题的解释》的相关规定使得在专利权、商标权侵权纠纷中，对知识产权行政部门作出的是否构成侵权纠纷的行政裁决，在之后的民事诉讼中，法院可以不予承认，重新作出认定；除此之外的知识产权侵权纠纷的行政裁决，其效力是否受到民事诉讼的挑战，法律并没有明确规定。

上述规定使得行政裁决实质上丧失了约束力，虽然从法条以及行政行为的学理上看，似乎有约束力，但事实上，相对人一旦提起侵权纠纷的民事诉讼，民事诉讼如果对是否构成侵权作出不同的判决，行政裁决就处于很尴尬的境地。虽没有被撤销，但实质上已经没有效力了。

知识产权侵权纠纷行政裁决公定力受到的挑战，使得在实践中，纠纷当事人宁愿在双轨制的救济途径中选择民事诉讼的解决途径，以避免两次裁判的麻烦；而上述的制度安排，从某种意义上浪费了行政裁决所花费的时间、精力，是对公共权力资源的浪费，也增加了当事人的负担。

五、我国知识产权侵权纠纷行政裁决的法律救济

权利依赖于救济。知识产权侵权纠纷行政裁决的救济不仅体现了对相对人裁决权利的救济，同时还是对行政机关裁决权的监督和纠正。笔者从行政复议、行政诉讼两个角度探讨评价我国现行知识产权侵权纠纷行政裁决的法律救济制度。

（一）我国知识产权侵权纠纷行政裁决的行政复议

行政复议作为一项与行政诉讼相衔接的用以解决行政争议的法律制度，其主要目标是“为了防止和纠正违法的或者不当的具体行政行为，保护公民、法人和其他组织的合法权益，保障和监督行政机关依法行使职权”。[1]

但是，并不是所有的具体行政行为都可以进入行政复议程序。《行政复议法》第 6 条列举了 11 种可提起行政复议的情形，第 11 项为兜底条款，但第 8 条的明确规定不服行政机关对民事纠纷作出的调解或者其他处理，

[1] 《中华人民共和国行政复议法》第 9 条。

依法申请仲裁或者向人民法院提起诉讼，是对第6条第11项兜底条款的解释，排除了对知识产权行政裁决的适用。同时，《专利法》《商标法》及相关知识产权法律也均明确规定，当事人不服管理相关知识产权工作部门作出的责令停止侵权的决定后，提起行政诉讼的期限为15天；若侵权人拒不履行处理决定逾期不提起诉讼，管理相关知识产权工作的部门就应当申请人民法院强制执行。因此，并没有明文关于行政复议的规定。

作为一种例外，《农业植物新品种权侵权案件处理规定》第12条规定："当事人对省级以上人民政府农业行政部门作出的处理决定不服的，可以依法申请行政复议或者向人民法院提起行政诉讼。期满不申请行政复议或者不起诉又不停止侵权行为的，省级以上人民政府农业行政部门可以申请人民法院强制执行。"明文规定对于侵权纠纷行政裁决可以提起行政复议。

由此可见，从法条上看，知识产权侵权纠纷行政裁决的行政复议，除了农业植物新品种侵权纠纷的行政裁决外，其他并没有法律依据。而《行政复议法》甚至是排除了行政裁决接受行政复议的可能性。作为行政行为的一种救济手段，行政复议在知识产权行政裁决领域的缺失不能不说是一种缺憾。

究其原因，有学者认为主要是因为行政复议是对纯粹以行政管理性质的具体行政行为设计的制度性救济，其出发点是给行政机关一个在行政体制内彻底解决争议的机会。行政裁决的性质虽然为具体行政行为，但其裁决对象为民事性质的侵权纠纷，且民事纠纷的解决就其性质本身来说，并非主要依靠行政机关的裁决，对此不服的救济，以行政体制外的救济途径更为理性。由此，不服行政机关对知识产权侵权纠纷所作的行政裁决，当事人只能提起诉讼而不能提请行政复议。[1]

而前述"新乡农民状告市政府管得宽"一事中，新乡市人民政府法制办的复议决定书一出，在河南各界、特别是知识产权系统引起了强烈的反响，几乎所有听到此消息的知识产权管理机关的人士都表示出了错愕，但

[1] 胡建淼：《行政法学》，法律出版社2001年版，第425页。

法制办有关人员却称他们进行了很严肃的思考并向有关机关作了求证。[1]可见，澄清对于知识产权侵权纠纷行政裁决是否可行政复议问题的认识，至少在当前是十分必要的。

（二）我国知识产权侵权纠纷行政裁决的司法救济

1. 现行规定

《专利法》第60条：“……管理专利工作的部门处理时，认定侵权行为成立的，可以责令侵权人立即停止侵权行为，当事人不服的，可以自收到处理通知之日起十五日内依照《中华人民共和国行政诉讼法》向人民法院起诉……”《商标法》第53条、《集成电路布图设计保护条例》第31条、《奥林匹克标志保护条例》第10条等都作出类似的规定，确定了当事人不服知识产权侵权纠纷行政裁决，可以依据《行政诉讼法》向法院提起行政诉讼。

通常行政诉讼仅审查行政行为的合法性；当事人由于不服知识产权管理机关就知识产权侵权纠纷进行裁决而提起的诉讼涉及纠纷当事人的民事权益争议，而法院又无权对民事争议直接处理，如果当事人在行政诉讼一审后又上诉，不管二审法院认定行政机关裁决的正当性，还是要求行政机关重新作出裁决，此时整个纠纷解决过程既偏离了所要解决的问题的核心，又烦琐、冗长，违背了效率原则。最高人民法院于2000年3月8日发布的《关于执行中华人民共和国行政诉讼法若干问题的解释》第61条规定：“被告对平等主体之间民事争议所作的裁决违法，民事争议当事人要求人民法院一并解决相关民事争议的，人民法院可以一并审理。”这一规定被学界认定为“行政附带民事诉讼”[2] 的规定，可以解决知识产权侵权纠纷

---

[1] 胡建淼：《行政法学》，法律出版社2001年版，第425页。

[2] 讲不服行政裁决的案件用行政附带民事诉讼来处理现已成为行政法学界的主流观点。这方面的理论成果很多，主要成果参见相关文献（罗豪才：《行政审判问题研究》，北京大学出版社1990年版，第388页；姜明安：《行政法与行政诉讼法》，北京大学出版社、高等教育出版社1999年版，第396页；应松年：《行政诉讼法学》，中国政法大学出版社1994年版，第207页；胡建淼：《行政诉讼法学》，高等教育出版社1996年版，第326页等）。

行政裁决司法审查的复杂烦琐的程序问题。

2. 评价

（1）行政诉讼是知识产权侵权纠纷行政裁决的司法救济途径。

行政诉讼是知识产权侵权纠纷行政裁决的司法救济途径。东莞市佳鸣机械制造有限公司诉佛山市知识产权局专利侵权处理决定纠纷案、❶ 何林忠诉济南市知识产权局专利侵权纠纷处理决定纠纷案、❷ 常州常内内燃机有限公司诉江苏省知识产权局等专利纠纷处理案、❸ 成都水井窖酒业有限公司诉四川省知识产权局专利行政处理决定纠纷案等，❹ 均是行政诉讼救济知识产权侵权纠纷行政裁决的典型案例。

（2）行政附带民事诉讼可以一并解决民事纠纷。

所谓行政附带民事诉讼，是指人民法院在审理行政案件的同时，对与引起该案件的行政争议相关的民事争议一并审理的诉讼活动。行政附带民事诉讼的特点是：①行政附带民事诉讼实质是两种性质不同的诉讼的合并。行政诉讼所要解决的是被诉具体行政行为的合法性问题，而民事诉讼解决的是当事人之间的民事争议。两个性质不同的诉讼从根本上说是可以分离的，合并审理的目的是诉讼经济。②两种分属于不同诉讼序列的诉讼请求之间具有内在联系，其中，行政诉讼是主诉，行政争议的解决与民事争议的解决具有密切联系，行政行为合法性的解决是民事争议解决的前提。③附带民事诉讼的原告是经过行政主体依法裁决的知识产权侵权纠纷当事人中的任何一方；附带民事诉讼的被告不能是行政诉讼的被告，只能是民事争议中的相对一方。④行政附带民事诉讼不同于行政诉讼中原告同时提起的赔偿诉讼。虽然法院审理行政赔偿与民事诉讼有许多共同遵循的原则，但行政赔偿诉讼发生在法律地位不平等的相对人与国家行政主体之间，受国家赔偿法的调整；行政附带民事诉讼则是发生在平等主体之间，涉及的

❶ 广东省佛山市中级人民法院行政判决书，（2002）佛中法行初字第 5 号。

❷ 山东省济南市中级人民法院行政判决书，（2003）济民三初字第 116 号。

❸ 江苏省高级人民法院行政判决书，（2002）苏行终字第 004 号。

❹ 四川省成都市中级人民法院行政判决书，（2005）成行初字第 9 号。

是民事法律关系，由民法调整。

但是，行政附带民事诉讼制度是有一定条件限制的，具体如下：第一，行政附带民事诉讼的前提是行政裁决被判定违法，如果行政裁决合法，则不能再提起附带民事诉讼；第二，行政附带民事诉讼的提起是知识产权侵权纠纷当事人申请提起，而不能由法院依职权主动提起。

行政附带民事诉讼制度，对于知识产权侵权纠纷行政裁决的司法救济而言有其积极的意义，主要在于：

第一，行政附带民事诉讼有利于最终解决知识产权侵权纠纷。

对于知识产权行政机关依职权对侵权纠纷所作的裁决，当事人不服的，如果提起的仅仅是行政诉讼，则被裁决的当事人之间的知识产权侵权纠纷不一定能随着行政诉讼的结束而得到真正的解决，特别是，因为知识产权行政机关对侵权纠纷的介入，使得此时的民事争议与行政争议同时并一体存在。如此，如果抛开行政裁决的事实，另行单独提起民事诉讼，则不能解决行政行为的合法性问题，而违法的行政行为法院不予撤销即不会自行失效，这样就会出现即使知识产权侵权纠纷得到解决，但与此解决结果相悖的行政裁决尚具有法律效力的法律上的尴尬。如果不顾知识产权侵权纠纷这一裁决对象，仅仅提起行政诉讼，则不能彻底解决双方当事人因侵权而产生的民事争议，但令当事人在行政诉讼不能满足全部诉讼目的时再另行提起民事诉讼，则无疑增加了当事人的讼累。行政附带民事诉讼的方式可以则可很好地解决此问题。

第二，行政附带民事诉讼有利于实现诉讼效率。

对于知识产权侵权纠纷的行政裁决不服提起的诉讼，如果定性为行政附带民事诉讼，则意味着法院在主要审理行政裁决这一具体行政行为的同时，还需要附带审理当事人之间的侵权纠纷，显然，这一做法符合诉讼经济原则，能够有效地避免当事人因制度设计不合理而导致的时间、金钱和精力的过度耗费，从一定意义上来说，也有利于减轻法院可能承担的审判任务。此外，对知识产权侵权纠纷行政裁决不服的行政附带民事诉讼制度，可以让受诉法院将两个相互联系的争议统一审理，全面考虑，这样，既能防止案件审理的片面性，从而保障案件处理的准确和公正，也可避免法院就在同一事实基础上引起的案件作出相互矛盾的判决，影响法院司法权威。

当然，行政附带民事诉讼并不是知识产权侵权纠纷当事人的惟一选择，如果行政裁决因违法而被撤销，当事人也可以要求行政机关重新作出合法有效的行政裁决。

（3）行政附带民事诉讼制度设置不够完善。

行政附带民事诉讼制度虽然对于知识产权侵权纠纷行政裁决的司法审查有上述优势和价值，但是目前法律法规对其的规定只有《关于执行中华人民共和国行政诉讼法若干问题的解释》的一个条文，在知识产权法律法规和《行政诉讼法》中都没有规定，也缺乏具体的制度规定和实施细则，因此在实践操作中还存在许多制度空白，缺乏操作依据。具体包括：

第一，行政附带民事诉讼的起诉和受理。对于附带民事诉讼提起的时间，法律没有规定；对于提起的方式，法律没有规定提起的形式（书面或口头形式），也未规定应提供的有关证据材料类型。

第二，行政附带民事诉讼的诉讼时效与管辖。法律规定，行政诉讼中的诉讼时效为 3 个月，在行政机关未告知诉权或起诉期限时，效诉讼时效为 2 年；民事诉讼中一般诉讼时效为 2 年，最长为 20 年，特定诉讼时效为 1 年。由于行政附带民事诉讼的启动必须由行政诉讼开始，因此行政附带民事诉讼的诉讼时效较短，虽然有利于评定纠纷的效率，但是不利于在司法诉讼这个最后的屏障中对知识产权侵权纠纷当事人的权利予以充分保障。此外，行政附带民事诉讼要实现要求受理案件的法院能够同时对行政案件和民事案件进行管辖。但是，行政诉讼法与民事诉讼法对案件管辖的规定是不同的，当出现行政诉讼的原、被告与民事诉讼的原、被告均不在一地，或因民事诉讼的争议金额巨大，依法应由上级法院管辖等情况时，受理行政案件的法院就不一定具有该案所附带的民事诉讼的管辖权。

第三，行政附带民事诉讼的审理。对于举证责任的分配、审理期限、审理过程及审理方式等内容，法律均未予以明确。

第四，行政附带民事诉讼的上诉及执行。对于上诉案件的审理范围及具体程序、执行的时间及执行机关，法律未予以明确规定。

第四节　我国知识产权侵权纠纷行政裁决的制度完善

一、完善知识产权行政裁决的制度设定

（一）法律法规明确规定“行政裁决”之名

需要从立法上统一行政裁决的名称，明确设定知识产权行政裁决的权限和职责。明确通过法律授权于有关知识产权行政机关，非经法律授权者无效。这样就使得知识产权行政裁决于法有据，避免和防止政出多门的无序状态。

（二）扩大行政裁决知识产权侵权纠纷的受理范围

目前，知识产权侵权纠纷行政裁决的受案范围较为狭窄，不能充分体现行政机关运用国家行政权力实现社会管理活动的职能，也不能充分发挥行政机关的管理作用。这不仅不能适应行政机关行政管理活动发展的需要，也不利于广大人民群众利用行政裁决的方式解决侵权纠纷。因此，应该扩大知识产权侵权纠纷行政裁决的受案范围，这样有利于行政机关更好地行使行政职权，同时，由于行政裁决相对于法院的诉讼，程序较简单，期限较短，收费低于诉讼，加之行政裁决是由具有专门行政知识和法律知识的行政工作人员进行，这些人员既有法律头脑，又熟悉行政立法政策，且具备行政经验，比普通法院的法官更能胜任，更有利于纠纷的顺利解决。尽快解决双方的民事纠纷、经济纠纷，避免诉累，也有利于行政机关更好地进行行政管理。

应明文确定著作权侵权纠纷的行政裁决、侵犯企业名称权纠纷的行政裁决、侵犯计算机网络域名纠纷的行政裁决，解决上述领域内行政裁决的空白。

（三）成立专门的知识产权行政裁决机构

随着市场经济的不断发展，人们的法律意识不断提高，知识产权纠纷

不断扩大，单纯由主管行政事务的行政机关负责行政裁决，已不能适应形势发展的要求，只有建立专门的行政裁决机构进行行政裁决活动，才能顺利地解决双方当事人之间的纠纷。

中国市场经济的飞速发展和政治体制改革的不断深入，表明政治体制改革将向纵深推进。而第十一届全国人民代表大会于 2008 年 3 月 15 日批准通过的国务院机构改革方案，即“大部制”体制改革更是近期的热点。“大部制”是现代社会公共服务型政府制度的产物。它的要旨是将政府机构中性质类同的部门进行合并，把密切相关的职能集中在一起由一个大的部门来统一行使，这样不仅可以减少部门之间的职能交叉和权限冲突，简化处理公务的手续和环节，而且有利于建立统一、精简、高效的服务政府和责任政府，使之形成一个决策、执行分开的行政管理体制。[1] 大部制改革给予了我们在知识产权法领域整合资源、成立专门的知识产权行政裁决机构的启示。

行政裁决权由专门的裁决机构行使，无论在普通法系国家，还是在大陆法系国家，都已经被制度化了。[2] 英国就是典型的例子。英国成立有专门的行政裁判所，其行政裁判所就是由法律设立用以解决行政争端以及公民相互间某些和社会政策有密切联系的争端的特别裁判机构。英国设有财产权和税收方面的裁判所、工业和工业关系方面的裁判所、社会福利方面的裁判所、外国人入境方面裁判所。我国可以借鉴英国和其他国家的做法，再根据我国目前的实际情况，建立一个知识产权行政裁判所，并根据不同类型的知识产权纠纷，内设不同的部门，如知识产权侵权纠纷行政裁决的部门。法律应明确其组织形式、法律地位，并划分管辖范围。此外，必须具备法律训练、专业素质及丰富裁判经验的人员以应对纷繁复杂的专业技术问题。

但是这样可能需要付出较大的制度成本，短期之内未必能够实现，因

❶ 胡贵云：“知识产权行政保护模式新探析”，载《科技创新导报》2008 年第 22 期。

❷ 张树义：《纠纷的行政解决机制研究：以行政裁决为中心》，中国政法大学出版社 2006 年版，第 30 页。

此可借鉴专利局设立专利复审委员会这样的专门机构，在各个行政部门设立知识产权侵权纠纷裁决委员会，由具备一定知识产权专业知识的专家以及有丰富的知识产权管理经验和法律知识且品德优秀的人员组成，确保知识产权纠纷行政裁决的质量。

此外，应注重知识产权行政保护机构工作人员执法素质建设，使行政保护合法、规范。知识经济的飞速发展对知识产权保护机构人员素质的要求越来越高，因为它直接关系到知识产权保护的效果，所以，加强知识产权行政保护机构工作人员的素质建设就显得非常重要。

（四）完善知识产权侵权纠纷行政裁决的效力

具体行政行为一旦合法构成，对争议双方当事人及裁决机关即产生公定力、拘束力和执行力，非经法定程序不能改变，知识产权侵权纠纷的行政裁决亦应如此。因此，应当明确行政裁决与民事诉讼程序选择的单一性：对于知识产权侵权纠纷，当事人可以在诉讼解决与行政解决之间自由选择，但是只能选择其一；如果当事人两者都选，由最先受理的机关审理。

当然，知识产权侵权纠纷的行政裁决不是最终的，当事人若对裁决不服，可以通过行政诉讼途径解决，但当事人在法定期间内没有异议，不通过其他途径解决，就必须服从裁决书的效力，而不能通过民事诉讼的方式改变或否定行政裁决的效力。倘若知识产权侵权纠纷行政裁决存在合法性问题，可以通过行政附带民事诉讼的方式一并解决，实现诉讼效率的最大化，也可以要求行政机关重新作出行政裁决。

（五）建立健全知识产权侵权纠纷行政裁决的程序

行政裁决作为一种行政救济手段，之所以会受到世界各国的青睐，主要原因之一就是行政裁决具有准司法的性质，而这种性质是行政裁决机构得以作出公正裁决的保证。大多数国家的行政裁决具备类似于司法救济的完备程序，吸收了大量有利于公正裁决的司法程序的优势。因此为了发挥出知识产权侵权纠纷行政裁决的制度优势，就必须建立健全行政裁决的程序。

第一，确立统一的知识产权侵权纠纷行政裁决程序。

TRIPs 协议在知识产权执法与执法的程序中的第二节行政、民事救济程序中，共规定了 9 个条文，其中有 7 个条文规定了执法的民事诉讼程序，仅在最后第 49 条规定，如以行政程序进行民事救济，应当适用本节规定民事程序一样的规则。由此可见，TRIPs 协议强调民事诉讼程序执法的倾向，处理民事纠纷的行政程序同样适用民事诉讼程序。[1]

立法应完善知识产权行政裁决的处理程序，受理、调查、审查、听证、辩论、裁决所涉及的步骤、环节、顺序、时限等作出明确规定，以保证专利保障程序的及时、公正和合理。以现有的专利权侵权纠纷行政裁决为依据，建立健全各种类知识产权侵权纠纷行政裁决的程序。专利侵权行政裁决程序的建立是一个很好的尝试，对于其他类别知识产权侵权纠纷的行政裁决程序的构建有较好的启发意义。需要制定专门的裁决程序，程序是内容的表现和保障。一件知识产权侵权纠纷发生后，受理、调查、审查、听证、辩论，裁决所涉及的步骤、环节、顺序、时限等都需要法律化，需要体现及时、公平、合理、效率等方面的要求。

第二，建立回避制度、“审裁分离”制度和不单方接触制度。

建立回避制度，避免公务员与相对方当事人发生个人利益冲突，“自己不能作为自己的法官”，这是程序公正的最基本内容。如果处理具体案件的公务员与案件有利害关系时，相对方当事人有权要求该公务员回避，该公务员有义务主动回避，公务员应当回避而不回避的，作出的行政裁决无效。

实行“审裁分离”制度，以使行政裁决建立在客观、公正的事实基础上，达到公平、合理。所谓“审裁分离”，是指参加行政裁决案件调查的公务员不能同时对该案件作出裁决。这是因为，参加调查的公务员，由于受主观和客观因素的影响，容易对裁决案件形成“先入为主”的偏见，从而影响对裁决案件事实作出公正和客观的判断。

此外，有必要在行政程序法中对不单方面接触制度加以明确具体的规

[1] 洪浩：“论专利侵权纠纷处理中的程序保障”，载《法学》2006 年第 2 期。

定。因为，不单方接触制度是通过分隔行政主体与外部当事人的不合理联系而对其权力行使进行制约。该制度的目的在于：其一，防止行政主体及其工作人员与一方当事人进行私下交易而导致行政腐败。其二，防止行政主体及其工作人员受一方当事人不真实或情绪化陈述或虚假、片面性证据影响而形成偏见，导致对其他当事人的不利，损害其他当事人的合法权益。其三，维护行政主体在各方当事人心目中的公正形象，减少其对行政裁决公正性的疑虑。

第三，原则上应采取公开听审方式进行。

应开庭听取当事人陈述，由当事人进行辩论质证，除非件案特别简单，方可采取书面审理的方式。并且，采取行政裁决案卷制度，凡未经审理计入案卷的证据、依据，一律不能作为作出复议决定的根据。最低限度应做到，只要当事人申请就应开庭听审。除非涉及国家机密、商业秘密或当事人隐私，行政裁决听审一律公开进行，公众可以旁听。此外，行政裁决申请人也可以主动申请不公开听审，是否准许由裁决委员会决定。

第四，确定诉权告知制度。

行政裁决书上应告知复议请求人不服行政裁决时，有权向法院提起行政诉讼的权利、管辖法院和起诉期间。并且还可规定：（1）如告知错误导致当事人向无管辖权的法院起诉的，该法院应在法定期限内将案件移送至有管辖权的法院，并告知当事人；向无管辖权的法院起诉的，应视为自始向有管辖权的法院提起行政诉讼。（2）起诉期间告知错误的，应由裁决机关通知更正，并自更正通知送达之日起，计算法定期间。

二、明确知识产权侵权纠纷行政裁决的行政复议

法律既然赋予行政机关行使裁判权，那么由法律规定某行政机关或者作出裁决的上级行政机关进行复议也是可行和必要的。通过复议，可以先由行政机关对明显错误的行政裁决予以纠正，以保证行政裁决的质量，减少诉讼和行政机关在诉讼中败诉的比例，提高行政的威信。确立知识产权侵权纠纷行政裁决的行政复议，其理由如下。

根据《行政复议法》第1~2条、第6条的规定，只要公民、法人或者组织认为具体行政行为侵犯其合法权益的，都可以向行政机关提起行政复议，行政裁决作为一类具体行政行为，其裁决结果可能会侵犯到其中一方当事人的合法权益，秉着对行政相对人权利的保护，其不应被排除在行政复议之外。此外，行政裁决是行政机关实施的行为，需要应有的行政监督，只要是行政机关对民事纠纷作出的裁决，都应秉着对行政权力监督的目的，允许当事人申请复议，不应有严格限制。

根据行政裁决的特点和司法管理，设置知识产权侵权纠纷行政裁决的行政复议，要遵循以下几点：第一，坚持司法最终解决原则，对不服复议的当事人要赋予起诉权，而不能由行政机关作出终局裁决。第二，知识产权侵权纠纷的行政裁决应设置为复议选择型。当事人可以选择向法院起诉，也可以选择申请行政裁决；不服的，由当事人选择复议或诉讼，法律不作过多限制。行政复议是知识产权侵权纠纷行政裁决的法律救济的一种，其效率性和便捷性优势是当事人选择其的原因，但并不能剥夺当事人直接通过更权威的司法诉讼方式来进行救济的权利。因此，应该将行政复议作为选择型的法律救济手段之一，且行政复议必须受到行政诉讼的约束，不能作为终局型的行政复议。因此在实践中需要修改、完善现行法律和司法解释。

三、完善知识产权侵权纠纷行政裁决的司法审查

中国目前的司法机构的设置，与知识产权有关的实体权利保护相关的案件，无论是民事的还是行政的，都可以由专门的或相关的知识产权审判庭集中管辖，综合处理。这样既有利于加强知识产权司法保护，又可以有效地提高解决专利侵权纠纷的效率；既节省了人民法院的物力和人力，也减少了诉讼程序；有利于当事人免遭讼累。为了更好地体现司法对行政处理民事纠纷的支持以及诉讼机制与非讼机制之间有机的衔接，法院对行政裁决的司法审查，通常只审查法律问题，关于事实问题，通常尊重具有专

门知识的行政机关的认定，[1]除非当事人提出了足以推翻原认定事实的证据。

近年来，已经有越来越多的专家学者认识到建立统一的知识产权上诉法院的重要性，纷纷呼吁，如果把刑事的、民事的和行政的知识产权案件从普通法院的刑事庭、民事庭、行政庭剥离出来，无论是专利的、商标的、版权的，还是商业秘密的，把所有的知识产权案件交由专门的知识产权法院来审理，则将进一步增强知识产权审判的独立性和专业性，对优化审判环境至关重要，应该说，在我国设置知识产权法院的时机已经成熟。

目前，除美国、日本已经建立统一的专利上诉法院之外，欧盟和韩国都在积极筹备建立统一的专利上诉法院。这充分表明，建立统一的专利或者知识产权上诉法院是实施知识产权保护的必要措施。完善专利侵权纠纷审判制度的最终目的在于保护知识产权。毋庸置疑，我国知识产权保护工作面临的形势仍很严峻，部分地区和领域的侵权行为相当严重，有法不依、执法不严的现象亟待改善。知识产权司法保护工作是人民法院一项重要审判任务。人民法院作为国家的审判机关，在依法调整知识产权关系、维护权利人的合法权益、惩治知识产权犯罪等方面，负有义不容辞、不可替代的法律职责。目前，我国现行的专利侵权纠纷审判制度与保护知识产权的目标尚有相当差距，进一步完善专利侵权纠纷审判制度势在必行。

此外，人民法院在审理知识产权侵权纠纷的行政裁决案件中，附带解决知识产权侵权纠纷，不仅可以避免人为地通过两种诉讼程序将互有逻辑联系的两种纠纷的解决方式割裂开来造成循环诉讼，而且可以减少诉累，节约司法资源，遵循了诉讼经济的原则。[2]而要充分发挥行政附带民事诉讼的作用，从而对知识产权侵权纠纷的行政裁决进行司法救济，必须对该制度进行完善。

行政附带民事诉讼的意义不仅仅是在对于知识产权侵权纠纷行政裁决

[1] 范愉：《非诉讼纠纷解决机制研究》，中国人民大学出版社 2000 年版，第 211 页。

[2] 姜明安：《行政诉讼法》，北京大学出版社 1993 年版，第 225 页。

的司法救济这一个特定的制度上，而是对于各种类型的行政裁决的司法审查提供了法律的依据和保障，因此，对于如何完善该行政附带民事诉讼制度的研究，本研究不进行深入分析论证。

（蒋梦娴撰稿）

第五章 美国知识产权行政法律保护制度概述

本章主要描述美国的知识产权保护制度，具体介绍主要立法、管理体系以及保护主体三个方面。全面系统地了解美国这个较早实行知识产权制度的国家的知识产权制度，特别是研究其知识产权行政法律保护制度，可以在总结其经验的基础上学习其制度的优越之处，从而为我国加强知识产权行政保护提供借鉴。

第一节 制度概述

美国是世界上最早实行知识产权制度的国家之一，也是当今世界技术创新能力最强并且最注重知识产权保护的国家之一。系统了解美国的知识产权制度，特别是研究其知识产权行政法律保护制度，有利于全面梳理并系统总结其成功经验，可以为我国加强知识产权保护提供有益的启示。

美国知识产权制度迄今已有200余年历史，经过不断的发展完善，逐步建立起比较系统、健全的法律保护体系。其知识产权法律建设可以追溯到联邦政府成立之初。1787年9月制定的《美利坚合众国宪法》第1条第8款规定：国会有权“保障著作家和发明人对各自的著作和发明在一定的期限内的专有权利，以促进科学和实用艺术之进步”，明确了专利法和版

权法的立法依据。❶

美国宪法大致划分了联邦政府与各州政府的立法权限，凡是宪法中明确列举由联邦政府规范的事项，各州政府均不得规定，而宪法中没有说明应该由联邦政府规范的事项，则由各州政府规范。这种划分也适用于对知识产权的保护，因此，美国知识产权法律制度即由两部分构成：一是联邦法律，一是各州立法。联邦法主要是成文法，辅之以普通法；各州的普通法，一般由判例形成。美国法律的核心是判例法。与知识产权有关的判例有解释和创制知识产权法律的作用。如 Netcom、Napster 等案的判决对解释和创制版权法起到重要作用，生物技术、计算机软件与商业方法的可专利性的确定以相关判决为依据，Festo 案的判决直接影响了专利侵权判定中等同原则的适用。美国知识产权判例有效地解决了知识产权保护中的新问题，不断扩展和创造了知识产权法律的内涵和外延，及时高效地推动了知识产权制度的发展。❷ 当然，随着国际经济一体化的加强和国际知识产权保护重要性的凸显，美国政府所参加的国际性知识产权保护条约以及其所缔结的区域性和双边性贸易和投资条约中关于知识产权保护的规定，从某种意义上也可以被认为构成了美国知识产权法律体系中重要的法律渊源。❸ 迄今，美国已经基本建立起一套完整的知识产权法律体系，主要包括《美国专利法》《美国商标法》《美国版权法》《美国反不正当竞争法》等。为了全面执行 TRIPs 协议规定的各项义务，政府于 1994 年 12 月 8 日制定了《美国乌拉圭回合协议法》，对知识产权法律作了修改和改进。

美国的法院分为联邦法院系统和州法院系统。一般的民事、刑事案件由州法院审理，涉及联邦法律的问题，只能由联邦法院审理。在联邦法院系统，最高法院下设 13 个巡回上诉法院，其中第 1 ~ 11 巡回上诉法院为区

---

❶ 杨荣珍、蔡春林主编：《国际知识产权保护与贸易》，北京师范大学出版社 2008 年版，第 137 页。

❷ 马先征等编：《知识产权战略研究》，知识产权出版社 2008 年版，第 262 页。

❸ 韩立余等编：《美国对外贸易中的知识产权保护》，知识产权出版社 2006 年版，第 40 页。

域性法院，第12巡回上诉法院为哥伦比亚特区上诉法院，第13巡回上诉法院为专门化的联邦巡回上诉法院。由于美国知识产权法以联邦法为主，因此联邦法院系统具有更多的司法管辖权。一般案件先由联邦地方法院一审，对判决不服可上诉到巡回上诉法院，还可以进一步上诉至最高法院。由于最高法院只对有典型代表意义的案件进行受理，因此在知识产权诉讼中，巡回上诉法院的判决具有关键性的作用。根据1982年《联邦法院改进法案》，联邦巡回上诉法院对专利诉讼具有排他性的上诉管辖权。而纽约的第二巡回上诉法院和加州的第九巡回上诉法院在版权方面的判决影响较大，因为这两个地方为高新技术产业和版权产业密集区，相关的知识产权案件较多。由于联邦法未对商业秘密加以规定，有关商业秘密的案件通常由州法院管辖。❶

第二节　主要立法

一、专利法

美国是世界上较早建立专利制度的国家之一。在1787年的制宪会议上，弗吉尼亚州及南卡罗来纳州代表提议设立专利制度保护发明家。当时虽有人顾虑到欧洲王室授予专利所造成的“垄断”局面，但却一致认为“专利带来的社会利益将大大超过国家给予发明家个人的利益”。❷ 根据其宪法的规定，美国早在1790年就制定颁布了第一部专利法，这使美国成为发达国家中建国历史最短而建立专利制度却几乎最早的国家，比绝大多数欧洲国家和日本早了大约100年。美国不仅率先建立知识产权制度，而且努力实践，在全球范围内对专利制度的不断发展产生了重大影响。各国早期的专利法所规定的授权专利文件都只有专利说明书，而没有权利要求书，

❶ 马先征等编：《知识产权战略研究》，知识产权出版社2008年版，第263页。

❷ 张怀印：“美国专利法改革述评”，载《美国研究》2010年第1期，第54页。

导致专利权保护范围的确定成为一件相当困难的事情。美国率先使权利要求书成为专利文件的必要组成部分，用它来表述和限定专利权的保护范围，从而奠定了现代专利制度的基础。各国早期的专利法在授予专利权的实质性条件方面都只规定了新颖性条件，美国1952年重新制定其专利法时增加了关于创造性的规定。上述举措在世界各国专利制度的发展过程中都是首创。此外，解释专利权利要求保护范围的各种规则、为专利权人提供更为灵活和有效保护的等同原则、对等同原则进行必要限制的禁止反悔原则等确保专利制度正常运作的法律原则，也大多出自美国，或者说至少受到美国专利实践的重要影响。需要指出的是，美国专利制度的发展并非一帆风顺，也经历了诸多曲折，其发展是通过对专利政策反反复复不断进行调整来实现的，直到今天仍未结束。[1]

根据美国长期实行的专利法，共有三类发明创造可以获得专利，即发明、外观设计、植物新品种。可以授予专利的客体主要有：机器、方法、制品和物质组成及上述各项的改进。根据美国法院的判例，凡自然规律、抽象的概念一律不能申请取得专利。取得专利必须具备以下条件：（1）新颖性；（2）非显而易见性（创造性）；（3）实用性。专利申请人应当向美国专利与商标局提出书面申请，经审查，如果认为符合《美国专利法》规定的条件，即由专利与商标局批准授予专利。如果在申请专利之前已被公开使用1年以上，则该项发明因缺乏新颖性而不会被授予专利。专利权所有人享有排他性的实施权，其他任何人未经授权擅自使用即构成专利侵权。此外，任何人诱导或促成其他人直接侵权，也构成侵权，称为间接侵权。被侵权人可以获得的救济包括：（1）禁令，包括临时性禁令和永久性禁令；（2）损害赔偿；（3）惩罚性损害赔偿（如是恶意侵权）；（4）合理的律师费（特殊情况下）。1994年年底，美国国会通过《乌拉圭回合协议法》，将原有的自授权之日起17年的保护期改为自申请日起20年的保护期。

---

[1] 国家知识产权局条法司编：《专利法研究2007》，知识产权出版社2008年版，第2页。

2011年9月16日，美国总统奥巴马签署了对美国专利法进行全面修订的《美国发明法案》（Leahy-Smith America Invents Act）。这是美国近60年来专利法最大的一次修订，给美国专利制度带来了深刻的变化。❶ 该法案修改主要涉及6个方面的内容，即与实体专利法相关的内容、专利授权后的重审程序、专利申请授权程序的修改、专利与商标局财政和机构改革、优先审查及对小型实体的扶持措施，以及专利诉讼和管辖等。❷ 其主要变化包括：

第一，在专利申请方面由先发明制改为发明人先申请制（first inventor to file）。与目前世界上绝大多数国家采用先申请制不同，美国长期采用的是先发明制，根据这一原则，最先提出申请的发明人不一定最终得到发明权，而判定最先发明人，无论是在证据收集还是在材料审查方面都费时费力。《美国发明法案》首次将这个有200多年历史的重要制度改革为先申请制，堪称美国历次专利改革法案中变动最大、影响最深远的部分。从2013年3月16日起，新颖性判断以专利申请日为基准，而不是专利技术的发明日。具体来说，如果被要求保护的发明已经在申请日前被别人申请了专利或发表、使用、出售，那么被要求保护的发明不具有新颖性。值得特别注意的是，美国的先申请制不同于其他国家，它给予发明人一年的宽限期（grace period），允许发明人在申请专利之前一年之内公开披露其发明。❸

第二，扩大了现有技术的范围。此前的美国专利法规定，世界范围内的以专利、公开出版物形式公开，以及美国境内公开使用、销售而公开的技术构成现有技术。修改之后取消了地域区分，凡世界范围内以专利、公

---

❶ 美国专利与商标局已在其官方网站设立专栏公布《美国发明法案》相关条款的实施情况，并收集公众意见。更多资料参见 www.uspto.gov/aia_implementation/.

❷ 国家知识产权局条法司："美国专利法改革最新动向"，载 http://www.sipo.gov.cn/dtxx/gw/2011/201109/t20110905_619144.html，最后访问时间：2011年12月23日。

❸ 国家知识产权局："解读美国专利法改革中的新规定"，载 http://www.sipo.gov.cn/mtjj/2011/201111/t20111109_629890.html，最后访问时间：2011年12月23日。

开出版物、公开使用、销售或其他方式为人所知的技术均构成现有技术。这一修改与世界各国专利制度的发展趋势是一致的。

第三，在对专利提出质疑的机制方面也发生了重大变化，增加了新程序。此前，在美国对专利的有效性提出挑战主要是通过诉讼在法院解决。通过行政途径对专利的有效性提出质疑，主要是单方再审程序和双方再审（inter-parte reexam）程序。耗时耗力、费用惊人的专利诉讼使许多大企业不堪重负，专利诉讼对正常经营活动的严重干扰是此次专利法改革的重要动因之一。此次专利法修改，美国取消了双方再审程序，增加了授权后重审程序（post-grant review）和双方重审程序（inter parte review）。新设立的两个程序在时间安排上类似于我国已摒弃了的撤销加无效，但理由上则相反，授权后12个月内可提出任何理由，12个月后则只限于新颖性、创造性理由，均由美国专利与商标局的专利审判和上诉委员会审理，对专利审判和上诉委员会作出的审理决定不服的，可向美国联邦巡回上诉法院上诉。总体上，这一改革凸显了对提高效率和降低成本的追求。利用行政机关便捷、高效的程序将专利纷争有效分流并快速解决，可以更好地维护权利人的权益，并为自由竞争创造良好环境。❶

二、版权法

美国于1790年颁布统一的联邦版权法。此后，版权法分别于1873年、1891年、1909年、1976年进行了四次大的修改。美国现行著作权法是1976年的修订本，它在1976～2000年又经历了46次修订。其中，1984年的修订增加了对半导体芯片产品的保护。1997年颁布《美国反电子盗版法》。1998年，为适应信息数字化技术的发展，国会通过了《美国千禧年数字化版权法》。版权客体种类在不断扩大，特别是科技的发展使像电影、录音录像制品、计算机软件等与科技密切相关的内容成为版权客体，并且

❶ 国家知识产权局条法司："美国专利法改革最新动向"，载 http://www.sipo.gov.cn/dtxx/gw/2011/201109/t20110905_619144.html，最后访问时间：2011年12月23日。

日益成为美国版权法保护的重点。[1]

受美国版权法保护的作品，必须是“用现有的或将来制造出来的任何物质表现形式固定下来，直接或借助于机械装置，能被人们觉察到、复制或用其他方法传播的原作”。主要有文字作品、音乐作品、戏剧作品、哑剧作品和舞蹈作品、图片绘画作品及雕塑作品、电影作品与其他视听作品、录音制品、建筑作品。口头作品未经固定，不受保护。著作权的保护范围仅限于作品的表现形式，而不扩及其思想内容。《美国版权法》的主要特征是：

第一，注册登记制度。与大多数国家实行的版权自动取得制不同，美国长期以来实行版权注册登记制度，即在美国版权局注册登记的著作权可以获得更好的版权保护，同时应使用版权标志“©”。版权标志的使用意味着该著作已受美国版权法的保护，并在其受到侵犯时，版权人有权向侵权人要求赔偿由于其侵权行为而造成的全部损失，其中包括律师费。如果没有版权标志，版权人在受到非故意的侵犯时，只享有禁止他人继续侵权的权利，而并不能因此获得赔偿。

第二，财产权保护制度。美国版权法一直注重对版权人经济利益的保护，它不仅保护作品在法定条件下的转让和使用，而且规定雇佣他人代为创作作品和出卖版权是合法的，所以版权人可以用自己的名字发表买下来的作品，也可以任意处置归属于他的作品。相比较而言，美国版权法没有规定对版权人精神权利的保护，只是在1990年《美国可观赏艺术作品作者权利法》才首次将可观赏艺术作品作者的精神权利纳入联邦版权法之下，这一点与大陆法系著作权保护制度有很大区别。

第三，版权收回制度。美国版权法规定了收回制度，即作者或其配偶及子女在作者转让版权的所有权或使用权35年之后，可以按照法定程序将版权收回，从而给作者提供更为有力的版权保护，这在世界各国版权法中

---

[1] 张玉台主编：《中国知识产权战略转型与对策》，中国发展出版社2008年版，第204页。

是不多见的。[1]

三、商标法

美国最早的商标法律保护是从法院判例开始的。1870 年以后曾多次制定成文的《美国商标法》。现行的《美国商标法》是 1946 年 7 月 5 日制定的（该法于 1947 年 7 月 5 日生效，历经多次修改），通常称为《兰姆法》。除成文法外，美国至今仍然还实行州级注册制度，此外，在美国，商标还可以根据各州的普通法通过制止不正当竞争得到保护。

根据《美国商标法》，商标的种类分：（1）商品商标；（2）服务商标；（3）集体商标；（4）证明商标。商标的构成要素有以下几种：（1）单词、短语；（2）字母、数字；（3）颜色等。此外在美国，商品立体外形、声音、味觉也可以申请注册商标。注册的标志必须具有与众不同的显著特征和第二层含义。商标注册由专利与商标局负责，申请人可向专利与商标局提出申请，或委托商标代理人代为申请，经专利与商标局审查后，授予商标专用权。商标初次注册有效期为 10 年，期满之后可以续展，续展次数不限。联邦注册的商标在全国范围内有效。与大多数国家不同的是，美国实行“无争议注册制”，商标注册申请批准注册后，申请人只取得“初步的商标权”，注册后 5 年内如果没有任何先使用人提出异议或异议不成立，商标权将成为无争议的权利。取得商标权后，商标权人有权排除任何人未经许可在相同或同类商品上使用相同或近似的商标。商标侵权的法律救济措施包括：（1）禁令，包括临时性和永久性禁令；（2）金钱救济；（3）律师费（特殊情况下）。对于假冒商标的恶意侵权行为，情节严重，有可能构成犯罪行为的，可追究侵权人刑事责任。1988 年，为了符合 TRIPs 协议的要求，美国对其商标法作了修改。修改内容主要涉及以下方面：

第一，对用于葡萄酒和白酒的地理标志提供更充分的保护。修改后的《美国商标法》规定，如果一项标记包含有地理标志，而该地理标志所示

[1] 蒋南平：《知识产权制度论》，电子科技大学出版社 2007 年版，第 81 页。

的并非产品的真实产地，而且该标记最初又是用于葡萄酒或白酒的，则不应批准该标记注册。

第二，为符合TRIPs协议规定的商标使用要求，修改后的《美国商标法》规定，如果一项商标连续3年不使用，这种不使用将成为商标权人放弃商标权的初步证据。

第三，初次注册的有效期从原来的20年改为10年（可以无限次续展）。这项修改的目的主要是通过缩短期限排除对不使用的商标的继续保护。❶

在反淡化法律保护方面，美国联邦和州的商标法都给予著名商标更严格的保护，对商标淡化行为加以法律限制。1947年，马塞诸塞州通过第一部商标反淡化法。1996年，美国颁布了联邦商标反淡化法，规定了著名商标的保护和使用原则，以及混淆、诋毁行为的法律责任等内容，解决了与互联网域名有关的商标淡化问题。❷

四、商业秘密保护

商业秘密可以是产品的公式、模式、设计、编辑的数据、顾客名录等，其保护主要体现在反不正当竞争法中。美国的反不正当竞争法起源于侵权法，规定了5种不正当竞争行为：假冒、虚假广告、毁人商誉、商标淡化和盗用他人商业秘密。侵犯商业秘密必须是采用盗窃、贿赂、间谍等非法手段。商业秘密的拥有者有义务采取预防措施，比如加围栏、上锁、雇佣保安。如果不加安全措施，秘密失窃则不在保护之列。被侵犯人如果胜诉，可以从以下几个途径获得救济：（1）返还非法所得利润；（2）赔偿造成的损失；（3）申请法院禁止令，防止进一步泄露和使用商业秘密。❸

❶ 叶京生主编：《知识产权制度与战略——他山之石》，立信会计出版社2006年版，第37页。

❷ 蒋南平：《知识产权制度论》，电子科技大学出版社2007年版，第83页。

❸ 张玉台主编：《中国知识产权战略转型与对策》，中国发展出版社2008年版，第210页。

在美国，对商业机密的保护属于各州法律调整的范围。各州法律对商业机密的保护较为严格，它禁止用不正当的手段取得他人的商业机密，或泄露他人的商业机密。若违反这些条款，商业机密的所有人就可以提起民事诉讼，有权获得民事赔偿，以及禁止对方继续使用该商业机密，也有可能要求侵权人承担由此而引起的律师费用。20 世纪 90 年代以来，互联网的广泛利用和电子商务的发展使美国越来越重视对商业秘密的保护。1996 年，美国制定了《联邦商业间谍法》，主要规定盗窃商业信息的刑事责任问题，是美国在知识产权保护方面最为严厉的法律。[1]

第三节　管理体系

一、美国保护知识产权与管理体系概述

综观美国知识产权法律法规，可以发现，司法保护虽然是美国保护知识产权的主要方式，但行政保护也是其知识产权保护体系中不可或缺的内容。[2] 美国知识产权管理体系主要包括以下几个方面：（1）由国会制定及修改专利法和相关法令；（2）联邦各级法院负责审理涉及专利的案件，联邦巡回上诉法院是最高权威机构，其判决对于包括美国专利商标局在内的所有政府机构、公司以及个人，都具有法律效力；（3）美国专利与商标局主要承担专利的审查、公开等项事务性工作，不具备协调、指导全国专利工作的职能；（4）其他政府机构（如国防部、能源部、农业部、环保署、航空航天局、商业部、卫生部、各军种等）都拥有各自的专利管理部门，有权以各自机构的名义进行专利的申请、维护以及许可转让。对于知识产权的管理，包括专利的申请、商标的注册及著作权的登记、技术的转移（或称之为专利的许可与实施的办理）、授权合同的拟订、收取权利金的计

[1] 马先征等编：《知识产权战略研究》，知识产权出版社 2008 年版，第 267 页。

[2] 邓建志：《WTO 框架下中国知识产权行政保护》，知识产权出版社 2009 年版，第 126 ~ 128 页。

算、知识产权权益的保护、信息的追踪及资讯等，因性质和层次的不同，由不同的机构负责。

美国联邦知识产权管理机构按功能可以分为两类：一类是行政主管机关，如美国专利与商标局主管专利与商标业务，美国国会图书馆的版权局主管著作权业务。另一类是特别设立的非行政主管部门。美国国会为了研究科技政策、草拟科技立法、修正与知识产权有关的法案、收集最新的科技资讯等而设立了相应的机构，如国会研究服务署、会计署、科技评估室、国会预算室等。❶ 其中，美国国际贸易委员会、美国贸易代表办公室等机构所进行的知识产权保护，是美国知识产权行政保护的重要特色之一。

二、美国知识产权执法联合战略计划

2008 年 10 月 13 日，美国联邦政府根据《优化知识产权资源与组织法案》（Prioritizing Resources and Organization for Intellectual Property Act of 2008，PRO-IP Act）建立了知识产权执法协调办公室（Intellectual Property Enforcement Coordinator，IPEC），设在总统行政办公室的行政管理与预算办公室（OMB）内。根据《优化知识产权资源与组织法案》，“知识产权执法工作”是指“与保护美国本土和国外版权、专利权、商标权及其他形式的知识产权和商业机密相关的执法事宜，尤其是与打击伪造和侵权商品相关的执法事宜”。2010 年 6 月 22 日，美国知识产权执法协调办公室（IPEC）正式发布美国历史上第一份《知识产权执法联合战略计划》。该计划是由美国知识产权执法协调办公室联合数个联邦机构和部门编制而成的，参与的联邦机构有农业部、商务部、卫生部、国土安全部、司法部、国务院、贸易代表办公室和版权局等。❷ 该计划整合了美国政府的所有相关执法资源，制定了 6 大类共 33 项实施项目，表明了美国政府在国际和国内两个层

❶ 杨荣珍、蔡春林主编：《国际知识产权保护与贸易》，北京师范大学出版社 2008 年版，第 143 页。

❷ 孙益武：“美国知识产权执法的最新发展”，载《理论界》2011 年第 3 期，第 203 页。

面致力于整合机构资源、加强协调与合作、增强知识产权执法的战略意图。

第四节　保护主体

一、美国专利与商标局

美国专利与商标局的前身为成立于1802年的美国专利局，承担专利相关事务，1975年更名为美国专利与商标局。根据《美国专利法》第1条，主管专利和商标等工业产权的行政部门为美国专利与商标局，隶属于美国商务部，其行使职权时须接受商务部部长的政策指导。

美国专利与商标局的主要职能包括：（1）专利授权与商标注册；（2）为发明人提供与其专利或发明、产品及服务标识相关的服务；（3）通过实施专利与商标等知识产权相关法律，管理专利、商标以及与贸易有关的知识产权事务，并向总统和商务部长提出相关政策建议，为增强国家经济实力出谋划策；（4）为商务部和其他机构提供涉及知识产权事务的建议和帮助；（5）通过保存、分类和传播专利信息，帮助、支持创新和国家科技发展。[1]

1991年，该局开始以类似私营商业企业的方式运作，为客户提供有价值的产品和服务以获取USPTO的经营资金，所提供的服务包括处理专利和商标事务以及传播专利、商标信息。2000年11月29日，根据《美国发明人保护法》，USPTO被确立为隶属于美国商务部且接受商务部政策指导的绩效组织（PBO），可以以更加商业化的方式运作，在人事、采办、预算以及其他行政职能上具有实质性的自治管理权。进入21世纪以来，USPTO受到前所未有的挑战，这些挑战包括飞涨的工作量、日益增长的技术复杂性、客户的需求、财力的限制，以及在包括专利、商标和著作权在内的所有知识产权领域里的空前的政策指导需求。为此，2002年6月，USPTO制定了

[1] 更多资料参见：美国专利与商标局网站，http：//www. uspto. gov/.

《21世纪战略计划》，其中确立的宏伟目标包括提高USPTO产品和服务的质量，使专利和商标申请的处理时间最短化；通过实施该计划中所建议的改进方案，促进美国和全球市场的经济和技术进步，使USPTO成为具有领导作用的知识产权组织。[1] 2011年9月16日，根据《美国发明法案》，USPTO被赋予设立、批准和收取费用的权力，并取消了转移费用的制度，增加了USPTO的资金来源。通过设立周转基金，增强了资金运作灵活度。法案还赋予USPTO设立某些费用的权利，扩大了USPTO在财政方面的自主权。在机构改革方面，USPTO计划在3年时间内建立至少3个“卫星局”（satellite offices，即分局），目前首个卫星局已在底特律成立。[2]

二、美国版权局

美国版权局（U.S. Copyright Office）隶属于国会图书馆，主要职责是执行版权法及半导体芯片保护法，并就版权立法和政策向国会、法院及行政部门提供专家咨询和技术支持。具体工作内容是进行版权的登记备案和审核。版权局在对申请登记的作品进行形式审查后，颁发注册证书。[3] 版权局无执法职责，但会以各种方式支持美国政府的执法活动。

为适应数字化版权保护的要求，美国版权局制定了战略规划。根据战略计划，版权局将积极推动管理程序的重组，减少有形出版物的交接，主要采取电子化方式进行版权登记和管理；以信息技术为基础，建立新型综合化版权局，及时准确地进行信息处理，为美国国会和政府机构提供版权管理数据和政策建议。[4] 版权局与USPTO等相关机构开展合作，共同推动美国版权制度改革。

---

[1] 张玉台主编：《中国知识产权战略转型与对策》，中国发展出版社2008年版，第211页。

[2] 国家知识产权局条法司：“美国专利法改革最新动向”，载http://www.sipo.gov.cn/dtxx/gw/2011/201109/t20110905_619144.html，最后访问时间：2011年12月3日。

[3] 更多资料参见：美国版权局网站，http://www.copyright.gov/circs/circ1a.html.

[4] 韩立余等编著：《美国对外贸易中的知识产权保护》，知识产权出版社2006年版，第46页。

在国际事务方面，版权局在美国派驻 WIPO 等国际组织代表团中发挥着实质性作用。版权局还通过与美国贸易代表办公室等机构开展密切合作，共同解决美国贸易伙伴国法律制度上存在的版权执法缺陷问题。❶

三、美国贸易代表办公室

美国贸易代表办公室（Office of the United States Trade Representative，USTR）的前身是特别贸易代表办公室。为了实施 1930 年《美国关税法》和 1962 年《美国贸易延长法》，1962 年《美国贸易延长法》设立了“特别贸易代表”，作为总统的贸易事务助理，负责所有与外国的贸易协议谈判，经当时的肯尼迪总统签发第 11075 号行政令（1963 年 1 月 15 日），国会这一立法付诸实施。1974 年《美国贸易法》进一步将“特别贸易代表”确定为美国总统行政办公室内一个部长级机构，除了负责国际贸易协议谈判，还有权协调贸易政策。1979 年《美国贸易法》将它更名为美国贸易代表办公室。❷ 它负责制定和协调美国的国际贸易、商品与直接投资政策，以及领导和指导与其他国家的谈判等事务。主要职能包括：（1）双边、地区和多边贸易及投资问题；（2）为美国的货物和服务扩展市场准入；（3）国际商品协定；（4）影响美国进口的政策和谈判；（5）根据“特别 301 条款”指控国外不公平贸易行为及 1377 条款、337 条款和 201 条款对进口解禁案例来监督普惠制的使用；（6）由经济合作与发展组织（OECD）和联合国贸易和发展会议（UNCTAD）这样的国际机构管理的贸易、商品与直接投资事务；（7）与贸易有关的知识产权保护事务；（8）与 WTO 有关的事务。❸

目前，美国贸易代表办公室主要负责知识产权方面的国际贸易谈判和“特别 301 条款”的执行，对推动其他国家加强美国知识产权产品的保护发

---

❶ 参见《美国知识产权执法 2010 联合战略计划》。

❷ 张乃根：《国际贸易的知识产权法》，复旦大学出版社 2007 年版，第 198 页。

❸ 更多资料参见：美国贸易代表办公室网站，http：//www. ustr. gov/about-us/mission.

挥了重要作用。美国贸易代表办公室每年根据产业界要求公布“特别301条款”名单，确定保护美国知识产权方面有问题的国家，并有权采取有效的贸易报复措施。即使在TRIPs协议达成之后，美国贸易代表办公室仍利用“特别301条款”的双边措施，迫使其他国家加强对美国知识产权的保护，如2002年5月公布的美国“特别301条款”名单就包括49个国家和地区。

在知识产权行政保护的范围上，USTR负责处理的主要是美国以外的国家和地区对美国知识产权主体的侵权事宜。根据“特别301条款”，美国贸易代表保护海外知识产权的行政职权主要表现在确定重点国家、发起调查和进行制裁等方面。（1）美国贸易代表有权作出决定，确认某外国为重点国家（priority foreign countries）。贸易代表在确定重点国家的事项上权力很大：如果贸易代表掌握的信息表明确定是适当的，那么它可以依据“特别301条款”随时确定任何外国为重点国家，也可以随时取消任何外国为重点国家。（2）凡是被确定为重点国家的，美国贸易代表有权发起调查，并依据调查结果决定是否进行制裁。（3）如果进行制裁，美国贸易代表可以采取的制裁措施有：①在涉及贸易协议时，中止、撤回或者不适用为执行该协议而作出的贸易减让，以防止该外国依据贸易协议继续获得权益；②在贸易代表认为适当的时候，向该外国的商品征收关税或者采取其他进口限制，或者向该外国的服务征收费用或进行限制；③在涉及免税待遇的情况下，如果有关外国的法律、政策和做法不符合某些法定的免税待遇，贸易代表有权撤回、限制或中止这些法律规定的待遇；④贸易代表还有权与有关外国达成具有约束力的协议，让外国政府承诺取消或逐步取消相关法律、政策和做法，或者消除由该类法律、政策和做法所造成的对美国商业的负担或限制，或者对美国提供符合相关法定要求的贸易利益补偿；⑤在服务业市场准入授权方面，贸易代表还可以其认为适当的方式和程度限制此种授权的条件和要求，或拒绝签发此种授权；⑥如果总统有特别指示，则美国贸易代表还应当采取总统权限内的所有其他适当的和可行的措施，即总统可以命令贸易代表采取的措施。

美国贸易代表办公室运用“特别 301 条款”对美国海外的知识产权进行行政保护，有力地打击了美国海外的知识产权侵权行为，使得美国在海外的知识产权获得了最大限度的保护。尤其是在美国积极推动下签订的世界贸易组织的一揽子协议中，TRIPs 协议又非常成功地实现了“特别 301 条款”中知识产权保护标准的国际化，而《关于争端解决规则和程序的谅解》也使得“特别 301 条款”的程序实现了国际化，这不仅使得“特别 301 条款”在世界贸易组织的成员内得到了国际认可，从而在解决美国与其他成员的争端中更具隐蔽性，而且这种国际化也并不意味着“特别 301 条款”的终结，美国依然可以运用它来打击非 WTO 成员的知识产权侵权行为。[1]

四、美国国际贸易委员会

美国国际贸易委员会（International Trade Commission，ITC）依据 1930 年《美国关税法》成立，其前身是美国关税委员会。ITC 是一个独立的、准司法的联邦常设机构，主要负责实施针对不公正贸易做法的行动，尤其是“337 条款案”的处理。总部设在华盛顿的该委员会，在纽约港设有分部，以直接行使该委员会有关职权，如案件调查、贸易数据收集与货物采样等。ITC 拥有许多处理对外贸易关系的重要职权。1930 年《美国关税法》第 332 节规定，该委员会有权调查美国海关法的实施对行政、财政与产业的影响，并提交报告；调查美国与外国的关税关系、通商待遇、优惠规定、经济联盟、出口限制和优惠运输费率的效果，以及进口量与国内生产及消费的比较，外国与美国的竞争，包括倾销与生产价格的条件、原因与效应等。该委员会还负责向总统和国会提交有关贸易报告。第 336 节规定该委员会有权根据某一货物的国内外生产成本差额，决定增减关税和对分类的必要调整。根据 1930 年《美国关税法》第四章与 1974 年《美国贸

---

[1] 邓建志：《WTO 框架下中国知识产权行政保护》，知识产权出版社 2009 年版，第 112 ~ 113 页。

易法》第201节，该委员会负责反倾销、反补贴与保障措施的国内产业受损调查。❶

ITC和海关负责对国外知识产权侵权产品的进口和销售的审查，并采取有效的边境措施。根据美国关税法“337条款”，ITC对包括进口贸易中的知识产权侵权案在内的“337条款案”的调查，行使专项法定职权，并可下达准司法的禁令。如国外企业进口商品侵害了美国知识产权人的利益，受害人可以向贸易委员会提出控告。国际贸易委员会经过调查核实后，可以发出强制排除令或禁止进口令，由海关采取相应措施扣押知识产权侵权产品。

ITC与美国联邦政府其他机构，尤其是财政部所属美国海关具有密切的合作关系。但是，其决定须经总统的最后审查，决定的实施还涉及联邦有关法院。❷

五、美国国际贸易管理局

美国国际贸易管理局（International Trade Administration，ITA）隶属于美国商务部，是负责管理美国对外贸易行政工作的政府部门之一，与ITC共同负责处理、执行有关反倾销、反补贴等贸易保护主义法规涉及的案件的投诉、调查等事宜。对于进口商品是否对本国工业构成损害，由ITC进行调查和裁决，而对于进口商品是否构成倾销或是否接受了本国政府补贴，则由ITA负责进行调查并作出裁决。❸ 作为其职责的一部分，美国国际贸易管理局努力确保其贸易伙伴履行国际贸易承诺来保护知识产权，同时，美国国际贸易管理局还通过贸易项目和工具，帮助美国企业和公民在国外

❶ 张乃根：《国际贸易的知识产权法》，复旦大学出版社2007年版，第196页。

❷ 同上书，第198页。

❸ 曾俊伟：《美国的贸易保护主义》，人民法院出版社1995年版，第43页。

市场上增强知识产权保护。[1]

六、美国食品药物管理局

美国食品药物管理局（U. S. Food and Drug Administration，FDA）为直属于美国卫生部管辖的联邦政府机构。其主要使命是：（1）协助并批准安全有效的产品适时地进入美国市场以促进和保护公众的健康；（2）在产品进入市场和使用后，继续监测产品的安全性；（3）向公众提供必需的、准确的和科学的信息来帮助美国人民达到改善其健康的目的。[2]

近年来，美国食品药物管理局将工作触角伸展到美国国外，以更好地完成其国内的使命，促进和保护美国的公共卫生和健康，解决假冒药品和食品方面的公共卫生问题。将 FDA 职员派往国外分支机构是该局扩大对进口食品和药品监督策略的一个重要组成部分。美国食品药物管理局正在国外建立分支机构的区域包括中国、印度、中东、欧洲和拉丁美洲。[3] 在为海外合作伙伴们提供技术援助的同时，协助加强监管体制，阻止假冒商品流入供应链，保证消费者购买到安全、有效、优质的产品。此外，FDA 同美国医药产品供应链的利益相关群体开展合作，在国内采取措施，健全封闭式配送系统，如对处方药进行跟踪和追查，阻止侵犯知识产权的产品流入供应链。FDA 法规事务办公厅下设的刑事调查办公室（OCI）负责对有侵犯知识产权嫌疑的产品开展调查。[4]

---

[1] 值得一提的是，作为整体战略的一部分，为使美国工商业界尤其是美国中小型企业了解相关情况，美国国际贸易管理局和美国专利与商标局等政府机构和民间机构合作，共同推出了 www. StopFakes. gov 网站。该网站包含大量与美国知识产权保护情况相关的公共信息。

[2] 更多资料参见：美国食品药物管理局网站，http：//www. fda. gov/AboutFDA/default. htm.

[3] 美国食品药物管理局："美国食品药物管理局的国际分支机构：改进进口食品和医疗产品的安全"，载 http：//www. fda. gov/ForConsumers/ConsumerUpdates/ucm198759. htm，最后访问时间：2011 年 12 月 23 日。

[4] 参见《美国知识产权执法联合战略计划》。

七、美国农业部

美国农业部（U. S. Department of Agriculture，USDA）主要在机构间贸易协议谈判、争议解决以及执法机制等方面提供专业支持，并支持与美国农业相关的知识产权执法。美国农业部在知识产权行政保护方面的作用主要体现在以下几个方面：（1）美国农业部农产品外销局（FAS）支持USTR进行自由贸易协定的谈判、实施、监督和执法，并与美国各农业产业集团就知识产权贸易协议事宜进行联系和交流；（2）农产品外销局参与双边和区域经贸对话合作，参与国际知识产权执法探讨，以及贸易投资框架协议磋商；（3）农产品外销局参与负责“特别301条款”的执行，加强与美国农产品有关的知识产权保护。

八、美国海关及边境保护局

作为负责美国边境管理、管制和保护的联邦机构，美国海关及边境保护局（U. S. Customs and Border Protection，CBP）在知识产权执法上发挥着关键性的作用。CBP隶属于美国国土安全部，负责查封和没收侵犯他人商标、商品名称和版权的商品，开展审计工作，对知识产权侵权行为征收罚款。CBP还负责执行ITC针对被认定为知识产权侵权的进口货物签发的排除令、查封令和没收令。为保证美国企业的竞争力，保护消费者的健康和安全免遭知识产权侵权的威胁，CBP已经推出一系列的创新措施，包括：成立私营机构合作项目，促进正当交易；加强针对性培训，加强对知识产权侵权商品的禁止和封锁并处以罚款；进行更有效的审查，打击知识产权侵权行为。CBP通过合理配置资源，与美国各行业、其他联邦机构和其他国家开展密切合作，打击国际贸易中的知识产权侵权行为。[1]

[1] 参见《美国知识产权执法联合战略计划》。

九、美国移民与海关执法局

美国移民与海关执法局（U. S. Immigration and Customs Enforcement，ICE）隶属于国土安全部，是负责调查非法制造、走私和销售假冒伪劣产品等知识产权侵权行为的行政机构。ICE 有权扣押在调查中被没收的商品，如侵犯商标权和版权的商品等。除了 26 个负责开展内部执法行动的主管办公室外，ICE 还在 44 个国家设有 64 个特别办事处，负责与外国政府协作在美国境外进行知识产权执法。❶

十、司法部

保障知识产权法律的严格实施是美国司法部（Department of Justice，DOJ）的重点工作。DOJ 调查和起诉的知识产权刑事案件主要包括：健康和安全、商业秘密和经济间谍、商业性的在线盗版和假冒。它还设立了电脑黑客和知识产权项目，220 名特别培训的联邦检察官组成的网络分散在全美的检察官办公室，以打击网络和知识产权犯罪。此外，民事局的知识产权科负责协助知识产权民事诉讼。FBI 的知识产权部致力于打击知识产权犯罪，并和刑事调查局、有组织犯罪局、经济间谍局等部门一起通力合作。❷

十一、国务院

保护美国在境外的知识产权是美国国务院（U. S. Department of State，DOS）的一项重点工作。美国驻外使领馆的工作人员负责对美国企业的申诉作出回应，并向外国政府施压要求他们履行双边和国际义务。国务院知识产权执法办公室（Office of International Intellectual Property Enforcement，IPE），附属于美国国务院经济、能源与商务局（The Bureau of Economic，

❶ 参见《美国知识产权执法联合战略计划》。

❷ 孙益武："美国知识产权执法的最新发展"，载《理论界》2011 年第 3 期，第 205 页。

Energy, and Business Affairs, EEB)，由国会成立于2005年，专门致力于促进知识产权的执法和改革。IPE小组与国务院海外工作站点和地区办事处开展合作，确保美国知识产权权利人的利益在海外得以实现。同时，IPE小组与其他美国政府机构在WIPO、WTO、TRIPs理事会等国际组织内部以及多边谈判过程中开展合作。

综上所述，我国要在立法和管理方面借鉴美国的知识产权行政法律保护制度的可取之处，从而进一步完善知识产权法律保护制度，在制度层面使我国的知识产权制度和政策与国际接轨。[1]

（林丙南撰稿）

---

[1] 参见《美国知识产权执法联合战略计划》。

第六章　保护知识产权的美国337行政裁决制度

第一节　337行政裁决制度的对象与特点

一、337行政裁决的主要对象和措施

针对侵犯知识产权商品的进口，美国国会很早便通过立法开始为其国内企业提供行政法上的救济，这就是经过数度修订的1974年《美国贸易法》第337节，也就是所谓的“337条款”。[1] 337条款最早可追溯到1922年《美国关税法》第316条，后成为1930年《美国关税法》第337条。[2]此后，337条款又经1974年《美国贸易法》、1988年《美国综合贸易与竞争法》和1994年《美国乌拉圭回合协议法》等修订。

根据该条款，凡进口到美国的产品、为进口至美国而进行销售的产品以及进口后在美国国内进行销售的产品，若侵犯美国相关产业或正在建立中的相关产业的合法有效的、具有执行力的专利权、注册商标、著作权、外观设计、集成电路布图、专有技术等，即构成对337条款的违反。对此，美国国际贸易委员会（ITC）都可调查，并在与公共健康、福利、对市场竞争的影响和对消费者的保护等国家利益进行平衡后有权采取普遍的或有限

[1] 19 U. S. C. A. sec. 1337.

[2] 邓峰：“论美国关税法的演变”，载《东北亚论坛》2005年第1期。

的排除令（General or Limited Exclusion Order）、禁止和停止令（Cease and Desist Order）、扣押和没收等禁止进口侵权产品或禁止在美国国内出售进口侵权产品的救济措施。❶

337条款在ITC的执法实践中被不断解释和细化。提供救济的条件、何谓公共利益、何谓相关产业等概念都得以明确。比如，在决定是否作出普遍的排除令时，ITC会要求申请人证明：（1）存在对于所涉专利发明的广泛的、未被许可的使用；（2）基于某些商业条件，人们可以合理地断定除被申请人之外的其他外国厂商也正在打算向美国出口侵权商品。❷

二、337行政裁决制度的演进

（一）提高关税收入

第一次世界大战的硝烟尚未完全散去，1929年开始的世界经济危机接踵而至。这场始于美国本土的世界经济危机大伤美国经济元气，银行倒闭、工厂关门、工人失业、贫困来临。经济的倒退使得贸易保护主义有了抬头的机会。在1930年制定新的关税法时，国会将1922年《美国关税法》第316条关于增加关税和禁止进口的规定纳入其中，形成了1930年《美国关税法》的第337条。❸

（二）进口环节知识产权保护及反不正当竞争

美国是发明家的乐园，全球最大的知识产权生产者，从计算机软件、音乐、书籍、药品到电影等产品，知识产权无所不在。保护国内知识产权一直是美国对外政策和国内立法的重点。337条款经1974年《美国贸易法》修订后，其所规定的行政裁决措施逐渐地成为美国保护其国内知识产

---

❶ 19 U. S. C. A. sec. 1337（a）（1），（B），（C），（D）；19 U. S. C. A. sec. 1337（a）（2）；19 U. S. C. A. sec. 1337（j）（2）.

❷ Certain Airless Paint Spray Pumps，Inv. 337 – TA – 90，USITC Pub. 1199 at 18（May 1981）.

❸ 吴民平：《美国337条款法律研究》，华东政法大学博士学位论文，2006年，第3～4页。

权不受进口产品侵权的利器，337条款下的诉请数量猛增了起来。

由于受到337条款的不利影响，1989年，欧共体诉称337条款违反了GATT的国民待遇原则。根据欧共体的诉请，GATT专家组最终裁定337条款下提供的针对进口侵权产品的行政裁决比美国联邦地区法院所提供针对国产侵权产品的司法救济要更有力，从而使进口产品相比国内产品而处于不利地位，337条款违反了GATT第三条有关国民待遇的规定。❶ 违法裁定作出后，1994年，《美国乌拉圭回合协议法》对337条款进行了相应的修订。这些修订包括：取消对完成调查的时间限制，增加被申请人提出反请求的权利，增加被申请人请求停止同时在联邦法院进行的平行诉讼的权利，增加对于实际全面排除令（General Exclusion Order）的成文法限制等。此次修订之后，337条款下的保护知识产权的诉请有所减少。

337条款下所规制的进口环节不公平竞争行为，除了进口侵犯专利权、商标权以及版权等知识产权的产品外，还包括价格固定、联合抵制、欺骗性定价、联合及共谋以限制并垄断贸易、企图垄断、伪报原产地、拒绝交易、掠夺性定价以及非法取得商业秘密等。❷ 可以看到，337条款所覆盖的不公平竞争行为几乎囊括了所有美国法下的不公平竞争行为。1979年，国会还明确道，除调查对象仅为倾销和补贴外，ITC有权依337条款对任何进口环节的不公平竞争行为进行调查。❸ 然而，实践中，337条款下的诉请绝大多数仍然是针对专利侵权产品的。这是因为就非侵犯知识产权的不公平竞争行为获得救济，必须证明该行为可能毁灭或实质性损害某一美国国内产业、妨碍其建立，或导致对贸易的限制或垄断，而就侵犯知识产权的产品进口获得救济仅需要证明与进口产品相关的国内产业是存在的或正在建立的即可。

---

❶ 36th Supp. BISD 345 (1990).

❷ *See* U. S. Intl. Trade Commn., Office of the Administrative Law Judges, Compendium of Section 337 Decision sec. 101, at 2 (1981).

❸ 19 U. S. C. A. sec. 1337 (b) (3).

三、337行政裁决制度的特点

（一）非司法性的救济程序

337调查程序区别于司法程序，是典型的行政法律程序。这可从主持调查的机构、适用的法律及调查程序的个别环节中看出来。（1）主持调查的机构ITC，属典型的行政机构，主持审理的法官是行政法官；（2）审理程序的主要法律依据为337条款、ITC程序规则及其美国行政法条例的规定等；（3）一旦调查的最终结果确认被申请人侵权成立，可能导致ITC对被申请人发布排除令、停止令等，而不能判败诉方金钱赔偿；（4）不同于作为司法机关的法院对于案件的受理应坚持被动的司法原则，ITC作为行政机关，可以根据申请人的申请发起337调查，也可依职权，根据所掌握的事实证据发起337调查。

（二）救济措施快速高效

337行政裁决措施包括针对处于进口环节的侵权商品的排除令和针对进口后进入国内流通的侵权商品的禁止和停止令等。而排除令又包括仅限于被申请人的有限排除令和不限于被申请人的普遍排除令。一旦对侵权产品采取普遍排除令，不论产品来自哪个国家，不论是否由被申请人生产，都将被禁止进入美国。打击面之大可想而知。

此外，337条款下的调查程序简洁快速。调查必须在12个月内结束，复杂案件也不能超过18个月，可以使申请人在最短的时间内最大限度地保护自己的知识产权。

（三）继续存在是否违反国民待遇原则的争议

早在1981年和1988年，加拿大和欧共体就向GATT提出过审查337条款合法性的申诉。此后美国对337条款进行了一些修改，然而近年来随着337条款应用频率不断上升，WTO成员国继续对该条款合法性表示质疑。焦点仍是337条款所提供的便捷的行政裁决使得被诉侵权之进口产品相较于被诉侵权之美国产品处于不利的地位，违反了GATT国民待遇原则。2000年1月12日，欧盟及其成员国向美国提出就337条款的合法性进行磋商的要求。加拿大和日本也先后加入了磋商。

第二节　337行政裁决制度的启动与应对

一、337行政裁决程序的参与人

（一）国际贸易委员会

美国国际贸易委员会是一个独立的准司法联邦机构，拥有对与贸易有关事务的广泛调查权。其职能主要包括：以知识产权为基础的进口调查并采取制裁措施、产业及经济分析、反倾销和反补贴调查中的国内产业损害调查、保障措施调查、贸易信息服务、贸易政策支持、维护美国海关税则。它共设6名委员，每届任期9年，不得有3名以上委员来自同一政党。它有两个独立行使职能的单位，分别是行政法官办公室（Office of Administrative Law Judge，OALJ）和不公平进口调查办公室（Office of Unfair Import Investigation，OUII）。[1]

（二）行政法法官

行政法官（Administrative Law Judge，ALJ）来自行政法官办公室。行政法官具体负责案件的调查，决定取证的具体程序和规则，召开听证会，作出初裁以及对救济措施的建议等。

（三）不公平进口调查办公室

不公平进口调查办公室负责预先审核申请人的请求是否符合受理条件，并对ITC是否启动调查提出建议。

（四）当事人

参与337调查的当事人主要包括申请人、被申请人和第三方。其中，申请人申请发起337调查，被申请人应诉答辩或提起反诉。

[1] 薄守省、杨麟、周勇：《美国337调查程序实务》，对外经济贸易大学出版社2006年版，第33页。

与337调查有利害关系第三方也可以申请作为被调查一方参加。第三方如果想参与正在进行的337调查，应向ITC提交申请加入调查的动议，并将动议送达案件的所有当事人。由于337调查的救济措施打击面相当之大，一旦被列入普遍排除令的范围，将不分进口产品来源地，不区别原产地或生产商，所有同类侵权产品将被禁止进入美国市场。这不但包括产品所有人、出口商、进口商，甚至牵连美国境内的经销商和重要的消费者。因此，主动申请加入调查可获得主动权。第三人申请加入需满足四个条件：及时提出动议、拥有对诉讼标的相关利益、调查结果可能损害申请人保护此利益的能力和现有当事人不能充分代表申请人。主审行政法官对参与诉讼的动议作出初步裁决，ITC在审查初步裁决的基础上作出最终决定。根据申请人是否可以被视为违反337条款的行为人，可将此第三方分为一般调查人和被申请人。一般调查人只参与，不能享受诉讼双方诸多的权利和履行相关义务。

（五）总统

如果ITC作出被申请人构成337条款下的侵权的终裁，该裁定还需送交美国总统进行审查。总统从国家政策的角度进行审查，有权否决救济措施。

（六）海关

美国海关主要负责执行ITC作出的337案件的裁决，主要包括排除令、扣押和没收等。

（七）联邦法院

在337程序中，美国联邦地方法院受理被申请人提出的反诉，美国联邦巡回上诉法院接受对ITC终局裁决不服的上诉，美国联邦最高法院对不服联邦巡回法院的上诉作出最终审判。

（八）律师

337调查中的律师包括政府律师和当事人代理律师。政府律师代表公共利益全面参与337调查。代理律师为申请人或被申请人以及第三人的代理人，参与337案件调查。

二、337调查的启动

（一）启动337调查的申请

申请人和ITC可以基于337条款启动调查程序，但在337调查的实践中，几乎所有的案件都是基于申请人申请而启动的。申请人可以亲自或以邮寄方式向ITC提交书面申请材料。非保密文本的申请书可以提交电子版。ITC不接受以传真方式提交的申请书。一般而言，申请人都会在正式提交申请书前，事先制作一份申请书草稿并提交给ITC下属的不公平进口调查办公室，征询其意见，并按照其给出的建议予以修改。而不公平进口调查办公室对于申请人所提供的申请书草稿和所获得的其他信息都会保密处理。

值得一提的是，非美国企业也可以提起337调查申请。在涉及知识产权的337调查中，无论美国企业（或自然人），还是非美国企业（或自然人），只要认为进口产品侵犯了其在美国登记或注册的专利权、商标权、版权或集成电路布图设计权，并能够证明美国国内已经存在或正在形成相应的国内产业，都可以依法向ITC提起337调查申请。在确定美国是否存在国内产业这一问题上，应考虑申请人是否在厂房和设备方面作了重要投资、是否雇佣了大量劳动力或筹措了大量资金、是否对涉案知识产权的开发进行了设计、研发、许可等重大投资活动。❶

（二）申请书的格式和内容

申请书的内容包括10个部分：❷

（1）申请人的姓名或名称、地址和电话或者申请人授权的公司职员、律师或其他代理人的身份证明，申请人或者其授权的代理人宣誓并签署的证明书。

（2）申请人对其所声称的不公平竞争的方法或行为的事实陈述。

（3）对其所声称的不合法的进口或销售的描述，描述的内容需包括该

❶ Investigation No. 337-TA-315, USITC Pub. No. 2574.

❷ The Commission's Rules of Practice and Procedure 210.12 (a).

产品在其进口所依据的《美国关税协调税则》中的税则号或细分税则号。

（4）被申请人的名称、地址和营业性质。

（5）说明所指控的不公平竞争的方法和行为是否已经被提交法院或其他诉讼代理机构管辖；如果已经提交，则简要说明这些诉讼的情况。

（6）受影响的国内产业。国内产业的存在可由下列事实（但不限于下列事实）来证明：对厂房和设备的重大投资、大量劳动力的雇佣或资本的投入以及在专利、版权、商标或外观设计开发利用上的实质性的投资，如设计、研究、开发和许可等。

（7）申请人在相关国内产业领域中的业务经营和商业利益。在有关知识产权的申诉中，申请人中至少有一个是受侵犯的知识产权的所有人或独占性的许可使用人。申请书中应写明申请人在国内从事的与该知识产权产品有关的生产和销售活动的性质和范围，以及上述生产和销售活动形成的增值部分占产品价值的百分比。

（8）在针对非知识产权的不公平行为申诉中，申请人必须写明被申请人的不公平行为已经造成了下列损害性影响或损害性威胁：给美国某一国内产业造成毁灭性或实质性损害，阻碍了美国相关国内产业的建立或者限制（垄断）了美国国内商业贸易。

（9）在有关侵犯美国国内专利权（包括正在申请中专利）的起诉中，按规定申请书中应包含相关专利的信息。

（10）救济请求。如果申请书中包括临时性救济申请，申请人必须单独提出一项临时性救济的申请书。

除了申请书之外，申请人还必须一并提交如下物品、资料或文件：

（1）有关国内产品和被申请人进口与销售产品的样品，如果产品特别巨大或数量众多而无法提交，也可以用产品的照片来代替。

（2）指控专利侵权的，需提交每一个相关的美国专利的许可协议复印件 3 份、专利权证明 1 份、专利和商标办公室专利档案封皮复印件 3 份、与专利档案封皮上记载的内容相关的档案中技术参照性部分的复印件 4 份。

（3）指控注册商标侵权的，需提交商标注册证明复印件 1 份。

（4）对非联邦注册商标，应当提供申请人对争议商标在先注册行为的证明材料或申请人正在就争议商标申请注册的证明材料。

（5）指控版权侵权的，需提交版权注册证明复印件 1 份。

（6）指控外观设计侵权的，需提交外观设计注册证明复印件 1 份。

（三）临时性救济措施的申请

申请人可以在提交立案申请书的同时，或至迟在 ITC 作出仲裁前，向 ITC 提出临时救济措施的动议，并同时提交相应的书面证词及证据。[1] 实践中，337 调查申请人申请临时救济措施的情况并不常见。

三、申请的受理

ITC 负责受理申请人启动 337 调查的申请。一般情况下，ITC 收到申请后 30 日内决定是否展开调查。决定的形成方式为委员投票。ITC 召集全体 6 名委员召开有记录的公开会议，但申请人和被申请人都无权参加该会议。开会时，首先，不公平进口调查办公室的律师以口头形式对申请作简要的陈述；然后，委员对申请是否符合规定的要求进行讨论；最后，委员投票决定是否启动 337 调查。启动调查的决定应由全体 6 名委员半数以上（包括半数）同意方能作出。一般来说，这种审查在性质上为形式性审查，而且申请人在起诉前可以向 OUII 进行咨询，起诉状中的技术性缺陷通常都能在咨询期间得到纠正。因此，几乎每一个申请基本上都可以进入 337 调查程序。

如果决定启动 337 调查，ITC 将指定一名行政法官负责调查，同时指定一名政府律师代表公共利益参与调查。ITC 还将启动调查的决定公布在美国政府官方刊物《联邦纪事》（*Federal Register*）上，同时公众可以在 ITC 的网站上查询。公布的内容包括：调查的基本内容、与申请有关的程序的历史概要、不公平进口调查办公室所委派的作为当事人参加调查的律师、由 ITC 首席行政法官指定主持案件审理的行政法官、ITC 有关对申请

---

[1] Id. § 210. 42 ~ 67. *See* also Schwartz, supra note 3, at 125, 128 ~ 31.

进行答辩和不予答辩的规定以及到ITC秘书处查阅申请书和其他非保密性文件的地点和时间。同时，ITC会将申请书和调查通知（包括临时性救济动议）的副本送达每一名被申请人以及被申请人所属国政府驻美国华盛顿特区的大使馆。ITC还将调查通知（不包括申请书）的副本送达美国司法部、美国联邦贸易委员会、美国海关总署、美国健康和人类服务部以及ITC认为合适的其他机构和部门。

立案后，ITC需在45日内确定结束整个调查的日期。调查日期一般为12个月，较为复杂的可延长至18个月。申请人也可申请延期。在起诉书中附有临时救济动议的情况下，ITC则应在收到起诉书35日内决定是否立案调查和受理临时救济动议。

四、申请书的撤销和修改

正式调查前，申请人可自由撤销申请和修改申请书。申请人可以要求全部撤回请求，也可以要求部分撤回请求。调查开始后再撤销申请或撤回申请，需经行政法官批准。申请人提出撤销申请的时间最迟是在行政法官作出最初裁决之前。行政法官在准许申请人撤销申请时不得附加任何条件。实践中，撤回的申请可以再次提起，但是若有滥用救济程序之嫌，则将会受到不利影响。对于临时性救济措施的申请，调查开始前可随时修改，调查开始后，不能修改。

五、对于申请的答辩

（一）答辩期限

答辩是337调查的必经程序，是被申请人的义务，即被申请人对申请人提交的申请的反应。答辩的受理机关还是ITC。被申请人的答辩也具有严格的时间期限。被申请人收到ITC送交的起诉状和调查通知后，应在20日内提交答辩状，美国境外的被申请人应在30日内答辩。对申请人提起的临时救济措施的动议，被申请人需在10日内答辩，复杂案件可在20日内答辩。当然，答辩状提交的时间期限并非不可改变。对于比较复杂的案件，行政法官可以发布命令改变期限，被申请人也可以向ITC提交动议申请，延长答辩状提交的期限。

（二）答辩内容

答辩分为对申请书的答辩和对临时性动议的答辩。对申请书的答辩内容包括五个部分：（1）对于申请书和调查通知所列出的每一项事实主张都应逐一给予承认、否认、解释或表示一无所知，写清被申请人答辩所依据的事实理由；（2）说明被申请人与争议产品相关的生产能力以及美国市场对被申请人经营的重要性；（3）如果可能，还应提供有关争议产品进口数量和价值的统计资料；（4）对于任何确定的抗辩应该尽可能具体地说明；（5）不生产进口产品的被申请人还应提供其供货企业的名称和地址，作为进口商的被申请人则应提供进口产品的海关税则号。[1]

对临时性救济动议的答辩内容包括以下四个部分：（1）具体明确地说明对临时性救济动议的任何异议。（2）陈述下列事项并提供具体相关事实：①申请人申请被支持的可能性；②如果不给予临时性救济，是否可能给美国国内产业造成任何立即的、实质性的损害；③给予临时性救济可给被申请人造成的任何损害；④给予临时性救济对公共利益可能产生的任何影响。（3）反对临时性救济动议的观点和法律依据的一份备忘录。（4）提供答辩中主张事实和有关的证人的宣誓证明书。

需要指出的是，行政法官有权免除对被申请人的书面答辩的某些实质性要求或者基于合理理由对书面答辩作一些附加要求。无论是对申请书的答辩还是对临时性动议的答辩，都必须采用书面形式，并且需有被申请人或其授权的代理人的签名和宣誓。如果有助于案件调查或出于其他合理理由，行政法官可以允许对答辩材料进行修改，但应当确保修改不会对公共利益和调查程序中其他当事人的权利造成损害。

（三）不答辩的后果

如果被申请人没有按照规定的方式答辩，将给自己带来不利的后果。

[1] 薄守省、杨麟、周勇：《美国337调查程序实务》，对外经济贸易大学出版社2006年版，第37页。

行政法官会根据申请人的动议或者主动命令被申请人说明其不答辩的理由。如果被申请人未能说明不答辩的理由，行政法官即初步裁定被告行为构成不答辩。申请人则会向 ITC（ 而非行政法官）提交动议，请求立即给予救济。ITC 也可以推定申请书中所主张的事实是真实的，并因此立即发出针对该不答辩的被申请人的排除令或者停止令，或并用两种救济。当然 ITC 也可以对违法问题作出裁定后才给予申请人救济。ITC 也可能考虑到公众福利和健康、美国经济的竞争状况、美国国内消费者、美国国内相似或直接竞争产品的生产等因素，认定发出排除令或者停止令不符合公共利益，而不满足申请人的要求。

六、对于申请的反请求

被申请人还可以提出反请求，行政法官收到反请求之后，应将反请求书移交至地方法院，并同时告知申请人。在反请求书中被申请人必须对申请书中的指控一一作答，并要有证据支持。对于专利侵权方面的指控一般采用辩驳方式，需要说明该产品不受此专利保护或此专利不具有合法性，并提供相关的证据支持。被申请人最迟在听证会开始前 10 日内提出反请求。为避免同时参与 ITC 调查和联邦地方法院诉讼，应诉人可在 ITC 调查开始的 30 日内提出暂停法院诉讼。如申请人申请临时禁令，被申请人也需对禁令提起反请求。

七、337 行政裁决程序中商业秘密保护

立案后，行政法官会立即签发保护令（Protective Order）具体规定含有商业秘密的文件如何被标记、保密文件可以被谁使用及如何使用。保护令通常允许当事人的外部律师在调查中接触商业秘密，但不允许当事人的内部律师（公司本来就有的法律顾问）接触商业秘密。[1] 这是因为，内部律师与公司的管理和操作有千丝万缕的联系，这使得他们作为法律顾问和

[1] 韩立余译：《美国关税法》，法律出版社 1999 年版，第 10 页。

公司职员这两个角色经常混淆，而且他们还常常和公司的技术人员定期交流，有可能有意无意地泄露从调查中得到的商业秘密。如果允许他们也进入保护令名单，保护令的作用将极大地降低。保护令不仅保护调查当事人的商业秘密，也保护应传票要求向ITC提供信息的非当事人的商业秘密。因此，如果当事人要求非当事人提供保密信息，其应向该非当事人提供行政法官签发的保护令的副本。在行政法官签发保护令之前，如果当事人要求保密，当事人提交的文件将被视为保密文件。

第三节　337行政裁决制度中的发现、听证与裁决

一、337行政裁决制度中的发现程序

（一）当事人的信息披露

为了提高正式审理时的效率，当事人有权利要求对方披露相关的资料或信息，或者向对方披露自己的信息。发现的对象包括书面材料、公文或其他有形物的存在、保管、本质、种类、条件等，以及确定涉案的当事人身份和地址。发现的方式包括要求对方提供文件，作出书面证词，向对方进行书面质询，或者请求对方就某些问题进行确认等。发现程序的几个主要方式如下。

（1）书面质询。任何一方当事人都可以在调查通知公告后，向其他方当事人送达质询书。行政法官也可以质询书的形式向当事人询问。而且质询书的答复可以在听证会中作为证据。质询书的数量通常由主审行政法官决定。当事人回答质询需用书面形式，应当按照程序要求回答质询。在回答前复述质询、宣誓、分别充分回答每个质询，如拒绝回答，应说明理由，并签字。如果当事人未能对质询作出答辩或者未能出示文件，对方可以申请强制质询的动议，但要证明所要求出示的文件在对方控制之下。

（2）现场取证。任何一方当事人均可以向对方当事人送达申请书，到对方场地去取证。其内容包括：请求对方当事人出示文件，或查阅复制对

方指定的文件；查阅、复制对方实际占有保管控制的资料并对之进行检测或取样；进入对方当事人占有控制的场所或其他不动产。如果提出申请取证的一方被对方拒绝或者被申请方出示文件不合申请书标准，申请方可向行政法官申请强制令，命令对方按日常工作流程出示文件或按照申请书的分类重新组织文件。同时，ITC 规则允许当事人进入第三方（非案件当事人）场所检查。行政法官还将根据发布不同的强制令或保护令，确定现场取证的相应程序。

（3）要求对方书面确认。任何当事人均有权向他方当事人提问，要求对方就与调查有关的事实进行确认。这种确认或是告知对方当事人对事实或法律应用的意见，或是对某些文件的真实性予以确认。请求确认的当事人应当将需要确认的问题单独一一列出，以便于对方答复。但是，求确认的事实不能超出案件的事实范围。需要确认的当事人作出答复前需重复原请求。如果拒绝确认，需要说明拒绝的原因。不能以缺少信息或知识为由拒绝确认。如果提问人对答复不满意，也可以请求行政法官裁定答复或拒绝是否充分。如果拒绝方不能证明拒绝的正当理由，主审行政法官将命令他提交确认答复。如果主审行政法官认为答复不符合前述要求，他会命令当事人重新答复。由于当事人对事实的确认会在随后的审理中被引用，确认方也可以请求撤回或修改确认，行政法官将根据情况决定是否允许。

（4）询问证人。任何一方当事人均可通过口头方式或书面方式询问证人（包括当事人），以获取证言。如无协议，询问证人需付费。当事人对证人取证时可以邀请公证人在场，负责对证言进行记录和公证。在美国领域以外取证，可以由美国的领事官员担任公证人。向他方当事人发出取证通知的，必须采用书面的形式。通知必须写明取证的时间和地点，以及证人的姓名和地址。在适当的情况下，电话取证也是允许的。但行政法官可根据任何一方当事人的动议，要求现场取证。每一次取证前都必须宣誓，另一方还有权进行交叉询问。向非当事人、ITC 或其他政府机构的职员取证，以及要求其出示文件或其他物证，必须向主审行政法官提起书面动议申请取证传票。在取证过程中，如果当事人对询问及出示文件有异议，可以提出反对意见并简要说明理由。凡是有异议的证据，应当连同异议一并记录。证人或公证人都应当在取证记录上签名。

此外，负有发现程序义务的当事人在完成发现程序后，仍可以补充信息。比如，当事人获得新的资料证明其过去提供的发现程序材料有不准确、不完善之处，或者新资料还不为对方当事人所掌握。主审行政法官及ITC也可以命令当事人补充，或根据双方当事人的协商补充等。当事人补充信息的义务一直持续到听证完成前作出结束记录时。

（二）发现程序中的配合

鉴于发现程序的重要性，当事人一般不能拒绝配合发现程序。只有在极少的情况下，当事人才能以发现程序义务过重为由对发现程序提出异议，但必须对此提交证据。各方当事人都对行政法官负有按约定完成发现程序的义务。如果双方当事人不能就某项发现程序问题达成一致，一方当事人可向行政法官提起动议，请求行政法官签发强制发现令，命令对方配合。行政法官通常会签发强制发现令，除非在调查程序中有记录证明发现程序违背了公共利益。代表公共利益的律师通常也会参加发现程序，如参加交叉询问或取证，以确保所有涉案记录的真实和准确。对于不能解决的发现程序争议，双方当事人可以动议的形式提请主审行政法官裁断。如果律师有理由确信主审行政法官对发现程序动议的裁定有不公平、不合理之处，可以提交动议请求复审，行政法官有权决定是否接受。

如果强制发现程序也失败了，则未遵守方将承担对自己不利的后果。行政法官将推断供述、证言、文件等都对未遵守方不利。裁定调查的事实、与事实有关的命令或者传票都不利于未遵守方：裁定未遵守方不能援引证据或由当事人、员工或代理人出示的其他证言、文件或其他对其在调查中有利的资料；裁定未遵守方无权对曾经被出示过的供述、证言、文件或其他证据的二次援引和使用表示反对；裁定未遵守方提交的动议或与命令或传票有关的其他申请都将不被接受；甚至对不遵守方实施金钱制裁。

（三）发现程序的时间限制

发现程序也有时间限制。最终救济的发现程序一般为5个月，临时性救济的发现程序为3～5周。对于对方的披露请求，答复期为收到请求后10日内。为避免不必要的负担，行政法官会根据时间表对取证类型和数量作出限制，但不会强制执行任何在取证截止期后的取证行为。如果对方当事人同意，当事人可以在取证截止期后继续取证。

（四）域外发现的要求

发现程序中，如果发现的对象在当事人的控制范围内，且ITC对该当事人享有管辖权，则取证相对简单。但如果发现程序目标不在当事人的控制范围之内，如当事人自愿合作，可以启动域外发现程序。如果发现程序目标不是当事人或其控制的事物，并且该当事人也不愿在发现程序中合作，那么必须按照国际公约的规定启动发现程序，如《海牙证据公约》以及当事人所在国签订的多边或双边协议等。但如果缔约国对有关条款声明保留，那么必须按照该国签署或认可的协议条款启动发现程序。由于一些国家反对在其领土内取证，特别是当对方以通知、委托或司法协助的形式请求取证的情形，所以并不是所有案件的域外取证都能顺利进行。

（五）发现程序的终结

337调查并不总是能完成所有程序。很多时候申请人更喜欢采用谈判等方法达到自己的目的，因为这样更经济实惠。如果谈判实现和解等，将直接导致发现程序的终结。可以导致案件终止调查的情形包括申请人撤销申请、双方和解、签订许可证等。如前文所述，在正式调查开始前，申请人可随时撤销申请，但是调查开始后，撤销申请需要行政法官的批准。许可协议主要是针对知识产权案件的专利侵权。当事人可以签订许可协议的方式解决争议，从而终结程序。双方和解主要是以签订同意令的方式解决争议。同意令是指经当事双方或一方或公共律师向ITC提出和解的申请后，并经ITC审查，最后由ITC作出的和解决定。同意令的申请必须在听证会开始前提出。颁发同意令需要一些附加条件，比如当事人双方承认法律事实，放弃司法审查以及对同意令的有效性提出异议的权利。对于行政法官初裁后的同意令，ITC将在联邦公报上发布通知，说明行政法官初裁的情况，利害关系方应该在10日内对同意令初裁作出评论。ITC在决定是否接受同意令时，需要考虑公众健康和社会福利、美国经济的竞争条件、美国同类或直接竞争产品的生产情况、美国消费者利益等因素。如果通过同意令达成和解，则调查程序将会终结。如果ITC否定同意令，调查继续进行。

二、337行政裁决制度中的听证程序

（一）预听证会

听证是整个调查过程中最重要的一环。为了确保听证会的顺利进行，在听证会前通常有预听证会的环节。预听证会可以达到明晰问题、确定范围、确定请求、审查文件以及核对证人、交换证据等诸多目的。预听证会结束后，行政法官签发一项预听证会令，说明预听证会的结果。实践中，通常有两次预听证会。初次预听证会（Initial Rehearing Conference）经常在主审行政法官被任命后的15～30天内举行，后一次预听证会（Final Rehearing Conference）则在听证会前举行。预听证会由行政法官主持。

（二）听证会

正式的听证会一般在调查开始后6个月后举行，持续1～2周。举行听证会的地点是ITC的办公大楼。听证会的主要内容是采纳证据、倾听争辩以及裁定涉案产品是否违反337条款。参加听证会的有申请人、被申请人、不公平进口调查办公室，听证会由负责案件的行政法官主持。每一方当事人都需得到适当通知、询问、提供证据、反对、动议、辩论等权利。举证的原则是谁主张谁举证。只有那些具有客观性、关联性和真实性的证据才被采纳。除行政法官发布指令外，调查期间召开的所有听证会都是公开的。听证会的非保密记录可以在ITC查询或者购买。听证会的程序包括开场陈述、申请人陈词、被申请人陈词、公共律师陈词、申请人的反驳、被申请人的反驳、结束陈词和辩论、结束听证会。听证会后两周内，争议各方需要向主持审理的行政法官递交听证摘要。摘要应尽量清楚直接地表明当事人的立场和对争议焦点的看法，并且对自己的立场，都应当引用证据记录来支持。

三、337 行政裁决制度中的裁决

（一）裁决的程序

1. 行政法官的初裁

根据 ITC 立案时确定的结案日期，行政法官作出初裁的日期分为两种情况。如果调查程序不超过 15 个月，则行政法官的初裁应在目标日前 3 个月完成；如果调查程序超过 15 个月，则初裁应在目标日前 4 个月完成。行政法官初裁需采用书面形式。行政法官对调查案件所作的初裁，主要是围绕案件的事实部分和法律部分，通过认定事实、分析法律，得出是否违反 337 条款的结论。如违反，初裁发布后 14 天内，行政法官需向 ITC 提交救济措施建议。完成初裁后，行政法官完成自己的使命。对于行政法官作出的初裁，有两种可能。如果 ITC 在初裁作出后 20 日内（较复杂案件 30 日内）不作审查，则初裁自动转为终裁。如果 ITC 对初裁进行审查，则初裁转入不确定状态，既有可能被确认，也有可能被撤销。如果 ITC 决定审查初步裁决，将发布公告；如果决定不审查，则不用发出通知。

2. ITC 终裁

有两种情况可以启动 ITC 对初裁的审查：一种情况是一名或一名以上的 ITC 委员在 45 日内建议重新审议该裁定；另一种情况是当事人双方请求 ITC 重新审议行政法官的初裁。ITC 可以确定其审查的内容，可以是部分审查，也可以是全部审查，包括对事实认定重新审查。ITC 决定是否启动审查也有时间限制。对于临时救济，需要在收到初裁 30 日（复杂案件 45 日）内作出是否审查的决定；对于最终救济，需要在收到初裁 45 日内决定是否审查。

如果是 ITC 主动审查初步裁决，可以要求当事人就要审查的问题提交摘要，或单独就救济、公共利益和保证金事项提交摘要。当事人可以请求 ITC 举行口头辩论的听证会，对此 ITC 可以同意也可拒绝。如果同意，ITC 将举行一个公开听证会。当事人双方可再次强调和简要陈述自己要求推翻、确认或修改初步裁决的理由和证据依据。

如果是当事人申请审查，申请中应包含请求审查人的身份和请求审查的范围，比如错误的事实认定、错误的法律结论或滥用自由裁量权、裁决不符合委员会政策等。此外，还要简要陈述争议事实以及请求审查的必要性。当事人审查事项的提出一定要谨慎，因为申请中没有提出的事项均被视为弃权或同意，ITC 将不再进行审查，而且未提及的事项也不能再向联邦巡回法院提出上诉。缺席当事人不能就任何缺席问题请求委员会审查。

如果 ITC 认为被申请人未违反 337 条款，则无须总统审查。如果认定被申请人违反了 337 条款，则进入总统审查的环节。

3. 总统审查

按照 ITC 调查的程序规定，对于 ITC 认定被申请人违反了 337 条款的终裁，ITC 需提交给总统进行审查。总统只能对 ITC 所发布的禁令进行审查，并确定该禁令是否必要和符合美国的公共政策。在收到 ITC 裁决后，总统将有 60 日的时间决定是否批准其裁决。如果总统在 60 日内未发表任何评论，则表示总统批准。实践中，总统不批准的案子很少。

经过总统审查后的裁决才是生效的裁决。如果 ITC 审议后裁定被申请人并没有违反 337 条款，裁定自 ITC 签发之日即生效；如果 ITC 审议后裁定被申请人违反 337 条款，且总统批准终裁，裁决将在 ITC 作出最终裁决当天（而非总统批准之日）生效；如果总统在收到 ITC 裁决后的 60 日内，没作任何评论和通知，则裁决将在终裁作出之日起 60 日满始得生效。

4. 复议和上诉

当事人收到终裁 14 日内可以向 ITC 提交复议申请，请求复议。ITC 在收到复议申请后，确认、取消或修改其终裁。对方需在收到复议申请后 5 日内答辩，且答复意见在 100 页以内。复议的结果为确定裁决、撤销或修改裁决，或 ITC 命令主持审理的官员搜集补充新证据。复议不影响裁决的生效日期。

除了复议，当事人如果对 ITC 的终裁不服，可在 60 日内向美国联邦巡回上诉法院上诉。此 60 日分两种情况：无总统审查时，指终裁作出后 60 日内；有总统审查且总统未否决 ITC 的裁定时，指总统审查期限 60 日届满。

美国联邦巡回上诉法院可以直接对ITC的裁决进行司法审查。美国联邦巡回上诉法院司法审查主要针对法律问题。美国联邦巡回上诉法院有权确定所有的法律问题，解释宪法和法律，它有权宣布ITC的裁决结果是随意、滥用权利和不合法的。对于事实问题，只有在ITC“没有实质性证据”的情况下，美国联邦巡回上诉法院才可能推翻其裁决。如果当事人对联邦巡回上诉法院的裁决不服，可向联邦最高法院上诉，联邦最高法院作出的裁决具有终局性。上诉不停止对生效救济措施的执行。

5. 缺席裁决

在整个调查过程中，有四种情况可导致缺席裁决：（1）被申请人没有正当的理由，没有在规定的时间和以规定的方式提交答辩意见；（2）申请人申请或者行政法官依职权签发命令要求被申请人说明原因，如果被申请人没有在规定的时间说明原因；（3）如果被申请人滥用程序，在调查期间不合作；（4）被申请人缺席。

缺席裁决对缺席方极为不利。申请人可申请ITC对被申请人采取直接的贸易救济措施。如果ITC认为申请人的申请理由是正确的，即签发排除令、停止令或者同时签发排除令和停止令。特殊情况下，鉴于公众健康和社会福利、美国经济的竞争条件、美国同类或直接竞争产品的生产情况、美国消费者利益等因素，ITC也可不签发禁令。

6. 简易程序

申请人的律师或支持申请人的其他代表在调查开始后的20日内，被申请人在立案调查开始后的任何时间，但不晚于听证会确定前30日内申请进行简易程序裁决。在收到用简易程序裁决的通知后，被申请人应在10日内提交答辩书。行政法官根据职权或者经任何一方提出的申请，举行口头辩论，并要求提交辩论的提纲或备忘录。支持或反驳都应该有证据支持。行政法官准许对陈述书进行补充。如果反对用简易程序进行裁决的一方无实质性的证据表明需要召开听证会进行实质性的质证，行政法官便可用简易程序予以裁决，或者要求反对方提供进一步的证据以确定是否适用简易程序。

（二）裁决的内容

1. 临时性救济措施和最终救济措施

337 条款中的救济措施按效力时间可以分为临时性救济措施和最终救济措施。为了防止侵权所带来的后果扩大，申请人可以和起诉书一并提交或最晚在作出终裁前提出临时性救济措施的动议。行政法官应在立案后 70 日内（复杂案件时为 120 日）作出是否同意采取临时救济措施的初裁，以供 ITC 裁决。ITC 同意采取临时救济措施的理由包括：初步认定存在违反 337 条款的行为；如果不采取临时救济措施，国内产业有可能受到立即发生的、实质的损害，或者国内产业的设立有可能受到威胁。如 ITC 在初裁作出后 20 日内（较复杂时为 30 日）决定不对初裁进行修改，则该裁定自动成为终裁，并生效。ITC 可以要求申请临时救济措施的申请人提供保证金。在实施临时救济措施期间，如果被申请人想继续进口涉案产品，必须提供保证金。ITC 依据申请人在美国的销售价与进口产品的到岸价之间的差额决定保证金的数额。保证金必须足以抵消不公平竞争行为所带来的利益。

最终救济措施是经行政法官初裁，ITC 终裁以及总统审查的救济措施。一般来说，ITC 裁决的最终救济措施的有效期取决于涉案知识产权的有效期。除非 ITC 认为导致排除令的情形已不存在，否则排除令和禁止令可一直执行。

2. 排除令、停止令、扣押和没收

337 行政裁决措施包括有限排除令、普遍排除令、停止令、扣押和没收。

（1）有限排除令要求禁止一个或多个被申请人的产品进入美国，是专门对被裁定侵权的被申请人发出的。[1]

[1] 李顺德：《美国对外贸易中的知识产权保护》，知识产权出版社 2006 年版，第 136 页。

（2）普遍排除令要求海关阻止某一类的所有侵权产品进入美国，不管是不是被申请人，针对的是所有侵权产品，只要所有人、进口商或销售商无法证明其产品没有侵权，就将被排除在美国之外。

（3）停止令要求被申请人立即停止被指控的侵权行为，被申请人的产品虽然已经进口到美国，但是不得在美国进行市场营销、分销、代理、寻求销售或者转让等行为。停止令针对的不仅是被诉企业已经完成的侵权行为，而且包括被申请人将来试图在美国市场的销售行为。停止令与排除令的作用不同，排除令是防止侵权产品进入美国，停止令则是针对已经进口到美国的产品，禁止继续销售和使用。为了得到这样的禁令，申请人必须证明侵权产品的库存数量具有重要的商业意义。ITC 和行政法官在启用停止令前会严格审查国内存货清单。停止令可以单独使用，也可以与排除令同时使用。❶

（4）扣押和没收也是针对违法进入美国市场的产品。如果违法产品以前试图进入美国市场，但是由于禁止进入令而被排除在美国市场之外，而且美国财政部已经向产品的权利人、进口商或代理人等送达过违反规定进入美国市场将没收受指控产品的书面通知，违法产品仍然进入美国的市场时，适用扣押和没收。

发布排除令和停止令后当事人再违反 ITC 命令，将会面临每日 10 万美元的罚款或相当于其每日违令输入美国市场的产品国内价值 2 倍的处罚，且在两种处罚方式中选择处罚金额较高的一种。

第四节　337 行政裁决制度中的裁决的执行

一、裁决的执行

ITC 作出的最终裁决是由海关和 ITC 共同执行的。ITC 负责执行停止令

❶ Eprom, ITC Inv. No. 337-TA-395, Commission Opinion at 85 (December 11, 2000); Cigarettes, ITC Inv. No. 337-TA-424, Comm. Op. at 16 (Public Version) (November 3, 2000).

和罚款，海关执行排除令、扣押和没收。实践中，一旦ITC发布一项排除令，其将立即通知海关，海关将立即通知其下属地区及口岸，停止进口排除令所包含的侵权产品，除非该侵权产品从专利权人那里已获得授权，或进口产品已缴纳了保证金。在此过程中，海关将与ITC以及337调查的申请人保持联系，以明确排除令的范围。ITC也将向海关提供侵权产品的描述、海关编码、专利的有效期限以及337调查申请人的代理律师的联系方式等。为了帮助决策顺利执行，ITC有权要求任何人提供信息，以帮助确定事实是否或者在多大程度上与ITC指令相一致，以及事实是否或者在多大程度上已经导致与指令相背。部分案件中，ITC可以要求被申请人向其定期报告侵权产品的销售记录或其他信息等。

如果对排除令涉及的产品范围有争议，当事人可以向海关说明主张并提供相应的证据。当事人也可以向ITC提交申请，要求其就将来进口的产品是否违反排除令发布咨询意见。

二、裁决的修改和撤销

ITC的裁决或决定作出后，如果裁决或决定本来所依据的客观情况发生了变化，包括事实上的、法律上的以及公共利益的变化，使裁决、决定的全部或部分失去继续生效的基础，当事人可以请求ITC部分或者全部修改或者撤销裁决。撤销或修改原来裁决的动议可以由申请人提出，也可以由被申请人提出，或者他们共同提出，也可以由ITC主动发起。

动议中需要说明原有法令发生了什么样的变化，并且说明该条件的变化使提交的动议具有正当性。收到要求修改或者撤销裁决的动议后，ITC可接受，也可驳回动议。如果动议被接受，那么接受该动议的公告将会公布在《联邦公报》上，并且动议和公告通知也将送达当事人。对此通知，反对方必须在30日内提出答辩。此后，ITC可能举行公开听证以便相关的当事人都可以得到公平的机会。或者，ITC将此项权利授权给行政法官，主审行政法官必须提交给ITC一个初步裁决。在考虑过动议、答辩和任何有关听证会的记录后，ITC会采取其认为适当的措施。法律没有对这些程序作任何的时间限制。如果动议被拒绝，在某些情况下，当事人可以向联邦巡回法院提起上诉。

ITC 也可能主动地决定撤销或修改原来的裁定。引起 ITC 修改或撤销裁决的原因最为常见的是当事人采用了新的技术生产同一产品，已经不再构成侵权，或者当事人之间达成了和解协议、订立了许可合同，或者争议的专利已经到期等。

第五节　从捷康案看 337 行政裁决制度的运用

2007 年 4 月 6 日，泰莱公司向 ITC 申请对中国三家三氯蔗糖制造商（不包括捷康）和多家贸易商进行 337 调查，泰莱指控上述企业的产品侵犯了其 5 项美国专利：（1）美国专利第 4980463 号（“专利 463”）的第 1～3 项、第 16～18 项权利；（2）美国专利第 5470969 号（“专利 969”）的第 20～26 项、第 29 项权利；（3）美国专利第 5034551 号（“专利 551”）的第 1～4 项、第 11～22 项权利；（4）美国专利第 5498709 号（“专利 709”）的第 8～9 项、第 13 项权利；（5）美国专利第 7049435 号（“专利 435”）的第 1 项权利。泰莱进一步诉称，美国国内存在与争议专利相关的产业。泰莱申请的救济措施为普遍排除令。2007 年 7 月 5 日，捷康主动申请加入调查。

2008 年 9 月 22 日，ITC 行政法官对本案作出认定：进口到美国的三氯蔗糖及下游产品并不侵犯泰莱公司诉请的“专利 463”“专利 969”“专利 709”“专利 435”四项专利；对于泰莱公司诉请的“专利 551”，ITC 没有管辖权；同时还认定，美国并不存在与“专利 463”相关的国内产业。基于此，ITC 裁决，除缺席者和败诉的以外，捷康公司及中国三家应诉企业的生产工艺并不侵犯泰莱公司的专利权。本节就该案中申请人与被申请人之间的主要争议焦点和 ITC 相关裁决理由作出分析。[1]

[1] ITC Inv. No. 337-TA-604.

一、337条款的适用对象与ITC的管辖权

（一）双方争议

生产三氯蔗糖的整个过程大致可以归为四个阶段，即保护、氯化、脱保护和提纯，可分别对应泰莱诉请的专利。第一，保护（“专利969”）。“专利969”的保护方法，是将蔗糖溶液和某种含锡结晶的溶液进行反应，使混合物脱水，再加入一种化学物质（羧酸酐），提供适当的反应条件，使受到酯基保护的蔗糖分子得以生成。如实施“专利969”的方法，则必须将蔗糖和含锡结晶（二酯基六苯丁锡氧）溶解在一种极性非质子溶剂中，如二甲基甲酰胺。这一溶液随后被脱水并加入一种羧酸酐（如乙酸酐或苯酐），以形成含有受到酯基保护的蔗糖分子，即蔗糖-6-酯的反应混合物。第二，氯化（“专利551”）。“专利551”披露了从含有二酯基六苯丁锡氧、受到酯基保护的蔗糖分子（蔗糖-6-酯）和极性非质子溶剂，如二甲基甲酰胺的混合反应物中提取含锡化合物二酯基六苯丁锡氧的方法。提取出的二酯基六苯丁锡氧可以在三氯蔗糖的生产中被重复使用。第三，脱保护（“专利709”）。“专利709”披露了从被三次氯化的蔗糖-6-酯分子中去除酯基的方法。这一专利的内容反映了生产三氯蔗糖的第三阶段，即脱保护。在这一步中，受到保护的羟基将脱去保护，或者说脱酯化，重新产生原先的羟基。第四，提纯（“专利435”）。“专利435”披露了去除杂质的方法，即生产三氯蔗糖的最后一个阶段提纯。

1. 泰莱主张

ITC对全部诉请专利具有管辖权，理由有三：(1)“专利463”“专利969”和“专利551”所记载的方法直接指向捷康进口的三氯蔗糖最终产品的制造技术；(2)被诉的最终产品不需要出现在一个生产方法专利的权利内容中；(3)捷康进口了“专利463”和“专利551”所记载的中间化合物，即三氯蔗糖和6′，4，1′-三氯-蔗糖-6-酯的混合物以及三氯蔗糖和含锡化合物的混合物。泰莱称，第337节只要求被进口的货物是按照或利用受美国专利权利保护的方法制造、生产、加工或开采的。单纯从该法

律条款的用语来看，它“并不表明被诉的货物必须是直接从生产方法专利得来，没有经过其他步骤……第337节的用语并没有将它的范围限定在专利权利明示的产品上”。泰莱称“专利463”“专利969”和“专利551”指向生产三氯蔗糖的方法，并指出每一个专利的说明书都描述了生产三氯蔗糖的整体过程，同时也描述了专利记载的方法如何达成生产的目的。由此，泰莱认为，因为捷康的三氯蔗糖是通过争议专利的方法制造的，ITC有权调查违反这些方法专利权的行为。

泰莱还认为，制定第1337节第1条的目的正是防止泰莱所指控的行为发生——利用美国方法专利进行产品的外延生产。特别是，该法律条款的意图是通过防止他人在国外实施美国国内无法实施的方法专利来保护国内产业，ITC应当行使管辖权，因为泰莱诉求的实质依据，即专利权被侵害，正是ITC确定诉讼标的管辖权所需依据的事实。

2. 捷康主张

ITC对全部诉请专利不具有管辖权。理由有二：（1）不存在第337节第1条第1款第2项第2目下的不公平行为，因为“专利463”“专利969”和“专利551”指向的是进口货物的中间化合物以及在进口货物的生产方法中所利用的重新获取某种结晶的技术；具体地，捷康认为，因为这些专利指向的是进口产品的中间化合物以及在进口产品的生产方法中所利用的重新获取某种结晶的技术，这些方法专利并不直接产生三氯蔗糖，因此捷康主张并不存在不公平行为，理由是该法律条款“只适用于真正被进口到美国或在美国销售的‘货物’”，并不包括中间化合物或产生这些化合物的方法。捷康强调该法律条款中“货物”的概念，并主张“专利463”“专利969”和“专利551”记载的方法所生产的中间产品并不是为了销售而进口的“货物”，即三氯蔗糖。（2）ITC不具有泰莱所寻求的救济的管辖权，它也不应当试图扩大自己的管辖权以包含该救济。捷康认为ITC不应扩大第337节的调整范围，将“中间体”包含进来，并且关于“专利463”“专利969”和“专利551”的救济并不属于ITC的管辖范围。特别地，捷康指出，如果ITC将“中间体”纳入第337节的调整范围，那么从逻辑上讲，这条“中间体”链可以往回延伸多远是找不到终点的。但是，如果第337节的调整范围被限定在生产真正被进口到美国的最终产品的生产方法，这一法律条款的界限就十分清晰了。

（二）裁决及理由

ITC认为，关于ITC管辖权的争议主要在于泰莱和捷康对于法律条款的理解歧义。对于法律条款的解释，首先应看该法律条款用语的文本含义，然后在必要时考察外部辅助依据该法律的行政机关的解释。

第337节适用于“按照或利用有效的、可执行的受美国专利权利保护的方法制造、生产、加工或开采的货物”。因此，如果货物在国外制造，并且非法使用了一项专利方法，那么任何进口这种货物的行为都是违反第337节的非法行为。然而，法律条款的文本并没有明确表示第337节是否为制造中间化合物的方法或重新获得在生产最终产品时被用到的结晶的方法提供保护。因此，ITC必须考察其他外部辅助依据。

ITC认为，第337节的立法过程就国会是否有意图将利用专利方法所制造的中间化合物和结晶包括进来，或者第337节的调整范围是否限于最终产品提供了一些指示。在制定1988年《综合贸易和竞争法案》时，议案的发起者劳滕伯格议员说道：第337节将会为美国的新兴产业提供必要的帮助，比如生物技术产业，使得这些产业在一个不受外国竞争者不公平行为干扰的市场里竞争。ITC广泛的管辖权将帮助美国产业应对外国竞争者的不正当行为，如进口使用基因工程专利技术生产的产品。仅仅将生产制造迁至境外，并不能免除违法者公平竞争的义务。这项贸易法案旨在禁止外国企业通过在境外从事如在美国境内则为非法之业务致使从美国工人手中抢走工作。因此，国会制定第337节第1条第1款的意图是应对外国公司“进口使用专利工程技术（在国外）制造的产品”的不公平行为，通过禁止进口“按照或利用有效的、可执行的受美国专利权利保护的方法制造、生产、加工或开采的货物”为这些不公平行为提供救济。很明显，如果捷康在美国使用泰莱的专利方法，不管是为了制造三氯蔗糖，还是中间产品或三氯蔗糖的结晶，它的行为都是非法的。相似地，考虑到国会的意图是为了保护“专利……技术”不受不公平外国竞争的影响，如果捷康在美国之外使用泰莱的专利方法，包括制造中间化合物和重新获得结晶的方法，那么使用这些专利方法的行为同样是非法的。并且，根据第337节，进口通过专利方法生产的产品也是被禁止的。就像劳滕伯格议员所指出的，“仅仅将生产制造迁至境外并不能免除违法者公平竞争的义务”。因此，如果捷康使用了泰莱的方法，不管是为了生产三氯蔗糖、三氯蔗糖的中间化合物，还是为了重新获得制造三氯蔗糖的结晶，使用专利方法并将该专利方法所生产的产品进口到美国的行为，都是国会在制定第337节时所指向的非法行为。

关于“专利463”“专利969”“专利709”和“专利435”，它们与三氯蔗糖的化学前体的化合反应相关，很明显，这些专利的直接产品符合法律条款的规定。这两个步骤都涉及三氯蔗糖的化学前体，在三氯蔗糖都可以被称做“按照或利用有效的、可执行的受美国专利权利保护的方法制造、生产（或）加工”。

与此形成对比的是，“专利551”的方法所直接产生的产品并非三氯蔗糖的前体。“专利551”的标题是“从混合反应物中重新提取有机锡酯的方法和其再利用”。另外，这项专利指向的是该锡结晶的重新获得和重新利用，与“专利463”和“专利969”所记载的方法不同，“专利551”的权利所保护的直接产物锡结晶与三氯蔗糖在化学意义上并无关系，而这一重新获得的步骤也不是三氯蔗糖的化合反应所必需的。因此，三氯蔗糖不能被说成是以“专利551”“的方法加工……”

最后，对此项争议，ITC认为，在本次对美国“专利463”“专利969”“专利709”和“专利435”的调查中，ITC具有诉讼标的管辖权。在对“专利551”的调查中，ITC不具有诉讼标的管辖权。

二、以“专利463”为例看侵权之判定

（一）双方争议

“专利463”争议的权利请求包括：（1）一个将蔗糖-6-酯氯化，生

产6′，4，1′－三氯－蔗糖－6－酯的方法，其步骤包括：①往含有蔗糖－6－酯和叔酰胺的反应混合物里添加至少7mol比酰基氯，在蔗糖－6－酯中形成一种chloroformiminium氯盐，chloroformiminium氯盐与蔗糖－6－酯的羟基发生加合反应，形成一种O-alkylformiminium氯化物；②将第一步中的反应混合物置于升高的温度下一段时间（不超过85℃），使该混合物形成一种主要由单氯蔗糖、4，6′－二氯蔗糖－6－酯和1′，6′－二氯蔗糖－6－酯组成的氯化蔗糖－6－酯混合物；③将第二步中的反应混合物置于升高的温度下一段时间（100℃以上，300℃以下），使该混合物产生一种1′4，6′－三氯蔗糖－6－酯占优势地位的氯化产物。（2）权利请求1中使叔酰胺含有一个n－甲酰基的方法。（3）权利请求2中使叔酰胺形成N，N－二甲基甲酰胺的方法。……（16）权利请求1中使蔗糖－6－酯形成蔗糖－6－苯甲酸或蔗糖－6－乙酸的方法。（17）权利请求2中使蔗糖－6－酯形成蔗糖－6－苯甲酸或蔗糖－6－乙酸的方法。（18）权利请求3中使蔗糖－6－酯形成蔗糖－6－苯甲酸或蔗糖－6－乙酸的方法。

1. 泰莱主张

（1）权利请求第一步术语“添加”应当以其一般意义进行解释，即不要求反应物以特定的顺序添加。（2）权利请求第一步术语“在蔗糖－6－酯中形成一种chloroformiminium氯盐”不应当被解释为要求该chloroformiminium氯盐直接通过叔酰胺和酰基氯的反应形成。（3）权利请求第一步用语本身并不要求“所有的”7个羟基都通过与chloroformiminium氯盐的反应生成O alkylformiminium氯化物。（4）权利请求第二步中“将第一步中的反应混合物置于升高的温度（不超过85℃）”的术语不应当解释为一个与第三步中的加热步骤分开的独立的加热步骤。且权利请求用语本身并未要求第二步的加热步骤独立且独特于第三步。（5）权利请求第二步术语“一种主要由单氯蔗糖、4，6′－二氯蔗糖－6－酯和1′，6′－二氯蔗糖－6－酯组成的氯化蔗糖－6－酯混合物”应当被解释为由单氯蔗糖、4，6′－二氯蔗糖－6－酯和1′，6′－二氯蔗糖－6－酯组成的混合物，该混合物中只有少数或没有三氯或更高氯的化合物生成。（6）权利请求第三步术语“将第二步中的反应混合物置于升高的温度下一段时间（100℃以上，300℃以下），使该混合物产生一种1′4，6′－三氯蔗糖－6－酯占优势地位的氯化产物”应当以其一般意义解释。特别是，泰莱认为，在第三步的结尾，主要的、占优势地位的氯化蔗糖－6－酯产品必须是1′4，6′－三氯蔗糖－6－酯。（7）捷康的氯化方法将反应混合物置于（×××）。泰莱认为，其符合第三步的权利请求限制。（8）根据各个要素遗漏的程度，捷康的氯化过程在等同原则下侵犯了“专利463”。根据泰莱的意见，捷康的（×××）用实质上相同的方法（×××），实现相同的功能（将蔗糖－6－酯氯化以获得三氯蔗糖－6－酯），并产生相同的结果（一个［×××］的氯化过程）。

2. 捷康主张

（1）权利请求第一步的文本描述了向特定混合物中加入某种物质的特定顺序，因为权利请求的内容是“往一种反应混合物里添加……酰基氯”。捷康认为，说明书和实施历史也证实，该权利请求受到添加顺序的限制。（2）权利请求第一步的用语明确地指出，酰基氯必须与叔酰胺反应，形成一种 chloroformiminium 氯盐，正如“专利463”图2的结构2所示。（3）权利请求第一步应当被解释为要求 chloroformiminium 氯盐与蔗糖－6－酯的所有羟基发生加合，从而形成 O-alkylformiminium 氯化物。（4）该专利的焦点之一就是该氯化反应通过两个独立且独特的加热过程完成，温度必须在85℃或以下维持一段时间才能认为氯化中间化合物的混合物。（5）权利请求的用语很清楚地要求在第二步的结尾基本上所有的蔗糖－6－酯都应当被转化为单氯或二氯－6－酯，且只有少数或没有其他氯化物生成。（6）根据泰莱的解释，三氯蔗糖－6－酯不一定是第三步占优势地位的产物，只要它是第三步结尾是占优势地位的氯化三氯蔗糖－6－酯产品就行了。捷康认为，这是一种“以结果为导向的解释”，它与该权利请求的文本用语是相冲突的，文本用语的要求是1′4，6′－三氯蔗糖－6－酯占优势地位的氯化物。（7）基于泰莱的权利请求，捷康并未符合第二步和第三步的权利请求限制，原因是（×××）。（8）捷康的生产方法并未用实质上相同的方法，实现相同的功能，并产生相同的结果，并不构成等同原则下的侵权。

（二）裁决及理由

ITC裁定，捷康未违反《美国法典》第35部分271节第1条，未侵害“专利463”的权利请求1～3和16～18。理由是：（1）“添加”一词的一般含义并无争议。权利请求第一步本身没有任何迹象说明添加应当以特定的顺序进行。签署人认为，泰莱的主张较有说服力。（2）“专利463”的图2明确地展示了反应的过程，结构2显示，一种酰基氯，如碳酰氯，和一种N－甲酰叔酰胺，如二甲基甲酰胺反应，形成了一种chloroformiminium氯盐。签署人认为捷康的主张较有说服力。（3）“羟基们”之前的定指冠词本身并不一定说明所有的7个羟基形成加合物。权利请求第一步用语本身、说明书或实施历史中没有任何迹象表明发明者在所有的7个羟基上形成加合物，捷康的主张被否定。（4）尽管该权利请求被分成两部分，权利请求的用语本身并不要求第二步中的加热独立且独特于第三步中的加热。“专利463”的最佳示范用温度梯度来描述该加热过程，并进一步指出使用分开的增量加热步骤并没有特别的好处。如果签署人采纳捷康的权利请求解释，就会排除最佳示范，这种情况是几乎不可能正确的。（5）权利请求第二步的“主要由……组成”这一表述显示，发明者意图包括列明的成分，也包括未列明的但是对在发明的基本性质和新颖性不产生实质影响的成分。如果在第二步的结尾仍然存在未发生反应的蔗糖－6－酯，则将影响该发明的基本性质和新颖性，即增加通过生成的氯化物所产生的产品的纯度和产量。签署人认为捷康关于“基本上所有”限制的主张较有说服力。（6）签署人发现泰莱的主张较有说服力，并同意“占优势地位”一词的一般意义不是超过50%，尤其是当这一混合物含有三种产品时。事实上，占优势地位仅仅指“主要的或普遍的”。（7）泰莱没能通过充分的证据证明捷康符合其权利要求1的每一个限制。（8）权利请求1明确要求85℃以下有1′，6′－二氯蔗糖－6－酯存在。泰莱并未证明任何捷康的方法等同于符合这项权利请求限制。因此，签署人不认为泰莱关于等同原则的主张有说服力。总之，尽管很多限制仍然存在争议，当事人之间最大的争议仍在于泰莱是否充分证明，捷康的方法包含权利请求1第二步中的权利请求限制，该步骤要求在85℃以下，反应混合物主要由“单氯蔗糖、4，6′－二氯蔗糖－6－酯和1′，6′－二氯蔗糖－6－酯”组成。总的来说，关于单氯蔗糖和4，6′－二氯蔗糖－6－酯的存在并没有太多争议。因为当事人基本同意蔗糖－6－酯的自由羟基的氯化是按一定顺序发生的，6号位最有可能被氯化，其次是4号位，再次是1号位。真正的分歧在于1′，6′－二氯蔗糖－6－酯是否也存在。根据对当事人主张和证据的审查，ITC认定，泰莱的证据都不能符合证明侵权的责任要求。因为要证明侵权，权利请求的每一项限制都需符合，所以ITC不认为还有必要处理关于权利请求1侵权问题的其他争论。

三、专利有效性的判定

（一）双方争议

1. 泰莱主张

（1）捷康关于传授性的主张应当被拒绝。因为判例法指出，一个人要实施被保护的发明，仅需操作专利中的例子即可，没有必要的在“专利463”内加入普遍能接受的反应机制。在85℃下二氯化任何蔗糖－6－酯是基本的化学技术，因此所有种类的衍生物都能够根据其相对的反应率形成，正如麦克斯韦尔—波兹曼分布显示的那样。因此，泰莱认为没有必要在“专利463”内加入普遍能接受的反应机制。（2）捷康关于书面描述性的主张应当被拒绝。没有任何法律要求在权利请求中披露检测方法的每一项权利请求限制，该领域具有普通技能的人应当能够明白，披露的例子必然会在85℃下产生该单双氯代物。且有证据表明，有机化学家们经常依靠同行评议的文献以确定化学中间体的存在，“专利463”的中间体也包含其中。（3）捷康关于不定性的主张应当被拒绝。在配合书面说明理解“专利463”时，基于在该领域普遍接受的知识，在该领域具有普通技能的人会知晓1′，6′－二氯蔗糖－6－酯会与其他二氯化产物一起在与“专利463”说明书所描述情况相同的情形下形成。此外，在该领域具有普通技能的人可以使用已知的分析技术，如高效液相色谱法，实施检测，以确定包括1′，6′－二氯蔗糖－6－酯在内的二氯化后的蔗糖酯－6－酯是否存在。（4）捷康关于显而易见性的主张应当被拒绝。泰莱第二代的生产方法获得了巨大的商业成功。因为其氯化工艺技术实施了“专利463”中的权利请求1，便在泰莱的商业成功和“专利463”之间建立起了一个初步的证据联系。且行业内也支持不具有显而易见性这一认定标准，而捷康评价该方法为“简单易行”。

2. 捷康主张

（1）“专利463”没有传授性，未教授在该领域具有普通技能的人如何在低于85℃的情况下合成1′，6′－二氯蔗糖－6－酯，且专利说明书未描述任何方法或程序以教授在该领域具有普通技能的人如何确定是否有O-alkyl-formiminium氯化物加合物和羟基团形成。（2）“专利463”缺乏书面描述性而无效，因为专利说明书中没有证据或者基础的实验笔记表明，“专利463”的发明者曾经在85℃下形成和辨认1′，6′－二氯蔗糖－6－酯，并鉴别或证实加合物是否形成以及羟基团的数量。（3）“专利463”是不确定的，因为在该领域具有普通技能的人无法确定一个特定的方法是在权利请求1的范围内，还是在其范围外。（4）“专利463”不符合显而易见性。在泰莱的商业成功和“专利463”之间不存在初步的证据联系。因为泰莱依靠的是三氯蔗糖的销售，而专利涵盖的是三氯蔗糖－6－酯的生产方法。对三氯蔗糖的成功作出贡献的因素有很多，包括产品的功能、相对于其他甜味剂三氯蔗糖产生的热量较低、甜度较高、有能力根据消费者需要制定产品以及泰莱自身的声誉。

（二）裁决及理由

ITC裁定：（1）“专利463”的权利请求1～3和16～18基于《美国法典》第35部分第112节所述的缺乏传授性而无效。（2）“专利463”的权利请求1～3和16～18并不基于《美国法典》第35部分第102节所述的缺乏书面描述性而无效。（3）“专利463”的权利请求1～3和16～18并不基于《美国法典》第35部分第112节所述的不定性而无效。（4）基于“专利476”“专利269”“专利869”和（或）巴拉得技术参考的相互集合，“专利463”的权利请求1～3和16～18并不基于《美国法典》第35部分第102节和第103节所述的在先公开和显而易见性而无效。

裁决理由包括：（1）ITC认为关于“缺乏传授性而无效“的主张具有说服力。没有直接证据表明发明者证实（以下内容略）。因为它的发明者只是推测这样的产品会产生。“专利463”的例子没有提到85℃以下二氯蔗糖-6-酯会被检测到。惟一提到1′，6′-二氯蔗糖-6-酯是在发明的简短陈述中而不是在权利请求中，发明人只是“相信”混合物基本上由单氯蔗糖-6-酯、4，6′-二氯蔗糖-6-酯，和1′，6′-二氯蔗糖-6-酯组成。泰莱关于“字面”和“基础化学”和“动力学”理论的主张已经拒绝了上述侵权的技术特征，但在这里同样令人难以信服。如果它是真正的基础化学、动力学问题，ITC认定，应当已经可以被相当简单地证明了，混合物中包含1′，6′-二氯蔗糖-6-酯，但专利未曾披露，泰莱也未能证明在该领域具有普通技能的人曾经可以使用一项检测。（2）书面描述性的要求已被满足，因为专利说明书清楚明白地解释了1′，6′-二氯蔗糖-6-酯是何物。（3）ITC能够解释上述所有存在争议的权利请求限制，因此“专利463”不因不定性而无效。（4）ITC认为没有必要确定是否存在非显而易见性的次要考量，ITC也未认定“专利463”具有显而易见性。

四、存在国内产业的认定

（一）双方争议

1. 泰莱主张

第337节的“国内产业”一词在法律条款里并没有定义，但是ITC已经将第337节的目的解释为“保护国内制造的产品”。ITC进一步指出：“在基于专利的调查中，国内产业的范围视具体案件而定，主要参考市场的现实，不仅包括制造行为，还可能包括分配、研究、开发和销售。”关于这一判断，第337节第1条第2款规定，对于基于专利侵权的调查，“只有美国存在或正在建立与专利……保护有关的货物的产业时”，才可能构成违反第337节的行为。第337节第1条第3款中判断国内产业是否存在的标准是，有以下情形时，应认为关于专利……保护有关货物的美国产业存在：第一，对工厂和设备的实际性投资；第二，对劳动力或资本的实际性雇佣或使用；第三，进行开发的重大投资，包括工程、研究开发或许可。

泰莱认为：（1）无可争议，泰莱符合国内产业的经济特征。因为这是泰莱在美国实际生产争议产品的实例之一。泰莱主张，证据显示，泰莱制造大量商业数量的三氯蔗糖，都是按照或利用所主张的专利生产制造的。泰莱认为，其符合国内产业所要求三个的经济特征。此外，泰莱认为，泰莱的投资不需要分配到不同的子方法，因为各个子方法均是专门生产三氯蔗糖的，所以应基于三氯蔗糖生产这一单一产业进行经济特征分析。尽管如此，泰莱还认为，其已经证明，其对工厂和设备的实际性投资皆用于专利中所描述的每个子方法。（2）就“专利463”而言，泰莱认为，证据显示麦金托什工厂的氯化过程实施了“专利463”的权利请求1。捷康并未对泰莱权利请求1中第一步和第三步关于技术特征的证据提出异议。

2. 捷康主张

（1）对专利所保护的货物的认定是争议的焦点，如果ITC同意捷康的主张，认为根据专利保护的“货物”是中间产品“三氯蔗糖-6-乙酯”和其他中间化合物，而不是三氯蔗糖本身，那么泰莱就未符合国内产业的要求，因为泰莱未能提出有关蔗糖-6-乙酯等中间化合物的任何证据。（2）就“专利463”而言，泰莱没有实施“专利463”的权利请求1中的第二步。因为这一步骤本身并未涉及第一步。特别是，捷康认为，泰莱的生产方法未在不同温度下使用独特的阶段，且泰莱没有证明麦金托什工厂的生产方法产生了（×××）。

（二）裁决及理由

第一，ITC认为，捷康关于中间产品“三氯蔗糖-6-乙酯”不是“专利463”保护的“货物”的主张没有说服力，因为无可争议地，每个方法皆被可执行的美国专利所保护。第二，ITC同意泰莱的主张，考虑到泰莱所展示出的大规模投资和证据，投资满足国内产业的要求。具体地，根据

《美国法典》第 19 部分 337 节第 1 条第 3 款第 1 项，泰莱符合对工厂和设备实际性投资、对劳动力或资本的实际性雇佣或使用以及进行研究和开发的重大投资的要求。第三，就“专利 463”的国内产业，泰莱未能有效承担其证明麦金托什工厂生产了（×××）的举证责任。一个关于在（×××）中反应产物的分配的推断是不充分的，这样的推论不能被允许用来证明该技术特征。因此，泰莱未能证明其实施了“专利 463”权利请求 1 中的第二步。

最终，ITC 裁定，正如《美国法典》第 19 部分 337 节第 1 条第 2 款和第 3 款所要求的，与泰莱的产品相关的产品的国内产业在美国存在，并受“专利 969”“专利 709”和“专利 435”的保护。泰莱不符合国内产业对于“专利 463”的技术特征要求，因为其未能证明其实施了“专利 463”权利请求 1 中的第二步。

（徐珊珊撰稿）

第七章　美国知识产权司法审查制度

对于美国知识产权法律保护制度和美国司法审查制度，国内不乏研究资料和研究成果，但将二者结合作为研究对象，即美国知识产权保护在司法审查制度内和美国司法审查制度运用于知识产权保护中的命题则较少被关注。

知识产权本身发展快速，美国知识产权政策变化也较快，这导致知识产权纠纷出现多样化、复杂化的特点，美国就知识产权问题进行司法审查既可以达到定纷止争的目的，也可以达到监督知识产权行政机关依法行政的作用

本研究综合运用系统研究、规范研究、案例研究和比较研究等多种研究方法，从美国知识产权司法审查的一般描述入手，运用规范法学研究方法，对美国司法审查制度的内在运行机制进行剖析，运用系统法学的思维方式，展开对美国知识产权司法审查制度的建构，并从实务角度分析美国涉华知识产权审查的若干制度和案例。最后从美国知识产权司法审查的演进规律、具体启示和应对方略几个方面论述美国知识产权司法审查制度的意义与启示，特别是对中国的意义与启示。

第一节　美国知识产权司法审查概述

一、美国知识产权司法审查的概念界定

美国的司法审查（judicial review）制度最早确立于1803年的马伯里诉

麦迪逊（Marbury V. Madison）一案，乃是指普通法院有权对于国会立法以及政府行为的合宪性、合法性以及程序的正当性进行审查。根据美国司法程序的研究学者亚伯拉罕（Henry J. Abraham）的观点，司法审查指任何法院拥有终局的权力（ultimate power）来宣告任何法律、任何基于法律的公务行为（official action）或是任何其他公务员（public official）作出被认为与宪法相抵触的行为，皆因违宪而无法据以执行（unenforceable）。❶

无论是对于联邦法律还是州法律而言，政府部门均被授予广泛而强有力的权力以确保知识产权的实施。比如，根据《美国商标法》的规定，专利商标局有权对商标申请人、商标所有人或对商标提出异议的任何人作出下列决定行为：(1）就商标注册申请作出驳回决定；(2）就对公布商标所提的异议，由该局下设的商标评审和上诉委员会作出相关决定；(3）就对已注册的商标所提出的撤销申请，由商标评审和上诉委员会作出是否撤销的决定；(4）就商标申请是否与其他在先权利存在冲突作出冲突宣告决定。❷ 对于知识产权的反托拉斯规制而言，联邦司法部反托拉斯局有权从事《谢尔曼法》的政府实施，同时，联邦贸易委员会有权依据《联邦贸易委员会法》第5条，对不公平的竞争方法予以反对，对于《克莱顿法》，反托拉斯局和联邦贸易委员会均有权实施。在对外贸易方面，美国贸易代表署有权决定何种行为构成“不公平贸易行为”，或者违反“一般301条款”“特别301条款”或“超级301条款”而必须加以报复或者制裁。❸ 上述政府行为，一般而言，除法律明确规定为终局性的决定之外，法院有权进行审查。一旦被法院宣布为违宪或违法，则将不得据以执行。

由此，笔者认为，美国知识产权的司法审查，即法院（通常为联邦巡回上诉法院）有权对涉及知识产权的政府行为，包括专利授权、商标注册

❶ http：//old. npf. org. tw/PUBLICATION/IA/092/IA-R-092 –015. htm.

❷ ［美］罗伯特·P. 墨杰斯等著，齐筠等译：《新技术时代的知识产权法》，中国政法大学出版社2003年版。

❸ 吴嘉生：《美国贸易法三〇一条款评析：智慧财产权保护之帝王条款》，元照出版公司2001年版。

和反托拉斯法规制等，进行终局性的合宪性、合法性及程序正当性审查。此项制度旨在规范政府权力的行使，最大限度保护权利人之利益。

二、美国知识产权司法审查的主要特征

（一）司法审查权由普通法院行使

许多国家设立了专门的宪法法院或者宪法委员会来行使司法审查权，与之不同，美国的司法审查权由普通法院系统行使。在美国司法审查的传统当中，普通法院会审查议会的法令。当议会的一项法令有悖于共同权力基础或者理性，或自相矛盾，或无法实施时，普通法院将对其予以审查。对于知识产权的司法审查而言，普通法院仍然保有这项权力。

值得注意的是，美国确立了司法审查和民事诉讼两种并行可选择的救济途径和审理模式。比如，专利与商标局就商标注册申请作出驳回决定的，则在先权利人可以专利与商标局以及另一方当事人为被上诉人上诉至美国联邦巡回上诉法院，也可以商标申请人或商标注册人为被告提起民事诉讼。相对而言，民事诉讼的选择更加具有优先性：一方面，上诉人可以直接选择民事诉讼，以对方当事人为被上诉人（此时专利商标局不是该案的当事人），或者在没有对方当事人时将上诉状副本交付专利商标局局长后上诉至联邦巡回上诉法院；另一方面，如果上诉人选择司法审查途径，专利商标局局长之外的被上诉人可以在收到上诉通知后20日内向专利商标局局长提出声明，声明其选择商标法所规定的民事诉讼程序，而上诉人所提起的司法审查将会被驳回。

（二）附带性审查

在普通法院审查模式之下，法官只在案件的审理过程当中对所使用的法律是否合宪存有争议时，才会启动司法审查程序，而并不直接受理和审查宪法控诉案件。法院无权直接宣布国会通过的法案是否有效，仅有权对国会超越宪法所制定的法律不予采纳。因而，美国的司法审查制度是一种附带性的审查，法院不得主动行使此项权力。但是，美国实行的是判例法制度，联邦最高法院的判决对美国的各级法院均有约束力，对于先例的遵

循往往会导致被拒绝适用的法律条款失去效力。

（三）实质性审查

由于知识产权本身的属性，美国法院的司法审查标准逐步由形式审查转向实质性审查。需要首先说明的是，美国对专利的授权是采取发明在先原则，即不管谁先提出专利申请，发明在先的发明人有权得到专利权，而不是申请在先原则，即对于同一发明，谁先提出专利申请，则谁就有权获得专利，后提出专利申请的即使是发明在先，也将丧失得到专利的权利。以专利的可授予性为例，在 Bilski 案中，联邦巡回上诉法院推翻了该院于10年前在 State Street Bank & Trust Co. v. Signature Financial Group Inc. 案中确立的可专利主题评判标准，即一种方法如果能够产生有用的、具体的和有形的结果就属于可授予专利权的客体，而采纳了联邦最高法院所确立的另一种更为严格的评判标准：当一项方法与特定的机械相捆绑，或将一个特殊产品转换为不同状态或物质，才符合《美国专利法》第 101 条可授予专利客体的条件。

在知识产权的反托拉斯审查当中，这一实质性标准体现得更为明显，《谢尔曼法》除了第 1 条所规定的少数本质违法的情形之外，它要求证明实际的反竞争目的或效果。比如，价格歧视不属于本质违法的行为，因此必须受到“合理性规则”的制约。该规则要求调查行为的背景、目的和环境，以便评价反竞争的可能性。法律通常维护努力竞争和努力竞争造成的低价，正如最高法院反复表示的，颁布反托拉斯法是为了保护竞争而不是竞争者。[1] 因此，必须区分反映诚实竞争的歧视性低价和具有明显反映控制和削弱竞争意图，为了以后享有优势地位的歧视性低价。这种区分极其困难，尤其在知识产权领域，因为许可中的价格歧视很难辨认，即使能够辨认，也很难确定它是否必然导致反竞争效果。即在此类案件当中，法院需要对限制竞争的实际效果作出判断。

[1] Brown Shoe Co. v. United States, 370 U. S. 294. 320 (1962).

三、美国知识产权司法审查的基本类型

（一）知识产权注册与授予中的司法审查

根据《美国法典》第35编第101～103条、第112条的规定，专利与商标局将对符合如下5个要件的发明授予专利：（1）发明属于可受专利保护客体；（2）没有被公共知识所预见；（3）具有实用性；（4）表现出对现有技术的重大突破；（5）有申请人公开并进行一定的描述，使他人得以制造或者使用该发明。依照《美国专利法》的规定，发明专利的申请和审查的程序可以概括为：申请，由审查员对申请进行形式审查和专利检索，发出审查意见书并由申请人修改权利要求书，公告专利申请文本，任何人均可对公开的申请文本提出异议，由审查员进行实质审查、对异议进行决定，决定授予专利权抑或作出驳回决定，授权公告。在上述程序当中，专利商标局有权对专利申请人或异议人，包括在先权利人以及其他异议人作出如下决定行为：（1）针对经过修改后的权利要求书和说明书认为仍不符合要求的申请予以驳回；（2）异议成立的，对专利申请作出驳回决定；（3）异议不成立的，对异议人作出驳回异议决定，并决定对申请人授予专利权。对于上述决定，当事人有权利向专利商标局下设的专利上诉与冲突委员会提出申诉。[1]

对该委员会就申诉所作的决定以及就此冲突事项（涉及在先专利的有效性以及优先权等问题）所作的决定，申请人和专利权人同样可在民事诉讼和司法审查之间进行选择，但救济途径的选择本身亦具有排他性。一方面，专利申请人在没有选择司法审查的前提下，可以专利与商标局长官为被告向哥伦比亚特区法院提起民事诉讼，而如果其选择上诉至联邦巡回上诉法院请求司法审查的途径，那么意味着其放弃了利用民事诉讼途径的权利。另一方面，对专利与商标局就申请是否与在先权利存在冲突等事项所

[1] 林民华："美国知识产权的司法审查"，载 http://blog. sina. com. cn/s/blog_4c07c82e010009ai. html.

作的决定不服的，任何一方均可以在没有向美国联邦巡回上诉法院提起司法审查的前提下提起民事诉讼。❶

（二）知识产权反托拉斯法规制中的司法审查

知识产权的反托拉斯审查涉及专有性和自由市场之间的平衡。专有性是财产权的固有属性，因此，每一项专利权都会使其所有人披上一件保护衣，使其有权排除他人使用该项专利发明。专有性权利是在宪法范围内而言的：赋予无形财产以经济价值，否则，该无体物将会成为公共产品，可以为任何人所使用，从而也就没有人可以从中获取价值，这也就直接表明了专利法的首要目的——激励创新。❷ 专有性能够激励创新，但同时又极容易形成垄断而破坏和限制竞争，法律禁止未经授权的复制不是由于复制本身是罪恶的，而是由于它违反了某些追求经济活动效率最优化的规则。反托拉斯的情形即是如此，一种贸易限制是否合理主要取决于它的实际或可能的经济效果。因而，以知识产权许可为例，其一方面作为合同，受州合同法的原则的支配；另一方面，与所有的商业贸易一样，许可贸易将受到联邦反托拉斯法的规范。

具体言之，仅司法部反托拉斯局有权进行《谢尔曼法》的政府实施，但是联邦贸易委员会可以依照《美国联邦贸易委员会法》第 5 条，对不公平的竞争方法予以反对。对于《克莱顿法》，反托拉斯局和联邦贸易委员会均有权实施，当然它们之间已经逐渐形成相应的协调程序，以便相互在采取调查或提起诉讼前向对方通知。反托拉斯局主要的实施活动是发起调查，启动调查程序可以基于以下原因：私人申诉、反托拉斯局自己采取的审查，或者私人的申报行为，如合并的预先申报。在“初步调查阶段”，调查只依据公开的信息进行，如果有正当理由，反托拉斯局将进而启动正式调查，可以对个人进行质询，或要求提供有关文件。之后，反托拉斯局

❶ 林民华：“美国知识产权的司法审查”，载 http://blog.sina.com.cn/s/blog_4c07c82e010009ai.html.

❷ ［美］Jay Drawler. Jr. 著，王春燕等译：《知识产权许可》（*Licensing of Intellectual Property*），清华大学出版社 2003 年版，第 151 页。

可能会停止其调查、达成和解，或者在联邦地区法院提起刑事诉讼或民事诉讼。与之相对，联邦贸易委员会被赋予更为自由的权力，其有权制止“不公平的竞争方法”。这些方法被解释为包括《谢尔曼法》所禁止的全部行为，如最高法院在 Sperry & Hutchinson 一案中判定：“委员会有权界定和禁止不公平的竞争行为，哪怕这种行为并不违背反托拉斯法的条文或精神。”❶

对于如上反托拉斯法及联邦贸易委员会的反托拉斯法实施的行为，实践当中已经越来越多地受到法院的司法审查。比如在 Boise Cascade 案当中，几位销售商共同使用一个交货价格系统，但是没有证据表明他们之间存有协议。联邦贸易委员对此予以禁止，但是却被法院推翻。法院认为，委员会至少应当证明协议的存在，或者使用该系统虽未进行通谋，但已经产生了实际的反竞争效果。

（三）美国对外贸易体系“301 条款”下的司法审查

“301 条款”所指乃是 1974 年《美国贸易法》第 301 条，它最早见于 1962 年《美国贸易扩展法》，后 1974 年《美国贸易法》、1979 年《美国贸易协定法》、1984 年《美国贸易与关税法》，尤其是 1988 年《美国综合贸易与竞争法》对其进行了修正和增补，逐渐形成了所谓的“一般 301 条款”“特别 301 条款”和“超级 301 条款”规则体系。其中，“特别 301 条款”对于美国在国际市场上的知识产权保护进行了格外的规范。依照“特别 301 条款”的规定，美国贸易代表必须在每年的 4 月底之前，提出所谓的“重点国家”名单、“重点观察国家”名单和“观察国家”名单。这些国家通常对于知识产权的保护不够充分，或者是法律、法规不完善，或者未能有效禁止侵权行为，因而导致美国知识产权的权利人无法在这些国家建立相应的知识产权市场。❷

在确定“重点国家”之后，美国贸易代表就必须对“重点国家”所被

❶ ［美］霍温坎普（Hovenkamp Herbert）著：《联邦反托拉斯政策：竞争法律及其实践》（*Federal Antitrust Policy*：*The Law of Comp*），法律出版社 2009 年版。

❷ 张乃根：《国际贸易的知识产权法》，复旦大学出版社 2007 年版，第 193～195 页。

指控的“不公平贸易措施”展开调查，同时也可以就争议问题进行谈判。如果贸易代表在调查的过程中证实“重点国家”未能充分保护美国知识产权权利人之权利，同时又无法在展开调查之日起18个月之内达成协议，则美国贸易代表必须依据“特别301条款”之规定，采取报复行动。报复行动包括：对“重点国家”进口至美国的产品征收100%的关税；对“重点国家”进口至美国的产品设置进口限制；取消优惠关税；暂停与“重点国家”之间的贸易协定，并且报复范围不限于被指控产品。[1] 由此可见，美国贸易代表在实施“特别301条款”方面具有专项权力。但是需要注意的是，美国对外贸易体系“301条款”下的司法审查仅仅为理论上的一种分类，美国法律没有关于对贸易代表采取报复行动决定进行司法审查的规定，并且实践中尚未确立与此相关的先例。[2]

（四）美国对外贸易体系“337条款”下的司法审查

美国对外贸易制度当中，专利权人有权依法禁止他人在美国生产其受保护的专利产品和在海外仿制其专利产品后销往美国。有两条途径可以起诉这种侵权行为：其一，利用1930年《美国关税法》第337条（“337条款”）向美国国际贸易委员会提出；其二，向联邦地区法院提出。[3] “337条款”禁止的是一切不公平竞争行为或向美国进口产品中的任何不公平行为，所谓“进口贸易中的不公平做法”是指：“货物所有人、进口人、收货人或其代理人将货物进口美国或在美国销售时使用不公平竞争方法和不公平行为，其威胁或效果足以摧毁或实质损害美国国内产业，或阻碍此类产业的建立，或限制、垄断了美国的贸易和商业，或者将货物进口美国，或为进口美国而销售，或进口美国后销售，而该种货物侵犯了美国已经登记的有效且可执行的专利权、商标权、版权或集成电路芯片布图设计专有权。”对于胜诉方，国际贸易委员会的救济方式主要为排除令——对某特定

[1] 吴嘉生：《美国贸易法三〇一条款评析：智慧财产权保护之帝王条款》，元照出版公司2001年版。

[2] 张乃根：《国际贸易的知识产权法》，复旦大学出版社2007年版，第203页。

[3] 同上。

产品禁止进口，或者为停止或拒绝令——禁止进口方进入，也可同时发出两个命令。❶

根据“337 条款”，美国国际贸易委员会应当依请求或者依职权对任何指控的违法行为进行调查。在调查开始后，委员会应当就此在联邦登记簿上发布公告，并应当尽早结束调查作出决定。如果调查结果是当事方违犯了“337 条款”的规定，委员会将发出命令，禁止由违法方输入的所有侵权货物进入美国。考虑到这种排除对公共健康和福利、美国经济中的竞争条件、类似的或者直接的竞争产品在美国的生产或美国消费者产生不利影响，委员会若认为不应当排除该类物品进入美国，也可选择不采取行动。在选择禁止货物进入美国的情况下，国际贸易委员会的禁止令应当仅限于被发现违法的、由违法方输入的所有物品；另外，如果已对侵权情况有所了解并且难以识别货物来源，则国际贸易委员会有权对所有类似产品一律予以排除。这被称为普遍排除令。它禁止某一种类的所有进口产品进入美国市场。如果在调查进行之时，国际贸易委员会认为侵权正在发生，其有权发布临时排除令。无论国际贸易委员会作何种决定，最后须由美国总统核审。总统收到决定后 60 日内可否定国际贸易委员会的决定，如果总统支持国际贸易委员会的决定，或者在 60 日内不否决该命令，则除可能接受联邦上诉法院的司法审查外，国际贸易委员会的决定和命令则成为终局决定。❷ 这也就意味着联邦上诉法院有权对经总统核审后的国际贸易委员会的决定和命令进行司法审查。由此可见美国对外贸易使用“337 条款”是非常慎重的。

❶ 《美国法典》第 19 篇第 1337 节。

❷ 同上。

第二节　美国知识产权司法审查机制

一、美国知识产权司法审查机制的规范依据

（一）美国行政行为司法审查的法律规定

《美国联邦行政程序法》第7章第701~706节规定行政行为的司法审查制度，包括适用范围、可审查的行为、司法审查权以及审查标准。关于受司法审查机关的范围，依据第701节的规定，包括美国所有行政机构，同时排除适用于国会、法院、美国附属地或领地的政府、哥伦比亚特别行政区政府等。受司法审查的行政行为范围，依据第701节的规定，其适用于所有行政行为，除了：（1）法律禁止司法审查的；（2）行政机关行为属于法律允许自由裁量范围。关于起诉的条件，第702节规定，因行政机构违反有关法律法规之行为，受到损害，或受到不利影响、伤害的人，有权请求司法审查。请求金钱赔偿以外之救济，请求确认行政机构、官员、雇员违反职责或法定职权之作为、不作为，法院不应拒绝；起诉美国政府，或美国政府是必要之当事人的，法院同样不得拒绝。[1]

（二）美国国内知识产权保护的法律规定

美国知识产权司法审查实体法律依据主要包括：（1）1976年《美国版权法》（已补充修改），编入《美国法典》第17篇；（2）1952年《美国专利法》，编入《美国法典》第35篇，包括四部分：专利与商标局、发明的可取的专利性与专利的授予、专利与专利权的保护以及《专利协调条约》；（3）1946年《美国商标法》，即《兰海姆法》，编入《美国法典》第35篇，主要涉及联邦商标的注册程序和注册商标专有权的保护。除此之外，美国还建立了与反托拉斯法相关的法律制度，如《联邦贸易委员会法》，编入《美国法典》第35篇。

[1] 《美国联邦行政程序法》第7章第701~706节。

（三）美国对外贸易中的知识产权法律规定

美国对外贸易中的知识产权保护条款，主要为：1930 年《美国关税法》第 337 节（《美国法典》第 19 篇第 1337 节即“337 条款”）及相关条款；1974 年《美国贸易法》第 301 节（《美国法典》第 19 篇第 2411 节，即“一般 301 条款”）及相关条款；1974 年《美国贸易法》第 182 节（《美国法典》第 19 篇第 2242 节，即“特别 301 条款”）及相关条款；1974 年《美国贸易法》第 310 节（《美国法典》第 19 篇第 2420 节，即“超级 301 条款”）及相关条款。[1]

二、美国知识产权司法审查机制的审查主体

知识产权司法审查的审查主体与法院的管辖权相关，即法院在听审案件之前，必须拥有解决特定冲突的权力，这种权力由宪法或者立法机关授予。与很多国家设立专门的司法审查机关的模式不同，美国的普通法院享有司法审查权。普通法院是直接依据《美国宪法》第 3 条设立的法院，分为三级，自下而上分别为联邦地区法院、联邦上诉法院和联邦最高法院。需要注意的是，知识产权由于其同时涉及反托拉斯法和国际贸易领域中的相关规则，因而对于进行知识产权司法审查的法院也确立了一些特殊的规则。

（一）联邦地区法院

由美国联邦地区法院审理的案件主要包括：所有涉及联邦的刑事案件；所有涉及联邦宪法、法律、条约且争执金额超过 1 万美元的民事诉讼；涉及不同州的公民或美国公民与外国侨民之间的争执，且争执金额超过 1 万美元的民事案件；涉及海事法、海商法的案件；涉及破产法的案件；涉及某些联邦行政机构裁定的案件；国会规定由地区法院审理的其他案件。

在上述美国联邦地区法院审理的案件中的一类为“涉及某些联邦机构裁定的案件”，这其中包括与知识产权相关的行政裁定案件。作为一般原

[1] 张乃根：《国际贸易的知识产权法》，复旦大学出版社 2007 年版。

则，版权、注册商标、专利、植物新品种、集成电路布图设计等侵权案件的初审管辖法院均为美国联邦地区法院。联邦地区法院判决后，原被告双方如有不服，可向联邦巡回法院上诉，联邦巡回法院的判决为终审判决。

（二）联邦国际贸易法院

1970～1982年，联邦国会针对进出口贸易领域的司法审查制度颁布了6部重要的法律：1970年《美国海关法院法》、1974年《美国对外贸易法》、1978年《美国海关程序改进及简化法》、1979年《美国贸易协定法》、1980年《美国海关法院法》以及1982年《美国联邦法院改进法》，由此，联邦国际贸易法院的司法审查权得以确立。[1]《美国法典》第28篇第1581节规定，国际贸易法院有权受理：（1）对美国海关决定不服的司法审查案件；（2）外国厂商对进口分类的争议案；（3）反倾销与反补贴关税案……（8）进口商对分类决定不服案；（9）因任何法律规定而产生的，涉及进出口贸易的联邦收入，或进口限制，美国作为被告的案件；（10）其他与国际贸易相关的案件。[2] 其中第一类包括美国海关对进出口所涉知识产权决定不服的司法审查案件。当事人如果对国际贸易法院的裁定不服，可以向联邦巡回上诉法院提起上诉。

（三）联邦巡回上诉法院

1982年国会通过制定《美国联邦法院改进法》所设立的联邦巡回上诉法院，对一些专门性的案件拥有全国范围内的专属管辖权，包括：不服联邦地区法院的判决的专利及有关版权和商标案件（单纯版权、商标案件，其不牵扯到其他问题的，应上诉至其他联邦巡回法院）；指控美国政府的上诉案件；联邦索赔法院的上诉案件；某些其他商标和专利上诉案件，不涉及重新审查的；国际贸易法院的上诉案件；国际贸易委员会有关进口贸易中不正当竞争的上诉案件；商务部部长提出的有关进口设备的案件；有关植物新品种法的上诉案件；有关政府合同的上诉案件。特别是对专利诉

---

[1] 吴嘉生：《美国贸易法三〇一条款评析：智慧财产权保护之帝王条款》，元照出版公司2001年版。

[2] 《美国法典》第28篇第1581节。

讼具有排他性的上诉管辖权。专门化的专利司法体制大大减少了美国专利保护中的司法冲突，使专利司法、行政机关对专利法的解释与实施趋于标准化、一致性和确定性，因此极大地加强了美国专利法律保护的稳定性。

比如，根据《美国商标法》的规定，在商标注册过程当中，专利与商标局可能形成如下决定：（1）申请人向该局提出注册申请并缴纳相关费用后，如果审查员进行审查后认为无权注册，则在申请人对申请进行修改仍无法满足注册条件时，作出驳回商标注册的决定，而对于符合条件的申请，则在官方公报上公布；（2）公告后，任何人对该商标均可提出异议，由该局下设的商标评审和上诉委员会对异议进行审查并作出决定，或者驳回商标注册，或者准许注册并颁发注册证；（3）如果核准注册，任何人均可在法定期限和条件下向该局提出撤销请求。对该请求，依旧由商标评审和上诉委员会审查并作出是否撤销的决定；（4）如果专利与商标局局长认为申请存在冲突，可作出存在冲突宣告决定。在此情况下，当事人可以专利与商标局局长以及另一方当事人为被上诉人上诉至美国联邦巡回上诉法院。❶联邦巡回上诉法院对此类案件拥有专属管辖权。

再如，在反托拉斯法领域，联邦贸易委员会获得了广泛并且灵活的授权。其作为政府管制机构，与法院相比较而言更为专业，而且不受严格的程序和证据规则的束缚。根据《联邦贸易委员会法》第5条（b）和《联邦行政程序法》，该委员会自身有权启动调查程序，并且有自己的收集和提出证据的程序。在行政法法官作出初步决定之后，由贸易委员会决定是否予以批准，其通常采取的救济方式为发布禁制令（“cease and desist” order），如果被告对该委员会的决定不服，则可以向联邦巡回法院请求进行司法审查。

还需要注意到，联邦巡回上诉法院是国际贸易法院的上诉法院，因此其管辖权包括与国际贸易有关的案件，同时，它还受理不服ITC关于进口贸易中专利侵权的决定的案件。ITC是经法定授权受理不正当贸易行为指

❶ 齐树洁：《美国司法制度》，厦门大学出版社2006年版，第452页。

控的行政机构，包括针对进口到美国的产品侵犯美国专利的指控。如果ITC认定侵权成立，ITC即有权禁止侵权产品的进一步进口以及禁止销售已经进入美国的侵权产品。对于这一决定，当事人不服的，则可以向联邦巡回上诉法院请求进行司法审查。

三、美国知识产权司法审查机制的审查范围

司法审查的范围永远是一个争议中的问题，20世纪之前，法院基于对“三权分立”原则的严格解释，为避免干预行政，在行政案件的受理上坚持不可审查的假定立场，即私人只能对法律规定可以起诉的行政行为提起诉讼，法律对于行政行为是否可诉未作规定的，法院应作不可诉的推定。20世纪，法院放弃了不可审查的假定，将可审查的假定确立为受理行政案件的一般原则，即在法律对行政行为是否可诉未作规定的，应作可诉的假定。这就意味着，除法律明确予以排除之外，原则上行政行为均可诉。按照《美国行政程序法》第701节之规定，排除司法审查的事项有法律排除司法审查的行为和自由裁量行为。除此之外，美国联邦法院认为，以下事项在性质上不宜进行司法审查：国防、外交行为、政治任命、行政机构内部事务、涉及国家安全的行为、司法部的追诉行为。❶ 当然，这一规则也同样适用于知识产权之司法审查。

尽管如此，美国联邦最高法院实践当中的做法是更加趋向于一种所谓的司法最低限度主义。最低限度主义与司法审查的下列理念是一致的：法院应对那些对解决案子无关紧要的观点不作裁决；法院应当拒绝对那些时机尚未成熟到可以下判决地步的案件进行听审；法院应该避免对政治性问题作出裁决；法院不应该发布供参考的意见。❷ 以此为指引，美国法院对于知识产权司法审查的范围也确立了一些判断规则。

---

❶ 王振宇：“美国司法审查制度考察概要”，载 http：//zhidao. baidu. com/question/57491312，最后访问时间：2010年8月12日。

❷ 王从峰：“一种全新的司法审查理论策略：最低限度主义”，载《理论前沿》2009年第1期。

《美国宪法》第3条第2款规定，法院只能在存在“案件”（case）或“争议”（controversies）时就法律问题进行裁判，这就是可诉性原则。最高法院要求寻求司法救济的各方所提出的争执问题的结果与之有直接的个人利害关系。为了表明这一利害关系之存在，诉讼当事人必须提出其所指控的行政行为造成的实际损害，即这种损害“可以公正地追溯到政府行为”，通过所请求的司法救助“可以得到补偿”。此外，当事人还必须表明他有资格寻求司法救助。当事人在符合诉讼资格的前提下还必须表明争议事由已经足够具体并且被界定，法院能够据此作出有效的判决。[1]

四、美国知识产权司法审查机制的审查标准

根据《美国联邦行政程序法》第七章第706节，法院有权责令改正违法不作为或不合理拖延行政行为。同时，对如下行政行为、行政裁定和决定，法院有权确认为违法并予以撤销：（1）武断、随意、滥用裁量权，或违反法律要求行使权力；（2）违反宪法规定之权利、权力、特权、免责；（3）超出法定管辖、职权、限度，或缺乏法定依据；（4）未遵守法律规定程序；（5）应当进行听证，但没有实质性证据支持的；（6）事实严重不清，达到法院应重新审理的程度。[2] 以上导致撤销行政裁决的标准，在知识产权的司法审查当中，经常涉及的，限于“武断、随意、滥用裁量权”或“违反法律要求”。

美国实行的是判例法制度，长期以来，法院确立了一系列对于行政行为事实问题的审查标准，包括重新审查标准（trial de novo）、独立判断标准（independent judgment）、明显错误标准（clearly erroneous）、实质性证据标准等。需要注意的是，《美国联邦行政程序法》将事实问题制定法层面上的审查标准统一为三个，即法院重新审查标准、实质性证据标准和“武断、随意、滥用裁量权”标准。对于法律问题而言，法官享有最终的解释权，

---

[1] 王振宇：“美国司法审查制度考察概要”，载 http：//zhidao. baidu. com/question/57491312，最后访问时间：2010年8月12日。

[2] 王名扬：《美国行政法》，中国法制出版社1995年版。

可以对法律独立进行解释并予以适用。《美国联邦行政程序法》第七章第706节第1款规定："对当事人提出的主张，在判决所必要的范围内，审查法院应决定全部有关的法律问题，解释宪法和法律。"

（一）实质性证据标准

实质性证据标准即一个理性人可能接受的作为一个结论的正当支持。❶此项标准主要应用于按照正式程序作出的事实裁定。基于此标准，法院出于对行政机关专业知识的尊重，只审查行政机关的证据判断是否合理，如果没有明显的不合理，即满足了实质性证据要求。需要注意的是，实质性证据标准的适用经历了由宽松到严格的过程。早期的法院只审查行政机关认定的证据，而不考虑其他相反证据。过于宽松的标准容易放纵行政违法和滥用权力，因此《美国联邦行政程序法》针对这种情况作出规定，要求法院"应当审查全部记录，或记录中为一方当事人所引用的部分"，对所有的证据进行全面审查。❷也就是说：一方面，法院必须尊重行政机关的判断，只要行政机关的事实裁定具有足够合理性，即便法院认为自己还可以作出更好的裁定，也不能以自己的判断取代行政机关的判断；另一方面，法院不得放弃审查责任，法院必须分析案卷中的全部证据，特别要"考虑记录中任何减少它的证明力的因素"，然后，以一个理性人的标准衡量事实裁定是否合理。

（二）武断、随意、滥用裁量权标准

此项标准主要适用于对事实问题依非正式程序作出的裁定。根据《美国联邦行政程序法》，对于法律授权行政部门进行自由裁量的行为，不得进行司法审查，但是这一条原则应当受到合理性原则的限制，即行政自由裁量权应当遵循"合理、善意而且仅为正当目的行使，并与授权法精神及内容相一致"。

以美国反托拉斯制度中的司法审查为例，"合理性规则"要求司法部

---

❶ http：//wkjd. gdcc. edu. cn/ViewInfo. asp? id =2580.

❷ 王振宇："美国司法审查制度考察概要"，载 http：//zhidao. baidu. com/question/57491312，最后访问时间：2010年8月12日。

反托拉斯局或者是联邦贸易委员会在裁决时应当充分分析个案的所有相关事实和情况，包括限制竞争的性质和目的、该限制适用的行业的历史和结构以及在其他领域实施类似竞争限制的经验。❶

（三）重新审理标准

重新审理标准又称重新审理（trial de novo），指的是法院对于行政机关关于事实的裁定不予考虑，而重新独立地对事实问题作出判断。由于美国行政程序法规定了严格、完备的行政程序，因而行政部门出现“明显错误”的情况十分罕见，根据法院的判例，重新审理标准仅限适用于如下情况：行政行为属于司法性质的裁判，而行政机关对事实部分的裁定程序不适当的；在执行程序当中，遇到行政程序中没有遇到过的问题的；影响个人重大利益的行政行为。需要注意的是，《美国联邦行政程序法》第706节的表述是：“缺乏事实根据达到事实部分应当由法院重新裁定的程度。”由此可以注意到，重新审理标准并不是一个确定的标准，往往需要法院进行裁量。

五、美国知识产权司法审查机制的审查程序

美国行政行为的司法审查程序采用民事诉讼规则。对属于行政机关自由裁量权范围的问题，仅作有限审查。在一般的司法审查当中，对纯技术问题不进行审查。在行政诉讼证据上采用辩论主义，由控辩双方及其代理人进行辩论。如上所述，对不服美国专利与商标局有关复审部门的复审决定，受理起诉的司法审查法院，正是联邦上诉法院。

根据《联邦巡回上诉法院规则》，不服美国联邦地区法院、美国国际贸易法院、美国联邦赔偿法院、专利与商标局的专利上诉与冲突委员会、专利与商标局局长、商标审查与上诉委员会、美国国际贸易委员会的判决或者裁定，可以上诉至联邦巡回上诉法院。

❶ ［美］Jay Drawler. Jr. 著，王春燕等译：《知识产权许可》（*Licensing of Intellectual Property*），清华大学出版社2003年版。

《美国法典》第35篇第141节规定，对专利复审和冲突委员会驳回其申请之复审决定，专利申请人不服的，可以向美国联邦巡回上诉法院上诉，提出上诉的，即视为放弃取得民事诉讼救济的权利；冲突程序中的当事人不服专利复审与冲突委员会的决定的，可以向美国联邦巡回上诉法院上诉。但对方选择了民事诉讼程序的，上诉人只能进入民事诉讼程序。❶

《美国法典》第35篇第145节规定，申请人对专利复审和冲突委员会之决定不服，未向联邦巡回上诉法院上诉的，可以专利与商标局局长为被告，在专利与商标局局长规定的期间内（不得少于60日）向美国地区法院请求民事救济。对专利复审与冲突委员会决定所涉权利要求，根据案件事实，法院可判决该申请人有权获得专利，并授权专利与商标局局长批准该专利。程序的全部费用，由申请人承担。❷

应当注意到，美国实行这种司法审查和民事诉讼两种并行可选择的救济途径，其原因在于：专利的授权有授予财产权的属性，因而要穷尽所有法律救济手段。在行政诉讼救济手段之外，应当给予民事诉讼权利。在民事诉讼中，当事人允许提交新的证据，即使这些证据没有在专利与商标局的审查过程中出现过。而行政诉讼不允许当事人提交新证据。这种补充救济，使得当事人有机会提交新证据，争取对自己有利的判决结果。

第三节 美国知识产权司法审查的系统论分析

系统是指相互联系、相互作用的若干要素构成的有特定功能的统一整体。要素、结构、功能和环境是系统的四个基本要件。将系统学的理论和方法运用于法学的研究，就产生了系统法学。系统法学是对某种法律制度及其衍生系统（如立法、行政、司法）的结构及动作原理、各子系统之间的关系，以及系统和环境（包括经济、政治、社会、文化等）关系的综合

❶ 王名扬：《美国行政法》，中国法制出版社1995年版，第33页。

❷ 《美国法典》第35篇第145节。

研究。就研究过程而言，是动态的而非静态的，强调对系统生成一级系统和环境互动过程的研究。这就要求对法律制度的研究从单因素过渡到多因素变量，从横或纵的关系过渡到综合研究纵横交错的关系，从而打破法学家实际流行的把事物分割来单因素、单变量地进行考察的方式。而是从系统的整体与要素之间、不同层次之间、结构功能之间以及他们的相互联系方式、系统与外部环境的关系、发展趋向等方面进行综合、全面、精确的考察，以达到解决问题的效果。因此系统法学既是理论的，又是实践的；既是实践的，又是操作的。尽管立足于现在的系统法学重视历史，又关注未来，然而它毕竟属于未来，具有非路径依赖性、非确定性和非线性的特征。❶

要全面而深刻地理解美国知识产权司法审查体系，一个重要的前提就是要把它作为一个系统去全面了解、掌握和分析。从系统自身的角度看系统，一个完整的系统应该包括构成要素、结构和功能三个因素，它们是美国知识产权司法审查体系存在的基本方式和属性。

一、美国知识产权司法审查制度的系统论分析——要素视角

任何系统都是由若干相互联系的要素构成的有机整体，离开要素就无所谓系统。一般诉讼体系的构成要素很多，从法律关系的主体来看其基本构成要素，是由审判机关、原告和被告构成。美国知识产权司法审查体系如果用法律关系主体的角度来考察，其基本要素是法院、原告（行政相对方）和被告（行政机关及其适当的官员）。

美国知识产权司法审查制度构成的每一要素均有其不同的特点。（1）有权力进行司法审查的法院在美国是普通法院，而非许多国家专门设立的宪法法院或宪法委员会。根据知识产权司法审查具体领域的不同，包括联邦巡回上诉法院、联邦国际贸易法院、联邦地区法院。（2）原告是在法律保护的利益受到行政行为侵害时，有起诉资格的当事人。这里的“法

❶ 熊继宁：《系统法学导论》，知识产权出版社2006年版，第5～21页。

律保护”分为宪法层次的标准和法律层次的标准：第一，当事人提出的诉讼要符合根据宪法规定的“案件”或“争议”，而只要被调整的行为对当事人“产生了事实上的损害”即构成“案件”或“争议”。第二，被侵害的利益在法律保护的范围内。与扩大原告的政策相适应，法院对“法律保护”持宽泛的解释标准，受到法律保护的权利不仅限于法律明确设定的权利，而且包括法律明示或暗含调整意图的利益。[1]（3）被告范围很宽，1976年对联邦程序法修改时，明确放弃了“主权豁免”原则，并规定“在没有能够适用的特定的法定审查程序时，司法审查的诉讼可以对美国、对机关以及其机关名称或者适当的官员提起”。这也就意味着当事人可以在美国政府、政府机关以及政府官员之间选择起诉的被告，且即使原告列错被告，法庭也有义务指出正确的被告。在知识产权所涉案件中，专利与商标局及其局长、联邦贸易委员会、国际贸易委员会及海关均有可能成为被告。

二、美国知识产权司法审查制度的系统论分析——结构视角

结构是若干要素相互联系、相互作用的方式。国际贸易行政诉讼体系构成要素相互联系、相互作用的方式，形成了这个体系的结构特征。没有诸要素之间相互联系和相互作用的方式，就失去了结构性质的有机性，美国知识产权司法审查制度体系的建设也就失去了生机和活力。因此，了解这个价值体系的结构特征就具有关键意义。

笔者认为，美国知识产权司法审查制度有如下结构性特点：（1）美国知识产权司法审查制度的基础是三权分立的制度性结构。美国的司法审查制度没有法律明确规定，而是基于立法权、行政权、司法权相互制衡的需要。分权与制衡，被誉为“西方立宪主义全部格局的核心”，它在美国政治权力配置中的表现就是基于立法、行政、司法三种权力的不同性质而把国家权力分为相对独立的部分，分别由不同的国家机关掌握并使各种机关

---

[1] 王振宇：“美国司法审查制度考察概要”，载《人民法院报》2006年10月27日。

之间相互制约，相互平衡。（2）美国知识产权司法审查对象包括两个层次，既包括立法中的违宪行为，也包括行政行为中的违法行为，既针对具体行政行为，也针对抽象行政行为，实现了司法对立法和行政行为的制衡作用。（3）美国司法审查的方式包括两层结构：一是法院对立法行为和行政行为的合宪性直接进行审查，二是对违宪的立法行为和违法的行政行为直接撤销，从而发挥法院实质性审查的作用，真正发挥制衡作用。

三、美国知识产权司法审查制度的系统论分析——功能视角

任何系统都有自己的功能，系统的功能是由系统的结构决定的，有什么样的结构就会产生什么样的功能。美国知识产权司法审查从根本上服务于限制国家权力、保障公民权利的宪政功能，这也是近代立宪主义的基本逻辑。

有学者作了这样的概括："传统行政法控权理念的核心可以归结为：行政法是保障个人自由、控制行政机关权力的法律。以此为轴心，它对行政法的一系列基本问题，形成了以公民个人权利为本位、以个人主义和自由主义政治哲学为基础的系统认识。"❶这也是三权分立政治结构所决定的司法审查制度的重要功能。这一理念在当下社会有了新的发展，这种扩展是通过法院的司法审查发展起来的，具体集中在三个层面：起诉资格之扩展，更大范围地接纳民众提起的行政诉讼；行政程序参与权利之扩展，包括参与行政程序的权利和启动行政程序的权利；适当考虑的要求，即适当考虑所有参与行政政策决定程序的利益。❷ 这一发展在知识产权司法审查领域，不仅具有对行政机关如专利与商标局、联邦贸易委员会、国际贸易委员会及海关起到规制、防止其滥用权力的作用，还对美国对外贸易中知识产权政策的动向有引导性作用。

---

❶ 沈岿、王锡锌、李娟："传统行政法控权理念及其现代意义"，载《中外法学》1999 年第 1 期。

❷ ［美］理查德·B. 斯图尔特著，沈岿译：《美国行政法的重构》，商务印书馆 2002 年版，第 78 ~ 128 页。

四、美国知识产权司法审查制度的系统论分析——环境视角

系统的功能取决于系统的要素、结构，并通过与环境的作用而体现出来。一个系统在运行中，不可避免地要受到其他系统或者因素的影响。为了能够顺利运行，任何系统都要善于借助这种外界的影响，以实现本系统的运行目标。笔者将美国知识产权司法审查制度的环境因素归结为一种内生的因素，它与美国政治权力配置、法治传统文化、知识产权国家战略息息相关，不仅是知识产权司法审查得以成功事实的外部因素，而且某种程度来看也是其核心动力源泉。

其一，在美国政治权力配置中，立法、行政、司法三权应该各自独立运行，又相互制约。但是在这三种权力中司法权具有天然的弱势。司法机关既无财权，又无兵权，更不是民意机关。但在美国，司法审查制度使得司法权的力量得到大大强化，形成了司法权对行政权强有力的监督。美国的司法审查制度并非成文法设计出来的，而是通过司法判例予以确立和延续的。这种动态中的权力配置，使得司法对行政的有效监督变为现实。其二，《美国宪法》文本的前言这样写道："我们，美国的人民，为了组织一个更完美的联合体，建立公义，确保内部安宁，提供共同防卫，推广普及福利，以及保卫我们天赋的自由，同时为了我们的子孙后代，于此颁布及确立美利坚合众国的宪法。"从这儿可以看出美国人从一开始就对法治的向往和热爱。美国宪法主要是限制政府的权力和保障人民的自由。宪法阐明人民的权利，但对人民的责任和义务却一字不提。这揭示出法治的核心：政府守法比公民守法更重要。其三，美国从 20 世纪 80 年代开始实行知识产权发展战略，在对产业结构进行调整的同时，相应地进行知识产权改革。在国内，制定法律，重构知识产权的权利归属和利益分配，包括知识产权的实施者和推动者及管理者的权益。对外，谋求美国知识产权权利人在全球利益的最大化，推动《与贸易有关的知识产权协议》的签署，在 WTO 的框架体系内，以知识产权保护为抓手，捍卫其核心国家利益。美国知识产权司法审查制度正是在这样的体制、精神和政策环境下不断增强其开放

性和适应性，推动美国知识产权司法审查制度的成熟与革新，服务于知识产权保护和国家利益。

五、美国知识产权司法审查制度的系统论分析——启示视角

（一）美国知识产权司法审查的演进规律

纵观美国知识产权司法审查制度及其运行，其运行规律和趋势，笔者试总结为如下几个方面。

1. 增强审判机构的统一性

两个世纪以来，美国各州根据自己的需要建立了专业法院，例如成人毒品法院、少年毒品法院、家庭法院、少年法院等，均产生了良好的法律效果、社会效果。美国各州很多地方还建立了商业法院。有些法院内部建立了不同的分支、庭，例如纽约最高法院设立了商业法院，另外还设立了房屋法院等。这些专业法院均有自己的专业法官。联邦法院的专业化，可以保障知识产权案件判决的统一性、权威性、准确性、可预见性。

在联邦巡回法院产生之前，全国缺乏统一的知识产权执法机构，美国专利与商标局、地区法院、联邦法院，对法律理解的冲突，导致当事人恶意选择法院现象广泛蔓延，于是不得不建立联邦巡回上诉法院。在知识产权法领域，由于建立半专业的联邦巡回上诉法院，以及专业化的美国专利与商标局的发展，法律变得更加统一，不正当选择法院的现象大大减少，促进了联邦上诉法院系统对知识产权案件审判的统一。高技术的发展及其复杂性，使不同联邦法院之间不可避免地产生意见分歧，因而当事人不正当选择法院管辖的现象依然存在。因此，笔者认为，今后的发展趋势是美国知识产权案件审判机构逐渐统一至联邦巡回上诉法院，同时增强联邦巡回上诉法院审判知识产权案件的专业性。

2. 增强司法的专业性

笔者认为，增强司法的专业性在美国知识产权司法审查中会体现为三个方面：一是增强法官的专业性；二是增强陪审团的专业性；三是强化专家证人制度。

将联邦巡回法院改造成完全的高级技术法院，由专利律师、有资格的专业人员组成的陪审团，审理科学技术案件，包括生物工程、工程技术、通信、计算机科学、商业方法、互联网法等方面的案件。这种提升和专业化，可以使法院更好地处理各种类型的复杂知识产权案件。

1790 年《美国专利法》规定，专利侵权案件的损害赔偿，应当由陪审团决定。但现在情况发生了很大变化，多数由百姓组成的陪审团，对日益复杂的专业技术问题不具有相应的知识基础，对于公司实施知识产权保护往往也具有倾向性的负面态度。审理知识产权案件，技术案件，要有统一审判的标准。笔者认为未来的方向是发展高级专家陪审团，首先法院遴选出具备相应知识基础和行业经验的相关人士，然后由原、被告双方按照陪审团挑选的程序选择适合的专家组成陪审团，参与案件审理工作。

目前联邦法院系统的法官，在民事、刑事审判中，面临越来越复杂的科学技术问题，于是在诉讼中出现了指定技术咨询专家，请技术专家、业内人士，作为专家证人的方法。1994 年，美国联邦司法中心出版有关《办案指南》，支持在知识产权案件中采用专家、业内人士证据。最高法院在 Kumho and Joiner 判决中也要求，案件的审理法官应当根据联邦证据规则有关规定，在诉讼中考虑有关科学技术和其他特殊知识的专家证据。因而在美国，受最高法院直接约束的联邦上诉法院和地区法院，越来越多地在法官审理案件、陪审员审理案件当中，采用专家、业内人士证据。

3. 增强判决的可预见性

美国公司非常重视知识产权的取得和保护，美国专利的 80% 为美国公司所有，每年耗资 50 亿美元对其发明和产品取得知识产权保护。美国公司之所以愿意投入巨资保护知识产权，这与美国司法判决具有的预见性不无关系。

知识产权司法制度的运行结果是，应当建立起知识产权司法的预见性，使经营者在全国任何地方，均敢于用知识产权作投资；或均可作出侵权或不侵权的判断，从而作出经营决策。法律发展的重要动力是法院的判决，在稳定的法律规范尚未形成时，法院的判决往往有前瞻性，起到路标作用。

美国宪法规定，专利法具有“推进科学和实用技术发展”的任务，美国最高法院的有关要求是“保持判决的确定性和可预见性，从而促进技术成长、产业进步和经营的开展”。

这一方面要求法律规则的明细化。从系统论的角度来看，法律规定和规则组成了一个逻辑严密、层次分明、便于通过演绎方式加以具体运用的庞大规则系统。这使得法官能够依规则而只能够作出那些可以按逻辑的方式从业已阐明的规则系统中推演出来的判决。法官往往就会以一种与整个规则系统之功能相符合的方式对一个案件作出判决。另一方面，要求法官具备较高的职业素养，有关法官能够或应当毫无例外地以一种逻辑的方式从明确的前提中推导出他的判决的观点，“法官所具有的那种训练有素的直觉会使他不断得出正确的结论，尽管他很难就这些结论给出无懈可击的法律理由”。❶

（二）美国知识产权司法审查的具体启示

1. 在知识产权司法审查中贯穿利益平衡的理念

利益平衡是贯穿知识产权保护始终需要坚持的基本观点，在全球化时代知识产权法涉及不同群体利益，因此保护过程中应当秉承利益平衡原则，依据利益的规律，在符合多元利益特性的基础上，根据知识产权法的规范和其他相关法律，去调整多元利益体系中的冲突，以实现知识产权法律体制下的利益最大化。

知识产权司法审查制度的实施也要充分运用利益平衡的原理与机制，通过司法审查的实施，既要保护当事人的合法权益，又要促进技术的创新与传播，实现政府机关与当事人之间、权利人与第三人之间、权利人与公众之间的动态利益平衡。

2. 知识产权保护要与三大诉讼体系，特别是行政紧密联系

知识产权保护是以专利、商标和版权三部法律为核心的，包含反不正当竞争、植物新品种、集成电路布图设计等其他领域相关法律法规的法律

❶ Roscoe Pound, The theory of judicial decision, *Harvard Law Re view*, ix, 1936, p. 52.

体系。与此相适应，在司法中刑事、民事、行政三大诉讼构成知识产权司法制度性保障。过去，我们往往注重刑事诉讼和民事诉讼在知识产权保护中的重要作用，而对行政诉讼重视程度不足。通过行政诉讼起到监督知识产权相关主管机关依法行政、积极行政、公正认定的力度还不够。

美国行政诉讼采用当事人主义，法院不依职权进行调查，对属于行政机关自由裁量权范围的问题，仅作有限审查。在一般行政诉讼中对纯技术问题，不进行审查。在行政诉讼证据上采用辩论主义，由控辩双方及其代理人进行辩论。这些规则适用于知识产权案件。我国司法审查程序的启动也具有被动性的特点，也具有“当事人主义”的某些风格特征，这就要求司法机关创造良好的司法软环境，使得当事人敢于向法院反映其正当的利益诉求。

在我国行政诉讼法是一般法，只要有关行政纠纷存在，有关行政诉讼就必须遵循行政诉讼法，行政案件由行政审判庭受理。由于知识产权是技术性、专业性很强的领域，行政审判部门在审理案件的时候，会涉及大量知识产权的专业性问题，这有别于一般意义上对行政行为合法性进行认定，审判工作更多的是知识产权相关问题的认定，而法院系统中行政庭、知识产权庭是两个系统受理，因此，建议通过培训使知识产权庭法官掌握相关行政审判业务知识，将所涉行政诉讼统一交由知识产权庭审理。同时应当加强三大诉讼系统间的合作与交流，统一知识产权司法尺度，实现审判结果的统一、稳定、准确。

3. 知识产权确权案件中行政裁判与司法审查关系的重塑

美国专利与商标局有3 000多名专利审查员，每年审查约20 万件专利申请。美国专利与商标局中的专利、商标复审机构，实际履行行政司法机构的职能，审理不服专利与商标局审查决定的案件，对专利、商标无效的案件，根据技术、法律知识，作出决定。

我国行政机关在处理知识产权确权案件以及相关争议处理案件时，同样是采取“准司法”的程序，采用了公开审理原则、辩论原则、审查决定公开原则，无论是行政确权还是行政裁判，其准确性与公正性都是比较高的，同时也耗费了大量的时间。司法最终解决是现代法治的基本要求，司法机关必须提供给当事人以司法的最终救济与权利保障。但与此同时，鉴于知识产权相关案件已经过行政机关准司法程序处理，如果再按照一般司法程序对其审理，无疑会加重当事人的负担，甚至由于审判时间的漫长和程序的冗余，当事人虽最终得到公众的司法裁判，但已丧失诉讼的利益。

因此，需要建立专门的知识产权司法审查程序。首先，行政确权案件必须坚持“准司法”程序，在法院司法审查的过程中对上诉审的受理设定法定条件。即由行政机关处理后的行政确权案件，当事人提出行政诉讼的，无条件地进行司法审查，而且必须由中级以上法院进行审查；与此同时规定，当事人不服一审判决的，可提出上诉，但赋予二审法院以审查权。只有对于案情特别重大复杂或有新的证据或案件具有典型性等情况，才予以受理。否则，一审案件即为终审判决。

（三）美国知识产权司法审查的应对方略

1. 充分研究 WTO 所涉知识产权制度

司法审查（judical review）是 WTO 所规定的透明原则中的重要内容之一。同时 TRIPs 协议作为 WTO 系列法律文件的重要组成部分，其在知识产权保护中继承了 GATT（1994）的许多基本原则，透明度原则即属其一。显然司法审查同样也是 TRIPs 协议中的重要原则之一。例如在 TRIPs 协议第三部分“知识产权执法”第 41 条第 4 项规定了相应的司法审查条款：“对于行政的终局决定以及至少对案件是非的初审司法判决的法律问题，诉讼当事人应有机会提交司法当局复审。”（“Parties to a proceeding shall have an opportunity for review of final administrative decisions and of at least the legal aspects of initial judicial decisions on the merits of a case.”）此条款明确规定，对于行政的终局决定和初审后的司法审判如果权利人认为不合法，可以向司法机关提出诉讼，司法机关必须接受。

TRIPs 协议是由发达国家制定出来的，包括 TRIPs 协议在内的所有 WTO 规则不仅在理念上是美国式的，连措词都是美国式的。因此，研究美国知识产权司法审查制度，可以促进我们更加深刻地理解国际贸易知识产权相关规定，如 TRIPs 协议的内涵，更好地运用 WTO 相关制度与规则，充分融入 WTO 的发展中。

2. 充分熟悉美国国际贸易所涉知识产权司法审查制度

美国“337 条款”主要是用来反对进口贸易中的不公平竞争行为，特别是保护美国知识产权人的权益不受涉嫌侵权进口产品的侵害。从“337条款”实践来看，绝大多数案件都涉及知识产权而非一般的不公平贸易行为。虽然欧盟一直认为美国“337 条款”与世贸组织规则不一致，并进行了磋商，但不影响美国“337 条款”目前的运用与效力。中国企业要提高对“337 条款”的认识和理解，防范风险，出口企业应避免侵犯他人的知识产权，尤其是以 OEM、ODM 方式出口的外贸企业，应注意下单的外商是否拥有该产品的商标、专利、著作权等权利的证明文件。一旦涉案，要积极及时应诉。无论是被美国厂商提起民事诉讼，还是对美国国际贸易委员会依据“337 条款”作出的裁决不服而提起的司法审查，我国企业应及时、主动应诉。

3. 不断改进和加强我国知识产权司法审查

确立我国知识产权司法审查制度，可以营造良好的国内保护知识产权的法律环境，使发达国家权利人“放心大胆”来中国运用其知识产权，这样一方面在客观上带来了我国经济发展所亟需的先进技术。另一方面，技术的引进必将激发中国权利人的创造性。从而促进中国知识产权的发展与进步实现中国知识产权发展战略。

美国知识产权司法审查制度经验显示，在我国知识产权保护法中确立司法审查制度，能充分促进我国知识产权的进步与发展，从而实现中国的知识产权发展战略。加强对行政行为的监督与控制，促使行政机关不敢随意滥用行政权力，从而保护知识产权权利人的利益。这样有利于更大地激发起创造力。

（四）结语

WTO 的司法审查制度具有裁决机构的多样性以及司法仲裁和行政庭并存的特点。从法理上有合法性、正当性和合理性之间的关系。比如 TRIPs

协议41条第4款行政终局决定应提供由司法机关作出司法审查的机会。又如GATT第7条第1款规定："在已作出具体承诺的部门，每个成员应确保所有普遍适用的影响服务贸易的措施，将以合理、客观和公正的方式予以实施。"此款要求的是行政行为是否合理、客观、公正的问题。另外，在第7条第6款中规定，各成员应当基于客观和透明的标准，提供服务的资格和能力。对国际审查的标准。GATT第10条第3款（甲）项规定："缔约各国应以统一、公正和合理的方式实施本条第3款所述的法令、条例、判决和决定。"同时，GATT第10条第3款规定："实施这种程序的缔约国如被请求，应向缔约国全体提供有关这种程序的详尽资料，以便缔约国全体决定这种程序是否符合本项规定的要求。"这一国际审查的标准同时也是对成员国国内法院司法审查的要求。

总之，结合本研究中L－赖氨酸337调查案所反映的问题来看，WTO规则并不反对一国实施科技产业扶持政策或进行国内知识产权保护，无论是在国民待遇原则下，还是在TRIPs协议规定的补贴规则下，我们都能够寻找到适当的方式推动科技事业的发展。而无论是发达国家如美国，抑或是发展中国家如中国，若想在WTO体制下生存和发展，也应该树立"理解规则、遵守规则、善用规则"的观念，学会利用WTO规则维护自身权益，应对各类已经产生的纠纷，预见可能产生的利益摩擦；一旦有利害关系人遇到他国采取歧视性措施来保护国内产业的情况，应该善用规则来维护国家和自身权利。

此外，在国际层面如何有效利用磋商机制、提升我国的行业协会在争端解决程序中的作用等问题，也都是非常值得去探究的问题，限于本研究报告主要着眼于美国国内制度，故在此不作展开。

（朱淑娣　黄莉娜　蒋梦娴　丁浩撰稿）

第八章　中美知识产权行政法律保护制度之比较

知识产权是政府认可的一种法律权利。政府保障权利人以专利权、商标权、版权和地理标识的形式获得他们发明或工作的收益，并以此来激励创新。这类权利是近代西方工业革命的产物。中国古代虽有世界闻名的四大发明，但在知识和技术创新方面并未出现制度化的保护。新中国成立后至1979年，也缺乏对“知识创新”的保护。究其原因，一是政府未充分认识到保护知识产权的重要性；二是国内需要保护的知识创新在质量上并未达到一定规模。随着中国经济发展和改革开放的深入，特别是自中国申请“入世”后，为了与他国和国际法律制度接轨，在外力影响下开始全面建立中国的知识产权制度。

时至今日，中国已成为世界第二大经济体，已成为美国、日本和欧盟等西方发达经济体的头等国际贸易竞争对手。但中国仍是一个后发的发展中国家，在知识产权领域尚处于后发地位。美国等西方发达国家，为了保护本国的知识产权、保障本国的知识产权竞争优势，一方面利用各种途径向中国施压，要求中国加强知识产权保护；另一方面自身也多次调整、重构本国的知识产权战略，充分调动本国行政机关保护本国的知识产权。于当今知识经济时代，在综合国力竞争日益激烈、国际贸易纠纷渐趋频繁的情况下，比较研究中美两国的知识产权保护制度，对于认识双方的知识产权保护状况，发现自身知识产权保护的不足之处，于比较中进行制度创新，皆具有现实而重要的意义。

第一节　保护目标

中美两国作为世界大国，各自在不同的国际格局中制定了保护知识产权的战略规划，从中可以概括出两国保护知识产权的指导思想和保护目标。比较这两个方面，有助于在宏观上把握两国的知识产权行政法律保护制度。

一、中国的知识产权保护目标

国务院于2008年6月5日印发的《国家知识产权战略纲要》，集中表述了中国政府保护知识产权的指导思想。该纲要第5段规定中国国家知识产权战略纲要的指导思想是："实施国家知识产权战略，要坚持以邓小平理论和'三个代表'重要思想为指导，深入贯彻落实科学发展观，按照激励创造、有效运用、依法保护、科学管理的方针，着力完善知识产权制度，积极营造良好的知识产权法治环境、市场环境、文化环境，大幅度提升我国知识产权创造、运用、保护和管理能力，为建设创新型国家和全面建设小康社会提供强有力支撑。"除了宏观政治理念上的指导思想，其中与知识产权行政法律保护的有关的指导思想包括依法保护、营造知识产权保护法治环境、大幅度提高知识产权保护和管理能力。在此指导思想下，该纲要将中国知识产权保护的近期目标确定为："知识产权保护状况明显改善。盗版、假冒等侵权行为显著减少，维权成本明显下降，滥用知识产权现象得到有效遏制。"

二、美国的知识产权保护目标

美国是世界创新体系的主导和主力。知识产权创新及其商业化是美国经济增长的关键要素。知识产权的保护及实现是美国国会关注的核心问题，一直以来也是美国国际贸易中的前沿问题。为了保护本国的知识产权竞争优势，美国政府一直在国际知识产权保护协议谈判中促使各国采取强有力的知识产权保护，在国内也一直改进和加强知识产权保护体系。美国总统奥巴马于 2010 年 3 月 11 日公开表示："我们将坚定地保护我们的知识产权。我们惟一最伟大的资产就是美国人民的创新力、独创性和创造力。这对于我们的繁荣至关重要，在本世纪，这将表现得更加充分。但是，只有我们公司在知道他人不能偷窃它们的创意，并且不能依靠廉价的投入和劳力就能复制它的条件下，它们才能成为竞争优势。"❶ 这段话显示出美国知识产权保护的态度是坚定的和务实的。美国政府把加强全球知识产权执法作为增强经济实力、创造就业机会和促进出口的重要有效工具。

《美国知识产权执法联合规划》引言部分，列明了美国政府支持更加有力的知识产权执法的原因：促进美国经济增长、为美国工人创造就业机会及支持美国出口；促进创新及在全球经济中保护美国比较优势的安全；保护消费者的信任和安全；保护国家和经济免受知识产权侵权的破坏；确认并保护美国宪法所保护的知识产权。美国保护知识产权的原因同时也是其保护知识产权的目标。❷

比较两国知识产权保护的目标可知，相对于中国的保护目标主要是减少侵权行为而言，美国的保护目标所指的保护内容更加具体和明确。这反映了两国在知识产权发展不同国情下的选择。

中美上述知识产权目标的实现，依赖其知识产权保护制度的运作。在经济全球化进程中，中美两国的知识产权保护制度，其中主要是知识产权行政法律保护制度，可以分成三个层面：第一是本土层面的保护制度，即在本国国内发生的、不涉及国外进口贸易的知识产权保护制度；第二是跨国层面的保护制度，即涉及其他个别国家的知识产权保护制度；第三是国

❶ "Remarks by the President at the Export-Import Bank's Annual Conference, Omni Shoreham Hotel, Washington, D. C. " . The Briefing Room, Speeches & Remarks. The White House, Office of the Secretary.

❷ 国家知识产权战略实施工作部际联席会议办公室组织翻译：《美国知识产权执法 2010 联合战略规划》，第 3 ~ 6 页。载 http://www.ipr.gov.cn/bzznarticle/iprzhinan/iprzlxz/201006/938056_1.html，最后访问时间：2011 年 11 月 10 日。

际层面的保护制度，即在国际法框架下参与多国行为的保护制度。从这三个层面入手，可以比较全面地了解中美知识产权行政法律制度，发展中国的特色制度，借鉴美国制度的可取之处。

第二节　本土层面的保护制度

中美本土层面的知识产权行政法律保护制度都是二元制的保护制度，都由行政保护制度与司法保护制度共同构成。行政保护制度是规定行政组织以各种方式保护知识产权的制度。司法保护制度则包括刑事诉讼制度、民事诉讼制度，以及对行政保护的司法审查制度。其中行政保护的司法审查制度属于知识产权行政法律保护制度的组成部分，是指在当事人对行政组织采取的知识产权行政保护行为不服的情况下，提请法院审查该行为是否合法有效的制度。综上，中美本土层面的知识产权行政法律制度由行政保护制度及相关司法审查制度构成。

一、行政保护制度

中美两国因国家组织形式的不同、法律制度的不同，行政组织的设置存在较大差别。但两国的知识产权保护制度都受到国际知识产权法（如《巴黎公约》《伯尔尼公约》《与贸易有关的知识产权协议》）的影响，在国际知识产权法的框架下，两国行政法律保护的知识产权又存在某些共同之处。其中最大的共同之处之一，即两国保护的知识产权类型，大体是相同的。根据《美国专利法》《美国版权法》与《美国商标法》等法，以及中国《专利法》《著作权法》与《商标法》等法的规定，形式上中美两国行政保护的知识产权类型或对象基本相同，即都包括专利权、版权、商标权以及其他知识产权（如商业秘密、原产地标识、新植物品种等）。因受两国国情及法律制度的不同，在行政保护机关的类型、职权设置及其组织方式上，两国则存在较大差别。

（一）行政保护机关

作为行政法律保护制度的首要环节及主要执法和保护力量，负有知识产权保护职责的行政机关（知识产权行政保护机关）是中美知识产权行政法律保护制度的重要组成部分。

美国的知识产权行政保护机关由两大类行政机关组成：一类是专司知识产权事务的专门行政机关，另一类是在其行政职权范围内包含知识产权事务的非专门行政机关。前者包括美国商务部专利与商标局、商务部移民与海关执法局知识产权中心、司法部知识产权特别小组、总统行政办公室知识产权执法协调员。

美国专利与商标局是美国知识产权保护的中枢组织之一。其主要职能是与国内各负有知识产权保护职能的组织合作，为其提供技术支持。该机关还为他国建立和执行知识产权保护制度提供援助和技术支持、与他国和国际知识产权组织结盟，在全球范围内加强、保护美国的知识产权。

美国移民与海关执法局知识产权中心的任务是处理和抵制威胁美国经济稳定性和国家安全、限制美国产业在国际市场上的竞争力、置公众健康和安全于危险中的掠夺性不公平贸易活动。知识产权中心联合主要国内和国外的调查机构和行业合作伙伴，高效、合理地配置资源、技术和权责，作出全面响应。

美国司法部（DOJ）知识产权特别小组监督和协调 DOJ 知识产权执法的所有工作。该特别小组由司法部第一副部长领导，成员包括司法部长办公室、司法部第一副部长办公室、司法部副部长办公室、刑事司、民事司、反垄断局、法制办公厅、司法项目办公室、司法部长顾问委员会、联邦检察官办公室和 FBI 的高级官员。特别小组负责全面监督和协调 DOJ 知识产权执法工作，为加强与联邦政府、各州和地方执法协作提供媒介，充当政策制定和发展的引擎，全面致力于逐渐发展形成的知识产权犯罪技术图景和法律图景。

美国知识产权执法协调员是美国《优化知识产权资源和组织法》（PRO－IP Act）设立的、位于美国总统行政办公室内的、专职协调美国负有知识产权保护部门的职位。根据美国《优化知识产权资源和组织法》301（b）（1）的规定，知识产权执法协调员的一般职责是作为《优化知识产权资源和组织法》规定的机关间知识产权执法咨询委员会主席；协调反盗版和反侵权联合战略计划的进展；应有关机关的要求帮助知识产权联合战略规划的实施；在确保知识产权执行政策之间及其与其他法之间的协调的程序上，依据基本的政策和解释向各机关发布政策指引；在与法律相一致的限度下，向国会和总统报告关于国内和国际知识产权执行项目；向国会报告联合战略规划，在适当的情况下，向国会提供推进联邦知识产权法律和执行措施的建议；执行其他由总统可能指示的类似职能。

美国具有保护知识产权的职能但非专司知识产权保护的机关众多，它们是：农业部、商务部（国际贸易管理局）、卫生与公众服务部（食品和药品管理局）、国土安全部（海关与边境保护局、移民和海关执法局）、特工处、司法部等。

农业部主要在机构间贸易协议谈判、争议解决以及执法机制等方面提供专业知识，并凭借其与美国农业之间的密切关系，支持与农业相关的知识产权执法。

国际贸易管理局通过保证贸易伙伴切实履行国际贸易承诺，从而加强和保护知识产权。同时，它还负责应答质询、制订贸易计划并推出贸易工具，帮助美国企业和个人在国外市场上加强和保护自己的知识产权，同时开展延伸服务以增强知识产权保护意识。

卫生与公众服务部食品和药品管理局的职责是为美国加强阻止假冒伪劣医药产品和食品进入美国销售链的自身能力建设，使假冒伪劣医药产品和食品易于识别，并通过召回、公众宣传活动等措施最大限度地降低风险和病患及消费者接触假冒伪劣产品的几率。与此同时起到保护知识产权的作用。

国土安全部在保护知识产权方面发挥着重要作用。为实现有效的知识产权执法策略，国土安全部致力于为正当贸易提供便利，同时执行美国贸易和知识产权相关法律，并调查知识产权的违规行为（特别是商标、假冒伪造和盗版）。

作为负责美国边境管理、管制和保护的联邦机构，海关与边境保护局在知识产权执法上发挥着关键性的作用。海关与边境保护局奉其自己的权力机构之命查封和没收侵犯他人商标、商品名称和版权的商品，开展审计工作，对知识产权侵权行为征收罚款。海关与边境保护局还负责执行国际贸易委员会针对被认定为知识产权侵权的进口货物签发的排除令、查封令和没收令。

移民与海关执法局是负责调查非法制造、走私和销售假冒伪劣产品，以及洗钱等知识产权刑事犯罪的机构。移民与海关执法局有权扣押在调查中被没收的商品，如侵犯商标权、商品名称和版权的商品等。

特工处作为为维护国家金融基础设施而承担调查工作的一部分，它负责调查发现知识产权违法行为的线索。作为对逐渐增多的知识产权盗用问题的响应，特工处通过其电子犯罪工作组计划，继续支持美联邦、其他各国和地方执法机构和检察官，抗击计算机和知识产权犯罪，加强政府和私人企业之间的信息共享。

司法部较为重要优先的工作即积极执行知识产权法。司法部充分利用其刑事司、联邦律师办公室、民事司的资源，以及 FBI 和其他执法合作机构的调查和执法资源，打击知识产权盗用及相关知识产权犯罪。DOJ 知识产权工作的重点为调查和起诉涉及：（1）健康和安全；（2）商业机密与经济间谍；（3）网上商业造假和盗版等的知识产权犯罪。此外，DOJ 通过定向知识产权奖励项目，积极支持国家和地方合作伙伴的知识产权执法工作。

综上，美国的知识产权行政保护机关及其构成的体制至少具有如下特点：第一，结合各机关的主体职能，各机关保护知识产权的分工较细；同时，第二，各知识产权行政保护机关之间的联系与合作非常密切；第三，严格奉行行政法治原则，知识产权保护机关执行的政策与采取的保护措施不得违反法律；第四，在各主要部，如商务部、司法部内设有专司知识产权保护的机构，如知识产权中心等；第五，通过《优化知识产权资源和组织法》，设立独具特色的专职知识产权执法协调员，负责制订联合战略规划、协调各机关保护知识产权的行为。

与美国的专门行政保护机关相比，中国知识产权行政保护机构按知识产权的类别，分别由国家知识产权局（及其所属专利局）、工商行政管理总局商标局、国家版权局（新闻出版总署）负有专门保护专利权、商标权和版权的职能。此外，工商行政管理总局公平交易局负有制止不正当竞争的职能，质量监督检验检疫总局负有保护原产地标记的职能，农业部有权保护农业植物品种权，林业部有权保护林业植物品种权等。其中既有专门行政保护机关，也有非专门行政机关。

根据现行知识产权法及国家知识产权战略，从保护知识产权的角度看，我国的知识产权保护机关保护本土知识产权的职能发育得尚不充分，许多部门内部要么未设立专司知识产权保护的机构，要么这类机构发挥的功能尚不为人们所注意。例如，我国假冒食品药品，而且很多假冒名牌国外药很多通过网络销售的情况下，我国的知识产权保护机构、卫生部的主管机构、公安部门的网络监管机构等尚有待建立有效的联合执法机制。

为了高效统合各行政机关的知识产权能力，我国也在国家知识产权局设有知识产权保护联席会议。该会议类似于美国的知识产权执法协调员。但是深度比较可知，美国的知识产权联合执法机构系依法设立，具有法定的明确职权与职责。我国的知识产权联合执法机构多限制依政策、决定与命令而设立的层面，必要时还需制定相关法律或者在知识产权法中专门规定知识产权执法协调组织的职责。

另外，为了深入推进知识产权的行政保护，我国商务部、农业部、卫生部、科技部、林业部、工商行政管理总局、公安部等具有直接或间接保护知识产权的部门，有必要设立执行性的或研究性的知识产权机构，使其为该部门提供知识产权执法的组织、技术支持。

（二）行政保护措施

美国各专门性的或兼顾性的知识产权行政保护机关，为了实现其法定职责，采取了多种多样的行政措施。其中作用较大且具有美国特色的行政措施包括：（1）美国贸易代表确定重点国家、发起调查和采取的一系列制裁措施；（2）美国国际贸易委员会对国外知识产权侵权产品进口和销售的调查、裁决，以及发布强制排除令或禁止进口令的措施；（3）美国知识产权执法协调员统一协调措施，等等。

相对于美国层次明晰、实用多样的行政保护措施。我国的知识产权行政保护措施，主要是行政检查、行政监督、行政调解、行政裁决、行政复议、行政处罚、行政强制等。实施这些措施的机关主要是知识产权局、工商行政管理局、国家版权局，以及政府的综合性行政机关。从行政保护措施的作用范围来看，我国的行政保护措施，在境内保护本国的知识产权方面，还需结合行政机关的行政执法能力与知识时代的新形势进一步丰富行政保护措施的类型。例如，通过加强对网络的监督防止知识产权侵权产品的销售等。

（三）行政保护体制

美国的知识产权行政保护体制可谓全方面、立体式的保护。

首先，美国的行政保护体制由两部分相互紧密结合而成：一是作为经济组织的私方，二是专门性与综合性的行政保护机关。在美国强大的市民社会中，经济组织及其构成的协会等团体是美国知识产权保护体制启动的一大方面，另一方面是美国知识产权行政保护体制依职权主动采取的保护。前二者构成美国知识产权行政保护的启动机制。尽管中国的知识产权保护协会、维权组织的数量在增多、作用力在加强，然而在现有体制未赋予前述组织更多权利和机会的情况下，还需重新审视我国现行行政保护体制在某种程度上的适用性与灵活性。

其次，美国的行政保护体制由三个层面构成：一是在境内对进口商品侵犯知识产权的保护；二是对国外发生的侵犯本国知识产权的行政保护；三是行政机关在国际层面所做的保护知识产权的工作。其中与美国国力相称的是其主要通过国际贸易代表实施的对国外发生的侵犯本国知识产权的行政保护。随着中国综合国力的增强，中国知识产权海外维权的需要也日益增强，但在制度上还未建立类似美国的体制。

最后，美国的行政保护体制由美国各专司知识产权保护的机关及综合性行政机关的知识产权保护部分构成。这些机关或按知识产权的类型或按知识产权保护的阶段，提供充分利用本机关执法能力的保护。在美国知识产权执法协调员的协调、组织下，美国的知识产权行政保护机关具有较强的针对性、灵活性，同时又具有较高的协调性，从其体制安排及实践来看，能够有效地执行国会立法和总统指令的知识产权保护任务。我国当下也已建立以三大知识产权机关为主体的知识产权行政保护体制，并且也设立了国家知识产权战略实施统一协调机构。我国的知识产权执法体制还有不少部分是依据国家的知识产权保护政策建立的，例如，我国的知识产权统一协调机制是依据国家知识产权战略架构的，从依法行政的角度看，我国还应当适时应势地以立法的方式确立、建构我国的知识产权行政保护体制。

二、行政保护的司法审查制度

中美两国的国家结构形式与政权组织形式虽不相同，但两国都设立了由法院审查行政行为合法性的制度。美国称之为司法审查制度，中国称之为行政诉讼制度。知识产权行政保护法律的具体实施机关即是行政机关，他们实施的行政行为，符合法定条件的也属于司法审查的范围。法院对知识产权行政保护行为的司法审查构成中美知识产权行政法律保护制度第二大层面，即知识产权行政保护的司法审查制度。

（一）美国的司法审查制度

在知识产权行政案件的审级上，美国联邦巡回上诉法院的位置，在美国的联邦法院系统中，可类比我国的高等法院：不服美国专利与商标局有关行政决定，直接提起行政诉讼的，美国联邦巡回上诉法院是一审法院。

美国联邦巡回上诉法院是对专利确权、侵权诉讼具有专属管辖权的上诉法院。它受理来自美国专利与商标局（PTO）关于专利审查案件、美国联邦地区法院（DCT）专利侵权案件。当事人不服美国专利与商标局有关行政决定，直接提起行政诉讼的，美国联邦巡回上诉法院是一审法院。即当事人可以专利与商标局局长以及另一方当事人为被上诉人上诉至美国联邦巡回上诉法院。[1] 专利所有人（在先发明人）对专利上诉与冲突委员会

[1] 叶京生：《美国知识产权案例与评述》，上海译文出版社 1998 年版，第 29 页。

所作的决定不服的，只能向联邦巡回上诉法院提请司法审查。❶

美国联邦巡回上诉法院还受理来自当事人对美国国际贸易委员会的“337调查”案件的上诉案件。对于美国国际贸易委员会的最后裁定，如果败诉方不服，则可以上诉到位于华盛顿的美国联邦巡回上诉法院。❷ 此外，联邦巡回上诉法院还是国际贸易法院的上诉法院，其管辖权包括与国际贸易有关的案件。

前述以外行政保护的司法审查，自美国20世纪70年代的改革以后，凡是法律没有规定法定的审查的，只要行政机关的行为没有不受审查的条件，都可适用联邦条款，由地区法院进行审查，地区法院可以判决责令、禁止、撤销受审查的行为，也可以判决行政机关赔偿损失。❸

美国最高法院理论上是联邦巡回区上诉法院一审案件的二审法院，但是实行上诉许可制，最高法院很少过问知识产权确权行政二审案件。

（二）中国的知识产权行政诉讼

中国的知识产权行政执法机关，在保护知识产权方面的行政行为主要有两类：一类是行政机关依职权，主动查处的专利、商标、版权行政违法、民事侵权案件；另一类是应权利人的请求，对民事侵权行为代表国家权力，进行中立裁决的案件。在行政诉讼法现行规定下，无论哪种案件，一旦出具行政决定，就可能形成行政诉讼案件。根据中国行政诉讼法的规定，在当事人不服其行政行为的情况下，知识产权行政保护机关有可能成为行政诉讼的被告。此类行政案件由作出行政行为的行政机关所在的人民法院管辖。在级别管辖上，行政案件一般由行政机关所在地的基层人民法院审理，其中确认发明专利权的案件、海关处理的案件、对国务院各部门或者省、自治区、直辖市人民政府所作的具体行政行为提起诉讼的案件，以及在本

---

❶ 林民华：“美国知识产权的司法审查”，载 http://oldfyb.chinacourt.org/public/detail.php?id=70646，最后访问时间：2011年11月19日。

❷ 参见 Robert H. Fischer，Aleksandra Fayer，杨海艳译：“美国国际贸易委员会诉讼和联邦地区法院专利诉讼的异同”，载《中国知识产权》2010年第4期，第74～77页。

❸ 王名扬：《美国行政法》，中国法制出版社1995年版，第573页。

辖区内重大涉外或者涉及香港特别行政区、澳门特别行政区、台湾地区的案件，由中级人民法院管辖。一般情况下，行政案件由行政庭审理。

与美国知识产权行政保护的司法制度比较可知，中国的各级法院按照地域和级别都有可能审理行政案件，这一点明显不同于美国由特定法院对知识产权行政行为进行司法审查。美国的司法制度虽然传统、历史沉重，但实现了专利案件在联邦上诉法院层次上的全国统一审理。有学者建议在实践中，仿照《最高人民法院关于专利法、商标法修改后专利、商标相关案件分工问题的批复》和地方法院（如上海、武汉、福建）规定的前例，根据各个地区（指省、直辖市法院系统）情况，随着工作的进展，以“批复”“通知”等形式，逐步将行政案件规定为由知识产权庭审理；在条件成熟的地方，规定刑事案件可以由知识产权庭审理。根据国家知识产权战略需要，未来适时建立知识产权行政确权案件专业法院——知识产权高级人民法院。该高院可独立设立，也半独立地可存在于北京高院中。[1]

第三节　跨国层面的保护制度

在信息流、物流、资金流全球化的时代，知识产权的行政保护已经不限于一国单纯在其境内针对本国个人和组织。一方面，他国经济组织生产的侵犯本国知识产权的商品进口到本国后，会以低劣的品质和较低的价格，直接冲击本国的同类产业、危害本国经济安全；另一方面，在其他国家生产的侵犯本国知识产权的商品，虽然不一定进口到本国，但是会直接减少本国应得知识产权收益或本国同类产品的出口量，所以仍然会损害本国利益。因此，成熟而健全的知识产权保护制度不但要求国家采取措施打击进口侵权商品，还要求国家制裁发生在国外的侵犯本国知识产权的行为。

---

[1] 张玉瑞、韩秀成：“我国知识产权司法体制改革”，载 http：//www.chinaiprlaw.cn/file/200605217934.html，最后访问时间：2011 年 11 月 30 日。

一、打击进口侵权商品的行政措施

中美两国都建立了以商品贸易机关、海关为主体的打击进口侵权商品、保护本国知识产权的行政措施。

（一）美国关税法“337 条款”下的行政保护

针对侵犯知识产权商品的进口，美国国会很早便通过立法开始为其国内企业提供行政法上的救济，这就是经过数度修订的 1974 年《美国贸易法》第 337 节，也就是所谓的“337 条款”。[1] 根据该条款，凡进口到美国的产品、为进口至美国而进行销售的产品以及进口后在美国国内进行销售的产品，若侵犯美国相关产业或正在建立中的相关产业的合法有效的、具有执行力的专利权、注册商标、著作权、外观设计、集成电路布图、专有技术等，即构成对“337 条款”的违反。对此，美国国际贸易委员会都可进行调查，并在与公共健康、福利、对市场竞争的影响和对消费者的保护等国家利益进行平衡后有权采取普遍的或有限的排除令（General or Limited Exclusion Order）、禁止和停止令（Cease and Desist Order）、扣押和没收等禁止进口侵权产品或禁止在美国国内出售进口侵权产品的救济措施。[2] 本书在“保护知识产权的美国 337 行政救济制度”已经详细论述了美国国际贸易委员会依法保护知识产权的程序。

美国海关及边境保护局隶属于美国国土安全部，作为负责美国边境管理、管制和保护的联邦机构，在知识产权执法上发挥着关键性的作用。海关及边境保护局负责执行国际贸易委员会针对被认定为知识产权侵权的进口货物签发的排除令、查封令和没收令。另外还负责查封和没收侵犯他人商标、商品名称和版权的商品，开展审计工作，对知识产权侵权行为征收罚款。

---

[1] 19 U. S. C. A. sec. 1337.

[2] 19 U. S. C. A. sec. 1337（a）（1），（B），（C），（D）；19 U. S. C. A. sec. 1337（a）（2）；19 U. S. C. A. sec. 1337（j）（2）.

（二）中国打击进口侵权商品的行政措施

中国《对外贸易法》第29条规定："国家依照有关知识产权的法律、行政法规，保护与对外贸易有关的知识产权。进口货物侵犯知识产权，并危害对外贸易秩序的，国务院对外贸易主管部门可以采取在一定期限内禁止侵权人生产、销售的有关货物进口等措施。"❶ 该条类似于美国的"337条款"。其核心意思是有进口货物侵犯知识产权，并危害对外贸易秩序的，商务部可以采取在一定期限内禁止侵权人生产、销售的有关货物进口等措施。

这仅是一条笼统的规定，在缺乏具体的、可行的详细配套规则的情况下，该条很难被适用。另外，我国知识产权侵权的确认权分别由国家知识产权局、工商行政管理总局以及国家版权局等分别享有，而非商务部享有。该条虽授予商务发布禁令的权力，但还需海关具体负责执行。所以，在中国相关立法粗陋、滞后，行政机关条块机械分割的情况下，打击进口侵权商品的行政措施既不健全，也难以得到切实有效的实施，还需结合中国对外贸易现状，并参考美国等国的同类制度，制定相应的实施细则。

二、制裁国外发生的侵犯本国知识产权的行政措施

对在国外生产制造但未进口到本国的侵犯知识产权的货物，一国的行政机关就不可能采取禁止入口或者采取扣留、处罚的措施。为了制裁海外侵犯本国知识产权的行为，中美两国的立法也规定了相关措施。

（一）美国关税法"301条款"下的行政保护

"301条款"是指1988年《美国综合贸易与竞争法》第1301～1310节的内容。这些内容的标题为"实施美国依贸易协定所享有的权利和回应外国政府的某些贸易做法"，可分为"一般301条款""特别301条款"与

❶ 1994年5月12日第八届全国人民代表大会常务委员会第七次会议通过，2004年4月6日第十届全国人民代表大会常务委员会第八次会议修订，中华人民共和国主席令第15号公布，自2004年7月1日起施行。

"超级 301 条款"。❶

"一般 301 条款"的主要内容是美国贸易代表确信外国的某项立法、政策或做法违反贸易协定、与贸易协定不一致，或者不公正，从而给美国商业造成了负担或限制，那么美国贸易代表就应采取行动，以实现美国依贸易协定所享有的权利，或者达到消除这一立法、政策或做法的目的。美国贸易代表可采取的措施有：（1）中止、撤回或阻止贸易协定的适用以及该贸易协定可能给有关国家带来的利益。（2）在美国贸易代表认为适当的时间内，对该国的商品施加关税或其他进口限制，对该国的服务增收费用或限制（而不管其他法律如何规定）。（3）订立有约束力的条约，迫使该外国：①取消或逐步取消这一立法、政策或做法；②取消由于该立法、政策或做法而给美国商业造成的负担或限制；③对美国作出令美国贸易代表满意的贸易利益补偿。❷

"特别 301 条款"重点是保护知识产权，其主要内容是要求贸易代表确定那些未能对美国知识产权实施有效保护的国家以及那些否定依赖于知识产权保护的美国产品公平进入其市场的国家，并对存在严重问题的国家发起调查，直至诉诸贸易制裁，以改变有关国家在知识产权保护以及市场准入方面的状况。

"超级 301 条款"的核心是"贸易自由化重点的确定"，除不公平措施与知识产权保护问题外，还涉及出口奖励措施、出口实绩要求、劳工保护法令、进口关税及非关税壁垒等，是针对外国贸易障碍和扩大美国对外贸易的规定。"超级 301 条款"通过确定外国的不公平贸易做法和重点国家，加强美国与这些重点国家进行贸易磋商的谈判力量，旨在为美国寻求开拓国际市场的突破口。"超级 301 条款"的做法是，通过公布"重点不公平贸易做法"和"贸易开放重点国家名单"，美国贸易代表可与被确定的"重点国家"谈判，与对方达成消除不公平做法或补偿美国贸易损失的协议。

---

❶ 杨国华："美国贸易法'301 条款'"，载《中国经贸》2002 年第 12 期。

❷ 同上。

从内容上来看，“一般301条款”是针对美国对外贸易中的总体性贸易障碍，为美国的对外贸易报复和制裁设定了一个总体性的框架。“特别301条款”和“超级301条款”则是在“一般301条款”的总体框架之下针对某一具体方面贸易障碍的应对措施。“特别301条款”是针对知识产权保护和知识产权市场准入方面的规定；“超级301条款”则是针对外国贸易障碍和扩大美国对外贸易的规定。

总体上看，美国贸易代表依据“301条款”的授权所进行的对知识产权的行政保护具有内容全面、详细、可操作性强，而且与美国国情相适应的特性，是美国保护本国对外贸易利益和知识产权的有力法律武器。

（二）中国在海外维护本国知识产权的现行措施

我国《对外贸易法》第31条规定：“其他国家或者地区在知识产权保护方面未给予中华人民共和国的法人、其他组织或者个人国民待遇，或者不能对来源于中华人民共和国的货物、技术或者服务提供充分有效的知识产权保护的，国务院对外贸易主管部门可以依照本法和其他有关法律、行政法规的规定，并根据中华人民共和国缔结或者参加的国际条约、协定，对与该国家或者该地区的贸易采取必要的措施。”

该条的核心意思和目的与美国“特别301条款”相似。但是该条在实施中面临一些根本问题，比如如何认定中国的货物出口时，因为知识产权在进口国没有得到保护，对出口货物造成不利？还有如何界定“没有对中国知识产权构成充分保护”？如果两国的知识产权保护水平有差异，比如出口国的产品在进口国已经得到国民待遇，出口国还能做些什么？[1]

除了这些基本问题中国对外贸易法未能明确规定之外，相较于美国的“301条款”立法，该法并未规定通过什么方式、在什么时间内、按照何种步骤实现立法规定的目的。换言之，该法并未规定如何实现在海外维护本国的知识产权具体的、可操作的程序。这种政策性的立法，是实践经验不

---

[1] 边永民：“中国对外贸易法对知识产权的保护”，载 http：//ielaw. uibe. edu. cn/ html /dongtaisudi/ xuejiedongtai/20080417/2835. html，最后访问时间：2011 年 12 月 1 日。

足、立法能力低下或者立法者、有关执法机关不作为的结果。

第四节　个论——中美版权登记行政制度比较

一、美国版权法与美国版权局概述

（一）美国版权法中关于版权登记的规定

第一部美国版权法是于1790年制定的。在美国称之为1790年版权法。美国版权法的制定，来自《美国宪法》第1条第8款第8项的授权："议会有权……为促进科学和实用技艺的进步，对作家和发明家的著作和发明，在一定期限内给予专有权利的保障……"

在美国，规范版权的法律主要有：[1]

（1）1790年《美国版权法》；

（2）1909年《美国版权法》；

（3）1976年《美国版权法》；

（4）1998年《美国版权期间延长法案》（Sonny Bono Copyright Term Extension Act）；

（5）1998年《美国数字千年版权法》（Digital Millennium Copyright Act）；

（6）2005年《美国家庭娱乐和版权法》。

对美国有效的国际知识产权条约主要有：

（1）《伯尔尼公约》；

（2）《与贸易有关的知识产权协定》；

（3）《世界版权公约》（Universal Copyright Convention）。

国内涉及美国版权法的著述可谓汗牛充栋，如版权保护期限、思想与

[1] http：//zh. wikipedia. org/wiki/% E7% BE% 8E% E5% 9B% BD% E7% 89% 88% E6% 9D% 83% E6% B3% 95.

表达的二分原则等，笔者在此就不一一赘述了。但为了行文的完整，就美国版权行政登记的法律规定，有必要简要叙述。

实施自愿登记是美国版权法与世界版权规则接轨的一个重要措施，虽然对于美国公民和法人而言，如果不进行版权登记，相关作品的保护力度会被降低。在美国版权侵权诉讼中，对于来自本国和非《伯尔尼公约》成员国的作品，登记是权利人提起侵权诉讼的前提条件。1976 年《美国版权法》第 412 条规定：在按照本法进行版权要求的登记以前，不得提出侵犯任何作品版权的诉讼。此外，鉴于登记有利于认定侵权活动的起始时间和赔偿责任，因此，法律对于未进行登记的作品在侵权救济方面实施了一定程度的限制。1976 年《美国版权法》第 412 条规定：对于未发表作品的登记生效之前已开始的侵权行为，以及作品首次发表后、登记生效之前已开始的侵权行为，除非在作品首次发表后 3 个月内进行登记，否则，权利人不能获得法定赔偿金或律师费，只能获得实际损害及溢利裁决。❶

版权标记制度也是美国版权登记行政制度的重要组成部分。美国在其出版业发展的相当长时间里，坚持以加注版权标记为获得版权的前提条件的制度。版权标记由三部分组成：一是英文 copyright、copr 或缩写标志©，代表版权；二是作品首次出版的年份；三是版权人的姓名或姓名的缩写或指示版权所有人的其他方式。

1988 年美国加入《伯尔尼公约》，此公约自 1989 年 3 月 1 日起在美国生效。美国也签署了 IRIPs 协议，这个协议本身要求服从《伯尔尼公约》。为了满足这个协议，版权保护被扩展到建筑物。由于美国版权法中的合理使用条例比较强，一些学者至今怀疑美国法律是否完全符合《伯尔尼公约》和与 IRIPs 协议的要求。

美国加入《伯尔尼公约》以后，因该公约规定版权的获得不以登记和加注标记为条件，为此 1989 年美国颁布了《〈伯尔尼公约〉实施法》，以调整国内法律与《伯尔尼公约》的冲突。其中规定，对于《伯尔尼公约》

---

❶ http：//en. wikipedia. org/wiki/Copyright_ law_ of_ the_ United_ States.

成员国的作品在美国可以不经过登记就获得保护，为此美国事实上给予了超国民待遇，即例如中国作品在美国被侵权，相关著作权人无须登记即可以提出侵权诉讼。此外，加注标记是选择性的，如果作者没有加注标记，也不必然丧失版权。这就一改以前长期坚持的做法，实现了与国际公约的接轨。但是，法律仍然鼓励作者加注版权标记。如果作者加注了版权标记，那么在作品被侵权时，侵权人就不能主张自己是无过错侵权，不能以这一理由向法院提出减轻自己赔偿责任的请求。因此，为了在必要的时候切实、充分地维护自己的权利，作者仍然会一如既往地加注版权标记。[1] 所以说，版权标记制度在美国的影响也是相当大的。

（二）美国版权登记机关——美国版权局

美国版权局隶属于美国国会图书馆，其主要职能是：执行美国版权法，就版权的法规和政策对国会、法院及行政部门提供咨询，为国会修改版权法提供建议，协助司法部进行版权保护，在美国与其他国家贸易往来时提供版权信息等。

基于美国宪法要求国会设立法律完善美国的版权体系，于是有了1790年的《美国版权法》。到了1870年，国会认为需要对版权管理予以集中化，在国会图书馆设立办事员负责此事，到了1897年设立美国版权局作为国会图书馆一个独立的下属部门予以全权负责版权事务。索尔华德·索尔格（Thorvald Solberg）被指定为美国版权局的第一任注册官。[2]

诚然，美国版权局的设立本身是为了实施版权法和维护美国版权体系，但版权体系的建立同时也促进了一个创新型社会的形成，在两者的相互印证下，如今的美国版权局发展为一个具有如下功能的机构。

1. 实施版权法

美国版权局的主要职责是对所有要求登记或保存的作品进行查验，以

[1] The Berne Convention Implementation Act of 1988（BCIA），Pub. L. 100 ~ 568，102 Stat. 2853，2857.

[2] U. S. Copyright Office Circular 1a，United States Copyright Office：A Brief Introduction and History.

决定其是否符合版权法保护的客体条件。当然，版权局也记录与著作权人有关的其他文件。

美国版权局对所有登记作品的名称、简述和版权信息予以登记保管。此等记录信息将作为美国重要的历史和文化遗产予以保管。1870～1977 年，在美国版权局的档案室内已经有 4 500万条这样的记录档案。1977 年之后的登记信息已经完全以电子化方式予以保存，目前有超过 1 600万条登记记录。

作为国会的一个下属服务机构，美国版权局也是一个立法咨询机构，它负责向国会提供版权法方面的立法咨询建议。应国会要求，美国版权局向国会提供国内外版权政策咨询、立法建议稿以及与版权法律有关的技术研究事宜。

2. 向公众提供版权信息

美国版权局向公众提供版权信息和登记资料的检索服务。公众还可以通过订阅美国版权局的新闻组（一种免费的通过 E-mail 方式向电子邮件订阅人提供信息的方式），获得其所感兴趣的与版权有关的评述、新闻、法规、政策。上述订阅可以在美国版权局的官方网站的进行订阅。

3. 国会图书馆

1870 年，国会通过了一项对版权体系经由国会图书馆集中化管理的法案。至此没有任何一部法案比该法案对于国会图书馆的发展更为重要——该法案要求凡是在美国登记的全部作者需要提交 2 份其书籍、单行本、地图、印刷出版物或是音乐唱片的副本给国会图书馆予以保存。

这项 130 年前推出的政策给美国带来了巨大的利益。国会图书馆通过对该政策的运用，使得其成为全美乃至全世界最大的图书馆。国会图书馆总计收纳了超过 12 600万的各类书籍、单行本、地图、印刷出版物、音乐唱片、电影、文献资料、计算软件或是为版权法所保护的其他类型作品。时至今日，这些巨量的馆藏的价值已经超过了 3 000万美金。

4. 促进版权法的发展和保护

美国版权局经常组织著作权人、工业和图书业代表、行业协会等利益相关者共同对著作权法相关问题进行研讨。一些与互联网有关的美国版权保护立法，如 DMCA 就是经过这一过程酝酿而生的。

美国版权局也通过其国际版权部门负责促进对美国作品的海外保护。自 1988 年起，美国版权局经国会授权通过国际版权部门对发展中和新兴工业化国家的政府高级官员进行知识产权法律的培训，以加强这些国家的知识产权保护水平和执法能力。❶

二、美国版权登记行政体系

版权登记行政制度是美国版权法首创的一项重要制度。美国国内曾经盗版泛滥，侵权现象比比皆是。为了正本清源，美国版权法规定作品（不论发表与否）的版权所有人，可以在版权有效期内，向美国版权局登记自己的作品，使其具有官方记录，从而在更大范围内保护自己的版权。

1998 年，美国版权局开始实行电子登记、记录和缴送系统（CORDS），取代手工登记。为适应数字化版权保护的要求，2007 年 8 月 7 日开始启用新的电子版权局系统（Electronic Copyright Office，ECO），目的是改善公共服务，便于公众在线获得版权登记资料，增加国会图书馆的数字作品收藏。该系统最突出的标志是，开始接受并鼓励公众通过互联网提交登记申请，以减少实物交接。

（一）版权登记范围和手续

在美国，进行版权登记的作品可划分为 6 大类：❷

（1）文学作品：图书、手稿、网络作品、单行本、诗歌、报告、试题、计算机程序、数据库或其他可以以文字形式表示的文本。

（2）视觉艺术作品：摄影、图表、绘画、雕塑或建筑作品，其中包括三维图形及应用艺术作品。此外，还包括作品。

（3）表演艺术作品：音乐作品、戏剧作品、剧本、哑剧、舞蹈、电影或其他视听作品。

---

❶ http：//en. wikipedia. org/wiki/United_ States_ Copyright_ Office.

❷ Copyright Notice，US Copyright Office Circular 3，January 2008.

（4）录音制品：音乐、戏剧或演讲的录音。

（5）连续出版物：期刊、报纸、杂志或其他类似的作品。

（6）集成电路布图设计作品。

在美国，版权登记程序比较简单。申请人首先向版权局提交一份申请表格以及作品的复制品或者录音制品，缴纳法定的登记费用（截至2011年年末，在线使用ECO系统登记为35美元，书面提交登记为50～65美元）。版权局收到申请以后，对作品进行形式审查，只要客体属于保护的范围（包括美国通过国际条约认可予以保护的外国作品），表格内容无重大错误，即颁发登记证明。申请表中应包含如下内容：❶

（1）作品的名称以及可以识别该作品的曾用名称或其他名称；

（2）作者基本情况（作者未必是版权权利人）；

（3）作品创作时间和发表时间、地区；

（4）版权权利人的姓名和地址，如果版权申请人不是作者，则应对获得版权的经过作简要说明，但必须是版权的继受人；

（5）如果是编辑作品或演绎作品，则应注明该作品所依据或汇集的任何一部或多部原有作品，并应对版权登记申请中包括的附加材料作一个简短的概括性说明；

（6）是否之前有过登记，是否对原先登记的版本进行的升级或更新；

（7）联系方式；

（8）版权局注册官认为与该作品的创作、识别标志、版权存在、版权所有权或版权期限有关的任何其他资料。

可以单件作品申请，也可以是具有相同发表日期且在一共同载体上发表的多个作品，或是具有相同的主题、连接点的多个作品一并登记。

（二）美国版权登记的作用

1. 登记是一种行政行为

如果登记所需的交存品、申请书和登记费均已照章交付版权局，但仍

❶ Copyright Notice, US Copyright Office Circular 3, January 2008.

被拒绝登记，则申请人只要将此事通知版权局注册官，并附上一份诉状，就有权提出行政诉讼。版权局注册官在收到诉讼通知后60日内，可自由选择出庭成为有关版权申请登记之争议的诉讼当事人，但版权局注册官未成为诉讼之一方当事人的，则不得因此剥夺法院对该诉讼的管辖。

2. 登记证明版权的归属初步证据

1976年《美国版权法》第410条第3款规定：在任何司法程序中，作品发表前或首次发表后5年内签发的登记证书，应构成版权和证书中所述事实有效的初步证据（prima facie evidence）。此后签发的登记证书的证明力应由法庭自由裁量：在没有相反证据的情况下，登记证书所载内容就可作为法庭认定事实的初步证据。这一规定意义重大，事实上进行了举证责任倒置，即被控侵权人应当负责举证证明登记证书存在与事实不相符合的地方，否则应当承担败诉责任。[1]

3. 版权登记作品形成了巨大的作品权利数据库

美国版权局将1978年以后登记的所有作品建立了数据库，通过互联网对公众开放。登录版权局网站，即可进入数据库，非常便利地检索到作品的权利人和法律状态。美国版权局还进行作品的版权转让登记。作品的版权转让时，可以到版权局登记，版权局会把转让情况放到版权局的网上，让检索人知道这件作品的法律状态。虽然这是一项自愿行为，但是越来越多的人选择登记。事实证明，这样可以避免法律纠纷，减少交易成本，更好地维护权利人的权利。

4. 版权登记有利于执法部门打击侵权

权利人可以在版权登记数据库中查寻作品使用状况，一旦发现自己的权利受到侵害，可以向海关等行政部门举报或寻求司法保护。海关等行政部门则利用版权登记数据库进行合法作品进出口的检索，以阻止进口侵犯受保护作品的复制品，提高执法的效率。

[1] Feist v. Rural Telephone 499 U. S. 340, 361 (1991).

（三）美国版权登记制度的优点与缺点

1. 优点

概括而言，美国版权登记制度有如下优点。

（1）准强制登记。美国的版权登记已历经200余年，从最初的强制登记变为现在的自愿登记，“版权登记”这一观念已经深入人心。形式上的自愿登记实质上对于美国作者而言就是一种强制登记，因为没有经过登记的作品难以在美国获得市场流通，也就没有经济价值。

（2）全面登记。美国版权局接受登记的作品客体囊括了几乎目前已知的全部作品表现形式，甚至包括一些在世界其他地方采取另外法案予以保护的对象，如集成电路布图设计，或一些在世界其他地方尚存在保护争议的对象，如计算机软件和数据库。

（3）集中登记。在美国，作品都由美国版权局集中登记，不存在根据不同的作品类别分属不同的部门进行登记。美国版权局同时提供登记作品的在线查询，可以令任何个人或组织在世界任何地方查询登记过的作品的详细信息，甚至包括部分经过登记的流转信息。

（4）方便登记。美国版权登记可以使用完全电子化的操作，登记人只需要在电脑前轻点鼠标，就可以完成且还能获得费用上的减免。此外由于充分电子化，相关作品的数字化工作在登记时就已经完成，在现在这样一个高度信息化的社会，相关作品的流通能力、保存能力大大提高，客观上提升了美国作品在世界范围内的影响能力。

2. 缺点

笔者认为目前美国的版权登记行政体系存在如下不足。

（1）特定检索困难。由于美国的版权登记内容包罗万象，同样一个作品名称，既可能是电影作品，也可能是音乐作品，或是图片、照片，或是小说、短文，笔者曾对作品名称“泰坦尼克”进行检索，结果检索到14 000多个数据，且没有按作品类型分类的检索方式，要找到真正的1997年电影大片《泰坦尼克》的信息非常困难，笔者认为需要改进。

（2）不可取消登记。美国版权登记形式上是一种自愿行为，即著作权人可以选择登记，也可以选择不登记，但目前美国版权局对已经登记的作品不准登记人取消登记。诚然，对于大部分商业作品而言，都不可能出现此等问题，但对于一些个人作者而言，原先登记的作品可能他认为不成熟，还不够优秀，登记之后反悔了，想不予登记，但美国目前没有这样的制度予以支持。笔者认为美国版权局应对形式上的自愿登记原则进行更为“形式化”的处理。

三、中国的著作权登记现状

虽然中国著作权法完全秉承《伯尔尼公约》的精神，对于作品没有规定任何形式的登记或标注要求，但是具体的很多行政法规在作品的生产和流通过程中却规定了类似于登记或标注的行政强制性要求。

（一）我国版权登记实例

国家版权局于1995年曾明确行文要求：“请各地方版权局将本通知转发当地音像出版和复制单位，并继续做好本地区的复制境外音像制品委托合同的登记和监督、检查音像出版单位出版境外音像制品的合同登记工作。”其背景主要是自20世纪90年代以来，我国开始从以美国为代表的西方国家引进以分账形式电影大片，随之大量以音像制品为载体的影视作品进入我国市场。此时我国尚处于市场经济初期，对国际贸易经验不足，引进方往往是通过香港、台湾的一些代理公司从事版权贸易。版权贸易又不同于实体贸易，在支付了货款后收到的并不是实实在在的货物，而往往是一张普普通通的LD大碟光盘，而没有版权审查经验、对他国版权法不熟悉的引进方难以判断是否受到了欺诈。故此，国家版权局希望通过政府部门的公信力来帮助一些地方的引进方，从而避免不必要的法律纠纷和贸易风险。然而最终的结果是，国家版权局的相关规定在实践中并没有得到有效执行，大量的版权进出口贸易完全游离在其管理范围之外，如今国家版权局对中国版权贸易的影响力已经十分有限了。

又如广电总局对电影、电视剧、动画片等的制作、播放有严格的程序性规定，客观上起到了对相关作品的名义出品人、制作人的登记，且此等登记都可以在广电总局的网站上进行查询。另一方面，国内许多作品为了降低投资风险，往往有4~5个联合出品方、4~5个联合摄制方，而广电总局的登记表上往往只有1~2个单位的名字；进而国内对一些合拍片有很多行政许可上的限制，为了规避此等限制，向广电总局登记的形式出品方，与实际上的出品方，往往还有差异。

再如《文化部关于网络音乐发展和管理若干意见》（2006）和《文化部关于加强和改进网络音乐内容审查工作的通知》（2009）规定："与境外网络音乐许可合同（协议）应注明在经文化部内容审查通过后方可生效执行。"按照文化部的规定，境外网络音乐作品在境内传播的，要求就相关作品内容先经过文化部的审查许可，合同方有效；而境内作品只需要备案。两者客观上也是一种变相的登记制度，但很多音乐人担心审查标准难以确定，故此并不进行相关登记备案。

（二）我国版权登记特点

综上可见，我国在版权登记领域存在如下现实问题。

1. 政出多门

从应然角度考察，我国的新闻出版总署、国家版权局应该是版权领域的国家法定管理机构，但是由于作品往往涉及很多领域，那么所涉行政机构就显得非常之多，涉及影视作品的目前主要由广电总局负责管理；涉及网络游戏、网络音乐的，归文化部管理；涉及计算机软件的，往往与工信部发生直接关系。这与美国统一交由版权局统辖负责登记大为不同，不容易树立版权领域的权威部门，也不容易普及版权意识。特别是一些部门为了各自利益对一些诸如网络游戏的热门作品都想插手管理，导致权利人面对冲突、矛盾的规范性行政文件只能疲于应付，忘却了版权保护的实际意义，进而导致不愿意登记、虚假登记。

2. 缺乏服务意识

笔者曾经给中国大陆、中国香港特区、中国台湾地区以及韩国和美国的版权部门去函（电子邮件），询问相关版权登记问题，中国大陆版权部门的回复最为无关紧要，而且中国版权局网站上的并没有相关的FAQ编写，对于一个不了解登记手续的著作权人而言，在中国大陆登记著作权是相对困难的。与此同时，中国的国家知识产权局和商标局在代理机构大力开展电子登记，而版权部门却迟迟没有动作，即便部分机构有，相关网站的可靠性、稳定性也难以令人满意，这不能不说是我国版权管理部门的一个重大缺失。

3. 注重意识形态问题，忽视法律问题

由于我国政策比较重视意识形态问题，对于作品的内容管理的重视程度往往高于对版权本身的重视程度。广电总局、文化部所进行的备案、登记管理都是以意识形态为出发点所进行的，对权利人的登记具有附带性、从属性的特点。另外，由于版权登记具有一定的法律风险，相关政府机构往往以备案取代登记或通过行业协会、非政府机构进行登记，这样政府机构可以避免不必要的法律纠纷。但是此举客观上造成了权利人不愿意登记的局面——登记之后并没有行政机关所赋予的法律公信力，登记反而成为行业协会、非政府机构渔利的工具。

四、再谈版权登记行政制度的优点——以中美版权产业现状为例

笔者在处理一单国内企业引进美国影片的业务中曾碰到过这样一件事：对方声称系某影片的权利人，但笔者经过简单的查询就确定其并非该作品的权利人，进而避免了相应的法律风险。

事实上，类似的版权引进业务风险在中国境内普遍发生，究其原因是因为对于版权作品的权利人及其流转关系往往难以查明。通常一部好莱坞电影作品的投入有上亿美金，绝非单个出资方可以完成。以美国影片《阿凡达》为例，其背后有两个大型基金予以支持，加上实际制作方、发行方所涉及的权利主体可能有数十个，如果局外人想通过尽职调查把彼此之间的权利义务关系充分了解清楚，其难度可想而知，同时中间费用也将令人震惊。没有一个可信的第三方机构提供信息，任何版权方面的流转都会存在巨大的法律风险，这客观上阻碍了这一产业的发展和生存。

很显然，美国作品并没有此类忧虑，美国版权局提供了一个完整翔实的平台，使得任何一个公民都可以很方便地查询其实际的权利人和相关作品的流转关系，以政府的行政公信力保障了这一平台的运行。对于美国作品而言，在引进、许可使用、改编作品时能有的放矢，文化产业资金能够方便地找到需要投入的所在。与之相反的是，我国的作品交易往往通过熟人社会的形式完成，作品交易商、引进商往往就是那么几家相互关联的公司，并没有充分形成文化产业格局，也没能充分调动社会资金进入该领域额。

另一方面，在诉讼实践中由于没有一个客观的登记查询机构，原告往往需要证明其确实是相关作品的实际权利人。对于一些简单的作品还比较容易，对于一些复杂的作品（如电影、电视剧），原告往往因为权利证明上的瑕疵，被被告抓住把柄之后败诉。这也是国内盗版泛滥、久治不绝的一个重要原因。

版权作为一个拟制的法律概念，长期以来被视为不以登记为要件，国际条约如是，国内立法亦如是。但是这种不以登记为要件的方式是建立在以印刷著作为基础的旧的版权贸易模式体系下的，这种旧有模式往往是一部作品只有一个或几个明确的作者，让渡给一个明确的出版社，不存在分许可，也不存在其他许可形式。这种版权链条简单、清晰、完整，是否登记不影响贸易进程，相反形式灵活便捷，远离行政体制的束缚。但这也与现代以电影、电视剧、动画作品、网络游戏为主导的版权产业模式格格不入：在现有模式下，一部作品的权利方可能有十几家甚至几十家，需要多个发行方才有资金能力共同完成流转，为分担成本、分散风险，需要进行数轮许可和分许可。如果不能方便调动社会资本进入，不能使第三方迅速查明权利人与流转关系，很多作品就可能因为资金链断裂或不能充分进行衍生运作而失去盈利机会甚至亏损，从而进一步阻碍整体的产业发展。可以明确地说，对于新兴媒体作品，版权的不登记模式已经过时了。

此外，有些政府机构担心的提供行政登记之后的法律风险问题，是完全没有必要的。登记瑕疵完全可以通过补正予以解决，登记争议可以通过行政复议或行政诉讼的方式解决。与之类似，中国商评委和专利复审委作为“职业被告人”已经有10来年的历史，但并没有影响商标、专利的登记事业的发展。相反，由于登记的强制性和必要性，中国每年的商标注册量为世界第一，PCT申请量为世界第四，商标局与国家知识产权局不仅发展壮大了中国的商标与专利市场，同时每年也向国家贡献大量的登记手续费用。此外，中国商标网、中国专利检索网都已经能在较大的访问压力下正常工作，充分说明我国完全有能力构建一个版权登记网络体系。

笔者认为，惟有建立版权行政登记方式，方能更好地发展文化产业，这既是美国版权登记行政制度的启示，也是世界发展的未来。

（袁　勇　倪力铭撰稿）

第九章　从企业家角度看中美知识产权争端行政法律应对策略

当今世界，知识产权日益成为国家发展的战略性资源和国际竞争力的核心要素。知识产权被作为衡量指标与综合国力、科技竞争、经济贸易直接挂钩，成为提高国家科技经济竞争力的重要武器，更成为以美国为代表的发达国家处理国与国之间政治、经济、贸易问题的一个重要手段。近几年来，围绕知识产权的贸易摩擦日渐成为中美贸易摩擦的焦点之一。

商务部钟山副部长在近期召开的全国进出口公平贸易会议上指出，我国已经成为世界第一大出口国和第二大进口国，当前我国所面临的国内外经济形势也更为复杂严峻，公平贸易工作面临新的挑战。以中国对美国的出口贸易为例，中国在对全球最大消费市场美国的出口贸易中遇到知识产权的诉讼越来越多，自2000年起中国连续7年成为337调查的第一涉案大国。近期美国针对全球的337调查近40%涉及中国企业。不少337调查涉案产品都是中国企业以自有产品出口，具有较大的市场潜力、高附加值或高技术含量，国外竞争对手往往选择这些企业出口尚未形成规模，但同时已对美国市场形成威胁时提起调查，企图以高昂的应诉代价迫使中国企业放弃或退出美国市场。

在我国涉案的产品中，机电产品占2/3，其中一般机电产品占34%，精密机电产品占33%。计算机设备、打印机设备、网络控制器、半导体芯片、监控设备、电池等产品都成为337调查重点“关照”对象。中国企业在337调查中胜诉率极低，因337调查侵权而发出普遍排除令引起整个行业的倒闭和产业链坍塌的情况时有发生。如何应对知识产权纠纷，突破国际贸易壁垒成为中国出口型企业面临的首要问题。对此，中国企业必须建立并加强企业的知识产权保护战略，并有必要增强应对国际知识产权诉讼的能力。

知识产权制度作为激励科技进步、鼓励创新与垄断智力成果之间折中调和的产物，本质上是为了不让竞争对手使用自己的技术或销售自己的产品而拥有的一种垄断性权利。它是鼓励创造性的智力活动，从而促进技术进步与社会经济发展。因此，通常情况下人们很难将知识产权与壁垒联系起来。但是，当知识产权的排他性应用到跨国生产经营当中时，一国的知识产权保护政策就与进出口贸易联系起来了，于是成为各国重要的贸易政策之一。当知识产权固有的垄断性超出了合理的范畴，扭曲了正常的国际贸易时，就成了知识产权贸易壁垒。如何应对国际贸易纷争，破解知识产权贸易壁垒，是我们中国企业进一步做大做强从而立足国际市场的关键。

第一节　企业的知识产权保护战略

一、企业知识产权保护战略

知识产权战略是指为充分地维护自己的合法权益，运用知识产权保护制度，获得与保持竞争优势并遏制竞争对手，以谋求最佳经济效益而进行的整体性筹划和采取的一系列的策略与手段。[1] 从实施环节上看，它可分为知识产权创造、知识产权保护和知识产权应用三个不同的环节。当前，尽管国内企业在生产力水平及技术上与发达国家相比已取得突飞猛进的成绩，但是总体上我国企业掌握核心技术的能力不强，企业拥有先进的自主知识产权的能力不足。我国知识产权保护体系还尚未建设完善，知识产权行政管理正处于初级发展阶段，绝大多数企业的知识产权管理也还处于探

[1] 胡露露："基于市场导向的我国企业知识产权战略研究"，载《商场现代化》2006年第25期。

索和学习之中，尚未形成可以和国外企业特别是大型跨国公司展开规模竞争的实力，因此，在面临国际竞争时，国内企业在制定发展战略和知识产权战略时，首先需要考虑的是自身防御和保护的内容。

企业知识产权保护战略是企业为了保持市场竞争优势和获得更大的发展，在现有知识产权制度的基础上，以保护企业自身知识产权为直接目的，以谋求企业最佳经济效益、保持竞争优势为最终目的，结合企业自身发展情况和外部环境变化，通过知识产权注册申请、知识产权有效管理和建立知识产权制度等手段，构建一套系统的、完整的策略与计划。

按照知识产权权利内容分类，企业知识产权保护战略可以分为企业专利保护战略、企业商标保护战略、企业商业秘密保护战略等；按照企业对知识产权的运作分类，企业知识产权保护战略可以分为：企业知识产权管理战略、企业知识产权利用战略、企业知识产权价值化战略、企业知识产权投资战略、企业预防与控制知识产权流失战略等。

企业应在实施知识产权保护战略的过程中，围绕自身知识产权是否可能被侵害以及本企业是否可能招致来自市场竞争对手的知识产权侵权抗辩与指控的法律预测来展开。良好的知识产权法律环境，是保障企业知识产权战略目标实现的前提条件。完备的知识产权法律制度是实施企业知识产权保护战略的重要基础，它为企业知识产权保护战略的顺利推行提供法律保障，促使企业重视运用知识产权资源，推动企业积极推行知识产权保护战略，为参与国际竞争做好准备。

二、企业知识产权保护战略的构成

通常来说，企业战略包括战略主体、客体，战略目标，战略手段，战略步骤，缺少其中任何一个要素，都可能会使企业出现管理的无序。同样，企业知识产权保护战略的基本结构要素包括：企业知识产权保护战略的主体、客体和内容，战略思想，战略目标，战略方案，外部政策法规环境和战略动态调节机制。

（一）企业知识产权保护战略的主体、客体和内容

企业知识产权保护战略的主体是以企业决策者和知识产权工作者为主

要实施者的企业。企业知识产权保护战略的客体就是企业的知识产权、技术和商标等，具体就是指专利技术、商标方案和商业秘密等，包括那些正在申请而尚未获得授权的知识产权。企业知识产权保护战略的内容主要就是保护企业知识产权的各项具体策略与措施。

（二）企业知识产权保护战略思想

企业知识产权保护战略思想是指企业在一定时期对知识产权保护具有全局性、长期性的看法和想法而形成的观念体系。企业知识产权保护战略思想的形成有一定的基础，其中一个重要方面就是企业知识产权保护意识的强弱。当前，强化我国企业知识产权保护意识，筑建知识产权保护战略思想，已是当务之急。

改变投资理念，要把知识产权诉讼作为一项投资来认识，是国际高标准市场的准入条件，这就要求企业首先具备不侵权的法律保护。企业的持久生命力在于不断创新，而自主研发的成果应该主动获得法律保护，即知识产权保护，使其成为企业法定的无形资产，以免被同行模仿和使用、形成“创而不新”的局面。企业中无形资产所占的比重越大、自主知识产权含量越高，企业的竞争力和抗风险能力也就越强。

这就要求中国企业正确认识到知识产权的重要性，正确认识到在国际贸易中，特别是对出口到美国的产品有可能遭遇到的美国国际贸易委员会（ITC）337 调查不能存有侥幸心理。337 调查不同于知识产权纠纷法院诉讼中的“对人管辖权”，而具有“对物管辖权”。因为 ITC 可以发布普遍排除令，即一旦裁定侵权成立，则不区分是否被告而禁止所有使用涉案专利技术的侵权产品进入美国市场。[1] 这就意味着企业就算未被列为被告，也有可能因为 ITC 的普遍排除令，而影响其对美国的出口。这就要求企业在遇到知识产权诉讼，或者在遭遇 ITC 337 调查之前就对自身的知识产权进行分析，并对进入美国市场进行综合考虑。专利保护战略和市场布局战略是

---

[1] 程德理、戴欣、严灿：《外向型经济视角下的知识产权》，复旦大学出版社 2010 年版，第 85～86 页。

紧密结合在一起的，知识产权的保护也是为了保护在美国的市场。

以捷康三氯蔗糖制造有限公司（以下简称“捷康”）为例，由于意识到知识产权战争在所难免，捷康早在进入美国市场初期就制定了“以市场战养法律战”的战略，并且一直在寻找主动出击的机会。在法律上占据主动是实施“以市场战养法律战”的关键。捷康以积极的态度面对难题与挑战，将知识产权诉讼作为一项投资来对待，有计划有准备的占据法律主动权，用对方市场上赚到的钱去支持法律战，用主动法律出击来支持市场发展。捷康总经理安立军制订了“投资法律，海外亮剑”的公司发展战略，提出了“未雨绸缪是投资，亡羊补牢是费用”的理念作为管理公司和发展市场的基础，充分认识到国际贸易的竞争就是知识产权的竞争。在法律诉讼中主动出击抢夺出牌权，这就好比打扑克牌，有出牌权就充分利用了手中的一切资源，在诉讼中就占据主动。将市场和法律有机结合，制订了市场战养法律战，法律战促市场战的战略模式来确保漫长法律诉讼过程中不被对手拖垮。捷康成功地运用了用美国市场赚的钱去打美国的法律，用美国法律取得自己的主动权来推动在美国的市场。

中国企业应该在遇到 ITC 337 调查的时候，克服怕麻烦、多一事不如少一事的心理，将专利保护战略和市场保护战略相结合，以达到保护在美国市场利益的目的。

（三）企业知识产权保护战略目标

2006 年，胡锦涛主席访问美国时在微软公司就谈到，加强企业知识产权保护战略目标是企业知识产权保护战略预期达到的总要求。知识产权保护战略的直接目的就是保护企业自身现有的知识产权不受外界侵犯，保持并扩大已有的市场竞争优势。在市场竞争中，知识产权的保护手段是多种多样的，专利、版权和商标等的独占性决定了企业知识产权保护战略也具有竞争战略的性质，而竞争战略的目标是针对产生竞争的各种因素而建立一个持久的、有利可图的地位，企业知识产权保护不仅是中国扩大对外开放、改善投资环境的需要，也是加强自主创新能力，实现又好又快发展的需要。2010 年，在天津举办的夏季达沃斯论坛上，温家宝总理指出，中国高度重视知识产权保护，已经将保护知识产权提升为国家战略。温家宝总理还多次指出："世界未来的竞争就是知识产权的竞争。"

当今国际贸易的竞争越来越激烈，这也促使中国企业知识产权保护制度国际化进程不断加快，在竞争激烈的国际市场，国外行业巨头滥施337调查大棒封杀中国企业是他们阻止中国企业进入美国市场的杀伤性武器，是中国企业最常遇到的西方跨国公司利用知识产权之争垄断国际市场的一种手段。可见，通过独占市场谋求最佳经济利益是企业申请、获得知识产权和保护知识产权的重要目的❶。因此，企业知识产权保护战略总是与市场竞争、市场占有份额息息相关。投资知识产权是为了赢得市场做准备，企业有了不侵权的法律通行证，掌握了市场主动权，能有效地加快企业销售网络的建设，建立有利的市场地位和扩大竞争优势。

投资知识产权就好像投资一个软工厂，知识产权保护这一无形资产能为企业贴上不侵权的标签，这是企业在市场战特别是在国际贸易中不可或缺的支撑要素。投资软工厂不仅使自身工厂固定资产投资很快收回，还能带动企业硬工厂的其他发展。通过拥有不侵权的软工厂，在市场战中占有主动权，最大限度地降低投资风险，减少成本，加快厂房、扩能和技术革新等几十亿甚至是上百亿的硬工厂建设，从而使企业拥有可持续发展的市场竞争力。由此可见，硬工厂是软工厂的有形载体，软工厂是硬工厂的无形延伸，投资知识产权是市场竞争最为有效和重要的手段。

捷康正是充分认识到了投资知识产权是为发展市场做准备，在法律上占据主动是实施"法律战促市场战"的关键。根据美国相关法律，捷康一旦成为被告企业，它的客户就可能随时被列入该案件中成为被告。客户由于担心被列入被告，在美国法院出具不侵权裁决前就会停止订单。因为一般知识产权的案件审理都在3～5年才能结束。这就意味着捷康在法律审理期间会失去市场的支持，就会被法律诉讼拖死，成为赢了官司丢了市场的失败案例。

❶ 陈昌柏：《知识产权经济学》，北京大学出版社2003年版，第6页。

捷康虽然早有准备并在第一时间得到三氯蔗糖 337 调查信息，但还是感到措手不及。因为 ITC 337 调查中的救济措施不管是普遍排除令还是有限排除令都对捷康非常不利。倘若不应诉，如果中国三家被告生产企业全部胜诉，美国市场就将选择胜诉企业生产的产品，捷康公司就将失去更多的美国市场和其他国际市场，同时还会面临 ITC 判决后捷康公司在地方法院被泰莱公司起诉的危险；相反，只要中国三家被告生产企业中有任何一家败诉，ITC 就会签发普遍排除令，捷康公司也将被排除在美国市场以外，前期很多市场投资和销售渠道建设都将付之东流，自主研发的拥有自主知识产权的产品因无法进入美洲市场而大大降低价值。更重要的是，此时美国的不少终端客户通过考察，对捷康的产品有极大的兴趣。如果捷康采取消极的态度，将使众多美国客户对捷康的产品丧失信心。

在这种形势下，捷康只有主动出击，才能保持民族品牌在国际甜味剂市场的地位和形象，保持企业产品在美国市场的生命力和竞争力。捷康在获得胜诉后，以最短的时间迅速发展成为中国第一、全球第二大三氯蔗糖专业生产企业，打破西方跨国公司利用知识产权之争垄断国际市场。以“未雨绸缪是投资，亡羊补牢是费用”的理念作为管理公司和发展市场的基础，这种策略的实施为捷康赢得了巨大的国际市场。

（四）企业知识产权保护战略方案

企业知识产权保护战略方案具体涉及企业知识产权保护战略的制定、组织、实施和调整。这就要求企业在进行国际贸易的初期，对有可能遇到的知识产权诉讼有所预案，对本行业内的知识产权问题，及自身的知识产权进行比对分析，提早准备，对专利保护和市场保护有一系列的战略安排。

捷康在不是被告的情况下，主动加入诉讼，是在对自身知识产权和竞争对手进行比对之后提出的，捷康在知道竞争对手对国内三氯蔗糖企业提出 ITC 337 调查诉讼后，觉得与其被动挨打，不如主动出击，并且在计算过提出诉讼的时间后，提出了主动加入诉讼的请求。捷康的主动加入，遭到了泰莱律师的竭力反对，因为捷康的加入不仅打乱了泰莱的法律部署，而且大大消耗了泰莱的律师精力和律师费用，在泰莱没有任何捷康的证据储备和法律方案的情况下，增加了泰莱的败诉几率。由于捷康公司根据ITC的法律提出了5条理由：（1）捷康公司实际已经出口到美国市场；（2）美国市场有捷康公司已有和潜在的客户；（3）由于生产工艺不同，其他三家被告企业不能代表捷康的利益；（4）泰莱申请的普遍排除令将严重损害捷康的市场利益；（5）捷康可以按ITC的法定程序，在规定时间内，赶上程序并完成证据递交和辩护，不会申请法律程序延期。ITC法官和ITC的委员于2007年8月15日同意了捷康主动加入ITC 337针对三氯蔗糖产品的调查。

捷康虽然做好了可能遭遇知识产权诉讼的准备，并且在主动申请应诉后，做好了“长期作战”的准备，但是诉讼的道路并不是一帆风顺。根据ITC 337调查的程序要求，需要将捷康的所有资料包括电脑、文字、邮件等交给泰莱公司的律师，捷康按要求把公司几千份资料经过中国的律师审核后递交给捷康的美国辩护律师，再经过美国辩护律师的仔细挑选，按程序要求将资料递交给美国泰莱公司的律师。

根据递交的资料和对证人的询证，泰莱公司的律师及专家在ITC官员和捷康美国律师的陪同下于2007年10月30日到捷康工厂现场进行生产过程的摄像和取样。为了找到有利证据，泰莱公司甚至把车间地面的灰尘都取样带回美国进行化验，希望从中找到对捷康公司不利的证据，所有样品用全程保温特快方式寄往美国泰莱公司指定的实验室。捷康为了确保样品化验数据的准确性，也按同样保温冷藏方式寄到捷康在美国的指定实验室。捷康的美国辩护律师为了确保绝对胜诉，按照ITC法律程序要求，到英国对泰莱公司的专利主要申请人进行了调查，并针对专利在美国的实际使用情况进行了调查。同时查阅了大量的资料来证明泰莱公司的专利无效。捷康还针对性地对自己的公司证人、技术证人、专家证人等进行了模拟法庭答辩。在答辩思路上条理清晰，重点突出，以综合性的答辩思路让泰莱完全找不到突破口。

捷康一方面对自己自主研发的涉案专利不侵犯泰莱的生产工艺充满了信心，另一方面对整个应诉过程给予高度重视。不仅在前期早就做好了应诉的准备，还在泰莱提出 337 诉讼的时候，找准时机，主动要求加入 337 调查。在诉讼过程中，针对泰莱的询证方式，有针对性地对自身的战略进行了调整。中国社会科学院法学研究所研究员张玉瑞评价捷康打赢 ITC 知识产权诉讼案的过程，生动地诠释了知识产权创造、运用、保护管理工作对于企业的重要性，[1] 还赞扬了捷康在企业成立之初，主动加入 ITC 337 调查所体现出来的企业经营者的勇气和智慧。这也说明了打赢一场专利诉讼在国际贸易中的重要作用，比世界名牌、获奖产品、消费者满意产品等头衔的含金量要大得多。捷康在胜诉后的全球市场份额由当初的 1% 迅速发展到了 10%，获得的是在美国市场的通行证和人们对捷康全球第二大三氯蔗糖生产商地位的认可。

（五）企业知识产权保护战略的外部政策法规环境

这里的外部政策法规环境，是指一国的知识产权保护法律体系，在我国，具体包括《专利法》及其实施细则、《商标法》及其实施条例、《著作权法》及其实施条例、《反不正当竞争法》《知识产权海关保护条例》等。

在制定市场和法律策略时，特别需要熟悉和了解美国国际贸易法院、地方法院、ITC 自身的法律程序。根据美国法律，知识产权的诉讼中一旦 ITC 受理申请人提起 337 调查，联邦法院相关知识产权的诉讼就要暂停。为了在诉讼期间（一般需要 3～5 年）时间内不丢掉市场，就要利用法律程序和规则选择主动加入的时间和机会。捷康公司是在 ITC 启动程序后 4 个月才正式加入的，打了对手一个措手不及，使对方无法做好应对准备，为捷康胜诉争取了更多的机会。在本案中，因为捷康公司选准了主动加入的时间，导致泰莱公司陷入被动，公司不仅紧急增加了律师团队和 500 万美金的费用预算，还打乱了既定的诉讼步骤和策略。

---

[1] 中国知识产权研究会专利委员会、最高人民法院中国应用法学研究所：《专利名案解读——以 16 起涉外专利纠纷为视角》，知识产权出版社 2010 年版，第 287 页。

三、企业知识产权保护战略的作用*

企业知识产权保护战略作为企业在知识产权保护方面的长远规划，对企业知识产权管理与组织的完善、企业技术开发和日常经营活动的发展、竞争优势的保持都具有非常重要的意义。

（一）保护企业知识产权，防止和控制企业无形资产流失

通过制定企业知识产权保护战略，完善知识产权管理体系，建立知识产权预警机制，企业既能够防患于未然，又能够减少不必要的经济损失，有助于维护企业正当权益，使企业公平合理地在国际市场上参与竞争和维持竞争地位。❶ 与此同时，近些年来我国企业无形资产流失十分严重，企业知识产权保护意识和知识产权保护能力十分低下。企业知识产权保护战略的实施，有利于提高知识产权等无形资产在企业中的地位，促使企业珍惜和保护已有知识产权，提高知识产权保护能力，防止和控制无形资产的流失。

（二）维护公平竞争环境，制止不正当竞争

创造公平竞争环境，形成一个统一、开放、竞争有序的大市场，是企业实施知识产权保护战略的外部环境因素。企业知识产权保护略能够促使企业充分利用市场促进资源优化配置，促使企业生产要素依市场化原则合理流动，确保企业在国内、国际市场竞争中的有利地位。❷ 在国际贸易中的知识产权纠纷多是由于国际竞争对手滥用知识产权保护其市场地位而造成的，中国企业在面对这些知识产权纠纷时必须制定、实施自己的知识产权战略，从而使“中国制造”发展成为“中国创造”。

---

* 王根：《东莞企业知识产权战略研究》，华中师范大学 2009 年硕士学位论文：第14～15 页。

❶ 徐明华：“关于知识产权战略和国际竞争力的理论探讨”，载《中国软科学》2003 年第 8 期。

❷ 赖院根、朱东华、郭颖：“基于案例推理的企业专利战略制定研究”，载《科学学与科学技术管理》2007 年第 8 期。

（三）促进企业创新，优化产业结构

实施知识产权保护战略有利于构建创新的制度环境和市场环境，促进创新成果的大量涌现和广泛运用，从而鼓励企业以更积极的态度进行自主创新，从根本上促进企业的技术进步、提高国际竞争力，打破发达国家企业的技术垄断。我国目前产业结构仍以劳动密集型为主，而现代产品的技术含量越来越高，科技对经济增长的贡献率也越来越高，企业知识产权保护战略有利于我国企业迅速跟上这一发展趋势。[1]

（四）调整企业产权结构，优化资源配置

优化企业产权结构、实现企业资源优化配置，是建立现代企业制度的要求。在这两个方面，企业知识产权保护战略的有效推行也能起到举足轻重的作用。知识产权属于一种无形财产权，在企业产权结构中占据越来越重要的位置。随着科学技术的发展，科学技术在企业经济中所占的份额不断上升，社会经济的发展也越来越依赖于科学技术进步，科技已成为组成生产的第三大要素。作为重要无形资产的知识产权资源如何优化配置，就成为企业发展战略的重要内容。企业有效实施知识产权保护战略，能够促进企业各种知识产权资源和投入要素的有机组合，促使企业资源发挥出最佳整体效用，提高知识产权在企业中的地位，从而有利于调整企业产权结构，达到资源的合理配置。

捷康主动加入 ITC 337 调查并取得完胜并不是偶然的。捷康的胜利完全归结于投资意识的转变，是市场和法律有效结合，投资和资源整合的结果。捷康在胜诉后不到两年的时间里，由一个新兴公司迅速扩大了全球的市场知名度，扩大了市场份额，已经由名不见经传的公司发展成全球第二大、中国第一大的三氯蔗糖专业生产企业。知识产权的胜诉，为捷康后期固定资产的继续投资提供了可靠的保障，更为在短期内整合国内同行闲置资源提供了可能，确保了在有限资本情况下，做大做强国际市场。加大知

[1] 王茜："浅论企业知识产权保护的重要性"，载《中国高新技术企业》2008 年第 3 期。

识产权投资，使得供应能力提升，共同协调发展，为企业持续高速发展打下了坚实的法律基础，更为后期资本运作拿到了法律通行证。

（五）对抗知识产权进攻，增强企业国际竞争力

在国际商务活动中，知识产权的两面性已经给中国以及其他发展中国家企业发展带来了很大的束缚。国外跨国企业频频利用知识产权作为武器，使发展中国家企业在国际市场上面临技术和法律的困境，以此来增加发展中国家企业在国际市场中生存与发展的难度。中国企业应当认真总结和借鉴发达国家企业与跨国公司在知识产权管理上的经验，制定并实施适合自己的知识产权保护战略，应对国外跨国公司在知识产权方面强势的滥用和进攻。

四、企业知识产权保护战略的制定

（一）制定原则

（1）立足于企业自身知识产权发展的实际。将知识产权保护战略纳入企业经营发展总体战略中，并紧密结合企业科技发展战略加以制定。

（2）战略的制定要讲究时效性。知识产权的保护具有时效性，所以战略的制定要围绕企业知识产权体系及时制定，给予有效保护。

（3）战略的制定要同时考虑技术、经济和法律三方面内容。知识产权保护战略的制定，归根结底是为企业的经营目标服务的，因此，战略的制定要综合考虑知识产权保护的经济成本、时间成本和诉讼成本等。

（二）制定程序

（1）分析企业外部环境。调查、分析和预测企业的外部环境是企业战略制定的基础。要认清企业所面临的主要机会和威胁，觉察现有和潜在竞争对手未来的行动方向，了解未来一段时期社会、政治、经济、军事、文化的动向给企业带来的机遇和挑战。

（2）测定和评估企业自身素质。充分认识企业自身状况，明确企业的优势劣势，做出合理决策。

（3）制订战略备选方案。根据企业的发展要求和经营的目标，结合企

业机遇和机会，列出各种可能达到经营目标的战略备选方案。

（4）评价和比较战略方案。企业根据管理人员及其利益团体的价值观，确定战略方案的评价标准，并依照标准对各项备选方案加以评价和比较。

（5）确定战略方案。在评价和比较方案的基础上，企业选择一个最满意方案作为正式的战略方案。有时，为了增强企业战略的适应性，企业可备多个方案作为候补战略方案。[1] 充分认识到法律战的最终目的是占领和拥有国际市场，要想保护和发展市场就必须取得法律主动权，以市场战支持法律战是取得法律胜诉的根本。国外竞争对手对中国企业提出的 ITC 337 调查有的是出于市场策略，有的是作为战术以拖延竞争对手成长，有的是为了提高专利许可费，中国企业在参与国际竞争的时候，也要了解并掌握这些手段和规则，争取更多的主动权，打好战略组合拳。

中国企业不仅要在技术创新和专利申请上进行大量投资，更要在知识产权保护和国际贸易壁垒突破上进行主动的出击，以积极的态度去面对这样的难题与挑战。通过捷康的成功案例，中国企业应该有意识地将知识产权诉讼作为一项投资来对待，有计划有准备地占据法律主动权，像捷康提出的"用对方市场上赚到的钱支持法律战，用主动法律出击来支持市场发展"，以其人之道还治其人之身。将中国企业的竞争力扩展到所有发达国家乃至全球。

（三）制定内容

（1）确定知识产权管理的组织结构。知识产权管理部门处于企业管理层，与技术部门、法务部门和经营部门关系密切。国外跨国企业的知识产权管理的组织结构模式主要有：集中管理模式，即由总部统一管理；分散联合管理模式，即总部与分公司各有分工，分别对不同的技术种类、内容进行管理；网络组织模式，此种模式具有更强的灵活性、竞争力，在企业对全球战略和本地战略要求都很高时，网络组织模式往往是理想选择，它

[1] 李玉萍等：《上市·策》，清华大学出版社 2008 年版，第 25～27 页。

也代表着国际企业知识产权组织模式的未来发展方向。各种组织结构各有利弊，也各有不同的适用条件和范围，企业在设计其组织结构时需综合影响因素。

（2）设置知识产权管理部门，配备知识产权专业人才。目前企业大多以三种模式管理知识产权，即由法务部或研发部单独管理，或是兼管，或是法务部和研发部共同管理知识产权事务。企业应设置一个单独的知识产权管理部门，并配备知识产权专业人才，这也是企业知识产权保护基本战略的基础。发达国家企业内部一般都设有专门负责知识产权工作的专业管理机构，配备一批专业人才，负责分析专利信息、专利申请、专利开发、专利转让、专利诉讼等知识产权工作，并根据企业外部环境的变化，不断调整和完善管理部门职能，调整人员配置，以求更加高效地实施知识产权战略。

（3）建立知识产权信息管理系统。知识产权信息是企业经营发展中的重要信息资源。以专利为例，专利技术、法律、经济信息于一体，是一种数据量巨大、内容广博的信息资源，最新科学技术信息，完整而详尽地揭示了世界各国的所有发明创造的具体内容，为企业的经济贸易活动提供了重要的参考。企业对知识加以有效的利用，可以避免研发活动中的重复劳动和资源浪费，为企业提供知识产权合作机遇，并为企业在面临知识产权法律问题时提供最重要、最及时有用的情报。[1] 企业要善于利用知识产权信息，提高研发起点，同时企业在生产和销售前都要进行知识产权检索，以免侵犯他人知识产权，并根据新出现的情况及时改变企业知识产权保护策略。

---

[1] 冯晓青：《企业知识产权战略》，知识产权出版社 2001 年版，第 47 ~ 48 页。

第二节　美国企业知识产权保护战略借鉴

一、美国企业知识产权战略的特点

“二战”以后，美国的技术研发实力开始逐渐增强，知识产权战略成为美国企业最重要的发展战略之一。其主要特点包括：

第一，以基本专利与专利网相结合的专利战略为核心战略。美国科技企业一般将其核心技术或基础研究作为基本专利来保护，并控制该技术领域的独占地位，同时积极申请外围专利，构成专利网来加固其基本专利的独占地位，并利用专利手段占领新的技术领域，以形成大批所谓战略性专利，最终形成以专利为基础的垄断格局。❶

第二，知识产权管理与技术创新紧密结合。美国众多的高新技术企业具有雄厚的技术实力，因此美国企业在技术创新方面拥有强大优势。美国企业知识产权管理的一个特点是：知识产权管理部门通过加强企业法律部门与研发部门的合作，有效实现对技术创新过程的监控，充分发挥知识产权管理在技术创新中的作用。

第三，以进攻为主的知识产权战略。美国科技企业为了巩固和发展其在市场竞争中的优势，依靠自身强大的技术实力，主要实施进攻型知识产权战略。主要表现在：促进技术创新以提高产业技术竞争能力；专利制度与贸易战略相结合，保护与拓展美国的海外市场；利用公平竞争政策保持国内市场秩序。❷

第四，积极推进知识产权许可贸易。为了创造知识产权交叉许可的双赢，形成企业间知识产权资源的战略合作，美国科技企业的知识产权战略

❶ 包海波：“美国企业知识产权管理的构成及其特征分析”，载《科技管理研究》2004 年第 2 期。

❷ 张昌廷，田宝玉：“美日企业专利战略的差异及其启示”，载《经济与管理》2004 年第 10 期。

重点已经从传统的排他垄断战略转变为更积极的许可与合作战略，知识产权管理部门也从企业的成本机构转型为创造利润的部门。企业采取知识产权开放政策，通过知识产权交易将其拥有的高质量知识产权资产许可给其他需要的企业，在严密的知识产权监控下获得高额知识产权许可费，实现了技术优势企业和市场优势企业的知识产权合作和优势互补，加速了技术扩散速度，缩短了创新型企业的赢利周期。❶

第五，注重利用知识产权组合战略。鉴于单纯的专利、商标、版权等知识产权保护都有局限性，美国企业注重利用各种知识产权的组合，为各类创新成果提供综合保护，最大限度地提高知识产权的利用率。

二、美国企业知识产权保护战略借鉴

第一，要确立保护知识产权的企业观。企业家要在经营战略中重视知识产权的保护，把知识产权保护列入经营管理战略的重要组成部分。

第二，要健全和完善知识产权保护的内部组织机制和法律制度。明确专门的知识产权管理部门，在跨国公司（企业）中，确立合乎企业自身特点的组织机制，根据不同知识产权的内容、特点、确定权利人、内部员工、许可使用方等各自所负担的责任和义务，通过保密协议、合同竞业禁止条款等法律形式，加强内控，保护企业知识产权。

第三，要培养高素质的知识产权人才队伍。企业要在自身发展中不断创新，不仅需要技术能力突出的技术人员，更需要技术人员懂得在创新的同时，尊重他人的知识、技术成果，不侵犯他人的知识产权。企业应加强对员工技能的培训，更应加强对知识产权相关信息、法律、管理等系列知识的培训，提高员工的整体素质。

第四，要积极主动地运用知识产权战略，保护自己，应对国际竞争，赢得国际市场。知识产权保护战略的首要任务是防止他人侵犯自己的知识

❶ 杨起全，吕力之："美国知识产权战略及对中国的启示"，载《标准与知识产权》2005年第3期。

产权，但是，做好防守的同时，更要积极主动地运用知识产权给企业带来的竞争壁垒，通过申请外围专利、编织专利网、联合行业企业进行合作许可战略等方式，变被动为主动，最终赢得市场。

第三节　企业应对中美知识产权争端策略

一、应对中美337调查知识产权争端的防守策略

（一）建立知识产权信息管理系统，避免侵权

企业在制定产品目标时，要查明市场竞争对手或潜在的竞争对手已有的相关知识产权，做好技术、法律查明工作；企业应建立知识产权信息管理系统，搜集、研究相关知识产权许可、使用信息，培养高素质的专业知识产权人才，对于出口产品相关的行业研究确定是否有可能涉及该产品的美国专利，或涉及该产品的制造方法的方法专利。一旦ITC启动337调查，被诉企业要在短时间内做好充分的答辩准备。对于中国企业而言，要防止成为被告，平常一定要做好专利信息库管理，为自己的技术申请专利，或联合同行进行交叉许可，筑起侵权的防火墙。

捷康从2006年参与国际贸易的第一天起就以投资的意识来应对可能出现的知识产权竞争。三氯蔗糖是以蔗糖为原料经过化学反应生成的一种高倍甜味剂，甜度是蔗糖的600倍。虽然产品专利于2003年已经过期，但是全球还有50多项方法专利仍在有效期内。捷康根据美国市场需要，聘请美国职业专利律师将捷康生产工艺与美国的有效专利进行比对，并由律师出具了不侵权的律师意见后才放心大胆地进入美国市场销售。捷康也早就预见到由于影响了行业巨头泰莱公司90%的市场地位，在美国市场势必会引起一场市场战和知识产权法律战。

（二）签订合同时做好法律风险防范

出口企业应对进口国的知识产权进行调查，避免侵权。应注意进口商是否拥有该产品的商标、专利、著作权等权利的证明文件。若无，则应考

虑法律风险，在合同中订立任何有关侵犯知识产权的情况都应由该外商负责并赔偿己方损失的条款或订立仲裁条款。应对潜在的337调查，企业可在签出口合同前与进口商协商，由其承担有关337调查相关事务的部分责任，如负责沟通，并承担一定数额的应诉费用等。如果企业是以贴牌等方式生产出口产品，要充分认识到侵犯第三方知识产权可能产生的严重法律后果；要注意外商是否拥有该产品的专利、商标、版权等权利的证明文件；要在与外商签订的合同中特别注明“索赔条款”和“证明条款”。“索赔条款”中要进口方保证，如果合同订立后，出口方因为履行合同，为进口方生产制造进口方所特定的产品，如果遭到合同以外的第三人的侵权指控时，应由进口方承担一切诉讼及赔偿费用。“证明条款”要求在签订合同时，进口方在合同中注明出口商对该产品拥有合法的知识产权或经企业合法授权，并符合进口方知识产权法律规定。此项“证明条款”可以证明出口企业没有故意侵犯知识产权，我方也可免除责任。此外，在与外方签订知识产权许可协议等法律文件时，可以在其中增加仲裁条款，从而在发生争议时，避免被对方提起337调查。❶

（三）加强对美国国际贸易司法审查以及337调查的学习研究

中国的生产商和出口商应该加深对美国337调查的了解，深入研究美国利用337条款在知识产权保护方面进行法律救济的途径、方式及后果等相关知识，提高对调查的认识和理解，发现其突破口。

二、应对中美337知识产权争端的应诉策略

（一）巧用媒介做危机公关

337调查程序开始前，在美企业通常会在广播、报纸上进行大肆宣传，声称对方涉及侵犯知识产权，试探对方的反应，而后采取谈判、发律师函等方式，最后提起诉讼。面对此种舆论压力，中国企业应积极着手调查研

❶ 王敏：《中美337调查贸易摩擦及企业应对策略研究》，河海大学2007年同等学力申请硕士学位论文。

究相关知识产权信息，分析在美企业的主旨目的、消费者心理和市场趋势，在把握中美文化差异的基础上，针对美方市场的价值取向、关注焦点，适度作出回应。

（二）开展谈判寻求和解

谈判和解是解决争端的途径之一。对于在激烈竞争中争夺市场的企业双方来说，可以通过谈判，寻求采用专利合作的方式，包括技术的交叉许可和专利互换的方式达成和解；双方对权利的许可条件、费用、期限等问题，可以通过谈判达成一致，从而避免诉讼带来的成本增加。

（三）积极主动应诉

面对美方提起的337调查，我国大部分涉案企业采取不应诉的“鸵鸟”政策，不少企业不应诉是存在“免费搭车”的心理。事实上，根据337条款，ITC对不应诉企业将作缺席裁决，认定申请人指控的侵权事实成立，对企业的直接后果是自动败诉，相关产品将被逐出美国市场。并且，即使同案其他企业应诉答辩并获ITC支持，除非申诉人的知识产权专利被证明无效或不可执行，否则未应诉企业也不可与胜诉企业一样自动享有同样的待遇。

在美国，当一个公司提起诉讼时，并不意味着它有很大的胜诉把握。那些知识产权拥有者不一定会选择一个很明确的侵权对手来起诉，他会找一个小公司或者一个新公司来打官司，知识产权诉讼时常被当作是一个商业机会，甚至是一种商业赌博。因为专利权的范围是通过诉讼来确定的，与小公司或者新公司打官司胜算的把握比较大。这样的案件会给将来可能出现的案件确立一个基础。对于中国公司来说，美国公司在这一小案件中的胜利就会成为以后被起诉的“参照物”。因此，中国企业积极参加应诉的最直接目的就是为了打破美国公司对中国企业援用337条款进行歧视性调查的先例。[1]

---

[1] 王敏：《中美337调查贸易摩擦及企业应对策略研究》，河海大学2007年同等学力申请硕士学位论文。

大多数中国企业在面对 ITC 337 调查的时候存有侥幸心理。总认为如果没有被诉是最好的，一旦被诉，不是慌张地准备应诉，就是寄希望于同样被诉的企业能胜诉，这样同行业的被告企业也能幸免，或者是放弃应诉，退出美国乃至国际市场。很少有中国企业在进入美国市场的时候想到先发制人或者是主动应诉。

捷康在主动加入 ITC 337 调查时首先考虑的是捷康公司是不是占据法律主动的机会？因为一个刚成立不久的公司一旦主动参与 ITC 337 调查，首先是面临巨额的律师费用，如果被判侵权，前期的所有准备工作将白费。可是如果不主动加入 337 调查，一旦被告的三家生产企业有任何一家被判定侵权，就可能遭遇普遍排除令，捷康也会被排除在美国市场之外。全球三氯蔗糖的最大市场在美国，如果三家被告生产企业全部胜诉，市场将优先选择胜诉企业的产品，捷康面临着失去市场的结局，也同时有面临被起诉的风险。捷康于是组织技术人员和中美法律专家针对捷康的生产工艺与泰莱公司起诉 5 项专利进行仔细的对比，最后决定主动参与 ITC 337 调查。这是由于捷康认识到主动参与知识产权诉讼是一项投资行为，更是一项软投资，是市场投资和固定资产投资的可靠保障。

事实上，ITC 作为一个平台，不是仅为美国公司服务，各国企业都可以借用 ITC 平台来保护自身权益。中国企业持有的知识产权日益增多，完全可以成为 337 调查的申诉方，以维护自己的权益。中国企业应意识到知识产权在对外贸易中的重要性，企业在提升自身技术水平的基础上还应不断提升自身的知识产权管理水平。另外，随着近年来美国制造业纷纷转移到劳动力成本较低的国家，很多产品在美国境外制造完成之后进口到美国市场，这使得很多总部位于美国的跨国公司也可能被作为美国 337 调查的被申请人。

（四）合理选择律师

选择中国律师还是美国律师也成为困扰中国应诉企业的一个难题。中国律师在前期交流沟通方面存在着优势，可以确保企业和美国律师之间交流的畅通，可以帮助企业节省大量的律师费用。由于中国律师承担了大量的案件准备工作，以及凭借多年来配合美国律师在美国的应诉经验，提高了与美国律师的沟通效率，大大减少了美国律师的工作内容和时间，为客户节省律师费用，降低了应诉成本。而美国律师在本土的诉讼经验更为丰富，如果中国公司只是在被诉的时候才根据美国律师的计划和要求开展工作，准备工作就相对比较被动，这就要求中国企业根据自身需求提前做好准备，选择合适的律师来应对 ITC 337 调查。

捷康选择主动加入 ITC 337 调查之初，面临着在美国选择什么律师所作为代理及选择何时加入等难题，是以一般介入调查的身份享有一般权利还是作为被调查对象享有最高权利都成为选择的难题。按照美国法律必须具有美国律师相关从业资格执照方可作为代理律师的要求，捷康选择了具有百年历史的 Fish & Richardson 作为代理律师事务所，资深知识产权诉讼律师克莱格·S. 史密斯（Craig S. Smith）和杰弗瑞·R. 惠尔顿（Jeffrey R. Whieldon）作为代理律师，聘请美国最权威的糖类化学博士作为专家证人，同时由 1 名中国律师和 9 名美国律师组成了诉讼工作组。其实捷康在主动应诉之前就已经做好了打法律战的准备，早在进入美国市场之初就在准备证据材料，组织专家进行了论证比对，制订出初步的应对方案，并在后期与美国律师的合作中极大地提高了工作效率。

（五）合理选择应诉策略

在应诉前，企业应该注意：比较原告的产品和自己的产品，评估其是否满足 337 调查的实体要求；与律师探讨是否存在以下有效抗辩，如提出反诉，宣告申诉方专利无效、以欺骗手段取得专利、滥用专利等；确定选择和解还是全程应诉等。

要注意寻找美国知识产权技术与我国企业产品使用技术之间的差别，哪怕找出一些细小差别都有可能成为我国产品没有侵权的有利证据；寻找美国知识产权技术上的漏洞，证明其知识产权的无效，使其失去申请 337 调查的依据。美国专利权取得的条件较为宽松，出现技术上的漏洞也就在所难免。应诉 337 调查的指控，企业可选择：（1）辩称自己的产品没有侵犯对方的专利权；（2）反诉对方，申请宣告对方的专利权无效；（3）专利不可执行性。通过欺诈获得的专利和专利的不当使用都是认定专利不可执行性的重要理由。

如果被告提出反诉，该反诉将会迅速移交对同案有管辖权的地区法院审理。相对于 ITC 的 337 调查，运用司法救济手段更有利于被诉人维护自己的利益。但要注意三点：一是应有侵权的事实。否则不仅达不到促进和解的目的，而且浪费自己的时间和金钱。二是不一定限于侵犯专利权，反诉的地点也不限于对方起诉的法院。只要能够打击对方的气势，使对方陷入被动的地位就基本达到自己的目的。三是根据现行 337 条款规定，要求“反诉不应迟延或影响本节之程序”，企业一方面可向 ITC 提出反诉，同时还可向本国人民法院提起反不正当竞争的诉讼。

（六）建立策略联盟联合应对

337 调查应诉费用数额巨大，一般在 200 万美元到 500 万美元之间，往往成为企业应诉的最主要障碍。而分化瓦解、各个突破是跨国公司在 337 调查诉讼中常常使用的策略。因此，我国多家企业在应诉时一定要结成策略联盟联合应诉。联合应诉不仅大大节省费用，而且可共享各种材料证据，形成合力，不至于被对手各个击破。2006 年年初，18 家企业联合打赢我国有史以来遭遇的最大一起 337 调查案——无汞碱锰电池案就是联盟胜诉很好的例证。❶

（七）寻求行业协会和政府的支持

作为各行业同行组成的行业协会，应在维护其会员企业的合法利益中发挥主导作用。如跟政府部门进行有效的信息沟通和管理，及时了解本行业产品出口方面的国外市场信息和最新动向，对美国相关产品的专利、商标等进行出口前的预先调查，及时向会员企业通报产品出口目的地的最新变化，在企业涉诉时迅速组成有效的协调小组，对当前面临的问题进行分析、评估，对可能造成的损失和应诉所需付出的代价、风险及可能的后果

❶ 王敏：《中美 337 调查贸易摩擦及企业应对策略研究》，河海大学 2007 年同等学力申请硕士学位论文。

等进行详细的评估和权衡，共同应对调查。政府可以通过专利情报分析、专利诉讼谈判研究、专利政策法规研究等，为企业创造运用产业专利的优势环境，建立产业专利预警制度与产业专利情报服务网，提升企业产业专利谈判诉讼与侵权防范分析能力。行业协会可以帮助应诉企业建立合理的费用分摊机制，积极组织协调被调查企业应诉和反诉，在后方为企业提供人力物力和信息上的支持等。

三、ITC 337 调查胜诉的效应

（1）鼓励企业主动出击掌握市场和法律主动权。如果一个企业要进入高端市场或高附加值的市场，激烈的市场竞争首先出现的是知识产权的竞争，像捷康公司那样，只有突破了知识产权的封锁，才能在国际市场占有一席之地。

（2）鼓励企业创新。知识产权竞争的基础是企业知识产权的创新，企业应通过不断提升核心竞争力，并合法利用知识产权的相关法律来创新成果，以谋求更快的发展。

（3）提升投资理念。知识产权和国际市场渠道的投资都是企业无形资产的投资，它是企业得以长期发展的基础。捷康将知识产权的投资当作软资产来投资的理念值得推广。

（4）着眼行业和国家利益。捷康公司主动加入 337 调查的壮举威震美国国际贸易委员会和美国三氯蔗糖产业界，给被告的中国同行胜诉助了一臂之力，避免了中国三氯蔗糖产品被排除在国际市场之外的风险，为振兴民族经济作出了贡献。

（安立军　丁育生撰稿）

第十章 从传播学角度看捷康媒体公关的社会效果

当传媒已成为当代社会一道无处不在的亮丽风景，当网络制造了一个又一个新型的传播场域，当社会在传媒的发展、扩张、弥漫和渗透下不断建构和重构，媒介化社会趋于成熟。在媒介化社会中，作为社会人的个体，置身于被传媒包围的世界，以致常常分辨不清自己身在何处？是社会现实——客观的现实社会，抑或是媒介现实——媒介所塑造的信息环境？在媒介化社会中，基于媒体的技术支撑和巨大功能，媒体不仅成为个人获取信息的主要渠道，也成为企业构建信息系统的主要工具，成为企业信息环境建构的重要力量。随着媒介化社会的到来，人们越来越清醒地认识到媒介与信息传播活动在企业建构中的重要性，企业亦越来越重视媒体公关效应与策略。

所谓媒体公关，是指企业或者专业公关公司长期、互动、真诚、有计划地建设并维护与媒体的关系，在新闻宣传方面达到互相促进和互相需求，从而共同营造“关心、关注、关照”的理想境界。媒体公关强调企业与媒体之间的相互依存、良性互动和长期维护，这种相对稳定的关系无论对于媒体、企业抑或是社会都是一种资源，这种资源是显性的，也是潜在的。它不仅为企业赢得了知名度和美誉度，满足了公众的知情权，而且彰显了媒体的权威性。在媒介化社会，这种资源既包括企业在顺境中获得媒体与受众的支持，也包括企业在逆境中获得媒体与受众更多更快的理解，它使得企业、媒体与公众之间更加透明，使得社会各界在物质层面以及精神层面上达成一致。

有人用“营销利器”来比喻媒体对于企业的功能，有人用“成也媒体，败也媒体”或“媒体可载舟，也可覆舟”这样的表述来评判媒体对企业不可低估的作用。在媒体化社会中，企业如何认识媒体，如何善用媒体，如何与媒体利益共赢，如何考量媒体公关的社会效果，是摆在每个企业面前的重要课题。

第一节　捷康与媒体共舞：环境认知效果

针对英国泰莱公司及其在美国的子公司——泰莱公司于美国当地时间2007年4月6日向美国国际贸易委员会（ITC）提出的申请，即指控全球25家企业分别侵犯了其在美国的5项三氯蔗糖生产方法专利，请求启动337调查程序，并申请发布普遍排除令和禁止令，盐城捷康三氯蔗糖制造有限公司（以下简称“捷康”）于2007年8月15日启动旨在占领美国市场的积极应诉。经过长达一年的调查，ITC官方网站于2009年4月7日发布判决公告：“按照美国国际贸易委员会的程序，捷康公司生产工艺不侵犯泰莱公司的专利。”

胜诉案不仅为捷康赢得了声誉，也成为媒体的“盛宴”。如果从报道形式上回顾新闻媒体关于捷康胜诉案的报道，可用两句话加以概括，一是传统媒体与新媒体并驾齐驱，二是周年新闻发布会强化传播效应。

一、传统媒体与新媒体并驾齐驱

捷康胜诉！众多媒体在第一时间报道了捷康公司的这起胜诉案，受众通过通讯社——新华社，通过综合性的大报——新华日报、文汇报、中国日报、人民日报海外版，通过行业报——中国证券报、中国经济时报、中国食品报、科技日报、法制日报、国际商报，通过电视台——中央电视台、凤凰卫视等传统媒体，也通过网络媒体——新华网、人民网、中国化工网、凤凰财经网等新媒体了解有关捷康胜诉案的始末、该公司的产品和经营理念。

2009年6月8日，北京新闻大厦热闹异常，来自世界各地的媒体将目光聚焦在一位中国企业家的身上，他的企业主动加入美国国际贸易委员会337调查并获得完胜。作为中国唯一一家主动加入ITC337调查的企业，捷康成为社会各界瞩目的焦点；公司总裁安立军，成为人们心目中众多中国企业在海外维权的“民族英雄”！

二、周年新闻发布会强化传播效应

2009年媒体对于捷康胜诉模式的报道，曾在国内被广泛关注并引起进出口企业的强烈反响。但值得称道的是，捷康并不满足于胜诉后的媒体报道，而是在捷康胜诉案的一周年和两周年连续召开新闻发布会。

2010年4月7日，由江苏省射阳县政府主办，盐城经济开发区、捷康公司协办的“ITC主动诉讼完胜成功布局全球市场——中国唯一主动加入ITC诉讼并胜诉一周年”新闻发布会，在江苏南京金陵饭店召开。❶ 2011年4月7日，由江苏省商务厅公平贸易局主办，捷康公司协办的“保护知识产权，促进可持续发展——盐城捷康中国唯一主动加入美国ITC337诉讼胜诉两周年”新闻发布会，在江苏南京威斯汀酒店召开。❷

“信息就是信息，不是物质也不是能量。不承认这一点的唯物论，在今天就不能存在下去”。❸ 维纳关于信息的定义包含了信息的内容与价值，从动态的角度揭示了信息的功能与范围。从新闻学的角度而言，新闻在本质上是一种信息，“新闻是新近事实变动的信息”。❹ 变动产生新闻。周年新闻发布会的连续举办，强化了传播效应，体现出捷康处理信息的灵活性和主动性，也体现出捷康注重媒体公关的一致性和连续性。

---

❶ 王迅：“盐城捷康中国唯一主动加入ITC诉讼并胜诉一周年”，载中国江苏网，最后访问时间：2010年4月7日。

❷ “保护知识产权，促进可持续发展”，载中国经济网，最后访问时间：2011年4月8日。

❸ 维纳：《控制论》，科学出版社1962年版，第133页。

❹ 李良荣：《新闻学概论》，复旦大学出版社2009年版，第26页。

议程设置理论认为："大众传播媒介在一定阶段内对某个事件和社会问题的突出报道会引起公众的普遍关心和重视，进而成为社会舆论讨论的中心议题。大众传播媒介对改变和坚定受众的态度，对形成较为一致的看法，对提高媒介人物的知名度和媒介事件的轰动效应有着强大的导向作用。"❶ 在媒介化社会中，人们对周围世界的知觉与印象在很大程度上依赖于新闻媒介。媒体对捷康案的报道，媒体报道捷康案的角度和观点，都在影响着受众对捷康案的认知、印象与理解。换言之，媒体的报道制约着受众观察捷康的视角和视阈。从一个个版面的字里行间，从一个个声画结合的电视镜头，从2009年春天捷康胜诉案的报道，到2010年和2011年春天捷康胜诉案周年的两度新闻发布会，捷康公司赢得的不仅是知名度和美誉度，而且是其在社会大众心目中的优质品牌形象。捷康与媒体共舞，捷康案报道的环境认知效果表现在三个层面：（一）对中国企业的范本作用；（二）对社会个体的励志作用；（三）对食品添加剂知识的普及作用。

（一）对中国企业的范本作用

身为企业的受众读到的是2006年年初以50万元资本注册成立的年轻的捷康公司，如何从一家名不见经传的小企业，迅速崛起成为全球第二大三氯蔗糖制造商，捷康给中国的无数企业树立了奋斗的标杆，"捷康经验"为中国外贸企业积极主动应对国际贸易摩擦提供了范本。这不仅是因为"短短两年时间，捷康公司成为全球第二、中国第一大三氯蔗糖专业生产企业，并获得了4项中国专利和3项美国专利。这是4月7日盐城捷康加入美国国际贸易委员会（ITC）337调查并取得胜诉两周年之际交出的成绩单"，❷ 而且因为捷康公司是自中国2001年加入世界贸易组织以来，唯一一家主动要求加入337调查并最终胜诉的中国企业。经过长达两年时间的跨国诉讼，终于战胜了国际甜味剂巨头泰莱公司对中国同行及产品的诉讼。盐城捷康的胜诉为打破西方跨国公司利用知识产权之争垄断国际市场、封

❶ 甘惜分主编：《新闻学大辞典》，河南人民出版社1993年版，第131页。

❷ 操秀英："海外胜诉赢来自主技术'话语权'，盐城捷康成为全球第二大三氯蔗糖企业"，载《科技日报》2011年4月18日。

锁中国竞争的企图树立了积极的榜样，对中国企业运用法律武器维护自身权益具有深远的意义。

（二）对社会个体的励志作用

身为个体的受众通过有关捷康案的报道，不仅知晓了三氯蔗糖和捷康公司的存在，而且知晓了这起民企较量大鳄、情节生动、富含传奇色彩、励志版的“三氯蔗糖337调查案”。在这起案件中，捷康本不是被告，但它主动应诉，并赢得了胜利。身为个体的受众同时领略到了作为捷康领军人物的安立军的个人风采，其传奇故事、经营理念、成功案例、个人观点以及对行业趋势的分析等为人称道。

（三）对食品添加剂知识的普及作用

隔行如隔山，受众原本对捷康产品所知甚少，但在整个案件的传播过程中、在周年新闻发布会传递出的一系列信息中，关注食品安全的受众，了解到蔗糖唯一的衍生产品、全球公认的最安全最完美的甜味剂——三氯蔗糖的有关知识，了解到三氯蔗糖所具有的安全性高、耐酸碱、耐高温、货架期长等优点，也了解到食品添加剂的其他相关知识。

第二节　捷康舞剑意在知识产权：价值形成与维护效果

“大众传媒在报道的新闻和传达的信息中，通常包含着是与非、善与恶、美与丑、进步与落后的价值判断。大众传媒提倡什么、反对什么，客观上起着形成与维护社会规范和价值体系的作用。这种作用是通过传媒的舆论导向功能发挥出来的，它可以通过舆论引导形成新的规范和价值，又可以通过舆论监督来维护既有的规范和价值。”[1] 捷康公司成为中国历史上第一家主动加入知识产权诉讼案并获得完胜的企业，该案例被评为2009年中国知识产权十大经典案例的第一案例。典范的力量是无穷的。捷康案的传播无疑是一次知识产权传播的中国行，其价值与效果在于，既发挥了舆

[1] 郭庆光：《传播学教程》，中国人民大学出版社1999年版，第189页。

论引导的作用，也发挥了舆论监督的作用。

一、践行知识产权保护理念：捷康案传播的舆论引导作用

党的十七大报告指出，我国要“实施知识产权战略”。国务院于2008年6月5日发布《国家知识产权战略纲要》。知识产权战略是以知识产权制度为基础，健全和完善知识产权管理体系，激励知识产权创造、保护及转化和运用，提高知识创新能力和国际竞争力，推动经济持续发展的行动方案及相关政策战略措施。

美国是世界上最早建立知识产权法律制度的国家之一，它在建国之初就把保护知识产权作为其基本国策之一。知识产权制度已成为世界发达国家发展高科技、增强综合竞争能力的战略性措施。相比较，我国的知识产权发展及保护水平仍处于初级阶段。具体表现在，我国的知识产权制度仍不完善，社会公众知识产权意识仍较薄弱，市场主体运用知识产权能力不强，自主知识产权水平和拥有量尚不能满足经济社会发展需要。在近年的国际贸易领域，中国企业在国际市场面临的跨国知识产权诉讼不断增加。自2000年起，在美国国际贸易委员会有关外国产品是否存在知识产权侵权行为的337调查中，中国连续7年成为第一涉案大国，而近期美国针对全球的337调查，近40%涉及中国企业。

因此，捷康胜诉案报道中的舆论引导作用是显而易见的。捷康胜诉案，是中国企业首次主动应诉美国337调查并取得完胜的典范，在中国知识产权保护的史册上具有重要的战略意义。对外经贸大学国际经济伦理研究中心刘刚仿教授在评论捷康胜诉案时说：“捷康的胜诉在中国企业中具有示范意义，中国的企业在国际市场中不但应该有开发和创新的精神，更要有主动出击，保护自身知识产权的意识，应该从被动应诉的状态向主动出击方面转变。”北京市高新技术知识产权研究所副所长全国彤称道捷康公司此举“树立了我国高新企业主动保护知识产权的典范”。

更令人欣慰的是，一方面，捷康积极掌握知识产权的自主话语权。“胜诉后的盐城捷康将自主知识产权作为发展支点，培育核心技术、推动科技

创新，申请了8项中国专利和4项美国专利，并从2009年起在马德里协约内的15个国家和印度、日本申请了商标专利，掌握了自主技术‘话语权’。”❶ 另一方面，在保护知识产权的基础上，捷康积极响应温家宝总理在政府工作报告中提出的“完善食品安全监管体制机制，健全法制，严格标准，完善监测评估、检验检测体系，全面提高食品安全保障水平”的要求，在国家大力发展绿色企业，控制生态平衡的大环境下，注重从生态环境、社会公益事业、社会保障体系等各方面体现捷康作为食品化工生产企业的社会责任，来实现企业的可持续发展，全力促进食品安全。❷

二、规范食品添加剂：捷康案传播的舆论监督作用

捷康案的报道，为众多关注食品安全、为食品添加剂担忧的人士建立起舆论监督的“信息库”。

为了让更多的人士认识食品添加剂行业，了解添加剂企业的现状和发展，捷康公司领导利用媒体这块阵地谈公司建设，谈产品发展和市场营销，探讨食品添加剂行业发展面临的瓶颈及产品质量安全控制措施等，同时展示了我国食品添加剂企业的健康风貌和战略思考。公司总裁安立军就国家开展的对食品添加剂和非食用物质添加的专项整治活动的评价、食品添加剂行业的发展目标和发展方向、食品添加剂存在的诸如超标等安全问题、食品安全是食品企业赖以生存的生命线等问题回答记者的提问，在健康消费的层面进行引导，在食品安全的角度进行促进，倡导“引导健康消费，促进食品安全”的理念，一系列信息的沟通，较好地发挥了舆论监督的作用。

可喜的是，2010年12月28日，“新媒体环境下行业公共关系管理暨企业社会责任价值”专家研讨会在北京召开，来自国家有关部门、高等院校、知名学术研究机构、大型国有企业及各主要媒体的领导、专家学者、

---

❶ 操秀英：“海外胜诉赢来自主技术‘话语权’，盐城捷康成为全球第二大三氯蔗糖企业”，载《科技日报》2011年4月18日。

❷ “保护知识产权，促进可持续发展”，载中国经济网，最后访问时间：2011年4月8日。

企业家及相关代表约100人出席了研讨会。会议围绕“新媒体发展如何改变公共关系管理方式”“社会转型期传媒引导舆论的责任”“大企业的公共关系与社会责任”等焦点论题进行了深入研讨。专家学者们富有真知灼见的演讲和主要观点，对政府、行业、企业更好地履行和实践社会责任，将产生积极而深远的影响。[1] 新媒体语境下，政府、行业、机构的公共关系拓展了新的对话领域和平台，也带来了新的挑战。随着现代传媒的进一步发展，基于新价值观的公共关系视角和以生态学范式建构的公共关系管理体系，将成为政府、行业和机构在新媒体环境下实现社会化生存的中长期公众策略。

第三节　典范的力量是无穷的：社会行为示范效果

大众传媒的影响并不仅仅表现在认知和价值取向的领域，它们还通过向社会提示具体的行为范例或行为模式来直接或间接影响人们的行为。[2] 捷康案的传播，从企业和企业家两个维度，树立了社会行为的示范作用。

一、捷康胜诉案：企业与市场博弈的典范

捷康公司总经理安立军先生表示：“未雨绸缪是投资，亡羊补牢是费用。这是中国企业在337调查中第一次真正意义上的完胜，既赢了官司，也赢了市场。”[3] “捷康公司通过主动应诉完胜美国337调查，得以站稳国际市场，并迅速抓住机遇开展全球布局，抢占了市场制高点，成为行业小巨人。他们的做法值得各行各业学习：要适应国际游戏规则，用规则保护

[1] 梁恒：“新媒体公关暨企业社会责任研讨会举行”，载半月谈网，最后访问时间：2010年12月31日。

[2] 郭庆光：《传播学教程》，中国人民大学出版社1999年版，第189页。

[3] “捷康海外胜诉获09年度中国知识产权十大案例之首”，载《盐城晚报》2010年4月8日。

自己，并实现利益最大化。”❶ 作为目前三氯蔗糖全球第二、中国第一大制造商的捷康，“捷康经验”的社会示范效果如下。

（一）知己知彼，主动应诉

其实，当英国泰莱公司及其在美国的子公司——泰莱公司向美国国际贸易委员会（ITC）于美国当地时间2007年4月6日提出申请，要求发布普遍排除令和禁止令时，捷康公司并不在此次337调查范围内，但如果ITC发出普遍排除令，就意味着整个行业可能都会被美国市场排除在外。按照美国法律，涉嫌侵犯知识产权的企业一旦成为被告，客户将远离被告企业的产品，直到几年胜诉以后才可能接受使用。

在主动应诉前，公司总裁安立军曾潜心研究美国法律，尤其是美国知识产权的相关条款，深入了解337法案的来龙去脉，也广泛咨询律师，从法理上分析法律战可能对市场产生的影响和结果。正可谓知己知彼，方能百战百胜。在有了足够胜算的前提下，捷康主动应战。对此，对外经济贸易大学教授刘宝成评价：过去30年来，对于中国出口企业来说，国际贸易竞争的焦点逐步从质量到价格、到标准的转变，对于将目标市场集中于发达国家的出口企业来说，其主要的竞争对手也逐步从其他发展中国家的出口企业转向了长期盘踞目标市场的跨国公司。捷康便是这一转变的突出代表，作为一家年轻的新型企业，他们敢于针对跨国公司对同行围绕知识产权规则发起的诉讼，主动加入并直面挑战，最终赢得了诉讼，并巩固了自身的市场地位。这标志着中国出口企业在产业结构方面的升级，在实力方面的增强。

（二）知识产权法律战，高回报的投资

捷康337诉讼预算200多万美元，实际花费300多万美元，这对当时注册资金只有50万的小公司而言，无疑是一次冒险。但捷康制定了“市场战养法律战、法律战促市场战”的战略模式。一方面，通过市场战做好长

❶ “捷康海外胜诉获09年度中国知识产权十大案例之首”，载《盐城晚报》2010年4月8日。

期法律战的准备，用美国市场赚的钱去打美国的法律；另一方面，在法律战中抢夺出牌权，推动市场战，以实际行动向所有客户证明捷康的实力。同时，捷康边打官司边筹钱。捷康在当时根本无法筹集这笔法律费用，但一是因为捷康主动加入337 调查，二是因为捷康不侵权这一事实，为美方律师建立了足够信心，美方律师接受安立军提出的先打赢官司再付费的条件。随着337 调查的逐步深入，捷康开始寻找投资伙伴，经过多轮谈判，2007 年 7 月两面针成功注资捷康，捷康筹集到了足够的资金用以支付最终胜诉后的律师费。捷康的胜诉对中国企业主动出击掌握市场和法律主动权是一种鼓励，对中国企业合法利用知识产权的相关法律来创新成果是一种鼓励。

二、企业家的胆识，勇者不惧与智者不惑

在人物上做文章，利用公司创始人、最高经营者的传奇故事、经营理念、成功案例、个人观点、行业趋势分析等来扩大企业知名度，传递和提升品牌，是企业媒体公关的有效途径。

在捷康胜诉案的背后，是这起案子的直接指挥者和参与人、公司总经理安立军。一场专利风波成就了捷康，也成就了安立军。中央电视台、凤凰卫视、江苏电视台等多次对总经理安立军进行人物专访，新华社、光明日报、经济日报、中国日报等200 多家媒体多次对安立军进行专题报道，安立军在国家级、部委、全球华商、CEO 圆桌会议等都进行主题演讲，交流经验、分享成果。媒体关注下的安立军冷静中不乏激动，因为近两年时间的跨国诉讼，耗资2 000多万元的律师费用，换来的不只是企业维权的声誉，更为中国企业运用法律武器打破西方跨国公司利用知识产权垄断国际市场、主动维护自身权益树立了积极的榜样。

安立军先后被授予政府三等功、被评为2009 创业中国年度榜样人物、中国民营经济领军人物、中国杰出民营企业家、《科技创新与品牌》杂志

以“民族英雄”进行封面人物宣传。[1] 荣誉光环照射下的安立军，其主动出击的胆识、缜密的布局、前瞻的睿智和策略，对企业家提供启迪。

（一）“未雨绸缪是投资，亡羊补牢是费用”

捷康胜诉案至今已两年有余，但它一直被业界所称道，这不仅因为它的胜诉，而是整个事件中蕴涵的策略和睿智以及该事件引发的思考。

“未雨绸缪”，是安立军回答记者提问时出现频率最多的一个词语。“未雨绸缪是投资，亡羊补牢是费用”已成为安立军的管理理念，语句通俗却又智慧，成为捷康公司立于不败之地的法宝。面对《中国证券报》等众多媒体记者的采访，安立军就“怎么看待中国企业在国际市场面临的知识产权壁垒”“中国企业在面对知识产权壁垒时应如何做”等问题作出回答时，他的答案是：“最关键的是要转变观念，主动应对。捷康公司本来并没有在美国成为被告，但我们认识到，要想在美国市场取得长远的发展，知识产权问题是一道绕不过的坎，与其等到哪一天成为被告，还不如主动要求加入调查，这样反而更有希望打赢官司。”安立军认为不应把律师费看成是一种“费用”，而应该把它看成是一种“投资”，一种用于消除中国企业在国际市场面临的知识产权壁垒、维护出口产品长远利益的投资。[2] 安立军反复强调的是，要转变投资理念，把海外维权行为、把知识产权诉讼作为一种投资来对待，做到未雨绸缪，用对方市场上赚到的钱支持法律战，用主动法律出击支持市场发展，采取更加积极主动的做法，只有这样才能赢得跨国知识产权诉讼，为其产品进入国际市场扫清法律障碍。

（二）知识产权是一张王牌

随着2020年WTO“取消关税”年限的到来，国际贸易的竞争逐渐演变成知识产权的竞争，中国企业要保护自己的市场，就要利用专利这张牌。正如安立军所言：“中国作为制造大国，多数的企业是在仿造专利，而不是做专利，是经不起挑战和诉讼的，专利是为了保护自己的市场，是矛的作

[1] “盐城捷康接受央视采访”，载中国网，最后访问时间：2010年7月7日。

[2] 明金维：“海外市场知识产权维权也是‘投资’——访中国捷康公司总经理安立军”，载中国证券网，最后访问时间：2009年5月20日。

用，但中国企业需要盾。如果为专利而专利，你的专利没有意义。如果为不侵权而专利，你的专利就有意义。对方把路都给堵了，你要找新路，在这个过程中首先生存下来，才有可能继续选择最佳的路径。所以中国企业第一步要做的，就是做到不侵权。”在捷康的理念中，知识产权是市场发展过程中最重要的一项工作，由企业的高层直接领导，是整个企业的战略，而不是由某个单纯的部门运作。

在全球经济一体化的今天，随着中国加入WTO，和世界接轨的速度越来越快，知识产权是矗立在中国企业面前一座不可逾越的壁垒，更是可以产生巨大效益和机遇的武器，其主动权完全掌握在有战略眼光的企业家手中。作为新中国成立以来100个知识产权案例当中的最经典的案例之一，捷康公司理应成为中国对外的知识产权诉讼当中的一个样板和标杆。只有以知识产权战略为导向，发展自主专利作为开拓市场的利器，才能最终使我们的民族企业立于不败之地，不断地融入国际经济大舞台。

（三）冲破知识产权壁垒任重道远

安立军认为，知识产权制度原本是为了鼓励创造性的智力活动，从而促进技术进步和社会经济发展。因此，通常情况下人们很难将知识产权与贸易壁垒联系起来。但是，当知识产权的排他性应用到跨国生产经营当中时，一国的知识产权保护政策就与进出口贸易联系起来了，知识产权保护政策就成为各国重要的贸易政策之一。当知识产权固有的垄断性超出了合理范畴，扭曲了正常的国际贸易时，它就成为知识产权贸易壁垒。❶

随着中国经济日益融入世界经济，中国出口企业越来越多地加入全世界范围内的生产、出口和销售链条，其在国际市场面临的知识产权壁垒也越来越多。近年来，中国企业在国际市场面临的知识产权侵权诉讼案件数量一直居高不下。这些看似纷繁复杂的跨国知识产权纠纷，其背后关乎的是众多中国出口行业和出口企业的利益。只有当越来越多的中国企业像捷

❶ 明金维：“从‘捷康’胜诉看中国企业海外维权”，载《人民日报》海外版，2009年5月18日第5版。

康公司一样，转变观念，赢得越来越多的跨国知识产权诉讼，“中国制造”才能真正突破国际市场的知识产权壁垒。❶

（四）合作、研发更多的市场份额

党的十七届五中全会明确提出，“十二五”时期要以科学发展为主题，以加快转变经济发展方式为主线，坚持把科技进步和创新作为加快转变经济发展方式的重要支撑。新形势新任务对加强知识产权保护提出了更新更高的要求。在新形势下，捷康将以怎样的姿态应对新的挑战？“十二五”，捷康又有怎样的展望？对此，安立军展望：“我们还要一如既往地保护市场，同时不断扩大市场的份额，要逐渐形成国际市场控制力，当然，在这个过程中，相关的法律、制度、投资理念等，要起到支撑作用，我们的目标是占据全球市场35%的市场份额。当然，我们当前要做的还是要突破国际市场的封锁。”

专利风波使捷康人更加坚定地将产品研发和知识产权作为企业发展的根本，它与中科院、上海有机所等科研院所联合创新，在三氯蔗糖品质、口感和产品转化率上研发了一批核心技术；筹建省级研发中心，引进全球三氯蔗糖专家，并成立盐城捷康博士后工作站。目前，公司已申请7项国内专利和4项国际专利，是国内申请专利最多的三氯蔗糖企业。

捷康公司未来10年的规划是，至2020年将累计投入20亿元，继续与国内科研院所共同研制新的技术，将产能扩大至年产4 000吨的规模，占全球市场价格的20%以上，来分享全球200亿元的市场份额。❷

（冯　隽*撰稿）

❶ 明金维：“经济观察：中国企业应重视海外维权”，载新华网，最后访问时间：2009年5月14日。

❷ 王娟：“思想领先，掌控制胜格局——访江苏盐城捷康三氯蔗糖制造有限公司总经理安立军”，载正气中国网，最后访问时间：2010年12月27日。

* 冯隽：浙江工商大学人文与传播学院，博士、副教授。

附 录

附录1：美国国际贸易委员会关于三氯蔗糖、含有三氯蔗糖的甜味剂以及相关中间化合物争议的初步裁定

（第337-TA-604号）*

根据调查通知和《美国国际贸易委员会操作与程序规则》第210.42节第1条的规则，这是行政法法官关于特定三氯蔗糖、含有三氯蔗糖的甜味剂以及相关中间化合物争议的初步裁定，调查号337-TA-604。

行政法法官裁定，除未参与被申诉人和缺席被申诉人外，在向美国进口、为进口而销售或者在美国境内销售三氯蔗糖、含有三氯蔗糖的甜味剂以及相关中间化合物的行为中，未发现与美国专利第4980463号第1～3和16～18项权利、美国专利第5470969号第20～26、28和29项权利、美国专利第5498709号第8、9和13项权利以及美国专利第7049435号第1项权利有关的违反1930年《关税法案》（修正）第337节的行为。此外，行政法法官裁定，存在实施

* 本参考译文中将337调查中的Complainant翻译为“申诉人”，将Respondent翻译为“被申诉人”，但就此须作出如下说明：商务部公平贸易局网站所列“337调查的主要程序”（http://gpj.mofcom.gov.cn/aarticle/cx/cp/ea/200711/20071105253834.html）翻译的是“申诉人”和“被申诉人”，但该网站所列“337条款中文版”（http://gpj.mofcom.gov.cn/cp/cp.html相关法规）翻译的是“申诉人”和“应诉人”，在此译者采用“申诉人”和“被申诉人”，但须指出，美国行政法法庭的“申诉人”和“被申诉人”，相当于我国行政裁定中的“申诉人”和“被诉人”。

美国专利第5470969、5498709 和 7049435 号的国内产业，不存在实施美国专利第4980463 号的国内产业。签署人亦裁定，在向美国进口、销售或者在美国境内销售三氯蔗糖、含有三氯蔗糖的甜味剂以及相关中间化合物的行为中未发现与美国专利第5034551 号第1~4 和11~22 项权利有关的违反1930 年《关税法案》（修正）第337 节的行为，因为委员会对该专利无诉讼标的管辖权。

讨　论

一、简　介

（一）诉讼历程

2007 年4 月6 日，申诉人泰莱技术有限公司以及泰莱三氯蔗糖有限公司（以下合称“申诉人”或“泰莱”）根据1930 年《关税法案》第337 节，修订后即《美国法典》第19 部分第1337 节，向委员会提起诉讼。起诉书在2007 年4 月13、18、23、25 日得到补充。补充后的起诉书诉称以下被申诉人存在违反第337 节的不正当竞争和不公平行为：AIDP 公司（“AIDP”）、北京富邦信业化工有限公司（“富邦化工”）、北京富邦信业贸易有限公司（“富邦贸易”）、美国富邦国际有限公司（“美国富邦”）、常州牛塘化工厂有限公司（“常州牛塘”）、美国牛塘化工公司（“美国牛塘”）、美国CJ 公司（美国CJ）、禄桥公司（“禄桥”）、哥鲁达国际公司（“哥鲁达”）、北京格莱蒙特国际贸易有限公司（“格莱蒙特”）、广东省食品工业研究所（GDFII）、河北省化学工业研究院（“河北研究院”）、河北省化学工业研究所（“河北研究所”）、河北苏科瑞科技有限公司（“河北苏科瑞”）、Heartland 包装公司（“Heartland 包装”）、广东广业清怡食品科技有限公司（L&P）、连云港中土物产国际贸易有限公司（“中土物产”）、美国分子技术工业公司（MTC）、南通分子技术有限公司（南通MTC）、Nu-Scaan 营养药品有限公司（Nu-Scaan）、Profood 国际公司（Profood）、南京诺朗化工有限公司（“诺朗”）、上海奥瑞特国际贸易有限公司（“上海奥瑞特”）、Vivion 公司（Vivion）和中津药业（香港）股份有限公司（“中津药业”）。这些行为包括向美国进口、为了销售而进口或进口后在美国销售某种特定的三氯蔗糖、含有三氯蔗糖的甜味剂以及相关中间化合物。

申诉人指控被申诉人的产品侵犯了泰莱具有专利权的以下五项美国专利的多种权利：美国专利第4980463号（“专利463”）的第1~3、16~18项权利；美国专利第5470969号（“专利969”）的第20~26、28、29项权利；美国专利第5034551号（“专利551”）的第1~4和11~22项权利；美国专利第5498709号（“专利709”）的第8、9、13项权利；美国专利第7049435号（“专利435”）的第1项权利。申诉人进一步诉称，国内存在着一个与争议专利相关的产业。泰莱寻求的结果之一是对三氯蔗糖、含有三氯蔗糖的甜味剂以及相关中间化合物下达普遍排除令。2007年5月7日，委员会发出调查通知，该通知随后被公布于2007年5月10日的《联邦公报》上。2007年5月11日，委员会发出对调查通知的更正。2007年6月13日，签署人为调查设定了15个月的预定期限，即到2008年8月11日为止。

2007年6月6日，泰莱提出一项申请，请求对被申诉人格莱蒙特、河北省研究院、河北研究所、中土物产、诺朗、上海奥瑞特和中津药业发出陈述理由令，并对其进行缺席裁定。2007年7月19日，签署人发出第6号命令，支持了关于陈述理由令的申请。随后，签署人发出第10号命令，初步裁定上述7位被申诉人缺席。2007年8月27日，委员会发布通知，决定不再对初步裁定进行审查。

2007年7月2日，盐城捷康提出一项申请，请求作为被申诉人参与这一调查。2007年7月25日，签署人发出第7号命令，初步裁定支持该申请。2007年8月15日，委员会发出通知，不再对初步裁定进行审查。

2007年6月12日，部分被申诉人提出动议（motion），请求终止对于“专利463”、“专利969”和“专利551”的调查，理由是委员会没有管辖权。在委员会的调查通知里，委员会这样表述：

在争议（涉案或系争）专利中，有一些涉及生产化学前体或三氯蔗糖中间化合物的方法，还有一些涉及从化合反应中获取某些特定的化学结晶的方法。在进行这项调查时，委员会并没有就《美国法典》第35部分第1337节第1条第1款第2项第2目的调整范围或第337节第1条第1款第2项第2目是否能够包含上述方法作出任何裁定。因此，首席行政法法官可能希望尽早对这些基本问题予以考虑。任何相关的决定都必须根据委员会规则第210.42节第3条，即美国《联邦法规汇编》第19部分第210.42节第3条，以初步裁定的形式作出。如果委员会在初步裁定送达后45天内并未对其进行审查，初步裁定即成为委员会的最终裁定。进行审查必须符合委员会规则第210.43节、第210.44节、第210.45节即美国《联邦法规汇编》第210.43节、第210.44节、第210.45节的规定。

2007年8月8日，签署人发出第11号命令，初步裁定驳回该申请。2007年9月24日，委员会发出通知，审查并撤销了初步裁定。2007年10月1日，签署人发出第22号命令，指示当事人在听证前后的简述中答复委员会在通知里提出的问题。这些由委员会提出的问题将在下文中详述。

2007年6月6日，被申诉人Profood提出一项申请，请求根据一份同意令终止上述调查。2007年8月9日，签署人签署第12号命令，初步裁定支持该申请。2007年8月30日，委员会发出通知，不再对初步裁定进行审查。

2007年7月10日，部分被申诉人提出动议，请求委员会适用简易程序裁定并不存在与“专利463”相关的国内产业。2007年8月16日，签署人发出第15号命令，驳回该申请。

2007年8月17日，泰莱提出一项申请，请求修改起诉书和调查通知，增加被申诉人Heartland甜味剂。2007年9月7日，签署人发出第17号命令，初步裁定支持该申请。2007年10月3日，委员会发出通知，不再对初步裁定进行审查。2007年9月17日，Heartland甜味剂请求对第17号命令作出说明。2007年10月1日，签署人发出第21号命令对第17号命令作出了说明。

2007年9月25日，泰莱提出一项申请，请求将诉讼程序和预定期限延长5个月。2007年10月2日，签署人发出第27号命令，初步裁定部分支持该申请，将预定期限延长了2个月，并将调查期限设定为7个月，即截止于2008年10月10日。2007年10月25日，委员会发出通知，不再对初步裁定进行审查。

2007年10月24日，泰莱提出另一项申请，请求修改起诉书和调查通知，将“专利463”第7~15、22~24项权利增列于权利清单中，泰莱认为被申诉人常州牛塘、GDFII、河北苏科瑞、盐城捷康侵犯了清单中的权利。2007年11

月 7 日，签署人发出第 32 号命令，驳回该申请。

2007 年 12 月 4 日，泰莱提出一项申请，请求终止部分与特定专利和特定被申诉人相关的调查。确切地说，申诉人请求撤回所有针对常州牛塘、GDFII、河北苏科瑞、Heartland 包装、Heartland 甜味剂、MTC、哥鲁达、富邦贸易/化工和美国富邦的关于“专利 709”所主张的权利。申诉人还提出要撤回针对河北苏科瑞、富邦化工/贸易、美国富邦、Heartland 甜味剂、Heartland 包装和 MTC 的关于“专利 435”所主张的权利。申诉人还表明，盐城捷康侵犯“专利 969”和“专利 551”的问题属于未决事项，但是申诉人继续诉称盐城捷康侵犯了“专利 463”。2007 年 9 月 21 日，签署人发出第 38 号命令，初步裁定支持该申请。2008 年 1 月 22 日，委员会发出通知，不再对初步裁定进行审查。

2007 年 12 月 28 日，泰莱提出一项申请，请求委员会适用简易程序裁定其符合第 337 节关于国内产业经济方面的要求。2008 年 2 月 8 日，签署人发出第 54 号命令，驳回该申请。

2008 年 1 月 11 日，泰莱提出一项申请，请求终止针对被申诉人美国牛塘的关于“专利 709”的调查，因为由于疏漏，未将美国牛塘列入此前终止调查的申请中。2008 年 1 月 14 日，签署人发出第 40 号命令，初步裁定支持该申请。2008 年 6 月 12 日，委员会发出通知，不再对初步裁定进行复议。

2008 年 1 月 15 日，部分被申诉人提出一项申请，请求适用简易程序裁定“专利 969”“专利 551”并未遭到侵犯。2008 年 2 月 7 日，签署人发出第 51 号命令，驳回该申请。

2008 年 1 月 15 日，泰莱提出一项申请，请求适用简易程序裁定被申诉人实施了进口行为。2008 年 2 月 8 日，签署人发出第 55 号命令，驳回了该项申请。

2008 年 1 月 25 日，部分被申诉人提出一项共同申请，请求对泰莱最近才制作的文件不予采纳。2008 年 2 月 4 日，签署人发出第 48 号命令，支持该项申请，并裁定“申诉人不能将 2007 年 12 月 3 日以后制作的任何检测结果作为证据，也不能将任何在 2007 年 12 月 17 日以后制作的任何文件作为证据”。2008 年 2 月 8 日，泰莱发出一项申请，请求重新考虑第 46 ~ 48 号命令并请求对第 46 ~ 48 号命令作出说明。2008 年 2 月 11 号，签署人发出第 56 号命令，驳回了重新考虑的申请，并对第46~48号命令作出说明。在第56号命令中，签署人这样表述：

签署人所说的“任何检测结果”并没有将范围限定在2007年12月3日以后实际进行的检测，因为申诉人自己曾表示会提供“所有由泰莱检测专家作出的检测结果，无论检测结果对申诉人的主张是否有利”，申诉人还表示“所有的重复试验都会在相同的样品上进行，并且遵守2007年11月30日以前制作出所有初步专家报告的期限”。不仅如此，无论被申诉人是否在事实发现截止后要求获得特定文件，或者在书面证词中使用这些文件，它们都会被排除在证据之外。因此，签署人不希望任何证人陈述或者书面证词引用这些被排除的文件。

上述裁定在当事人之间引发了许多争论。由此，泰莱提交了许多展示证据，包括文件和证人证言，作为证明加以提供，在本调查中曾被标记为展示证据，但未被作为证据采纳。类似地，被申诉人也提交了许多展示证据，包括文件和证人证言，作为证明加以提供，在本调查中曾被标记为展示证据，但未被作为证据采纳。

当事人就特定重要事实达成了诉讼协议。兹将与本初步裁定相关的特定的经协议的事实列举如下。

2008年2月21~29日，在签署人的主持下举行了听证会。为了支持自己的举证和反证，泰莱邀请了以下证人：

· 奥斯丁·J. 马奎尔（泰莱三氯蔗糖公司主席）；
· 马文·哈延加博士（泰莱国内产业专家）；
· 韦尔·弗洛拉博士（泰莱分析研究和发展部副主管）；
· 罗伯特·沃尔克普牧师（“专利463”发明人）；
· 尼古拉斯·布兰克（×××）；
· 吴凡（汽巴精细化工公司［“汽巴公司”］分析研究部门高级科学家）；
· 戴维·克里奇博士（泰莱专家）；
· 约翰·桑兹博士（泰莱专家）；
· 约翰·汉德博士（汽巴公司专家服务高级科学家）；
· 吉姆·韦利（泰莱加工技术主管）。

为了支持自己的举证和反证，被申诉人邀请了以下证人：

· 约瑟夫·圣·劳伦特（盐城捷康专家证人、化学实验室主管）；

· 贝克博士（河北苏科瑞、富邦化工/贸易专家证人）；

· 汉纳森博士（盐城捷康专家证人）；

· 王满堂（河北苏科瑞）；

· 吴俊静（河北苏科瑞副总经理）；

· 吴广利（河北苏科瑞总经理）；

· 安立军（盐城捷康首席执行官、富邦主席）；

· 吴金山（盐城捷康副总经理）；

· 李春荣（GDFII 副所长、L&P 总经理）；

· 王三永（GDFII 所长、L&P 董事长）；

· 伯特伦·弗雷泽－里德博士（常州牛塘和 GDFII 专家证人）；

· 蔡亚博士（常州牛塘研发部副部长）；

· 田教授（南京大学教授）；

· 埃里克·沃尔特斯博士（常州牛塘和 GDFII 专家证人）；

· 特奥多尔·格洛夫（Heartland 董事长）。

不仅如此，委员会还收到多份书面证词作为证据，以代替直接的证人陈述或现场作证。

听证后的简述、答复简述、事实发现的内容、法律结论和答复分别于 2008 年 3 月 14 日和 2008 年 3 月 24 日被提交给委员会。

2008 年 5 月 27 日，签署人发出第 58 号命令，初步裁定将预定期限延长 3 个月，确定为 20 个月，即截止于 2009 年 1 月 12 日。2008 年 6 月 20 日，委员会发出通知，不再对初步裁定进行审查。

2008 年 8 月 6 日，签署人发出第 59 号命令，初步裁定将预定期限延长 7 天，即截止于 2009 年 1 月 21 日。该命令同时要求申诉人重新提交庭审后简述和庭审后答复简述，申诉人于 2008 年 8 月 13 日重新提交了上述文件。

（二）当事人

1. 申诉人

申诉人泰莱技术有限公司是一家英国公司，主要营业地在英国伦敦泰晤士下街糖坞。泰莱技术有限公司是争议专利的专利权人。申诉人泰莱三氯蔗糖有限公司是一家特拉华州公司，主要营业地在伊利诺伊州迪凯特市埃尔多拉多街2200号。泰莱三氯蔗糖有限公司是争议专利的被许可人，该公司在阿拉巴马州麦金托什一间工厂生产三氯蔗糖。

2. 被申诉人

（1）制造商被申诉人

①常州牛塘化工厂有限公司

常州牛塘化工厂有限公司（“常州牛塘”）是一家中国公司，主要营业地在中国江苏省常州市牛塘镇延政路51号。

②GDFII和广东广业清怡食品科技有限公司

GDFII（GDFII）是一家中国机构，地址为中国广东省广州市新港东路146号。广东广业清怡食品科技有限公司（L&P）已被认定为GDFII的三氯蔗糖生产机构，主要营业地与GDFII地址相同。

③河北苏科瑞科技有限公司

河北苏科瑞科技有限公司（“河北苏科瑞”）是一家中国公司，主要营业地在中国河北省藁城市增村镇工业园区。

④江苏盐城捷康三氯蔗糖制造有限公司

江苏盐城捷康三氯蔗糖制造有限公司（“盐城捷康”）是一家中国公司，主要营业地在中国江苏省射阳县人民东路118号，邮编224300。

（2）其他参与被申诉人

①北京富邦信业化工有限公司和北京富邦信业贸易有限公司

北京富邦信业化工有限公司（“富邦化工”）和北京富邦信业贸易有限公司（“富邦贸易”）是使用两个不同名称的同一家公司。富邦化工/贸易是一家中国公司，主要营业地在中国北京市丰台区方庄芳群园一区3号院2号楼2单元1801室，邮编100078。

②美国富邦国际有限公司

美国富邦国际有限公司（“美国富邦”）是一家新泽西有限责任公司，主要营业地在新泽西州艾迪逊市Fieldcrest大道131号B套，邮编08873。美国富邦和富邦化工/贸易享有共同的所有权利益。

③美国牛塘化工公司

美国牛塘化工公司（“美国牛塘”）是一家加利福尼亚公司，主要营业地在加利福尼亚州贝瑞阿市土星街2913号G单元，邮编92821。美国牛塘公司是常州牛塘的子公司。

④哥鲁达国际公司

哥鲁达国际公司（“哥鲁达”）是一家加利福尼亚公司，主要营业地在加利福尼亚州埃克塞特市西切斯特纳特大道180号，邮编93211。

⑤Heartland包装公司和Heartland甜味剂有限公司

Heartland包装公司（“Heartland包装”）是一家印第安纳公司，主要营业地在印第安纳州卡梅尔市Clay Terrace大道14300号249套，邮编46032。Heartland甜味剂有限公司（“Heartland甜味剂”）是一家印第安纳公司，主要营业地在印第安纳州卡梅尔市Clay Terrace大道14300号249套，邮编46032。（×××）

⑥分子技术工业公司和南通分子技术有限公司

分子技术工业公司（“MTC”）是一家纽约公司，主要营业地在纽约市埃奇伍德区梅赛德斯路41号21单元，邮编11717。南通分子技术有限公司（“南通MTC”）是一家中国公司，主要营业地在中国江苏省南通市经济技术开发区复兴路15号。

（3）未参与被申诉人

①AIDP公司

AIDP公司（“AIDP”）是一家加利福尼亚公司，主要营业地在加利福尼亚州工业城。

②美国CJ公司

美国CJ公司（“美国CJ”）是一家加利福尼亚公司，主要营业地在加利福尼亚州洛杉矶市。

③禄桥公司

禄桥公司（“禄桥”）是一家纽约公司，主要营业地在纽约州埃尔蒙特市。

④Nu-Scaan营养药品有限公司

Nu-Scaan营养药品有限公司（“Nu-Scaan”）是一家根据英国法律设立并

存续的公司，主要营业地在英国切舍城麦克莱斯菲尔德区沃特赛德大厦。

⑤ProFood 国际公司

ProFood 国际公司（“ProFood”）是一家伊利诺伊公司，主要营业地在伊利诺伊州内珀维尔市。

⑥Vivion 公司

Vivion 公司（“Vivion”）是一家加利福尼亚公司，主要营业地在加利福尼亚州圣卡洛斯市。

（4）缺席被申诉人

①北京格莱蒙特国际贸易有限公司

北京格莱蒙特国际贸易有限公司（“格莱蒙特”）是一家中国公司，主要营业地在中国北京市朝阳区东三环南路 58 号富顿中心 A 座 2107 室，邮编 100022。

②河北省化学工业研究院和河北省化学工业研究所

河北省化学工业研究院（“河北研究院”）是一家中国机构，地址为中国河北省石家庄市建华南大街 18 号，邮编 050031。河北省化学工业研究所（“河北研究所”）是一家中国机构，地址与河北研究院相同。

③连云港中土物产国际贸易有限公司

连云港中土物产国际贸易有限公司（“中土物产”）是一家中国公司，主要营业地在中国江苏省连云港市新浦区苍梧路 6 号龙河大厦 A 座 17 楼，邮编 222006。

④南京诺朗化工有限公司

南京诺朗化工有限公司（“诺朗”）公司是一家中国公司，主要营业地在江苏省南京市北京东路 22 号和平大厦 1201 室。

⑤上海奥瑞特国际贸易有限公司

上海奥瑞特国际贸易有限公司（“上海奥瑞特”）是一家中国公司，主要营业地在中国上海市凯旋北路 1555 号 3 幢 1603 室，邮编 200063。

⑥中津药业（香港）股份有限公司

中津药业（香港）股份有限公司（“中津药业”）是一家中国公司，主要营业地在香港中环永乐街永安祥大厦 12 楼 B 室。

（三）技术概况

本调查的争议问题在于三氯蔗糖商业生产方法中使用的生产技术。三氯蔗糖是一种人工甜味剂，通过蔗糖的化学反应而产生。具体操作方法是将蔗糖的3个特定的羟基（-OH）替换成氯原子（-Cl）。

无法显示在此点所提出的表格化的或图形化的材料。

三氯蔗糖的化学式是4，1′，6′，-三氯-4，1′，6′，-三脱氧半乳型蔗糖。

无法显示在此点所提出的表格化的或图形化的材料。

三氯蔗糖于1976年由伦敦大学国王学院有机化学家莱斯利·霍夫博士发现。霍夫博士发现，当普通蔗糖8个羟基中的3个被替换为氯原子时，得到的化合物甜度比蔗糖高600倍。

生产三氯蔗糖的整个过程包含许多步骤，但是这些步骤可以归为4个阶段，即保护、氯化、脱保护和提纯。

第一阶段，保护，是防止8个羟基中的5个被氯化的必要步骤。保护这5个羟基的方法之一是将这5个羟基替换成不会受到氯化的酯基。这就是美国专利第4362869号（“专利869”）的内容，这项专利又被称作“五酯基法”。另一个方法是由哈扎尔·穆夫提和埃尔纳·拉思伯恩创造的，即利用一种蔗糖的单酯基中间化合物，这种方法比五酯基法容易得多，获得了美国专利第4380476号（“专利476”）和美国专利第4617269号（“专利269”）。穆夫提和拉思伯恩的方法是将酰基氯和一种叔酰胺（如二甲基甲酰胺）混合在一起，形成一种维尔斯迈尔（Vilsmeier）反应盐，如chloroformiminium氯盐，然后将固体的chloroformiminium氯盐和蔗糖-6-酯一起放在二甲基甲酰胺中，加热至产生三个预期的氯化。但是，这种方法需要固体的chloroformiminium氯盐，并不适合大规模的生产，因为它对成本、原料和仪器的要求都很高。“专利463”，采取了一种简化了的单酯基法来形成chloroformiminium氯盐，即用一种叔酰胺（如二甲基甲酰胺）和一种酰基氯（如碳酰氯，即$COCl_2$或亚硫酰氯）进行反应。

另一个保护方法记载于“专利969”中，是将蔗糖溶液和某种含锡结晶的溶液进行反应，使混合物脱水，再加入一种化学物质（羧酸酐），提供适当的反应条件，使受到酯基保护的蔗糖分子得以生成。如实施“专利969”的方法，则必须将蔗糖和含锡结晶（二酯基六苯丁锡氧）溶解在一种极性非质子溶剂中，如二甲基甲酰胺。这一溶液随后被脱水并加入一种羧酸酐（如乙酸酐或苯酐），以形成含有受到酯基保护的蔗糖分子，即蔗糖－6－酯的反应混合物。

“专利551”披露了从含有二酯基六苯丁锡氧、受到酯基保护的蔗糖分子（蔗糖－6－酯）和极性非质子溶剂，如二甲基甲酰胺的混合反应物中提取含锡化合物二酯基六苯丁锡氧的方法。提取出的二酯基六苯丁锡氧可以在三氯蔗糖的生产中被重复使用。

“专利709”披露了从被三次氯化的蔗糖－6－酯分子中去除酯基的方法。这一专利的内容反映了生产三氯蔗糖的第三阶段，即脱保护。在这一步中，受到保护的羟基将脱去保护，或者说脱酯化，重新产生原先的羟基。

“专利435”披露了去除杂质的方法，即生产三氯蔗糖的最后一个阶段——提纯。

（四）争议专利

1. “专利463”

“专利463”的标题是“蔗糖－6－酯的氯化”，该专利的申请号是382147，1989年7月18日提交，1990年12月25日被授予专利。它的发明者是罗伯特·E. 沃尔克普、胡安·L. 纳维亚和尼古拉斯·M. 弗农，专利权被转让给Noramco公司。经过再次转让，泰莱技术有限公司是“专利463”目前的专利权人。“专利463”共有24项权利，其中一项独立的权利，即权利1，是本案争议的内容。从属权利2、3、16、17和18也在本案的争议范围内。

2. “专利969”

“专利969”的标题是“蔗糖－6－酯的结晶方法”，该专利的申请号是237947，于1994年5月2日提交，于1995年11月28日被授予专利。它的发明者是乔治·H. 桑基、尼古拉斯·M. 弗农和小罗伯特·E. 温加德，专利权被转让给麦克尼尔－PPC公司。经过再次转让，泰莱技术有限公司是“专利969”目前的专利权人。“专利969”共有40项权利，其中一项独立的权利，即权利20，是本案争议的内容。从属权利21～26和29也在本案的争议范围内。

3. “专利551”

“专利551”的标题是“从混合反应物中重新提取有机锡酯的方法和其再利用”，该专利的申请号是512690，于1990年4月23日提交，于1991年7月23日被授予专利。它的发明者是尼古拉斯·M. 弗农和罗伯特·E. 沃尔克普，专利权被转让给Noramco公司。经过再次转让，泰莱技术有限公司是“专利551”目前的专利权人。“专利551”共有30项权利，其中一项独立的权利，即权利1，是本案争议的内容。从属权利2～4和11～22也在本案的争议范围内。

4. “专利709”

“专利709”的标题是“无需对蔗糖－6－酯进行中间化合物分离的三氯蔗糖生产方法”，该专利的申请号是448710，于1995年5月24日提交，于1996年3月12日被授予专利。它的发明者是胡安·L. 纳维亚、罗伯特·E. 沃尔克普、尼古拉斯·M. 弗农和戴维·S. 奈季奇，专利权被转让给麦克尼尔－PPC公司。经过再次转让，泰莱技术有限公司是“专利709”目前的专利权人。“专利709”共有15项权利，其中一项独立的权利，即权利8，是本案争议的内容。从属权利9和13也在本案的争议范围内。

5. “专利435”

“专利435”的标题是“三氯蔗糖提纯的萃取方法”，该专利的申请号是10/092715，于2002年3月8日提交，于2006年5月23日被授予专利。它的发明者是史蒂文·J. 卡塔尼、尼古拉斯·M. 弗农、戴维·S. 奈季奇、小詹姆斯·埃德温·韦利贺和爱德华·米欣什基，专利权被转让给泰莱公共有限公司。经过再次转让，泰莱技术有限公司是“专利435”目前的专利权人。“专利435”共有38项权利，其中一项独立的权利，即权利1，是本案争议的内容。

（五）争议产品

泰莱生产的以“SPLENDA®”为商标的三氯蔗糖是一种无热量甜味剂，被销售给食品制造商、饮料企业、制药企业和消费者。被申诉人亦以各种通用的和自用的名称销售三氯蔗糖。

二、管辖权和进口

对于向美国进口货物的过程中出现的不公平行为和不正当竞争方法，第337节授权美国国际贸易委员会（“委员会”）适用诉讼标的管辖进行调查，或在适当情况下予以救济。为了获得管辖某一案件的权力，法庭或机构必须对双方当事人或涉案财产都具有符合诉讼标的管辖的管辖权。

（一）诉讼标的管辖

1. 简介

申诉人诉称被申诉人在进口和销售产品的过程中侵犯了争议专利，违反了第337节第1条第1款第1项和第2项的规定。《美国法典》第19部分第1337节第1条第1款第2项第2目规定：

第1条 非法活动、有关产业及定义

第1款 根据第2款，以下情形为非法活动，如委员会发现存在此类活动，应根据本条款及其他任何法律规定，予以处理：

第2项 美国的货物进口，为了进口的销售、或所有者、进口商或寄售商在货物进口到美国后在美国的销售，存在以下情形的：

第2目 按照或利用有效的、可执行的受美国专利权利保护的方法制造、生产、加工或开采的货物。

被申诉人承认他们将三氯蔗糖进口到美国，但是他们辩称三项争议专利并没有保护三氯蔗糖本身。事实上，其中两项专利保护的是生产三氯蔗糖化学前体和中间化合物的方法（即“专利463”和“专利969”），而另一项专利则围绕如何从三氯蔗糖的化合反应中重新获得某种化学结晶（即“专利551”）。在进行本调查时，委员会特别表示它并没有就《美国法典》第35部分第1337节第1条第1款第2项第2目的调整范围或第337节第1条第1款第2项第2目是否能够包含上述方法作出任何裁定。与之相关问题是本调查所包含的“货物”是什么。在作出裁定前，宜对本次诉讼程序中关于此问题的诉讼历程进行回顾。

2. 背景和讨论

（1）被申诉人的申请

在调查通知里，委员会这样表述：

在争议专利中，有一些涉及生产化学前体或三氯蔗糖中间化合物的方法，还有一些涉及从化合反应中获取某些特定的化学结晶的方法。在进行这项调查时，委员会并没有就《美国法典》第35部分第1337节第1条第1款第2项第2目的调整范围或第337节第1条第1款第2项第2目是否能够包含上述方法作出任何裁定。因此，首席行政法官可能希望尽早对这些基本问题予以考虑。任何相关的决定都必须根据委员会规则第210.42节第3条，即美国《联邦法规汇编》第19部分第210.42节第3条，以初步裁定的形式作出。

2007年6月12日，被申诉人常州牛塘、美国牛塘、哥鲁达、GCFII和L&P（合称“被申诉人”）提出一项申请，请求终止对“专利463”“专利969”“专利551”的调查。2007年6月15日，被申诉人河北苏科瑞、富邦贸易、富邦化工和美国富邦提交通知，加入上述申请。2007年6月18日，被申诉人MTC、南通MTC同样提交通知，加入上述申请。2007年6月22日，申诉人提出反对。2007年6月22日，调查人员作出答复，部分支持该申请。此后没有作出其他答复。

2007年6月27日，申诉人提出了一项许可答复的申请和一份对调查人员答复的答复。2007年7月3日，调查人员对申诉人许可答复的申请提出反对。2007年7月5日，被申诉人申请答复，并对申诉人的答复作出答复。2007年7月6日，申诉人再次提出准许答复的申请，并证实它们对被申诉人和调查人员都进行了答复。签署人准许了被申诉人常州牛塘、美国牛塘、哥鲁达、GDFII和L&P准许答复的申请，该准许答复的申请针对的是答复申诉人就被申诉人终止调查“专利463”“专利969”“专利551”的申请提出的反对和答复，以及答复申诉人就调查人员对被申诉人终止调查“专利463”“专利969”“专利551”的申请所作答复的答复。

（2）第11号命令

作为对被申诉人的申请的答复，签署人发出第11号命令。在这一命令中，签署人指出被申诉人的申请回答了委员会在调查通知中提出的问题。被申诉人主张：第一，不存在第337节第1条第1款第2项第2目下的不公平行为，因为“专利463”“专利969”和“专利551”指向的是进口货物的中间化合物以及在进口货物的生产方法中所利用的重新获取某种结晶的技术；第二，委员会不具有泰莱所寻求的救济的管辖权，它也不应当试图扩大自己的管辖权以包含该救济。

申诉人主张，被申诉人的申请应当被驳回，理由有三：第一，“专利463”“专利969”和“专利551”所记载的方法直接指向被申诉人进口的三氯蔗糖最终产品的制造技术；第二，被诉的最终产品不需要出现在一个生产方法专利的权利内容中；第三，被申诉人也进口了中间化合物。申诉人进一步主张，委员会应当行使管辖权，因为诉讼标的管辖与实体权利交织在一起，而且公共政策也支持此种管辖。

调查人员认为申诉人应当适用“关联性”检测来判断生产中间化合物和重新获得结晶的方法是否属于第337节第1条第1款第2项第2目的调整范围。特别是，调查人员认为在不公平行为和进口之间应当具有关联性。调查人员认为“专利463”和“专利969”中记载的方法与本案具有充分的关联性，因此它们属于第337节的调整范围，但是“专利551”与被进口的三氯蔗糖之间的关联性不足，并不属于第337节的调整范围。

被申诉人辩称，对于“专利463”“专利969”和“专利551”的调查应当被终止，因为这些专利指向的是进口产品的中间化合物以及在进口产品的生产方法中所利用的重新获取某种结晶的技术。这些方法专利并不直接产生三氯蔗糖，因此被申诉人主张并不存在不公平行为，理由是该法律条款“仅适用于真正被进口到美国或在美国销售的‘货物’”，并不包括中间化合物或产生这些化合物的方法。被申诉人强调了该法律条款中“货物”的概念，并主张“专利463”“专利969”和“专利551”记载的方法所生产的中间产品并不是为了销售而进口的“货物”，即三氯蔗糖。

另一方面，被申诉人认为，委员会不应扩大第337节的调整范围，将“中间体”包含进来，并且关于“专利463”“专利969”和“专利551”的救济并不属于委员会的管辖范围。被申诉人称，其对于法律条款的限定解释得到公共政策的支持，并能避免荒唐的结果。特别地，被申诉人指出，如果委员会将“中间体”纳入第337节的调整范围，那么从逻辑上讲，这条“中间体”链可以往回延伸多远是找不到终点的。但是如果第337节的调整范围被限定在生产真正被进口到美国的最终产品的生产方法，这一法律条款的界限就十分清晰了。被申诉人进一步指出，根据最高法院在微软案中的判决，委员会对于第337节的解释必须保证它的外延影响是有限的，也就是说，委员会不能将管辖权扩大至包含产生中间化合物或前体或重新获得结晶的方法。

申诉人反对被申诉人的申请，它主张“专利463”“专利969”和“专利551”所记载的方法属于第337节的调整范围。泰莱称，第337节仅要求被进口的货物是按照或利用受美国专利权利保护的方法制造、生产、加工或开采的。单纯从该法律条款的用语来看，它“并不表明被诉的货物必须是直接从生产方法专利得来，没有经过其他步骤……第337节的用语并没有将它的范围限定在专利权利明示的产品上”。申诉人称“专利463”“专利969”和“专利551”指向生产三氯蔗糖的方法，并指出每一个专利的说明书都描述了生产三氯蔗糖的整体过程，同时也描述了专利记载的方法如何达到生产的目的。由此，申诉人认为，因为被申诉人的三氯蔗糖是通过争议专利的方法制造的，委员会有权调查违反这些方法专利权的行为。

申诉人进一步主张，被申诉人的申请应当被驳回，因为联邦巡回法院和委员会的判例已经认可即使最终产品并未被记载在方法专利的权利内容中，委员会同样拥有管辖权。申诉人引用联邦巡回法院对于生物技术通用公司 *v.* 基因泰克公司案的判决来支持自己的主张，并指出联邦巡回法院认定对被诉产品行使管辖权是合理的，即使该产品并没有出现在被主张的方法权利内容中。申诉人还引用委员会的调查来证明进口的最终产品在中间化合物的生产方法中运用了争议方法，同样违反相关裁定和排除令。申诉人认为，这些判例显示，委员会具有类似案件的管辖权。

此后，申诉人诉称存在一个事实的争议焦点，足以阻止签署人支持被申诉人的申请。具体来说，申诉人认为，被申诉人进口了“专利463”和“专利551”所记载的中间化合物，即三氯蔗糖和6′，4，1′－三氯－蔗糖－6－酯的混合物以及三氯蔗糖和含锡化合物的混合物。申诉人进一步主张，“专利463”所记载的中间产品与三氯蔗糖并没有实质性的区别，在侵权目的上，甚至可以视为对等物。

申诉人还主张，委员会应当行使管辖权，因为申诉人诉求的实质依据，即专利权被侵犯，正是委员会确定诉讼标的管辖权所需依据的事实。申诉人认为被申诉人是否进口了按照或利用受美国专利权利保护的方法制造、生产、加工或开采的货物这一问题既影响着申诉人的侵权主张是否成立，也影响着委员会建立管辖权。因此，委员会应当行使管辖权。申诉人进一步主张，公共政策支持委员会行使管辖权，而且将第 337 节的调整范围扩大至三氯蔗糖的中间产品并不会导致“荒唐的结果”。申诉人认为，制定第 1337 节第 1 条的目的正是防止申诉人所指控的行为发生——利用美国方法专利进行产品的外延生产。特别是，该法律条款的意图是通过防止他人在国外实施美国国内无法实施的方法专利来保护国内产业。

调查人员部分支持、部分反对了被申诉人的申请。调查人员同意被申诉人终止调查“专利 551”的请求。但是，调查人员反对被申诉人终止调查“专利 463”和“专利 969”的请求。调查人员的判断依据是，在方法专利和被进口的货物之间是否存在“确实紧密的关联性”。调查人员指出，该法律条款的用语比较模糊，并没有明确表达被进口最终产品的中间产品的生产方法是否属于第 337 节的调整范围。但是，调查人员查明第 337 节第 1 条第 1 款第 2 项第 2 目的立法史提供了一定的指示。立法史显示，“可以取得专利的方法”被定义为“通过运用特定原材料产生某种特定结果或产品的方法……”因此，立法史支持将第 337 节第 1 条第 1 款第 2 项第 2 目解释为仅包括与被进口货物具有确实紧密的关联性的方法专利。

调查人员进一步指出，当争议专利的权利仅仅涉及被进口最终产品的化学中间化合物或前体的生产方法时，在委员会的历史上，并“没有”裁定该进口最终产品的行为非法的“判例”。不过，调查人员也并非将第 337 节第 1 条第 1 款第 2 项第 2 目解释为只能适用于被进口货物是运用专利方法直接产生的最终产品的情况，并指出这样的解释有违委员会的判例。因此，在进行关联性检测时调查人员查明“专利 463”和“专利 969”的方法所产生的中间化合物与被进口的三氯蔗糖之间有充足的关联性，委员会对此具有管辖权。但是同样的检测发现“专利 551”的方法所产生的锡结晶与被进口的三氯蔗糖之间关联性不足，委员会没有管辖权。

被申诉人提出答复的申请，并对申诉人的答复进行答复。被申诉人辩称，在判断这些方法专利是否属于第 337 节第 1 条第 1 款第 2 项第 2 目的调整范围时，“专利463”“专利969”和“专利551”的权利内容“应当成为关注的焦点”，而上述权利内容并非指向本调查的核心，即三氯蔗糖的生产。被申诉人进一步主张，既然申诉人并未指控被申诉人进口三氯蔗糖中间化合物的行为，那么泰莱不能为了反对被申诉人的终止申请而改变其侵权或其他主张，将中间化合物包括进来。

被申诉人还辩称，申诉人引用的案例与本案无关，或并不能支持申诉人对于第337节的解释。特别是，被申诉人认为，申诉人引用的联邦巡回法院的案例与本案无关，因为它们是关于《美国法典》第35部分第271节第7条或“实质变更”的标准的。根据被申诉人的说法，申诉人所引用的委员会的判例同样不能支持申诉人对于第337节的解释，因为这些判例并没有提供任何指示，或说明第337节第1条第1款第2项第2目的调整范围可以延伸至制造中间化合物的专利方法。与申诉人的主张相反，被申诉人认为，它们并没有进口“专利463”“专利969”和“专利551”所记载的中间化合物，而申诉人提出的“证据”并不能支持泰莱的指控。被申诉人总结认为，根据公共政策，第337节第1条第1款第2项第2目的调整范围不应被扩大。

申诉人提出答复的申请，并答复了调查人员的答复。申诉人不同意调查人员提议的“关联性”检测，申诉人认为，即使进行调查人员提议的“关联性”检测，“专利551”也符合检测的要求，属于第337节第1条第1款第2项第2目的调整范围。申诉人称，尽管调查人员提议的“关联性”检测为是否发出适当的救济令提供了参考，但是它并不一定能定义什么样的专利侵权构成第337节规定的非法行为。申诉人进一步主张，即使进行调查人员的“关联性”检测，“专利551”所记载的方法也符合检测的要求，因为这些化学方法的结果或效果就是产生一种特定的结果或产品：三氯蔗糖。申诉人还特别主张，与调查人员的判断相反，被申诉人进口了“专利551”所产生的三氯蔗糖化合物。申诉人于是主张它所引用的联邦巡回法院的判例能够为解释第337节提供指示，因为《美国法典》第35部分第271节第7条与第337节的用语有一定的相似性，而且联邦巡回法院将这两个法律条款作为关联条款对待。不仅如此，申诉人称，其所引用的委员会的裁定同样提供了指示，尽管有些裁定本质上无可争议地不具有约束力。

在第 11 号命令中，签署人认定，根据法律条款的用语和国会的意图，方法专利和这些专利所制造的产品，无论是不是最终产品，只要这些货物：第一，被进口；并且第二，“按照或利用有效的、可执行的受美国专利权利保护的方法制造、生产、加工或开采”，就属于第 337 节第 1 条第 1 款第 2 项第 2 目的调整范围。

在此，签署人认定，被进口的货物不必是真正被销售的最终产品，即三氯蔗糖。如果这些货物：第一，被进口；并且第二，制造、生产、加工它们的方法属于一项有效的美国专利的权利内容，则它们就属于第 337 节第 1 条第 1 款第 2 项第 2 目的调整范围。换言之，如果三氯蔗糖的中间产品以及生产三氯蔗糖时使用的结晶：第一，被进口；并且第二，制造、生产、加工的方法属于“专利 463”“专利 969”和/或“专利 551”的权利内容，那么它们就属于第 337 节第 1 条第 1 款第 2 项第 2 目的调整范围。

因此，签署人认定，泰莱如要证明存在违反第 337 节的侵犯“专利 463”“专利 969”和/或“专利 551”的行为，就必须证明：第一，进口行为；第二，侵权行为；第三，三氯蔗糖的中间产品以及生产三氯蔗糖时使用的结晶存在国内产业。

在申请中，被申诉人强调了第 337 节中“货物”一词的定义，并主张三氯蔗糖的中间化合物以及生产三氯蔗糖时使用的结晶并不是第 337 节所定义的“货物”。被申诉人认为，“货物”一词应当被定义为“商业物品”或者“为了销售而被进口的‘物品’”，在本调查中，即指三氯蔗糖。签署人拒绝了如下主张，即制定法中未规定要求货物为了销售而被进口的相关内容，而仅规定了要求货物被进口并且“按照或利用有效的、可执行的受美国专利权利保护的方法制造、生产、加工或开采”的相关内容。

签署人还否定了调查人员的关联性检测不必要的主张。最终，因为调查结果显示存在事实的争议焦点，所以签署人驳回了被申诉人的申请。

（3）委员会 2007 年 9 月 24 日命令

在 2007 年 9 月 24 日命令（委员会令）中，委员会指出，签署人正确地质疑了当时存在的关于涉案中间化合物和结晶的记录的充分性。由于关于被申诉人使用的方法和进口行为还有一些事实记录需要补充，委员会［命令］道：

……撤销行政法法官的初步裁定，为利用一份完整的事实记录来回答常州牛塘的申请所提出的问题创造机会，包括仅进口成品（三氯蔗糖）是否构成侵犯“专利463”“专利969”和“专利551”，违反第337节的行为，以及该初步裁定所提出的问题，包括被进口产品中中间产品或结晶的痕量是否可以被认为是违反第337节的行为。为了回答这些问题，当事人和行政法法官应当考虑以下问题：

第一，已经进口或正在进口的涉案产品数量。

第二，《美国法典》第35部分第271节第7条和《美国法典》第19部分第1337节第1条第1款第2项第2目的有效范围之间是否存在差别，这一问题是否已经在中国砂轮公司 *v.* 国际贸易委员会案，362 F. 3d 1359，1361－63（联邦巡回法院2004）中得到解决。

第三，《美国法典》第19部分第1337节第1条第1款第2项第2目和修订前的第337节第1条（修订前的《美国法典》第19部分第1337节第1条）的用语和立法史。安进公司 *v.* 国际贸易委员会案，902 F. 2d 1532，1536（联邦巡回法院1990）的陈述中关于“保护”的说法，并注意修订前的第337节第1条被重新制定时，第1337节第1条第1款第2项第2目并没有改变调整范围。鉴于修订前的第337节第1条，任何关于法律条款解释的特别规定都是对于苏美贸易公司案，75 F. 2d 826（海关和专利上诉法院1935）的回应。苏美贸易公司案和北方色素公司案，71 F. 2d 447（海关和专利上诉法院1934）中的方法和专利，以及这两个判例所包含的委员会的诉讼。修订前的第337节第1条制定前后委员会和相关法院裁判的涉及方法专利和第337节的判例中的方法和专利。

第四，最高法院最近在微软公司 *v.* 美国电话电报公司案，500美国（2007）中的判决。

第五，如何对上述判例协调一致地进行解读。

（4）当事人的立场

①申诉人

申诉人主张，委员会对于全部的三个专利：“专利969”“专利463”和“专利551”具有管辖权。因此，申诉人不认为被申诉人的立场是正确的，或调查人员关于“专利551”的立场是正确的。重要的是，申诉人始终认为，法律条款的用语、立法史、关于此问题的多个案例以及本案的事实，都支持申诉人的立场，即委员会在本初步裁定中对于三个争议专利都具有管辖权。

②被申诉人

被申诉人主张委员会对于三个涉案专利不具有管辖权。关于“专利463”，他们的理由之一是，将三氯蔗糖进口到美国并不因为“专利463”而违反第337节。被申诉人指出，《美国法典》第19部分第1337节第1条第1款第2项第2目禁止将“按照或利用有效的、可执行的受美国专利权利保护的方法制造、生产、加工或开采的货物”进口到美国。被申诉人主张，申诉人试图扩大该节对于“货物”的定义，以此不仅阻止了进口“按照或利用有效的、可执行的受美国专利权利保护的方法制造、生产、加工或开采”的货物或产品，而且还阻止了进口仅仅生产方法的一个步骤被专利保护的最终产品。

被申诉人认为，申诉人进行本调查是试图阻止三氯蔗糖干货的进口。被申诉人认为，要达到这个目的，申诉人必须证明本案的三氯蔗糖干货是“按照或利用有效的、可执行的受美国专利权利保护的方法制造……”但是，被申诉人认为“专利463”所保护的货物并不是三氯蔗糖干货，而是可以制造三氯蔗糖干货的6′，4，1′－三氯－蔗糖－6－酯。被申诉人认为安进案支持了其立场，因为该案认定专利必须在某一项权利内容中定义制造货物的方法——在本案中即三氯蔗糖干货。“专利463”涉及本案的唯一一个独立权利描述了“对蔗糖－6－酯进行氯化，制造6′，4，1′－三氯－蔗糖－6－酯”的方法，因此“专利463”不能作为在本项针对第337节的调查中排除三氯蔗糖干货的理由。

被申诉人认为，申诉人扭曲了“货物”一词的含义，忽视了它的文本含义。被申诉人称，申诉人进行这项调查是试图扩大“货物”的定义，使之包括货物本身以及所有可能形成该货物的前体和中间物质，无论这些物质是不是会从最终产品中排除出去。他们认为，常识表明，“货物”一词的本义不能被曲解成包括没有商业价值的中间物质。

被申诉人认为，立法史也支持其立场。他们指出，与先前的版本第1337节第1条相比，现行的制定于1988年的第1337节第1条第1款第2项第2目并没有扩大内容。他们引用了安进案，作为对自己立场的支持。被申诉人还主张，第1337节第1条的制定是为了回应海关和专利上诉法院在苏美案中的判决，即将开采出来的磷灰石从它周围的无用物质中分离开来的方法专利的所有者不能阻止其他个人将以这种专利方法得到的磷灰石进口到美国。被申诉人认为，这一判决的效果是否定了北方色素案的判决，即制造色素的方法专利的所有者可以获得救济，阻止用相同方法获得的色素被进口到美国。被申诉人主张，第1337节第1条的立法史表明了国会推翻苏美案判例的明确意图，并且重申了北方色素案的判决，即保护美国的商业不受进口到美国并且在美国境外通过被一项有效的美国专利保护的方法制造的产品的影响。在提出这一主张时，被申诉人否定了申诉人的主张，即北方色素案处理的是进口产品的中间化合物或前体的侵权问题。被申诉人也否定申诉人对于委员会近期其他裁定的解释。

被申诉人还主张，《美国法典》第35部分第271节第7条项下的“实质变更”抗辩与本调查无关。它们强调，中国砂轮案的判决表明，第271节第7条并不以任何方式限制专利方法的所有者从委员会获得救济的权利。另外，被申诉人强调，美国最高法院在微软案中的判决不应被认定为是对三氯蔗糖干货侵犯了“专利463”的主张予以了支持。

被申诉人还强调，6′，4，1′-三氯-蔗糖-6-酯的痕量并不是第1337节第1条第1款第2项第2目所规定的进口货物。他们认为，根据法律条款的含义，这样的痕量不能被认为是“货物”。被申诉人还主张，申诉人的立场与微软案并不一致，因为无论怎样，申诉人没有6′，4，1′-三氯-蔗糖-6-酯的国内产业。

至于“专利551”和“专利969”（含锡专利），被申诉人参考上述主张答复了委员会令和本诉讼程序的第22号令。

③调查人员

调查人员基本上重申了其对于被申诉人最初提出的请求终止调查的申请的立场。调查人员相信，关联性检测是评估争议货物是否被争议方法专利保护的适当方法。在进行关联性检测后，调查人员认为，委员会应当对“专利463”和“专利969”行使管辖权，但“专利551”在委员会的管辖权之外。

确切地说，调查人员指出，关于三氯蔗糖化学前体化合反应的“专利

463”和“专利969”体现了一个“非常接近的问题”，因为其中的每一个中间产品都在化学意义上与被进口的三氯蔗糖非常接近，并且涉及一个将蔗糖转化成三氯蔗糖的并不冗长且亦无很多步骤的方法。调查人员进一步主张，“专利463”和“专利969”的说明书明确地假定了该专利所得出的化学中间化合物在最终三氯蔗糖的化合反应中的作用，到目前为止，没有证据表明，除了作为三氯蔗糖化合反应的前体之外，争议方法制造出的化合物还有其他作用。因此，调查人员认定，“专利463”和“专利969”所描述的专利方法与三氯蔗糖的进口之间具有充分的关联性。

与此形成对比的是，调查人员认为，“专利551”与上述情况不同。调查人员明确指出，这项专利指向的是锡结晶的重新获得和重新利用，与“专利463”和“专利969”所记载的方法不同，锡结晶与三氯蔗糖在化学意义上并无关系，而这一重新获得的步骤也不是三氯蔗糖的化合反应所必需的。

随后，调查人员明确地回答了委员会令和第22号命令所提出的问题。关于问题1，从各个专利所指向的中间产品的可能的含量来看，调查人员认为这些含量实在是微不足道。从各个产品的可以计量的痕量来看，调查人员认为，这些痕量杂质本身并不符合进口的要求。调查人员确实承认，委员会并没有就符合进口要求作出过最小量的规定。但是调查人员认为，本案与其他案件具有明显的区别，因为本案中的任何中间化合物、前体和重新获得的结晶在三氯蔗糖里都只是作为杂质而已。调查人员认为，将一些无价值、无用处的物质的痕量认定为一件进口产品的不可分的一部分不足以支持申诉人提出的违反第337节的指控，并且有可能导致荒唐的结果。

关于问题2，调查人员表述道，《美国法典》第35部分第271节第7条和《美国法典》第19部分第1337节第1条第1款第2项第2目在用语和调整范围方面都有明显的区别。它们认为，中国砂轮案显示，1988年《方法专利修正法案》表明，修正案在第35部分中加入第271节第7条“不能剥夺专利权人根据1930年《关税法案》第337节或其他任何法律规定所能获得的任何救济”。于是，调查人员提出，第337节的调整范围并未受到1988年对《专利法案》所作的修正案的影响。因此，调查人员的结论是，第271节第7条的立法史以及法院的判决说明，法律条款对于委员会在第337节第1条第1款第2项第2目项下的管辖权的决定作用是非常有限的。

关于问题3，调查人员主张，尽管第337节第1条第1款第2项第2目的用语比较模糊，但是该法律条款的立法史为它的含义提供了一定的指示。调查人员认为，大部分相关的立法史都被总结在安进案的判决中了。特别是，调查人员称，法院指出了尽管该节目前的是作为1988年《方法专利修正法案》的一部分被引用，但该法律条款的用语最初规定于修订前的《美国法典》第19部分第1337节第1条。调查人员称，该节后来作为对海关和专利上诉法院在苏美案中的判决的回应被制定出来，该案判定，根据当时的第337节，浓缩含有磷酸盐的物质的专利方法不能用于排除用该专利方法浓缩而成的磷灰石的进口。

调查人员指出，审判苏美案的法庭明确地推翻了海关和专利上诉法院此前在北方色素案中的判决。在该判决中，海关和专利上诉法院认可了关税委员会的认定，即"根据第337节的含义和意图，进口通过美国专利第1327061号和1368748号所披露的方法制造的可用于生产色素的铁氧化物是一种不正当竞争方法或不公平行为"。有鉴于此，调查人员强调，海关和专利上诉法院指出，委员会排除"任何通过这些专利方法制造的铁氧化物"，以及任何以其他方式煅烧、烧制或加工的上述氧化物。调查人员认为，应当注意到的是，即使涉案专利仅主张"制造铁化合物的方法"，海关和专利上诉法院仍坚持对于其他进一步加工后的铁氧化物的排除。因此，调查人员认为，北方色素案认定最初的第337节的调整范围包括了并非专利方法直接产物的产品。调查人员还认为，即使该法院提出被进口产品与不公平行为之间不存在关联性，在该案件中，被进口货物与专利方法之间的确存在明确的关联性。

调查人员于是主张，第1337节第1条，即后来的第337节第1条第1款第2项第2目的立法史所支持的对于该法律条款的解释是，允许适用与被进口货物具有确实紧密的关联性的方法专利。

关于问题4，调查人员认为，微软案并没有就第337节第1条第1款第2项第2目的调整范围作出处理。调查人员称，微软案认定《美国法典》第35部分第271节第6条并不适用于微软将"母盘寄往外国、母盘被复制、复制品被安装于在外国销售的电脑上"的行为。调查人员指出，法院认为，"根据美国专利法，当一件专利产品在另一个国家被制造和销售时，不存在侵权行为，这是一个普遍的规则”。调查人员称，尽管法院提及了一个排除在本国领土外适用美国专利法的假定，但并未提及这一假定是否适用于委员会在第 337 节第 1 条第 1 款第 2 项第 2 目项下的权力。调查人员提出，这一假定并不适用于委员会的诉讼程序，因为第 337 节是一个贸易条款。调查人员认为，在任何情况下，关联性检测的适当运用将消除任何关于在本国领土外适用美国专利法的担忧。

关于问题 5，调查人员认为，上述判例最好被解读为：规定了只有当不公平行为和被进口货物之间存在关联性时，委员会才能根据第 337 节第 1 条第 1 款第 2 项第 2 目行使管辖权，而且长期以来，这都是委员会行使管辖权的方式。

3. 讨论和总结

申诉人诉称被申诉人违反了第 337 节第 1 条第 1 款第 2 项第 1 和第 2 目的规定，进口并销售了侵犯争议专利的产品。《美国法典》第 19 部分第 1337 节第 1 条第 1 款第 2 项第 2 目规定：

第 1 条 非法活动、有关产业及定义

第 1 款 根据第 2 款，以下情形为非法活动，如委员会发现存在此类活动，应根据本条款及其他任何法律规定，予以处理：

第 2 项 美国的货物进口，为了进口的销售、或所有者、进口商或寄售商在货物进口到美国后在美国的销售，存在以下情形的：

第 2 目 按照或利用有效的、可执行的受美国专利权利保护的方法制造、生产、加工或开采的货物。

第一个问题是当前诉讼中上述法律条款的含义。在解决法律条款解释的问题时，第一步是考量该法律条款用语的文本含义，然后在必要时考察外部辅助依据，如立法史、法律解释规则、执行该法律的行政机关的解释。

该法律条款的文本含义表明，进口“按照或利用有效的、可执行的受美国专利权利保护的方法制造、生产、加工或开采的货物”是非法的。因此，如果一件货物在国外制造，并且使用了一项专利方法，那么任何进口这种货物的行为都是违反第 337 节的非法行为。然而，法律条款的文本并没有明确表示

第 337 节是否为制造中间化合物的方法或重新获得在生产最终产品时被用到的结晶的方法提供保护。因此，我们现在必须考察其他外部辅助依据。

第 337 节的立法史就国会是否有意将专利方法所制造的中间化合物和结晶包括进来，或者第 337 节的调整范围是否限于最终产品提供了一些指示。在制定 1988 年《综合贸易和竞争法案》时，议案的发起者劳滕伯格议员说道：

第 337 节第 1 条第 1 款（重新制定的第 337 节第 1 条）将会为美国的新兴产业提供必要的帮助，比如生物技术产业，使得这些产业在一个不受外国竞争者不公平行为干扰的市场里竞争。美国国际贸易委员会广泛的管辖权将帮助美国产业应对外国竞争者的不正当活动，如进口使用基因工程专利技术生产的产品。仅仅将生产制造迁至境外并不能免除违法者公平竞争的义务。这项贸易法案旨在禁止外国企业通过在境外从事如在美国境内则为非法之行为而从美国工人手中抢走工作机会。

因此，国会制定第 337 节第 1 条第 1 款的意图是应对第 1337 节第 1 条项下的外国公司“进口使用专利工程技术［在国外］制造的产品”的不公平行为，通过禁止进口“按照或利用有效的、可执行的受美国专利权利保护的方法制造、生产、加工或开采的货物”，为这些不公平行为的受害者提供救济。

很明显，如果被申诉人在美国使用申诉人的专利方法，无论是为了制造三氯蔗糖还是中间产品或三氯蔗糖的结晶，其行为都是非法的。相似地，考虑到国会的意图是为了保护“专利……技术”不受不公平外国竞争的影响，如果被申诉人在美国以外使用申诉人的专利方法，包括制造中间化合物和重新获得结晶的方法，那么使用这些专利方法的行为同样是非法的。并且，根据第 337 节，进口通过专利方法生产的产品也是被禁止的。就像劳滕伯格议员所指出的，“仅仅将生产制造迁至境外并不能免除违法者公平竞争的义务”。因此，如果被申诉人使用了申诉人的方法，无论是为了生产三氯蔗糖、三氯蔗糖的中间化合物，还是为了重新获得制造三氯蔗糖的结晶，使用专利方法并将该专利方法所生产的产品进口到美国的行为，都是国会在制定第 337 节时所指向的非法行为。

这样的解释得到原先的第 337 节第 1 条第 1 款第 2 项第 2 目立法史的进一步支持，也就是第 1337 节第 1 条。在制定该法律条款时，国会称：“这一议案旨在纠正当前的问题，它是在如下背景下产生的，即当海关和专利上诉法院……推翻了其先例并认定进口未经同意使用美国方法专利在国外制造的产品不属于不正当竞争方法。”

为了理解这一立法的前因后果，讨论以下海关和专利上诉法院判决所导致的这一法律条款被制定的案件背景非常重要。在北方色素案中，海关和专利上诉法院维持了关税委员会的裁定，认定进口通过美国专利第1327061号和第1368748号所披露的方法制造的可用于生产色素的铁氧化物“根据第337节的含义和意图，是一种不正当竞争方法或不公平行为”。由此，海关和专利上诉法院指出，委员会排除“任何通过这些专利方法制造的铁氧化物，以及任何以其他方式煅烧、烧制或加工的上述氧化物。即使争议专利仅保护了制造铁化合物的方法”，海关和专利上诉法院仍然支持了对于其他进一步加工以后的铁氧化物的排除。因此，北方色素案认定最初的第337节的调整范围包括了并非专利方法直接产物的产品。

随后，海关和专利上诉法院发出了苏美案的判决，明确地推翻了它在北方色素案中的判决。在苏美案中，将开采出来的磷灰石从它周围的无用物质中分离开来的方法专利的所有者不能阻止其他个人将以这种专利方法得到的磷灰石进口到美国。这一判决的效果是否定了北方色素案的判决，即制造色素的方法专利的所有者可以获得救济，阻止用相同方法获得的色素被进口到美国。第1337节第1条的立法史表明了国会推翻苏美案判例的明确意图，并且重申了北方色素案的判决，即保护美国的商业不受进口到美国并且在美国境外通过被一项有效的美国专利保护的方法制造的产品的影响。

因此，在制定第1337节第1条时，国会特别寻求为美国方法专利的专利权人提供保护，并且通过禁止进口使用这些方法专利制造的产品来阻止外国制造商未经授权使用这些专利方法的不正当竞争行为。在第337节第1条或修订前的第1337节第1条的立法史里，并没有所涉产品只能是最终产品的暗示。事实上，国会试图通过禁止进口使用这些方法所制造的产品为方法专利提供保护。

联邦巡回法院在安进案中这样表述：

针对海关和专利上诉法院对苏美案的判决，若干议案被提交至国会，后来变成修订前的第 1337 节第 1 条的是第 76 届国会 H. R. 8285 号议案。众议院和参议院附于 H. R. 8285 的报告显示，修订前的第 1337 节第 1 条明确地指向方法专利以及安进案的判决。

这一议案旨在纠正海关和专利上诉法院制造的问题，该法院在安进贸易公司案中推翻了它的先例，认定进口未经同意使用美国方法专利在国外制造的产品不属于不正当竞争方法［重点强调］。H. R. Rep. 第 1781 号，第 76 届国会，3d 第 1 次会议（1940）；另见 S. Rep. 第 1903 号，第 76 届国会，3d 第 1 次会议（1940）。

很明显，委员会受到联邦巡回法院在安进案中关于第 1337 节第 1 条第 1 款第 2 项第 2 目含义判决的约束，包括该法院关于该法律条款背后立法史判决的约束。这一判决还明确了目前委员会就方法专利的管辖权范围与当初在北方色素案中的一样。鉴于北方色素案涉及使用争议专利的方法直接制造出来的产品进一步加工后产生的产品，很明显，只要一件中间产品符合法律条款的规定，它也能被专利保护。

于是问题变成了本案争议的产品三氯蔗糖是否被本案涉及的三项专利保护了。第一个问题是，三氯蔗糖是否：

（第二目）按照或利用有效的、可执行的受美国专利权利保护的方法制造、生产、加工或开采的货物。

关于“专利 463”和“专利 969”，它们与三氯蔗糖的化学前体的化合反应相关，这些专利的直接产品明显符合法律条款的规定。这两个专利都涉及三氯蔗糖的化学前体，对于三氯蔗糖都可以被称作“按照或利用有效的、可执行的受美国专利权利保护的方法制造、生产、加工……”

与此形成对比的是，“专利 551”的方法所直接产生的产品并非三氯蔗糖的前体。“专利 551”的标题是“从混合反应物中重新提取有机锡酯的方法和其再利用”。另外，这项专利指向的是该锡结晶的重新获得和重新利用，与“专利 463”和“专利 969”所记载的方法不同，“专利 551”的权利所保护的直接产物锡结晶与三氯蔗糖在化学意义上并无关系，而这一重新获得的步骤也不是三氯蔗糖的化合反应所必需的。因此，三氯蔗糖不能被说成是以“专利 551”“的方法加工……”

在此，对于调查人员的“关联性”检测有争议是合理的。在法律条款中并没有出现关联性一词。为了解决本诉讼中的现存问题，没有必要将关联性检测嫁接到法律条款上。我们需要做的只是解释法律条款的文本而已，正如刚才所做的那样。于是，调查人员的关联性检测不应当被采纳。

关于《美国法典》第35部分第271节第7条，联邦巡回法院在中国砂轮案中认定，该条款规定的对于上述侵权行为的抗辩与本案诉称的违反《美国法典》第19部分第1337节第1条第1款第2项第2目的行为并无关系。为了得出这一结论，联邦巡回法院紧紧抓住第271节第7条“不以任何方式限制专利方法的所有者从美国国际贸易委员会获得救济的权利”这一点。因此，第271节第7条项下的“实质变更”抗辩与当事人根据第337节第1条第1款第2项第2目所能获得救济的范围无关。

另外，美国最高法院在微软案中的判决与本裁定无关。该案依据《专利法案》第271节第6条向美国联邦地区法院提起，涉及一项美国电话电报公司作为专利权人的专利，该公司诉称微软公司的Windows操作系统侵犯了其专利权。微软将Windows系统销售给外国制造商，外国制造商在海外制作复制品，并将复制品安装在它们销售的电脑上。这些外国制造的电脑随即被卖给国外的用户。法庭认定，因为微软并没有将Windows系统的复制品从美国出口出去，而且这些复制品事实上被外国制造的电脑使用，所以并不存在第271节第6条项下的侵权行为。

该案与本案具有明显区别。在本案中，三氯蔗糖被从海外进口到美国。无论如何，没有证据显示第271节第6条会限制委员会在第337节项下的管辖权。

除了通过专利方法制造，第337节第1条第1款第2项第2目所调整的货物还必须被进口到美国。进口的要求源于美国法律的地域限制，如国会不能管制外国实体在外国土地上的行为。不过，国会有权控制美国的国界，并且阻止货物从国外进口。国会指出，制定第1337节第1条时，“我们没有扩张属地管辖权，而是试图在货物上进行操作，并且说如果该货物进入我国，那么将构成不公平贸易行为”。因此，为使要美国有管辖权并受第337节调整，那么货物必须是被进口到美国的。

所有当事人都同意，被申诉人将三氯蔗糖进口到了美国。然而，另一个问题出现了，即三项争议专利直接产生的化合物的痕量能否构成诉讼标的管辖的不利的基础。这个问题通过以下各个专利的侵权部分来解决更加合理。

（二）属人管辖权

参与的被申诉人已经对起诉书和调查通知作出回应、参与调查，包括参与事实发现的过程、出席听证会并提交听证后简述，由此承认了委员会的属人管辖权。

至于未参与被申诉人和缺席被申诉人，委员会认为，认定一个未参与第337节诉讼的外国被申诉人，要认定其是否符合属人管辖，可以看该被申诉人与美国是否具有最低限度联系，还可以看该被申诉人是否对于委员会的诉讼充分知情。

关于最低限度联系的问题，申诉人提供了一份证据，该证据指出，在争议专利公布后，未参与被申诉人和缺席被申诉人向美国出口了被诉的三氯蔗糖，因此有证据支持委员会认定这些被申诉人与美国具有最低限度联系。在本调查中，委员会秘书将起诉书和调查通知递交给了所有的被申诉人，并且有充分的记录在案的证据证明所有被申诉人都收到了本调查的通知。根据记录在案的事实，签署人认定委员会对本调查列出的所有被申诉人享有属人管辖权。

三、相关法律

（一）权利的解释

分析一项专利是否遭到侵权“有两个步骤。第一步是判断专利权利的含义和范围。第二步是将经过适当解释的权利与被诉侵权的设备或方法进行比较”。第一步是法律问题，而第二步则是事实判断。对于第一步权利的解释，“没有争议的主张是，在解释一项权利时，法院应当首先考察有记录的内部证据，即专利本身，包括权利，说明书，如果存在，还包括实施历史……这些内部证据是法律上能够操作的解释争议权利最重要的来源”。

“在对权利进行解释时，分析的焦点必须始终围绕权利本身的用语，因为它的用语是专利权人自己选择用来‘特别指出并显著区分专利权人认为是自己发明的事物’的。”

“与书面的描述以及实施历史不同，权利本身为它所包含的术语的意义提供了重要的指引。”在争议权利和非争议权利中都用到的术语对于确定其他权利中该术语的意义具有“很强的指导意义”。“不仅如此，一项权利术语的解释应当与在他处出现的本权利或本专利的其他权利的解释保持一致。”

“虽然这不是一个绝对的规则，所有权利术语都被假定在该权利里具有一定的含义。”如果权利的用语表面上并不明确，“那么我们考察其他的内部证据，从说明书到实施历史”，以“解决文本不够清晰的问题”。

一个“重要的假定”是，权利的术语应当被赋予“一般的、惯常的，能够被在该领域只有普通技能的人理解的意义”，为了帮助完成这一解释，“外部证据字典和技术论文占据着一个‘特殊的地位’，有时候可以与内部证据同时参考，以确定权利术语的一般含义”。然而，我们必须谨慎参考非科学字典，“以免字典的定义……被转化为仅有法律含义而无语言含义的专业术语”。

这一倾向于采用权利术语的一般含义的假定在以下情况下会被推翻：“第一，当专利权人已经选择了字典时；或者第二，当权利术语使得权利的不确定性如此严重，以致于‘通过权利的用语，不可能确定权利的范围’”时。在这一情况下，“‘当说明书明确地定义或暗示了权利使用的术语的意义时’，说明书起到了字典的作用”。

说明书“永远”与权利的解释“高度相关”，并且“通常，说明书是决定性的。它是对于争议术语的意义唯一最好的指引”。在确定权利的范围和意义时，还应参考实施历史，“以确定专利权人是否已经在对于权利要求的修正中或在陈述时放弃了一项权利可能的解释，从而排除某种参考”。

“如果权利限制的意义通过内部证据本身已经非常明显，再参考除了用于确定其一般意义的证据以外的外部证据则是不合适的……然而，在极少情况下，在评估内部证据后，法院可能无法确定一项争议权利的意义，此时，法院可以依靠完整的文件记录之外的额外证据帮助解决任何不明之处。”

“外部证据由所有除专利本身和其实施历史以外的证据组成……”它包括“以下证据，如专家证言、文章、发明者的证言”。但是，“如果内部证据已经解决了所有语义不明的问题，那么外部证据不能被用于驳斥权利已经确定的意义”。“用外部证据来进行与权利本身、说明书以及实施历史有冲突的解释是不被允许的，也就是说，与专利的书面文件冲突的解释是不被允许的。”

在解释各个权利的特定限制时，“不允许给权利增加其本身没有规定的或者说明书或实施历史未明确规定的限制”。通常，有证据证明权利具有更广的保护范围时，专利并不限于它的最佳示范。但是，排除一项专利的说明书的最佳示范的权利解释“极少，几乎不可能，是正确的”。

另一方面，“有时候‘在借鉴说明书来解读权利和借鉴说明书来解读权利的限制之间’存在着‘一条清晰的界限’”。为了讨论这条“清晰的界限”，我们应当知道，说明书中的示范所具有的技术方面并不限制专利的权利，“除非专利权人用‘明白无误的排除性的或限制性的语言’明确地表达了限制权利范围的意图”。我们还应当知道，说明书中的示范所具有的技术方面并不限制专利的权利，除非说明书“明示地”将权利的术语定义为可以被“某种对于专利文件的解读所确定”。对于限制权利的说明书，其中必须列明一种关于放弃标的法律权利的情况，即如果没有对法律权利的放弃，则其本应被认为包含于权利用语的范围内。

可能有多种解释的权利，如果可能的话，应当采纳保留其有效性的解释。但是，一项权利不能被解释成与其用语相冲突的含义。不能为了符合保持有效性的原则，而在司法上改写权利；“如果与权利的用语和书面描述相一致的唯一解释认定该权利无效，那么保留有效解释的原则就不能适用，该权利确实是无效的”。

根据《美国法典》第35部分第112节第6条，“一项关于结合的权利中的一个要素可能被表达为方式或步骤，它们指的是某一特定功能的实施方式，但是对于该功能的结构、材料或行为，专利权利并没有进行详细的阐述。这样的权利应当被解释成为了保护对应的在说明书及其对等物中所描述的结构、材料或行为”。申请者因此可以“就结合的一个要素提出权利，并且不需要详述实现那些功能所需的结构”。为了实施这一规则，“如果一项权利限制使用了‘方式’一词，那么我们就可以推定，第112节第6条在此适用。与此相对，没有使用‘方式’一词的权利术语则被推定为不适用第112节第6条”。总的来说，词语“循环”和“循环的”自身包含着充足的结构以使其不被作为“方法加功能”要素。

（二）侵权

1. 字面侵权

字面侵权是一个事实问题。字面侵权要求专利权人证明被诉的发明/发明物包含争议权利的每一项限制。一项权利的每一个要素都是重要的、根本的，要证明字面侵权，每一个要素都应当在被诉发明/发明物中存在。如果任何一个权利限制没有在被诉物品中出现，那么在法律意义上就不存在对该权利的字面侵权。

2. 间接侵权

要成立对权利的诱导侵权，申诉人必须证明被申诉人积极地诱导他人制造、使用或销售一件属于争议专利权利范围内的产品或使用一个属于争议专利权利范围内的方法。构成诱导侵权的要素是：“第一，间接侵权的行为；第二，被诉的侵权人积极地诱导第三人侵犯专利权；第三，被诉的侵权人知道或应当知道其行为将诱导侵权行为发生”。

根据《美国法典》第35部分第271节第3条，在以下情况下，销售侵权产品零部件的销售者可能构成共同侵权：“第一，第三人实施了直接侵权行为；第二，被诉的共同侵权者知道其销售的零部件所组成的产品受到专利保护，其行为是非法的；第三，该零部件不存在实质性的非侵权用途，即该零部件不是商业意义上的‘主要货物’”。

3. 等同原则下的侵权

当字面侵权不成立时，根据等同原则同样可能构成侵权，该原则基于“专利产品或方法与被诉产品或方法之间的实质区别，这一区别通过客观标准评估”，以“在相关领域具有普通技能的人的主张”为判断标准。在等同原则下判断是否侵权“要求进行严格的事实调查”。

在华纳－詹金森案中，美国最高法院指出，等同原则受到若干限制，包括对一项权利的各个要素适用该原则，而不是对整个发明适用。法院认为，通用的“功能－方法－结果”检测在一些案例中是合适的，包括分析机械设备的案例。

（三）国内产业

在一份基于专利的起诉书里，“只有当美国国内存在或正在形成一个与受该专利保护的货物……相关的产业时”，才可能构成违反第 337 节的行为。这一“国内产业要求”包括“经济”方面和“技术”方面。

第 337 节的“国内产业”一词在法律条款里并没有定义，但是委员会已经将第 337 节的目的解释为“保护国内制造的产品”。委员会进一步指出，“在基于专利的调查中，国内产业的范围视具体案件而定，主要参考市场的现实，不仅包括制造行为，还可能包括分销、研发和销售”。

关于这一判断，第 337 节第 1 条第 2 款规定，对于基于专利侵权的调查，“只有美国存在或正在建立与专利……保护有关的货物的产业时”（《美国法典》第 19 部分第 1337 节第 1 条第 2 款），才可能构成违反第 337 节的行为。第 337 节第 1 条第 3 款为在此类调查中判断国内产业是否存在制定了以下经济标准：

有以下情形时，应认为关于专利……保护有关货物的美国产业存在：

第一，对工厂和设备的实际性投资；

第二，对劳动力或资本的实际性雇佣或使用；

第三，进行开发的重大投资，包括工程、研究开发或许可。

鉴于法律条款使用了“或”一词，申诉人可以通过证明第 337 节第 1 条第 3 款规定的三条标准中的任何一条来符合国内产业所谓的“经济方面”的要求。申诉人负有举证责任，来证明国内产业的要求是满足的或符合的。

除了符合国内产业要求的经济标准，申诉人在基于专利的第 337 节调查中还必须证明，该国内产业正在实施或开发争议专利。为了判断国内产业是否正在开发争议专利，申诉人只需证明国内产业实施了该专利的任何权利，不一定是实施该专利的争议权利。国内产业要求的“技术方面”符合与否并不取决于一个严格的公式，而是取决于货物和市场的现实。

对于是否符合国内产业要求技术方面目的的权利保护的检测标准与侵权的检测标准相同。“第一，专利的权利经过解释。第二，考察申诉人的货物或方法以判断是否属于权利范围。”至于侵权，第一步的权利解释是一个法律问题，而第二步将货物与权利进行比较则是一个事实问题。要赢得诉讼，专利权人必须用压倒性的证据证明国内的产品在字面意义上或根据等同原则实施了其专利的一项或多项权利。

（四）有效性

专利推定为有效。质疑某项专利有效性的一方负有通过确实充分的证据推翻该推定的责任。专利的权利衡量着争议发明，因此无论是对有效性问题，还是对侵权问题进行分析，权利的解释都应当一致。同侵权问题的分析一样，有效性分析包含两个步骤：首先确定权利的范围，然后将经过适当解释后的权利与现有技术进行比较，从而确定争议发明是否被在先公开或具有显而易见性。

1. 在先公开，《美国法典》第35部分第102节第1、2、5条

“如果一项发明在申请人发明之前已经为本国的其他人所知或所用，或已经在本国获得专利或在出版物中有所描述，或者已经在外国获得专利或在出版物中有所描述”，那么根据《美国法典》第35部分第102节第1条，该专利因为在先公开而无效。“如果一项发明在申请专利前的一年以前已经在本国或外国获得专利或在出版物中被描述，或者在本国用于公共用途或正在被销售”，那么根据《美国法典》第35部分第102节第2条，该专利因为在先公开而无效。根据《美国法典》第35部分第102节第5条，“如果一项发明在申请人发明之前已经出现在本国其他领域的专利中”，那么该专利因为在先公开而无效。在先公开是一个事实问题。

根据上述法律规定，如果“一份现有技术的文件明确地或在根本上描述了争议发明的所有要素，以致于一个在该领域具有普通技能的人能够不经过度实验即作出该发明”，那么这项权利就是被在先公开的，因此也是无效的。要符合在先公开的条件，现有技术的文件必须充分描述申请人的争议发明，使得一个在该领域具有普通技能的人也能够掌握该发明。但是，该文件所包含的细节不一定超过争议专利所包含的细节。

不仅如此，现有技术文件披露该技术的形式不一定是明示的，但是它必须被包含在文件的内涵中，并且能够被一个在该领域具有普通技能的人发现。要符合内涵条件，现有技术必须具有技术优势。内涵不能用假设或可能性来证明。仅仅证明给定的情况可能导致特定结果是不够的。然而，如果该文件披露的内容足以证明只要依据文件操作，自然而然的结果就是产生争议的功能，那么很明显，这样的披露是足够的。“在先公开”要求所有的权利要素都出现在同一份文件中，这一规则有一定的灵活性，当该技术的常识没有被记录在文件

中时，可以灵活适用该规则，即技术知识被该发明所在领域的人们所共知，尽管法官可能不知道这些知识。

2. 显而易见性，《美国法典》第35部分第103节第1条

根据《美国法典》第35部分第103节第1条，专利推定为有效，除非“申请专利的内容与其已有的技艺之间的差异甚为微小，以致于在该发明完成时对于本专业具有一般技艺的人员是显而易见的”。关于显而易见性的终极问题是一个法律问题，但是“很容易理解，在关于显而易见性的最终裁定里也含有事实问题”。

一旦权利得到了适当的解释，“考察显而易见性问题的第二步是判断争议发明在法律上是否具有显而易见性，判断的事实依据包括：第一，现有技术的范围和内容；第二，该领域普通技能的水平；第三，争议发明和现有技术之间的差异；以及第四，非显而易见性的次要考量”（也就是“客观证据”）。

尽管联邦巡回法院的判例要求，要证明显而易见性，对专利持有异议的人必须用确实充分的证据证明存在“学说、建议或动力的结合”，美国最高法院在凯仕乐国际公司 *v.* 泰利福公司案中否定了联邦巡回法院所采用的“严格方法”：

当一项工作在某一领域可行时，设计的动力和其他市场力量会促进人们对其作出改变，可能是在相同领域的改变，也可能是在不同领域的改变。如果一个拥有普通技能的人就能作出一个可预测的改变，那么第103节可能会阻止其具有可取得专利性。同样地，如果一项技术被用于改进某项设备，而一个在该领域有普通技能的人能够意识到其也可以改进类似的设备，那么除非其实际应用超出了他的技能，该技术的使用可以说具有显而易见性。樱井田和安德森的黑石就是一个例了。法院必须弄清楚改进是不是超过了现有技术已经形成的功能的预期用途。

在其他案例中遵循这些规则可能比此处更复杂，因为所涉的事物可能比简单的替换一个要素或者仅仅将一项已知的技术应用于早已做好改进准备的现有技术更复杂。法院常常需要查看各种专利相互关联的学说、设计者已知的或市场上已存在的需求的效果以及在该领域具有普通技能的人所掌握的背景知识，所有这一切都是为了判断是否有显著的理由将争议专利中的要素结合起来。要进行审查，这项分析应当做得清晰明确。见卡恩案，441 F. 3d 977，988（加

州联邦法院2006）（“根据显而易见性所作出的否定不能仅仅基于没有证据的陈述，而是必须有环环相扣的、以理性为基础的推理来证明法律意义上的显而易见性的结论”）。不过，正如我们的先例所示，分析不一定要找出关于被异议的权利所指向的特定标的的学说，因为法院可以考虑在该领域具有普通技能的人所能作出的推理和创造性的步骤。

……

显而易见性的分析不能限于学说、建议和动机的形式主义的概念，或者限于对出版物和争议专利所明示的内容的重要性的过分强调。发明性追求和现代技术的多样性不允许我们如此限制这项分析。在很多领域，关于显而易见性的技术或结合的讨论很少，很多情况下，市场需求而非科学文献推动着设计趋势的发展变化。为普通的、没有真正创新的改进授予专利会阻碍科技进步，如果是结合已知要素所得的专利，还可能剥夺现有发明的价值和用途。

“次要考量”，又被称为“非显而易见性的客观证据”，如“商业成功、长期未能解决的需求、其他产品的失败等”。次要考量可以用于理解争议标的的起源，它可以作为显而易见性或非显而易见性证据。次要考量可能还包括他人的复制行为、现有技术的学说和专家的欢迎。

在评估一项发明的显而易见性时，必须考虑“非显而易见性的客观证据”，也就是“次要考量”的证据，但是这种证据的存在并不能左右对于显而易见性的判断。在得出关于显而易见性的结论时，法院必须考虑所有的格雷厄姆因素。为了让客观证据具有决定性的地位，提出者必须在该证据和该发明的益处之间建立起联系，“当专利权人证明该发明带来了商业上的成功，并且带来商业成功的标的（产品或方法）正是专利中所披露并提出权利的发明时”，他的主张才算表面上证据确凿。一旦专利权人证明了表面证据确凿，举证责任就转移至持有异议的人，持有异议的人必须证明该商业成功是源于“专利发明以外的因素，比如广告、较高的工艺等”。

3. 书面描述/传授性，《美国法典》第35部分第112节第1条

第35部分第112节第1条要求说明书应当描述制造或使用该发明的方式和方法，且它的描述应当“以充分、清晰、简洁、确切的术语表达，使得任何在该领域具备技能的人都能制造或使用相同的发明”。

专利披露是否具有传授性是一个法律问题。“要具有传授性，专利的说明书必须教授在该领域具有技能的人如何全面地制造和使用该专利，且不需要经过‘过度的实验’。”“专利披露一项发明，将它传授给他人，因此才获得保护，如果只是一些可行性并不确定的空洞、暗示性的想法，则不能受到保护。”尽管说明书不一定披露在该领域尽人皆知的微小细节，“为了形成充分的传授性，使专利具有新颖性的应当是说明书，而不是在该领域有技能的人的知识”，并且说明书不能仅仅提供“一个起点，一个进一步研究的方向”。另一方面，“需不需要实验并不重要，因为专利文件并不指望成为产品说明书”。“过度实验”是一个“程度问题”，而“不仅仅是数量问题，因为如果仅仅是按照惯例的实验，或者如果说明书就实验进行的方向作出了适当的引导，大量的实验是可以允许的……”

无可争议的是，为了符合第 112 节规定的传授性，“专利必须包含一个足以让在该领域具有技能的人全面地制造或使用该发明的描述”。第 112 节要求，权利的范围必须与说明书向这些人提供的传授具有合理的关联。

4. 不定性

权利必须“……特别指出并显著区分专利权人认为是自己发明的标的”。当权利采用“方法加功能”的用语时，说明书必须作出“充分的披露，显示该用语的含义”。第 112 节第 2 条规定的权利的不定性问题，是一个法律问题。

“如果说明书里的权利合理地将该实用性和该发明的范围告知了在该领域具有技能的人，并且它的用语尽可能地简明，那么法院就没什么可要求的了。”关于这一问题，联邦巡回法院进一步评论道：

我们不坚持权利一定要在表面上清晰明白，以避免关于不定性的质疑；事实上，我们要求的是，无论多么艰难，权利必须能够解释。如果某项权利非常模糊，没有任何可采纳的缩小解释，我们将认定该权利具有不定性。如果该权利的意义是可辨别的，即使解释的任务非常艰苦，解释的结论可能不会被理性人认同，我们也会认定该权利足够清楚，不会因不定性而无效。

“只有在经过合理的努力仍然无法对权利作出解释时，我们才认定该权利不确定，”联邦巡回法院在埃克森研究里继续讨论这个问题，“我们仍然尊重法律对于专利有效性的假定”。有鉴于此，当权利表面上保护了不同的方法，且这些方法能够创造出各不相同的结果，以致于它们“不能令竞争者注意到该发明的界限”时，这些权利属于第112节第2条下的不确定的情况。

四、“专利463”

（一）权利的解释

1. 权利

争议的权利列举如下：

（1）将蔗糖-6-酯氯化，生产6′，4，1′-三氯-蔗糖-6-酯的方法，其步骤包括：

①往含有蔗糖-6-酯和叔酰胺的反应混合物里添加至少7摩尔比酰基氯，在蔗糖-6-酯中形成一种chloroformiminium氯盐，chloroformiminium氯盐与蔗糖-6-酯的羟基发生加合反应，形成一种O-alkylformiminium氯化物；

②将第一步中的反应混合物置于升高的温度下一段时间（不超过85℃），使该混合物形成一种主要由单氯蔗糖、4，6′-二氯蔗糖-6-酯和1′，6′-二氯蔗糖-6-酯组成的氯化蔗糖-6-酯混合物；

③将第二步中的反应混合物置于升高的温度下一段时间（100℃以上，300℃以下），使该混合物产生一种1′4，6′-三氯蔗糖-6-酯占优势地位的氯化产物。

（2）权利1中使叔酰胺含有一个N-甲酰基的方法。

（3）权利2中使叔酰胺形成N，N-二甲基甲酰胺的方法……

（16）权利1中使蔗糖-6-酯形成蔗糖-6-苯甲酸或蔗糖-6-乙酸的方法。

（17）权利2中使蔗糖-6-酯形成蔗糖-6-苯甲酸或蔗糖-6-乙酸的方法。

（18）权利3中使蔗糖-6-酯形成蔗糖-6-苯甲酸或蔗糖-6-乙酸的方法。

2. 争议权利术语——权利1

（1）第一步

①“添加”

申诉人称，权利术语“添加”应当以其一般意义进行解释，即不要求反应物以特定的顺序添加。调查人员同意申诉人的说法，即“添加”不要求特定的顺序。被申诉人则将“添加”一词与“往含有蔗糖－6－酯和叔酰胺的反应混合物里添加至少7摩尔比酰基氯，在蔗糖－6－酯中形成一种chloroformiminium氯盐”这整个过程结合起来解释，被申诉人将这一术语解释为“相当于至少7摩尔比蔗糖－6－酯的酰基氯被添加到含有蔗糖－6－酯和叔酰胺两者的混合物中”。总的来说，被申诉人的解释认为，“添加”一词要求特定的顺序。

为了支持自己的主张，申诉人引用了字典上对于“添加”的定义。申诉人还引用了说明书中的例子来证明两种添加顺序都被用到。特别是，申诉人引用了例7和例13。申诉人驳斥了被申诉人关于例7不可行的主张。申诉人还答复了被申诉人关于不同添加顺序的检测的主张，因为申诉人认为这些检测不可靠，其他变量也可能导致不同的反应结果。

被申诉人辩称，权利的文本描述了向特定混合物中加入某种物质的特定顺序，因为权利的内容是“往一种反应混合物里添加……酰基氯”。被申诉人认为，说明书和实施历史也证实，该权利受到添加顺序的限制。被申诉人认为，专利权人自己的文件证实了“往……添加”指一种特定的顺序。被申诉人还主张，发明者的专利之所以区分于现有技术穆夫提专利，就是因为添加顺序发生了变化。被申诉人反对申诉人引用说明书中的例7，因为被申诉人认为，例7实际上并没有保护权利中的方法。

调查人员同意申诉人的主张，认为例7保护了权利的方法，并且还引用例5作为支持。调查人员还认为，发明者的陈述，包括在实施历史中发表的陈述，并不构成对“添加”一词一般意义的放弃。

签署人认为，申诉人和调查人员的主张较有说服力。“添加”一词的一般含义并无争议。权利本身也没有任何迹象说明添加应当以特定的顺序进行。说明书包含两种顺序的例子，也支持了这一解释。尽管以不同的顺序添加化学物质可能影响反应的产物，使得某种特定顺序更适合该反应，权利用语本身并没有限制添加的顺序。不仅如此，签署人还发现，发明者并没有为了突破现有技术而放弃任何特定的添加顺序。

由此，签署人将“添加”一词解释为不要求任何的特定顺序。

②“至少7摩尔比”

申诉人称，关于“至少7摩尔比”这一术语没有明确的争议，但是被申诉人试图将这一限制与第一步中的一个不同的限制结合起来。因此，申诉人辩称，为了避免疑虑，“至少7摩尔比”的含义应当被解释为“每1mol蔗糖－6－酯添加7摩尔酰基氯”。被申诉人和调查人员都未对这项权利限制进行讨论，也没有质疑这一解释。

既然没有争议，“至少7摩尔比”在此被解释为“每1mol蔗糖－6－酯添加7mol酰基氯”。

③“酰基氯”

申诉人称，“酰基氯”一词应当被解释为其一般意义，或将某种酸的一个羟基替换成氯原子所形成的物质。调查人员同意申诉人的说法，即酰基氯只是一种酸的羟基被替换成氯原子后形成的物质。被申诉人在酰基氯的一般意义方面同意申诉人和调查人员的说法，但是认为该酰基氯必须与chloroformiminium氯盐不同。

申诉人认为，被申诉人的所有专家都同意克里奇博士对于酰基氯的定义。申诉人主张，关于酰基氯的一般意义并无争议，问题在于“专利463”是否重新定义了酰基氯。根据申诉人的说法，实施历史中没有任何迹象与酰基氯的一般意义发生冲突。对于被申诉人对酰基氯更为狭义的定义，申诉人认为，他们的清单甚至没能将“专利463”中引用的关于酰基氯的例子全部包括进来，因为它遗漏了例7使用的酰基氯，即亚胺碳酰氯。

调查人员同意申诉人关于酰基氯应当被解释为将某种酸的一个羟基替换成氯原子所形成的物质的主张，但是调查人员不同意申诉人对于该定义的适用。根据调查人员的主张，当将该一般意义与权利、说明书和实施历史结合起来解读时，可以清楚地发现，该酰基氯必须能够与叔酰胺反应，形成一种chloroformiminium氯盐。特别是，调查人员认为，该酰基氯必须与该chloroformiminium氯盐不同。

被申诉人同意说明书中列出的酰基氯并不是一个排他性的清单。但是被申诉人辩称，权利要求并没有涵盖所有可能存在的酰基氯，并且权利要求应当只限于与叔酰胺反应、形成一种chloroformiminium氯盐的酰基氯。根据被申诉人的说法，该专利已经将酰基氯定义为除某种chloroformiminium氯盐以外的酰基氯了。

签署人查明，关于“酰基氯”的一般意义，当事人并无争议。至于酰基氯是否必须与 chloroformiminium 氯盐不同，这个问题将在下文单独解决。

因此，签署人将“酰基氯”解释为将某种酸的一个羟基替换成氯原子所形成的物质。

④“蔗糖－6－酯”

申诉人认为，权利术语“蔗糖－6－酯”应当以其一般意义进行解释，即它是一种单酯，或者说它在6号位有一个酯基。为了支持这一说法，申诉人引用了“专利463”中的图3。根据申诉人的说法，蔗糖－6－酯不包括含有五个酯基的蔗糖－5－酯，被申诉人同意申诉人对于蔗糖－6－酯的解释。调查人员同意当事人的主张，即蔗糖－6－酯是一种单酯基蔗糖分子，该酯基在6号位，并且蔗糖－6－酯不包括蔗糖－5－酯。

鉴于该权利术语并无争议，“蔗糖－6－酯”被解释为一种单酯基蔗糖分子，该酯基在6号位，并且蔗糖－6－酯不包括蔗糖－5－酯。

⑤“叔酰胺”

申诉人认为权利术语“叔酰胺”应当以其一般意义解释，这一点没有争议。例如，“专利463”确定了一系列叔酰胺，包括最适合这个反应的二甲基甲酰胺。被申诉人和调查人员都未对这项权利限制进行讨论，也没有质疑这一解释。

鉴于该术语没有争议，“叔酰胺”以其一般意义解释。

⑥“在蔗糖－6－酯中形成一种 chloroformiminium 氯盐”

申诉人认为，权利术语“在蔗糖－6－酯中形成一种 chloroformiminium 氯盐”不应当被解释为要求该 chloroformiminium 氯盐直接通过叔酰胺和酰基氯的反应形成。被申诉人认为，该酰基氯必须与叔酰胺反应，在蔗糖－6－酯中形成一种 chloroformiminium 氯盐。调查人员同意被申诉人的说法，认为酰基氯必须在蔗糖－6－酯中与叔酰胺反应，从而形成一种 chloroformiminium 氯盐。

根据申诉人的说法，权利的用语中没有任何迹象表明该 chloroformiminium 氯盐必须在一个特定的反应过程中形成。事实上，申诉人指出，在例13中，chloroformiminium 氯盐是通过亚硫酰氯/二甲基甲酰胺加合物的分解间接形成的。

被申诉人认为，权利的用语明确地指出，酰基氯必须与叔酰胺反应，形成一种 chloroformiminium 氯盐，正如“专利 463”图 2 的结构 2 所示。根据被申诉人的说法，在实施过程中，发明者表示该发明的关键特征就是通过叔酰胺和酰基氯的反应来形成 chloroformiminium 氯盐，从而突破了现有技术。

调查人员认为，说明书、实施历史和在该领域具有普通技能的人的理解支持了其立场。调查人员还认为，即使一个在该领域具有普通技能的人将该权利解释为足以包含酰基氯和叔酰胺并不首先反应的情况，这样的解释已经在“专利 463”的书面描述中被明确地放弃了，并且在实施中又被进一步否认。

签署人查明被申诉人和调查人员的主张较有说服力。专利的图 2 明确地展示了反应的过程，而结构 2 显示，一种酰基氯，如碳酰氯，和一种 N－甲酰叔酰胺，如二甲基甲酰胺反应，形成了一种 chloroformiminium 氯盐：

无法显示在此点所提出的表格化的或图形化的材料。

酰基氯和叔酰胺必须在蔗糖－6－酯中反应以形成 chloroformiminium 氯盐的要求得到说明书的进一步支持。另外，签署人同意，为了突破现有技术，任何扩大解释都已经在实施过程中被放弃。

因此，签署人将“在蔗糖－6－酯中形成一种 chloroformiminium 氯盐”解释为要求酰基氯与叔酰胺在蔗糖－6－酯中反应，以形成一种 chloroformiminium 氯盐。

⑦“chloroformiminium 氯盐与蔗糖－6－酯的羟基发生加合反应，形成一种 O-alkylformiminium 氯化物”

申诉人认为，权利术语“chloroformiminium 氯盐与蔗糖－6－酯的羟基发生加合反应，形成一种 O-alkylformiminium 氯化物”应当被解释为不要求蔗糖－6－酯的 7 个羟基中的每一个都发生加合。调查人员同意申诉人的主张，即并非所有的 7 个羟基都须发生加合反应。被申诉人则认为，该权利应当被解释为要求 chloroformiminium 氯盐与蔗糖－6－酯的所有羟基发生加合，从而形成 O-alkylformiminium 氯化物。

申诉人主张，权利用语本身并不要求“所有的”7 个羟基都通过与 chloroformiminium 氯盐的反应生成 O-alkylformiminium 氯化物。申诉人认为被申诉人的专家同意这一步不要求所有的 7 个羟基被转化成 O-alkylformiminium 氯化物加合物。申诉人同时反对被申诉人关于从属权利 8 的主张，因为该权利涉及权利 1 第三步，而不是第一步。

被申诉人认为，权利提及了“羟基们”，因此，它一定是指蔗糖 – 6 – 酯所有的羟基。被申诉人还指出，权利在“羟基们”之前使用了表示定指的冠词，表示所指的事物已经在权利中出现过。被申诉人引用了说明书作为支持。被申诉人还提及了申诉人雇员的证词，证明在申诉人的制造过程中，所有的 7 个羟基都形成了加合物。被申诉人还提出，从属权利 7 ~ 9 和 22 ~ 24 支持其主张，因为从属权利不应超出其所依附的权利的范围。被申诉人认为，申诉人所引用的被申诉人专家的证词具有误导性。

尽管调查人员同意被申诉人认为“羟基们”之前的定指冠词暗示蔗糖 – 6 – 酯的 7 个自由羟基在前文被提及过的主张，但是调查人员不认为这能推出 O-alkylformiminium 氯化物的加合物必须在所有的 7 个自由羟基上形成的结论。为了支持自己的主张，调查人员引用了被申诉人专家的证词，该证词称，只需在 3 个羟基上形成加合物就能完成权利要求中的方法。

签署人查明申诉人和调查人员的主张较有说服力。“羟基们”之前的定指冠词本身并不一定说明所有的 7 个羟基形成加合物。由于权利用语本身、说明书或实施历史中没有任何迹象表明发明者在所有的 7 个羟基上形成加合物，被申诉人的主张遭到否定。

因此，签署人将“chloroformiminium 氯盐与蔗糖 – 6 – 酯的羟基发生加合反应，形成一种 O-alkylformiminium 氯化物”解释为不要求 O-alkylformiminium 氯化物在蔗糖 – 6 – 酯的 7 个羟基上都生成加合物。

（2）第二步

① 将第一步中的反应混合物置于升高的温度下（不超过 85℃）”

申诉人认为权利第二步中“将第一步中的反应混合物置于升高的温度（不超过 85℃）”的术语不应当解释为是一个与第三步中的加热步骤分开的独立的加热步骤。调查人员同意申诉人的说法，权利用语本身并不要求第二步中的加热将温度“高位停留”在 85℃以下或“维持”一段时间。被申诉人主张，相对于权利 1 第三步的加热，权利 1 的第二步是一个不与第三步连续的、独立的且独特的步骤。

申诉人认为，权利用语本身并未要求第二步的加热步骤独立且区别于第三步。根据申诉人的说法，如果采纳被申诉人的解释，就会排除“专利463”中的最佳示范和其他若干例子，这些例子都用了梯度加热的方法，温度并没有在高位停留或维持一段时间。申诉人还主张，实施历史并不放弃梯度加热的方法。根据申诉人的说法，被申诉人是依赖于发明者向专利审查员所说的用“逐步加热”法的错误解释来辨别现有技术的。申诉人认为，发明者当时只是想指出，在不同的阶段，氯化需要的温度不同，因此发明者所指的是增加氯化的量，而不是增加加热的步骤。

被申诉人认为，第二步包含三个部分：第一，第二步必须生成一种由三种独立且独特的氯化蔗糖－6－酯组成的混合物，包括单氯蔗糖、4，6′－二氯蔗糖－6－酯和1′，6′－二氯蔗糖－6－酯；第二，相对于第三步的加热，第二步是一个不与第三步连续的、独立的且独特的步骤；第三，在第二步的结尾，所有的蔗糖－6－酯都已转化成单氯蔗糖、4，6′－二氯蔗糖－6－酯和1′，6′－二氯蔗糖－6－酯，只有少量或没有三氯化合物或更高氯的化合物出现。

根据被申诉人的主张，该发明的中心焦点之一就是该氯化反应通过两个独立且分离的加热过程完成，温度必须在85℃或以下维持一段时间才能成为氯化中间化合物的混合物。被申诉人认为，该专利披露：第一，一种反应混合物被加热至不超过85℃的某一温度，并在此温度保持足够的时间，以生成一种氯化蔗糖－6－酯的混合物（第二步）；第二，氯化物质形成后，将该混合物加热至一个更高的温度，大约100～300摄氏度（第三步）。为了支持自己的主张，被申诉人引用了说明书提到的“增量”氯化方法。被申诉人进一步主张，在实施过程中，发明者称现有技术没有提供分阶段升高温度进行反应的方法，因此该技术与现有技术具有显著的区别。对于申诉人关于不能涵盖特定具体情况的这一权利要求解释的论点，被申诉人反对，因为权利要求的解释必须能够囊括一项专利中的每一个单个例子。

调查人员认为，“升高的温度”一词前所使用的不定冠词“an”可以理解为意指处于权利规定的范围内的“一个或多个温度”。因此，调查人员认为将反应混合物置于升高的温度下可能指通过有梯度的加热方法所形成的一个连续的温度范围。根据调查人员的说法，唯一的要求是，在达到85℃以前，加热必须以合适的速率进行，这样才能生成符合要求的氯化蔗糖－6－酯混合物。调查人员引用说明书作为支持。调查人员还进一步主张，实施过程中发表的言论并不构成对有梯度的加热方法的明确否认。

签署人查明，申诉人和调查人员的主张更有说服力。尽管该权利被分成两部分，权利用语本身并不要求第二步中的加热独立且区别于第三步中的加热。“专利463”的最佳示范用温度梯度来描述该加热过程，并进一步指出使用分开的增量加热步骤并没有特别的好处。如果签署人采纳被申诉人的权利解释，就会排除最佳示范，这种情况是几乎不可能正确的。另外，签署人认定，发明人并没有为了突破现有技术而放弃有梯度的加热过程，因为该专利的取得是基于在三氯化合物生成之前通过较低的温度获得单氯或二氯蔗糖－6－酯的方法。

因此，签署人将“将第一步中的反应混合物置于升高的温度（不超过85℃）”解释为，不要求其是一个独立且区别于第三步加热的分离的加热步骤。

②“一种主要由单氯蔗糖、4，6′－二氯蔗糖－6－酯和1′，6′－二氯蔗糖－6－酯组成的氯化蔗糖－6－酯混合物”

申诉人认为，权利术语“一种主要由单氯蔗糖、4，6′－二氯蔗糖－6－酯和1′，6′－二氯蔗糖－6－酯组成的氯化蔗糖－6－酯混合物”应当被解释为由单氯蔗糖、4，6′－二氯蔗糖－6－酯和1′，6′－二氯蔗糖－6－酯组成的混合物，该混合物中只有少数或没有三氯或更高氯的化合物生成。被申诉人似乎同意这一解释，但是强调在第二步的结尾，权利要求基本上所有的蔗糖－6－酯都被转化成单氯或二氯蔗糖－6－酯，且只有少数或没有其他氯化物形成。调查人员同意被申诉人的主张，即该权利要求基本上所有在第一步的反应混合物中存在的蔗糖－6－酯都应当在第二步中被转化为氯化蔗糖－6－酯。

申诉人认为，被申诉人和调查人员的解释遗漏了“专利463”的一个基本方面。根据申诉人的说法，根据“专利463”的方法所形成的chloroformiminium氯盐提供了一种在商业上可行的方法来获得更温和的氯化条件，从而使人们能够通过控制加热，将单氯和二氯化合物变成三氯化合物，并最大限度地减少过度氯化的情况，避免不需要的四氯副产品。申诉人认为，被申诉人和调查人员的解释是不符合实际的，因为在该领域具有普通技能的人会认可其他产品的形成。作为对自己主张的支持，申诉人引用了该专利中不同产品的产出百分比，没有一个数据接近 100% 。

被申诉人认为，权利用语很清楚地要求在第二步的结尾基本上所有的蔗糖－6－酯都应当被转化为单氯或二氯－6－酯，且只有少数或没有其他氯化物生成。被申诉人认为，如果采纳克里奇博士的解释，那么仅仅 0.1% 的蔗糖－6－乙酸酯在 85℃以下被氯化时，该权利才得到符合，这是无意义的。被申诉人进一步主张，生成的三种化合物都应当能够被检测出来，并且少量此类化合物分子的存在并不符合该权利限制的要求。

调查人员认为，该专利的图 4 和图 5 支持其解释，即要求在第一个加热步骤的结尾，基本上所有的蔗糖－6－酯都被转化为单氯和二氯－6－酯。调查人员进一步主张，产生的氯化物是该发明的新颖性特征之一，发明者在实施过程中探讨了这一点，以克服现有技术的不足。对于被申诉人的三种化合物必须被检测出来的主张，调查人员不同意该主张，不认为必须生成商业意义上的大量的化合物。

申诉人也反对被申诉人提出的新的“可检测”限制。根据申诉人的说法，被申诉人的主张应当被否定，因为被申诉人未在庭审前的应诉书中提及该主张，这种做法违反了程序规则 8.2。

签署人查明，被申诉人和调查人员关于“基本上所有”限制的主张较有说服力。“主要由……组成”这一表述显示，发明者意图包括列明的成分，也包括未列明的、但是对在发明的基本性质和新颖性不产生实质影响的成分。如果在第二步的结尾仍然存在未发生反应的蔗糖－6－酯，则将影响该发明的基本性质和新颖性，即增加通过生成的氯化物所产生的产品的纯度和产量。不过，签署人否定被申诉人关于权利要求存在“可检测”的氯化物的主张，因为这一问题并没有明确地出现在被申诉人的庭审前的应诉书中。于是，签署人将“一种主要由单氯蔗糖、4，6′－二氯蔗糖－6－酯和 1′，6′－二氯蔗糖－6－酯组成的氯化蔗糖－6－酯混合物”解释为要求基本上所有的蔗糖－6－酯转化为单氯蔗糖、4，6′－二氯蔗糖－6－酯和 1′，6′－二氯蔗糖－6－酯的混合物，并且只有少数或没有三氯或更高氯的化合物生成。

（3）第三步："将第二步中的反应混合物置于升高的温度下一段时间（100℃以上，300℃以下），使该混合物产生一种1′4，6′－三氯蔗糖－6－酯占优势地位的氯化产物"。

申诉人认为，权利术语"将第二步中的反应混合物置于升高的温度下一段时间（100℃以上，300℃以下），使该混合物产生一种1′4，6′－三氯蔗糖－6－酯占优势地位的氯化产物"应当以其一般意义来解释。特别是，申诉人认为，在第三步的结尾，主要的、占优势地位的氯化蔗糖－6－酯产品必须是1′4，6′－三氯蔗糖－6－酯。调查人员同意申诉人的主张，认为"占优势地位"一词应当被赋予其一般意义，即只要求三氯蔗糖－6－酯的含量比任何一种其他的氯化蔗糖－6－酯要多。调查人员还认为"氯化物"应当被解释为根据专利方法制造的氯化蔗糖－6－酯。尽管被申诉人也认为该权利术语应当以其一般意义进行解释，但他们认为占优势地位是指超过50%。

申诉人认为，被申诉人试图将一个数值的要求引入占优势地位一词的一般意义。申诉人引用以下字典中"占优势地位"的定义："相当普遍的或相当明显的；主要的或普遍的"。因此申诉人认为，该权利只要求三氯蔗糖－6－酯的含量比反应混合物中其他任何一种氯化蔗糖－6－酯都多即可。对于被申诉人"氯化物"可能包括氯化蔗糖－6－酯以外的产品的主张，申诉人指出，第三步从"第二步的反应混合产物"开始，该产物是第二步结尾所生成的氯化蔗糖－6－酯。

被申诉人认为，根据申诉人的解释，三氯蔗糖－6－酯不一定是第三步占优势地位的产物，只要它在第三步结尾是占优势地位的氯化三氯蔗糖－6－酯产品就行了。被申诉人认为，这是一种"以结果为导向的解释"，它与该权利要求书的文本用语是相冲突的，文本用语的要求是1′4，6′－三氯蔗糖－6－酯占优势地位的氯化物。被申诉人称"氯化物"一词的范围比"氯化三氯蔗糖－6－酯"更广。

签署人查明申诉人和调查人员的主张较有说服力，并同意"占优势地位"一词的一般意义不是超过50%，尤其是当这一混合物含有三种产品时。事实上，占优势地位仅仅指"主要的或普遍的"。另外，签署人同意"氯化物"的范围比"氯化三氯蔗糖－6－酯"更广，但是第三步的起点来自第二步，是第二步结尾所生成的氯化三氯蔗糖－6－酯产品。

于是，权利术语“将第二步中的反应混合物置于升高的温度下一段时间（100℃以上，300℃以下），使该混合物产生一种1′4，6′－三氯蔗糖－6－酯占优势地位的氯化产物”被解释为要求1′4，6′－三氯蔗糖－6－酯是在第三步结尾占优势地位的氯化蔗糖－6－酯产物。

（二）侵权

1. GDFII

申诉人称，GDFII的方法在CX-47C、CX-48C、CDX 1.23和CDX1.24中有如下描述：氯化过程从（×××）开始；然后将溶液（×××）；这些物质在（×××）里；将混合物（×××）并转化成（×××）；在（×××）里，溶液被（×××）以完成该氯化反应；随后，（×××）。

GDFII对它的氯化方法的实际步骤似乎并无争议，但是对申诉人关于某些步骤的特征描述及申诉人关于侵权的主张持有异议，具体情况在下文详述。

调查人员认为申诉人没能通过大量证据证明，任何参与的被申诉人字面地或根据等同原则侵犯了“专利463”。特别是，调查人员认为，根据其权利解释，现有证据不足以认定每个被申诉人使用了符合下列限制的方法来制造三氯蔗糖：第一，权利1的第一步关于通过酰基氯和叔酰胺在蔗糖－6－酯中的反应生成chloroformiminium氯盐的要求；第二，权利1的第二步关于将反应混合物置于85℃以下生成1′，6′－二氯蔗糖－6－酯的要求。

调查人员认为，现有证据不足以证明GDFII、常州牛塘和盐城捷康以权利1的第一步所记载的方法制造chloroformiminium氯盐，因为（以下内容略）。

调查人员还认为，无论根据哪一位当事人对于权利的解释，现有证据都不足以证明，（×××）可能以“专利463”的方法形成。

（1）权利1

① 第一步

申诉人认为，如果以其一般意义进行解释，（×××）并无争议。申诉人认为第一步的其他要求也得到了满足，因为第一，（×××）；第二，根据（×××）的一个部分（×××）。

申诉人反对被申诉人关于chloroformiminium氯盐（×××）生成的主张，

因为常州牛塘在2003年提交了一项中国专利的申请，称在这种情况下能够生成chloroformiminium氯盐。申诉人还反对被申诉人的备用主张，即［即使一些chloroformiminium氯盐（×××）生成，它不会发生反应形成O-alkylformiminium氯化物的加合物，因为它要求（×××）替换蔗糖－6－酯分子的7个正电荷］。不仅如此，申诉人还反对被申诉人关于［chloroformiminium氯盐并非通过（×××）和（×××）的直接反应生成］的主张，因为“专利463”并不要求“直接反应”。

GDFII认为它的方法并不符合权利限制的情况，因为（以下内容略）。GDFII还认为，它的方法不符合权利限制的情况，因为它的方法并不涉及chloroformiminium氯盐的生成，更不用说在蔗糖－6－酯中形成，因为（以下内容略）。

调查人员认为，（×××）并无争议，它是CDX-1.17所示的两种可能的结构之一：

无法显示在此点所提出的表格化的或图形化的材料。

调查人员认为，有争议的问题是：第一，（×××）是否可以被认为是一种“酰基氯”；第二，（×××）是否在蔗糖－6－酯中形成了一种chloroformiminium氯盐；第三，chloroformiminium氯盐是否与蔗糖－6－酯的每一个羟基反应形成一种O-alkylformiminium氯化物的加合物。

关于（×××）是否可以被认为是一种“酰基氯”的问题，调查人员认为，这取决于（×××）是否与CDX 1.17所示的结构2或结构3一样。根据调查人员的主张，如果（×××）与结构2一样，则侵权；如果与结构3一样，则不侵权。因为该结构是一种chloroformiminium氯盐，而权利要求chloroformiminium氯盐和酰基氯必须是两种不同的物质。尽管调查人员认为，没有证据证明在被申诉人的（×××）中究竟生成了这两种结构的哪一种，但是调查人员似乎同意申诉人的主张，认为权利限制的要求能够满足。

关于（×××）是否在蔗糖－6－酯中形成了一种chloroformiminium氯盐的问题，调查人员认为，现有证据不能表明（×××）能够进一步与（×××）反应，或与可能在含有蔗糖－6－酯的反应混合物中存在的其他任何叔酰胺反应形成第一步要求的chloroformiminium氯盐。根据调查人员的主张，申诉人并没有提供任何检测数据来显示在被申诉人的方法样本中有 chloroformiminium 氯盐生成。事实上，调查人员认为，申诉人仅仅依赖于克里奇博士关于（×××）的总结性理论。尽管调查人员同意申诉人的主张，认为有一些证据能够支持克里奇博士的理论，但是调查人员认定，即使被申诉人的氯化方法生成 chloroformiminium 氯盐，克里奇博士的证言也不充分，因为他从没有说（×××）会在蔗糖－6－酯中进一步与（×××）反应。事实上，调查人员认为，权利限制并未被符合，因为权利要求酰基氯与叔酰胺直接反应，而通过中间化合物的分解反应并不符合要求。

调查人员还提出，根据（以下内容略）。

关于 chloroformiminium 氯盐是否与蔗糖－6－酯的每一个羟基反应形成一种 O-alkylformiminium 氯化物的加合物的问题，调查人员认为，根据合理的权利解释，权利并不要求 O-alkylformiminium 氯化物与蔗糖－6－酯的每一个羟基加合。根据现有证据，调查人员认为该证据显示，（以下内容略）。

调查人员同意关于（×××）没有争议。因此，调查人员认为，所有的4个制造商被申诉人都符合了这项权利限制。

② 第二步

申诉人认为，根据它对于第二步的权利解释，该步骤不要求温度的“高位停留”，并且无可争议地，GDFII 将该混合物置于一个（×××）的温度下。因此，申诉人认为，唯一的问题是 GDFII 的反应混合物是否符合“主要由单氯蔗糖、4，6′－二氯蔗糖－6－酯和1′，6′－二氯蔗糖－6－酯组成”。申诉人认为，从字面来看，85℃以下产生的二氯蔗糖－6－酯的混合物包含4，6′－二氯蔗糖－6－酯和稍少量的1′，6′－二氯蔗糖－6－酯。申诉人认为，这一主张得到分析数据的支持。

特别是，申诉人认为，此处争议化学反应由“速率常数”控制，该常数反映的是在给定温度下，每一个反应发生的速率。根据申诉人的说法，在任何给定的温度下，溶液中的分子都有不同的能量，它们的分布符合麦克斯韦尔－波兹曼分布。申诉人认为，溶剂的温度每升高10℃，反应的速率就翻一倍，这是无可争议的；同样地，溶剂的温度降低10℃将导致反应速率骤降约一半。基于“实际生活”证据规则，申诉人引用河北苏科瑞和自己的氯化过程，证明这两项数据几乎是完美对应的。根据上述分析，申诉人主张，“85℃以下，所有被申诉人的方法……都会生成一些1′，6′－二氯蔗糖－6－酯，这是科学必然”。

GDFII主张，它并没有符合这项权利限制，因为没有证据表明，在85℃以下，它的制造方法能产生三种氯化物的混合物，尤其是产生1′，6′－二氯蔗糖－6－酯。

调查人员同意申诉人的主张，即根据合理的权利解释，第二步不要求梯度的加热过程。根据调查人员的主张，现有证据表明，所有的4个制造商被申诉人的方法（×××）都符合该权利限制条件。

调查人员同意被申诉人的说法，认为现有证据不能证明4个制造商被申诉人中的任何一个的方法符合第二步关于当反应混合物被置于升高的温度（85℃以下）时，三种氯化蔗糖－6－酯（单氯蔗糖、4，6′－二氯蔗糖－6－酯和1′，6′－二氯蔗糖－6－酯）都生成的要求。调查人员主张，申诉人的证据，即汽巴公司用温度低于85℃时在常州牛塘和盐城捷康的氯化容器中提取的样本进行的高效液相色谱（HPLC），不能证明4个制造商被申诉人的任何一个的方法生成了1′，6′－二氯蔗糖－6－酯。调查人员认为，汽巴公司的检测方法有瑕疵，因为高效液相色谱（HPLC）/质谱分析只显示可以归因于单氯蔗糖和4，6′－二氯蔗糖－6－酯的峰值，没有独立的检测结果能将1′，6′－二氯蔗糖－6－酯与4，6′－二氯蔗糖－6－酯区分开来。事实上，申诉人依据常州牛塘和盐城捷康样本的单一的峰值来证明两种二氯蔗糖－6－酯的存在：

无法显示在此点所提出的表格化的或图形化的材料。

被申诉人的专家圣·劳伦特先生作证说，克里奇博士的分析有瑕疵，因为他没能将任何特定的检测方法与他所依据的数据联系起来，并且没有证据表明他采取了适当的步骤来判断实验数据的可靠性。根据汉德博士的证词，调查人员认定，汽巴公司的分析有瑕疵，因为汽巴公司仅仅根据申诉人的说明书进行实验，却没有独立地判断最佳参数。例如，汉德博士作证说，当汽巴公司“根据我们的标准进行实验并改进自己的方法时，我们能够将大多数的化合物分离出来，但是两种二氯乙酸酯除外”。因此，调查人员认为，检测结果的公正性和可靠性存有疑问，特别是，鉴于被申诉人的样本中是否存在两种独立的二氯蔗糖－6－酯是一个关键的事实争议，该检测结果更加不能采纳。根据圣·劳伦特先生的证词，尽管有可能通过改变高效液相色谱（HPLC）中的条件将这两种同分异构体分开，但是没有证据表明汽巴公司试图这么做过。调查人员认为，汽巴公司无法获得独立的峰值这一事实显示，被申诉人的样本中不存在两种二氯蔗糖－6－酯。另外，调查人员认定，汽巴的检测不可靠的另一个原因是，汽巴公司没有运用基于高效液相色谱（HPLC）且已被证实可靠的标准，而是使用了由申诉人提供的标准。申诉人提供的标准是一个含有所有的三种氯化蔗糖－6－酯的混合标准。

调查人员不同意申诉人关于根据“基本动力学原理”，在85℃以下，1′，6′－二氯蔗糖－6－酯一定会生成的主张。在被申诉人的氯化过程中，有4，6′－二氯蔗糖－6－酯生成，这一点没有争议，但是关于85℃以下有无1′，6′－二氯蔗糖－6－酯却存在极大的争议。根据“专利463”，蔗糖－6－酯的羟基被氯化有明确的顺序，即6号位是最容易被氯化的，其次是4号位，再次是1号位。调查人员认为，克里奇博士将可汗、詹纳和穆夫提的文章作为依据不能令人信服。不仅如此，调查人员没有找到任何讨论在某种反应条件下蔗糖的1号位在4号位之前被氯化的可能性的科学文献。调查人员认为，根据多伯特案确定的标准，克里奇博士的证词不可靠。

调查人员同样不认同申诉人关于活动能量的主张，并认为申诉人错误地应用了麦克斯韦尔－波兹曼分布。

③ 第三步

申诉人认为，无可争议地，GDFII在氯化过程将反应混合物置于(×××)温度下，而反应的结果是含有1′，6′－二氯蔗糖－6－酯或4，6′－二氯蔗糖－6－酯的氯化产物。因此，申诉人认为，唯一的问题是1′，6′－二氯蔗糖－6－酯是否是占优势地位的氯化蔗糖－6－酯产物。根据申诉人的说法，证据（如分析检测）显示事实确实如此。

GDFII认为，根据它的权利解释，它并未符合第二步和第三步的权利限制的条件，因为它使用了（×××）。GDFII还认为，它没有符合第三步的限制条件，还因为它没有从第二步的混合物开始进行第三步，并且申诉人没有证据证明GDFII的制造方法产生了1′，6′－二氯蔗糖－6－酯占优势地位的产物，因为其中包括（×××）。

调查人员认为，没有任何一名被申诉人（除盐城捷康以外）对它们符合了第三步的权利限制条件表示异议。因此，调查人员认定 GDFII 的制造方法符合了第三步的权利限制条件。

④ 结论

签署人同意被申诉人的意见，即申诉人负有侵权行为的举证责任。根据对于所有证据的审查，签署人同意被申诉人和调查人员的意见，认为申诉人未能承担该责任。尽管很多限制仍然存在争议，但是当事人之间最大的争议在于申诉人是否充分证明，4 个制造商被申诉人的方法包含了权利 1 第二步中的权利限制，该步骤要求在 85℃以下，反应混合物主要由“单氯蔗糖、4，6′－二氯蔗糖－6－酯和 1′，6′－二氯蔗糖－6－酯”组成。总的来说，关于单氯蔗糖和 4，6′－二氯蔗糖－6－酯的存在并没有太多争议。因为当事人基本同意蔗糖－6－酯的自由羟基的氯化是按一定顺序发生的，6 号位最有可能被氯化，其次是 4 号位，再次是 1 号位。真正的分歧在于 1′，6′－二氯蔗糖－6－酯是否也存在。根据对当事人主张和证据的审查，签署人认定，申诉人的证据都不能符合证明侵权的责任要求。

尽管申诉人提交了汽巴公司作出的针对常州牛塘和捷康样本的高效液相色谱检测数据，但是签署人认定，这些检测结果由于下列原因而不可靠：第一，汽巴公司从申诉人处取得特定的说明书，而未独立地判断这些说明书是否合理；第二，汽巴公司没有按照可信的标准进行高效液相色谱分析；第三，汽巴公司运用了含有所有的三种氯化蔗糖－6－酯的混合标准；第四，高效液相色谱检测结果只显示了可以归因于单氯蔗糖和 4，6′－二氯蔗糖－6－酯的峰值，没有独立的检测结果能将 1′，6′－二氯蔗糖－6－酯与 4，6′－二氯蔗糖－6－酯区分开来。鉴于权利用语明确要求所有三种产品存在，这一数据不足以证明侵权。

另外，签署人认定，申诉人根据一份从捷康得来的样本进行分析，并下结论说，因为捷康与河北苏科瑞的方法非常类似，所以河北苏科瑞同样侵权，这是不合理的。比较河北苏科瑞与捷康的氯化过程，可以发现，这两名被申诉人的方法有很大差别，足以影响任何可能的检测结果。GDFII 与常州牛塘之间的类推同样如此。

不仅如此，签署人否定申诉人用被申诉人的专家贝克博士所进行的质谱分析来支持侵权的认定的行为，因为那些检测结果不能证实1′，6′－二氯蔗糖－6－酯的存在。该质谱分析针对70℃时河北苏科瑞的样本进行，被称作样本“H7”。

签署人认定申诉人的其他主张也缺乏说服力。尽管申诉人提供克里奇博士的证词来证明85℃以下一定会生成1′，6′－二氯蔗糖－6－酯，但是这一理论未得到科学文献的印证，因为没有相关文献讨论在某种反应条件下蔗糖的1号位在4号位之前被氯化的可能性。

鉴于举证的失败，签署人认定，至少根据上述原因，4名制造商被申诉人中没有一名侵犯了“专利463”的权利1的第二步。因为要证明侵权，权利的每一项限制都需符合，所以签署人不认为还有必要处理关于权利1侵权问题的其他争论。

（2）权利2～3和16～18

申诉人认为，因为GDFII使用了（×××），又因为它还使用了（×××），GDFII对“专利463”的权利2～3和16～18构成了字面侵权。

4名制造商被申诉人都不否认他们在生产方法中使用了（×××）。但是被申诉人主张，因为他们没有侵犯“专利463”的权利1，所以也未侵犯该权利的任何从属权利。调查人员对此表示赞同。

签署人已经在上文裁定，权利1未受到侵犯，那么它的从属权利权也未受到侵犯。

（3）等同原则

申诉人认为，根据各个要素遗漏的程度，GDFII的氯化过程在等同原则下侵犯了“专利463”。根据申诉人的意见，GDFII的（×××）用实质上相同的方法（×××），实现相同的功能（将蔗糖－6－酯氯化以获得三氯蔗糖－6－酯），并产生相同的结果（一个［×××］的氯化过程）。

GDFII认为基于若干理由，它并没有在等同原则下侵权，最主要的原因是，这么做会导致权利1的限制无效。

调查人员认为，现有证据不能证明等同原则下的侵权行为，因为被申诉人的制造方法和所主张的方法之间的区别是实质性的。调查人员还认为，等同原则受到实施历史禁止反言的限制，还受到“全要素规则”的限制。

调查人员特别强调，申诉人没能证明为什么（×××）的方法等同于（×××）的方法。即使它们是等同的，但是调查人员仍然指出，基于实施历史禁止反言的规则，申诉人不能适用等同原则。根据调查人员的主张，发明者依靠酰基氯和叔酰胺在蔗糖－6－酯中的反应这一特征才区别于现有技术。

调查人员还指出，申诉人未能证明为什么85℃以下时并未产生1′，6′－二氯蔗糖－6－酯的方法与该条件下产生1′，6′－二氯蔗糖－6－酯的方法是等同的。然而，即使它们是等同的，调查人员认为，基于“全要素规则”，申诉人不能适用等同原则。

签署人不认为申诉人关于等同原则的主张有说服力。权利1明确要求85℃以下有1′，6′－二氯蔗糖－6－酯存在。申诉人并未证明任何被申诉人的方法等同于符合这项权利限制。因此，申诉人关于等同原则的主张被否定。

2. 常州牛塘

申诉人认为，有证据证明，常州牛塘有以下行为之一：（1）在调查中虚假陈述了自己的生产方法；（2）对中国政府也进行了虚假陈述；（3）改变生产方法以试图围绕“专利463”实施设计。作为支持，申诉人引用了CX-51C，一份常州牛塘2006年8月交给中国政府并希望得到扩建三氯蔗糖工厂审批的环境影响报告（以下简称“报告”）。申诉人指出，该报告描述了三氯蔗糖的整个生产方法，包括关于（×××）氯化过程的描述。申诉人认为，常州牛塘试图围绕“专利463”设计（×××）。但是申诉人认为这（以下内容略）。

申诉人认为常州牛塘的方法与GDFII的方法（×××），见CX-6C、CX-8C、CX-47、CDX-1.116和CDX-1.117。

常州牛塘同时引用了它的新旧两种方法，称它的氯化过程是相似的，但是（以下内容略）。常州牛塘认为两种方法都不侵犯“专利463”的权利1，原因与GDFII相同。

调查人员认为，申诉人引用的常州牛塘、河北苏科瑞和盐城捷康的环境影响报告没有参考意义，因为：第一，申诉人并非根据报告中的方法描述指控侵权的；第二，报告的日期是2004～2006年，没有证据表明被申诉人将通过报告中的方法生产出来的三氯蔗糖进口到了美国。

（1）权利1

①第一步

申诉人认为，常州牛塘（×××）这一点没有异议。根据申诉人的意见，如果以其一般意义进行解释，（×××）是一种“酰基氯”。申诉人认为，常州牛塘的方法也符合第一步的其他限制，原因与GDFII一样。

常州牛塘认为，它的方法并不符合该权利限制，因为（以下内容略）。常州牛塘认为，它的方法不符合该权利限制还因为它的方法并不涉及chloroformiminium氯盐的形成，更不用说在蔗糖-6-酯中形成了，因为（以下内容略）。

如上所述，调查人员认为，现有证据无法证明4名制造商被申诉人中的任何一名符合第二步的每一个限制。

②第二步

申诉人认为，根据它对于第二步的解释，该步并不要求温度的“高位停留”，并且无可争议地，常州牛塘将混合物置于（×××）的温度。因此，申诉人认为，唯一的问题是常州牛塘的反应混合物是否符合“主要由单氯蔗糖、4，6′-二氯蔗糖-6-酯和1′，6′-二氯蔗糖-6-酯组成”。申诉人认为，常州牛塘的方法符合第二步的这一限制，原因与GDFII相同。

常州牛塘认为它并没有符合该权利限制，因为没有证据表明它的制造方法在85℃以下产生了三种独立的氯化物的混合物，尤其是没有1′，6′-二氯蔗糖-6-酯存在。

如上所述，调查人员认为，现有证据不足以证明4名制造商被申诉人符合了第二步的每一个限制。

③第三步

申诉人认为，无可争议地，常州牛塘的氯化过程将反应混合物置于（×××）的温度，并且产物是含有1′，6′-二氯蔗糖-6-酯或三氯蔗糖-6-酯的氯化物。因此申诉人认为，唯一的问题是1′，6′-二氯蔗糖-6-酯是不是占有优势地位的氯化蔗糖-6-酯。申诉人认为常州牛塘符合了第三步的限制，原因与GDFII相同。

常州牛塘认为，基于它的权利解释，它并未符合第二、三步的权利限制，因为它使用了（×××）。常州牛塘认为，它没有符合第三步的限制是因为它的方法并非从第二步的混合物开始进行，还因为申诉人没有证据证明常州牛塘的制造方法产生了1′，6′-二氯蔗糖-6-酯占优势地位的产物，因为还存在（×××）。

调查人员认为，没有任何一名被申诉人（除盐城捷康以外）对它们符合了第三步的权利限制提出异议。因此调查人员认定，常州牛塘的制造方法符合第三步的权利限制。

④结论

签署人已在上文认定，申诉人未能通过充分的证据证明4名制造商被申诉人中的任何一名符合权利要求1的每一个限制，因此4名制造商被申诉人中没有任何一名侵犯了“专利463”的权利1。

（2）权利2～3和16～18

申诉人认为，因为常州牛塘使用了（×××）和（×××），它对“专利463”的权利2～3和16～18构成字面侵权。

如上所述，4名制造商被申诉人都不否认在制造过程中使用二甲基甲酰胺和蔗糖-6-乙酸酯。但是被申诉人认为，因为他们没有侵犯“专利463”的权利1，所以他们也没有侵犯该权利的任何从属权利。调查人员对此表示同意。

签署人已经在上文裁定权利1未受到侵犯，那么它的从属权利也未受到侵犯。

（3）等同原则

申诉人认为，根据各个要素遗漏的程度，常州牛塘的氯化过程在等同原则下侵犯了“专利463”，原因与GDFII相同。

常州牛塘认为，基于各种各样的理由，它并没有在等同原则下侵权，最主要的原因是，这么做会导致权利1的限制无效。

如上所述，调查人员认为，在没有证据支持下，不能基于等同原则认定4个制造商被申诉人侵权。

签署人未发现申诉人等同原则的说法具有说服力。权利1明确需要低于85℃时1′，6′-二氯蔗糖-6-酯被合成。申诉人未展示出被申诉人的方法符合这项权利限制。因此，申诉人关于等同原则的主张被拒绝。

3. 河北苏科瑞

申诉人认为，有证据表明，河北苏科瑞进行了如下行为：（1）在调查中虚假陈述了自己的生产方法；（2）对中国政府也进行了虚假陈述；（3）改变生产方法以试图围绕“专利463”实施设计。作为支持，申诉人递交了2004年12月河北苏科瑞向中国政府提交的用以申请开办三氯蔗糖工厂的环境影响报告（以下简称“报告”）。申诉人认为该报告包括（×××）。申诉人认为，河北苏科瑞试图围绕“专利463”设计（×××）。申诉人认为，河北苏科瑞的生产方法可描述为（×××）。

河北苏科瑞不对其氯化过程中的实际步骤持有异议，但对申诉人基于某些失败的检测结果而提出的指控表示异议。河北苏科瑞认为，申诉人没有提供任何实证证据。例如，样品H7是来自河北苏科瑞的过程中采取（×××）。但申诉人没有依靠这些检测结果，宣称这些结果是“无效的”。相反，申诉人依赖的是从捷康的三氯蔗糖抽取的样本，河北苏科瑞断言，它的专家贝克博士采取样品H7和（×××）。

（1）权利1

①第一步

申诉人认为，无可争议地，河北苏科瑞（×××）。

河北苏科瑞认为，它不符合这项权利限制，因为（×××）。河北苏科瑞还认为，它并不能符合这项权利限制，因为（×××）。最后，河北苏科瑞认为，其不符合这项权利限制，因为没有证据表明（×××）。

如上所述，调查人员认为，没有证据显示4个生产商被申诉人符合第一步的任意一项限制。此外，调查人员认为，河北苏科瑞的方法（×××）。

申诉人反对河北苏科瑞的主张，认为没有任何证据表明其方法（×××）。申诉人也反对河北苏科瑞的主张，即（×××）。

②第二步

申诉人认为，根据第二步的权利解释，不需要温度“高位停留”以（×××）。申诉人认为，基于许多与GDFII和常州牛塘符合权利限制相同的原因，河北苏科瑞也符合第二步的权利限制，这些原因是“字面和反应动力学的基本规律”和分析数据，GDFII 和常州牛塘的方法也符合了这一限制。申诉人也依赖于（×××）。

河北苏科瑞称，它不符合这项权利限制，因为申诉人没有显示(×××)。据河北苏科瑞称，申诉人的唯一证据是克里奇博士的结论性意见，这不够充分。此外，河北苏科瑞认为，考虑到这两个方法中的诸多差异，申诉人尝试以盐城捷康的生产方法类推河北苏科瑞的过程是不能被允许的。最后，河北苏科瑞认为自己的专家的（×××）。

如上所述，调查人员认为，现有证据无法证明 4 名制造商被申诉人中的任何一名符合第二步的每一个限制。并且，调查人员还质疑了申诉人对于(×××)的依赖。

③第三步

申诉人认为，河北苏科瑞的氯化过程无可争议地（以下内容略）。申诉人认为，河北苏科瑞的生产方法符合第三步中的权利限制，基于同样原因 GDFII 和常州牛塘也符合了这一限制。申诉人是基于河北苏科瑞的工厂考察报告的文字和分析数据得出上述结论的。

河北苏科瑞则认为（以下内容略）。

调查人员认为，没有任何一名被申诉人（除盐城捷康以外）对它们符合了第三步的权利限制表示异议。因此，调查人员认定河北苏科瑞的制造方法符合了第三步的权利限制。

④结论

签署人已在上文认定，申诉人未通过充分的证据证明 4 名制造商被申诉人中的任何一名符合权利 1 的每一个限制，因此 4 名制造商被申诉人中没有任何一名侵犯了“专利 463”的权利 1。

（2）权利 2 ~ 3 和 16 ~ 18

申诉人认为，因为河北苏科瑞使用了 N，N – 二甲基甲酰胺（二甲基甲酰胺），其中包含了 N – 甲酰（基）组，又因为它还使用了蔗糖 – 6 – 乙酸酯，河北苏科瑞对“专利 463”的权利 2 ~ 3 和 16 ~ 18 构成了字面侵权。

4 名制造商被申诉人都不否认他们在生产方法中使用了（×××）。但是被申诉人主张，因为他们没有侵犯“专利 463”的权利 1，所以他们也没有侵犯该权利的任何从属权利。调查人员对此表示同意。

签署人已经在上文裁定，权利1未受到侵犯，那么它的从属权利也未受到侵犯。

（3）等同原则

申诉人认为，根据各个要素遗漏的程度，河北苏科瑞的氯化过程在等同原则下侵犯了“专利463”。根据申诉人所述，（以下内容略）。

申诉人认为，河北苏科瑞的生产方法总体上的功能与“专利463”（将蔗糖-6-酯氯化得到主要产物三氯蔗糖-6-酯）在实质上（×××）是相同的。

河北苏科瑞认为，基于各种不同的理由，它并没有在等同原则下侵权，但主要的原因是，这么做会导致权利1的限制无效。

如上所述，调查人员认为，在没有证据支持下，不能基于等同原则认定4个制造商被申诉人侵权。

签署人未发现申诉人等同原则的说法具有说服力。权利1明确需要低于85℃时1′，6′-二氯蔗糖-6-酯被合成。申诉人未展示出被申诉人的方法符合这项权利限制。因此，申诉人关于等同原则的主张被拒绝。

4. 盐城捷康

申诉人认为，有证据表明，盐城捷康（1）在调查中虚假陈述了自己的生产方法；（2）对中国政府也进行了虚假陈述；（3）改变生产方法以试图围绕“专利463”实施设计。为证明此点，申诉人引用了CX-353C，一份盐城捷康于2006年10月向中国政府提交的环境影响报告（以下简称“报告”）。申诉人认为，报告中描述了全部的生产方法，其中包括了一个氯化过程（×××）。申诉人认为，盐城捷康通过（×××）（×××）试图围绕“专利463”实施设计。但是申诉人认为（以下内容略）。

申诉人认为，盐城捷康的生产方法在（×××）中进行了描述。

盐城捷康并未显示出对实际生产步骤的异议，但是对申诉人的侵权指控持有异议，该侵权指控将于下文详述。

（1）权利1

① 第一步

申诉人认为，无可争议地，盐城捷康（以下内容略）。据申诉人所称，依据一般意义上的解释，亚硫酰氯化物/二甲基甲酰胺产品是一种“酰基氯”。由于“添加”步骤中的权利限制，申诉人认为，盐城捷康（×××）。申诉人认为，盐城捷康也符合了第一步中剩余的权利限制，并基于同样原因，GDFII、常州牛塘和河北苏科瑞也符合了这些权利限制。

盐城捷康认为，其未符合这项权利限制，因为（以下内容略）。盐城捷康还认为，其未符合该权利限制，因为（以下内容略）。

同时，盐城捷康还认为，其未符合权利限制，因为（以下内容略）。

如上所述，调查人员认为，现有证据无法证明 4 名制造商被申诉人中的任何一名符合第一步的每一个限制。但是，尽管盐城捷康（以下内容略）。调查人员同意申诉人的相关主张。

②第二步

申诉人认为，在其权利中，第二步不要求一个温度的“高位停留”，无可争议地，盐城捷康将混合物置于（×××）。因此，申诉人认为，基于与 GD-FII、常州牛塘和河北苏科瑞同样的原因，盐城捷康也符合这项权利限制。申诉人是基于文字和分析数据得出上述结论的。

盐城捷康认为，申诉人并未提供显示盐城捷康的生产方法（×××）的证据。盐城捷康指出，汽巴公司运用了混合标准（×××）。这一标准是由申诉人提供的，但并未被独立地核实过。盐城捷康认为，由于使用了混合标准，汽巴公司没有方法可以断定一个单独的峰值能够代表一个、两个或者多个二氯化合物。盐城捷康认为，用诸如核磁共振光谱的其他检测方法，可以用来独立检测个别的二氯结构。其次，盐城捷康认为，申诉人所依赖的汽巴公司作出的总离子流图（TIC）也是不可信的，因为 TIC 只显示了一个峰值，并不能证明两个二氯结构同时存在。

盐城捷康反对申诉人的主张，（以下内容略）。

盐城捷康进一步认为，其并未符合权利限制，因为（以下内容略）。

如上所述，调查人员认为，现有证据无法证明 4 名制造商被申诉人中的任何一名符合第二步的每一个限制。此外，调查人员认为，与汽巴公司的其他检测结果不可信的原因相同，申诉人从对盐城捷康工厂的检查中获得的样本不能证明（×××）的存在。

③第三步

申诉人认为，无可争议地，盐城捷康的氯化方法将反应混合物置于（×××）。申诉人认为，盐城捷康符合第三步的权利限制，基于同一原因，GDFII、常州牛塘和河北苏科瑞也符合这项权利限制。申诉人是基于工厂检查报告的文字和分析数据得出这一结论的。为了进一步支持该结论，申诉人指向盐城捷康的生产方法描述中的一个“大型平衡图表”，这是盐城捷康提供的证人提供的证词之一。证人名为吴金山，并且盐城捷康的这一分析检测使用了高效液相色谱（HPLC）。

盐城捷康认为，基于它的权利解释，它并未符合第二步和第三步的权利限制。盐城捷康还认为，基于它的权利解释，其也没有符合权利限制，原因是（以下内容略）。至于申诉人对于盐城捷康理论上的大型平衡图表的依赖性这一点，盐城捷康辩称，因为这一图表并非基于任何实际测量，所以并不准确，因此并非是一个对于盐城捷康生产方法的精确描述。

调查人员拒绝了盐城捷康关于其没有符合第三步的权利限制的主张。调查人员认为盐城捷康的图表显示了其符合了权利限制。因此，调查人员认定，盐城捷康符合第三步中的每一个限制。

④结论

签署人已在上文认定，申诉人没能通过充分的证据证明4名制造商被申诉人中的任何一名符合权利1的每一个限制，因此4名制造商被申诉人中没有任何一名侵犯了“专利463”的权利1。

（2）权利2～3和16～18

申诉人认为，因为盐城康捷使用了（×××）。但被申诉人主张，因为他们没有侵犯“专利463”的权利1，所以他们也没有侵犯该权利的任何从属权利。调查人员对此表示赞同。

签署人已经在上文裁定，权利1未受到侵犯，那么它的从属权利也未受到侵犯。

（3）等同原则

申诉人认为，根据各个要素遗漏的程度，盐城捷康的氯化过程在等同原则下侵犯了“专利463”，原因与河北苏科瑞相同。

盐城捷康认为，其并未违反等同原则，因为它的生产方法并未用实质上相同的方法，实现相同的功能，并产生相同的结果。

如上所述，调查人员认为，在没有证据支持下，不能基于等同原则认定4个制造商被申诉人侵权。

签署人未发现申诉人等同原则的说法具有说服力。权利1明确需要低于85 ℃时1′，6′－二氯蔗糖－6－酯被合成。申诉人未展示出被申诉人的方法符合这项权利限制。因此，申诉人关于等同原则的主张被拒绝。

5. 美国CJ

申诉人认为，美国CJ已经承认侵犯了其所主张的“专利463”中的权利。

由于对于美国CJ的侵权没有争议，签署人认定美国CJ侵犯了被主张的“专利463”中的权利。

6. AIDP

申诉人认为AIDP并未提供任何调查线索，因此不清楚谁是AIDP公司三氯蔗糖的实际生产者。尽管AIDP是从中国进口，但是没有一个制造商被申诉人宣称是其提供者。据申诉人称，庭前检测确定AIDP侵犯了“专利463”。

被申诉人认为，申诉人针对AIDP公司和河北研究所的侵权分析仅仅建立在诉讼前的样本检测和韦尔·弗洛拉博士的证词之上，其实不应予以考虑。

签署人同意被申诉人的主张，与不能证明4名参与的制造商被申诉人侵权的原因一样，基于诉讼前的检测得到的证据不能肯定性地证明AIDP公司符合了权利1中每一个权利限制。

7. 河北研究所

申诉人认为，河北研究所在调查中缺席，并认为，其已经提交了证明河北研究所的三氯蔗糖侵犯了“专利463”的证据。

被申诉人认为，申诉人针对AIDP公司和河北研究所的侵权分析仅仅建立在诉讼前的样本检测和韦尔·弗洛拉博士的证词之上，其实不具有实质的重要性。

由于河北研究所已经在调查中缺席，签署人认为，没有必要认定申诉人是否有效地证明了河北研究所侵犯了“专利463”。

8. 非制造商被申诉人

申诉人认为，下列被申诉人已经承认其为了进口而销售、进口到美国后在美国销售常州牛塘、GDFII、河北苏科瑞和/或盐城捷康生产的三氯蔗糖：富邦化工、富邦贸易、美国富邦、哥鲁达、（×××）（×××）和美国牛塘。并且申诉人还认为，由于常州牛塘、GDFII、河北苏科瑞和/或盐城捷康生产三氯蔗糖侵犯了“专利463”，所以上述被申诉人同样侵犯了该专利。

因为签署人认定常州牛塘、GDFII、河北苏科瑞和/或盐城捷康并未符合“专利463”的权利限制，所以认定上述被申诉人并未侵犯该专利。

9. 剩余的未参与被申诉人和缺席被申诉人

申诉人认为，剩余的未参与被申诉人和缺席被申诉人并未主张它们为了进口而销售、进口到美国后在美国销售常州牛塘、GDFII、河北苏科瑞和/或盐城捷康其中一个或一个以上制造商生产的三氯蔗糖：美国CJ、禄桥、格莱蒙特、河北研究院、中土物产、Nu-Scaan、诺朗、上海奥瑞特、Vivion和中津药业。申诉人还认为，由于常州牛塘、GDFII、河北苏科瑞和/或盐城捷康生产三氯蔗糖侵犯了“专利463”，所以上述每一名被申诉人同样侵犯了该专利。申诉人还认为，由于这些被申诉人在调查中并未出席，它们也应当在侵犯“专利463”上违反了第337节的规定。

被申诉人认为，对于未参与被申诉人和缺席被申诉人，申诉人并未提供有效的证据，证明他们符合了权利1中的每一个限制。

因为签署人认定常州牛塘、GDFII、河北苏科瑞和/或盐城捷康并未符合“专利463”的权利限制，所以认定上述被申诉人并未侵犯该专利。

（三）国内产业－技术方面

申诉人认为，证据显示麦金托什工厂的氯化过程实施了“专利463”的权利1。被申诉人并未对申诉人权利1中第一步和第三步关于技术方面的证据提出异议，但是被申诉人认为，申诉人没有实施第二步。调查人员同意被申诉人的主张，即申诉人并未证明其实施了“专利463”。

1. 权利1

（1）第一步

申诉人认为，证据可证明，在其氯化过程中，（以下内容略）。

被申诉人表示，不再对申诉人实施了权利 1 中的第一步持有异议。调查人员也持相同意见，认为申诉人实施了权利 1 中的第一步。

签署人认为，基于申诉人所提交的证据及没有对此证据的异议，申诉人已经通过证据证明，其确实符合国内产业中实施权利 1 中第一步的要求。

（2）第二步

申诉人认为，证据显示，氯化反应结束后，（以下内容略）。为证明这一点，申诉人引用了克里奇博士的证词和汽巴公司提供的高效液相色谱（HPLC）测试数据。

被申诉人认为，申诉人的方法并未实施第二步，因为这一步骤本身并未涉及第一步。特别是，被申诉人认为，申诉人的生产方法未在不同温度下使用独特的阶段。为支持这一点，被申诉人引用了沃尔特博士在 RDX-351C 中所列的时间和温度图表。被申诉人还认为，申诉人所提供的汽巴公司的检测结果并未显示（×××）。而且甚至没有检测（×××）。据被申诉人称，申诉人依赖克里奇博士关于汽巴公司的检测支持申诉人结论的证词是不准确的，因为该检测结果并未表明在 85℃下任何形式的二氯蔗糖－6－酯（二氯蔗糖 6－酯）的存在。并且，被申诉人认为，桑德博士对于汽巴公司报告的重新解释应当被驳回，因为其与之前的证词矛盾且没有结论性地显示（×××）的存在。

调查人员不同意被申诉人的如下主张，即这一步骤需要将反应混合物停留在任一特定温度一段时间，而是认定，申诉人符合权利 1 中的要求。但调查人员同意被申诉人的如下主张，即申诉人没有证明麦金托什工厂的生产方法产生了（×××）。申诉人依赖于检测结果来显示（×××）。同时还依赖于克里奇博士的证词来说明（×××）。调查人员认定，没有实质证据证明这一结论。调查人员引用了申诉人的雇员赫顿博士的证词，他表示不知道在从它们氯化过程中提取的样本中“专利 463”中的（×××）是否存在。

基于与申诉人认为被申诉人侵权答辩不正确相同的原因，申诉人反对被申诉人的主张。据申诉人称，在第二步下的合理的权利解释中，没有要求温度高位停留或者持续一段时间，因此，申诉人的氯化过程符合第二步中任意一个权利限制。对于被申诉人关于汽巴公司检测结果的主张，申诉人认为，被申诉人忽略了其中的总离子流图（TIC），该图识别了（×××）。

签署人解释了第二步中的权利，并认定，其不要求独特且区别于第三步高温加热的分离高温加热步骤 。因此，当第二步被如此解释时，申诉人实施了权利1中的第二步。至于申诉人是否充分证明其符合了第二步中的其他权利限制，签署人认定，被申诉人和调查人员的主张是有说服力的。基于现有证据，签署人认定，申诉人未能有效承担其应当证明麦金托什工厂生产了（×××）的举证责任。一个关于在（×××）中反应产物的分配的推断是不充分的，这样的推论不能被允许用来证明侵犯该专利，同样，也不能用来证明该技术方面。

因此，签署人认定，基于申诉人提交的证据，申诉人未能通过证据证明其实施了“专利463”权利1中的第二步，因为申诉人未能证明（以下内容略）。

（3）第三步

申诉人认为，证据显示，一旦（以下内容略）。为支持这一点，申诉人引用了汽巴公司的HPLC检测数据。

被申诉人对申诉人实施了权利1中的第三步无异议。调查人员对此也无异议。

签署人认为，基于申诉人所提交的证据及没有对此证据的异议，申诉人已经通过证据证明，其确实符合国内产业中实施权利1中第三步的要求。

2. 结论

签署人认为，基于申诉人提交的证据，申诉人未符合国内产业对于“专利463”的技术方面要求，因为其未能通过证据证明其实施了“专利463”权利1中的第二步。

（四）有效性

1. 普通技术

申诉人认为，在该领域具有普通技能的人是指具有化学硕士学位并且拥有了2~5年该领域工作经验的人。被申诉人则认为，在该领域具有普通技能的人要求具备的是有机化学或类似领域的硕士学位并且拥有2~5年的药剂有机合成领域工作经验，或者是有机合成化学博士学位。调查人员认为，在该领域具有普通技能的人要求具备的是化学硕士学位并且拥有2~5年有机化学领域的工作经验。签署人认为，双方都同意的是，在 1989 年，在“专利 463”领域具有普通技能的人要求具有有机化学或相关领域的硕士学位及 2 ~ 5 年药剂有机合成领域的工作经验。

2. 可预期性和/或显而易见性

（1）现有技术参考

①詹纳专利 869（略）

②穆夫提专利 476（略）

③拉斯波恩专利 269（略）

④巴拉德技术参考（略）

（2）穆夫提专利 476 以及詹纳专利 869，拉斯波恩专利 269 和/或巴拉德技术参考

……

签署人认定，“专利 463”独立的权利 1 不基于在先公开或显而易见性而无效。由于签署人不认定权利 1 无效，从属权利 2 ~ 3 和 16 ~ 18 也不能认定为无效。

（3）次要考量

申诉人认为，如果签署人认定“专利 463”因为显而易见性而无效，则客观证据须压倒性地证明非显而易见性。申诉人认为，三氯蔗糖在 1975 年被发现后，密集的研究工作随即展开，以找到一个商业上可行的、可在制造业适用的、大量制造三氯蔗糖的生产方法。申诉人认为，在 1987 年，（以下内容略）。据申诉人称，这第一代生产三氯蔗糖的方法被认为不适合大规模生产，因为它过于复杂，需要适用昂贵且难以回收再利用的化学试剂，但确实已经是当时可用的最好方法。直到麦金托什厂在 1992 年发展了第二代的生产方法。据申诉人称，第一代生产方法的失败显示了三氯蔗糖长期的需求和众多其他制造商的失败。

申诉人认为，其第二代的生产方法获得了巨大的商业成功。申诉人认为，因为其氯化工艺技术实施了“专利 463”中的权利 1，便在申诉人的商业成功和“专利 463”之间建立起了一个初步的证据联系。申诉人认为，行业内的肯定也支持了非显而易见性的认定，该生产方法被一些本调查的被申诉人誉为

“简单易行”。申诉人认为，关于在本调查中至少被3个制造商被申诉人复制这一证据也支持非显而易见性的认定。

被申诉人认为，在申诉人的商业成功和“专利463”之间不存在一个初步的证据联系。因为申诉人依靠的是三氯蔗糖的销售，而专利涵盖的是三氯蔗糖－6－酯的生产方法。被申诉人还认为，对三氯蔗糖的成功作出贡献的因素有很多，包括产品的功能、相较于其他甜味剂三氯蔗糖产生的热量低、甜味高、有能力根据消费者需要规划产品以及申诉人自身的声誉。

被申诉人认为，申诉人认为的长期需求和其他厂商的失败是有误导性的。首先，被申诉人认为，事实上，在2005年，本调查被申诉人中的两个都使用了与詹纳869专利的披露不同的生产方法。其次，被申诉人认为，对于1975～1989年的长期需要，申诉人实际上指的是泰莱，仅有的失败都是申诉人自己的失败。再次，被申诉人认为，在2001年以前，没有人有动力生产三氯蔗糖，因为此种化合物的专利被授予了申诉人，直至2001年到期。最后，被申诉人认为，三氯蔗糖直到1998年才被FDA批准。

被申诉人反对申诉人提出的所谓赞誉和关于“复制”的主张。据被申诉人称，申诉人所引用的被申诉人常州牛塘的专利申请和河北苏科瑞的可行性研究并未“赞美”“专利463”的方法。此外，对于“复制”，被申诉人认为，此种主张需要被证明。

调查人员同意申诉人的主张，认定次要考量支持“专利463”的非显而易见性。但其他通过蔗糖－6－酯和蔗糖五酯生产三氯蔗糖的现有技术在“专利463”申请的若干年以前就已被知晓，申诉人只是在发展了目前用于生产三氯蔗糖的第二代生产方法之后才获得商业成功的。

被申诉人反对申诉人关于第二代生产方法的主张。据被申诉人称，(×××)是在“专利463”被授予的10年后出现的。因此，被申诉人认为，三氯蔗糖在商业上的成功归因于FDA的批准，而非其生产方法。

签署人认为，没有必要确定是否存在非显而易见性的次要考量，因为签署人未认定“专利463”具有显而易见性。

3. 112条款

(1) 缺乏可传授性

被申诉人认为，“专利463”的例子未教授在该领域具有普通技能的人如何在低于85℃的情况下合成1′，6′－二氯蔗糖－6－酯。作为支持，被申诉人举出贝克、汉纳森和弗雷泽－里德博士的证词，即1′，6′－二氯蔗糖－6－酯不能在低于85℃形成。被申诉人认为，申诉人没有提供任何表明1′，6′－二氯蔗糖－6－酯可以在85℃下形成的证据，因此实施权利1中的第二步是不可能的，缺乏传授性。被申诉人还认为，即便1′，6′－二氯蔗糖－6－酯可以在85℃下形成，专利的详细说明中并未让在该领域具有普通技能的人知晓如何分析该物质是否存在。因为说明书并未区分众多的二氯化过的蔗糖－6酯。据被申诉人称，在1989年，如高效液相色谱、质谱和核磁共振的分析技术已可检测1′6′－二氯蔗糖－6－酯的存在，但不存在众所周知的检测方法，需要进行过度的实验才能实施可行的检测，尤其是在参考标准还不具备的情况下。

被申诉人还认为，该专利没有传授性，因为专利说明书未描述任何方法或程序以教授在该领域具有普通技能的人如何确定是否有O-alkylformiminium氯化物加合物和羟基团形成，也不能确定形成了多少。据被申诉人的专家称，这一分析检测方法在1989年于该领域并不是众所周知的技术。被申诉人还引用（以下内容略）。

最后，被申诉人认为，该专利没有传授性，因为当涉及蔗糖－6－乙酯时，说明书未提供足够的信息以实施该专利。

调查人员同意被申诉人的下列主张，即“专利463”因缺乏传授性而无效。据调查人员称，证据表明，在该领域具有普通技能的人除非经过过度的实验，否则不能实施“专利463”。为支持这一点，调查人员指出，被申诉人和申诉人都没有使用一个85℃下形成1′，6′－二氯蔗糖－6－酯的氯化方法。此外，调查人员认为，没有任何证据表明发明者开发的氯化方法中，1′6′－二氯蔗糖－6－酯是作为一个中间化合物，这一点可以从专利说明书没有提供可靠的用于氯化衍生物的参考标准中体现出来。调查人员反对申诉人对于实验室笔记的依赖。调查人员称，该实验笔记不支持（×××）尽管调查人员同意，基于上述原因，“专利463”不具有传授性，但调查人员不同意被申诉人其他两个关于传授性的主张（即O-alkylformiminium氯合加合物和蔗糖－6－乙酯）。

申诉人认为，被申诉人关于传授性的主张应当被拒绝，因为判例法指出，一个人要实施被保护的发明，仅需操作专利中的例子即可。据申诉人称，被申诉人显然能够操作例子 7 和/或 13，而不需进行过度实验。申诉人认为，在 85℃下二氯化任何蔗糖 –6 –酯是基本的化学技术，因此所有种类的衍生物都能够根据其相对的反应率形成，正如麦克斯韦尔 –波兹曼分布显示的那样。因此，申诉人认为，没有必要在“专利 463”内加入普遍能接受的反应机制。此外，申诉人认为，发明人拥有适合用于检测的试验方法（×××）。

对于被申诉人关于其他中间体，如 chloroformiminium 氯盐和 O-alkylformiminium 氯合物，不能被确认的主张，申诉人认为，现有技术在 1989 年已经可以使在该领域具有普通技能的人确认 chloroformiminium 氯盐和 O-alkylformiminium 氯合物的存在。

对于需要什么才能满足传授性的要求，被申诉人反对申诉人的主张。据被申诉人称，仅实施专利中的例子是不充分的，因为人们必须能够实施权利。被申诉人认为，能够实施“专利 463”中的例子，不一定能实施权利 1，而且专利中的例子也未教授什么被界定于权利中了，即 1′，6′ –二氯蔗糖 –6 –酯和 O-alkylformiminium 氯合物。

签署人认定被申诉人和调查人员的主张的具有说服力。没有直接证据表明发明者证实（以下内容略）。因为它的发明者只是推测这样的产品会产生。“专利 463”的例子没有提到 85℃以下二氯蔗糖 –6 –酯会被检测到。唯一提到 1′，6′ – 二氯蔗糖 –6 –酯是在发明的简短陈述中而不是在权利中，发明人只是“相信”混合物基本上由单氯蔗糖 –6 –酯、4，6′ –二氯蔗糖 –6 –酯和 1′，6′ –二氯蔗糖 –6 –酯组成。申诉人关于“字面”的主张和关于“基础化学”及“动力学”的理论已经在上述侵权和技术方面的分析中被拒绝了，在此处同样令人难以信服。如果它是真正的基础化学、动力学问题，签署人认定，应当已经可以被相当简单地证明了，混合物中包含 1′，6′ –二氯蔗糖 –6 –酯，但专利未曾披露，申诉人也未能证明在该领域具有普通技能的人曾经可以使用一项检测。因此，签署人认定，“专利 463”因缺乏传授性而无效。

（2）缺乏书面描述

被申诉人主张，“专利 463”是无效的，因为专利说明书中没有证据或者基础的实验笔记表明，“专利 463”的发明者曾经在 85℃下形成和辨认 1′，

6′－二氯蔗糖－6－酯，并鉴别或证实加合物是否形成以及羟基团的数量。据被申诉人称，因为发明人从未拥有其所主张的其已发明的事物，所以权利1因为缺乏书面描述性而无效。

申诉人认为，被申诉人关于书面描述性的说法的没有依据，因为它是一种化学上的基本原则，如果任何二氯化蔗糖－6－酯都可以在低于85℃形成，那么所有种类将根据其相对的反应率形成，同麦克斯韦尔－波兹曼分布一致。据申诉人称，这是在1989年也已众所周知的普通技术之一，这是为什么“专利463”参考Fig. 4的“DFS”以表示多个二氯化品种将同时存在。

此外，申诉人认为，没有任何法律要求在权利中披露检测方法的每一项权利限制，申诉人特别强调，基于反应动力学理论，在该领域具有普通技能的人应当能够明白，披露的例子必然会在85℃下产生单、双氯化物的混合物。然而，申诉人认为发明者（×××）。

对于被申诉人关于其他中间体，如chloroformiminium氯盐和O-alkylformiminium氯合物不能被确认的主张，申诉人认为，有证据表明，有机化学家门经常依靠同行评议的文献以确定化学中间体的存在，“专利463”的中间体也包含其中。

调查人员同意申诉人意见，即书面描述的要求已被满足，因为发明的这些方面在申请专利时既已呈现于申请中了。调查人员认为，判例法仅要求专利申请人在它们提交专利申请时充分描述专利即可，因此最初提交的“专利463”申请已经包含了权利1中每一项权利限制。

被申诉人反对申诉人的主张，并认为，说明书中对“DI’s”的一般参考能够进一步证明，发明人不知道1′，6′－二氯蔗糖－6－酯是否能在低于85℃的情况下形成。被申诉人认为，如果1′，6′－二氯蔗糖－6－酯能在低于85℃形成是“基础化学知识”，那么就能比较容易地提供实际的证据表明它存在。被申诉人还认为，如果发明者有一个检测方法，则该方法应当已经披露，至少应在本调查中披露，但事实并非如此。被申诉人认为，1′，6′－二氯蔗糖的标准是不相关的，因为争议的标准是关于1′，6′－二氯蔗糖－酯的。

签署人同意申诉人和调查人员的主张，即书面描述性的要求已被满足。关于1′，6′－二氯蔗糖－6－酯是什么，双方没有争议。但书面描述性和传授性的争论有几分相似，签署人认定，书面描述性的要求已被满足，因为其清楚明白地解释了1′，6′－二氯蔗糖－6－酯是何物。而在传授性方面，没有直接证据证明1′，6′－二氯蔗糖－6－酯在85℃下如何被检测或形成。因此基于书面描述，签署人不认为“专利463”是无效的。

（3）不确定性

被申诉人主张，“专利463”是不确定的，因为在该领域具有普通技能的人无法确定一个特定的方法是在权利1的范围内，还是在其范围外。申诉人认为，被申诉人关于不定性的主张应当被拒绝。基于同样的理由，被申诉人关于传授性和书面描述性的主张也应当被拒绝。申诉人认为，在配合书面说明理解“专利463”时，基于在该领域普遍接受的知识，在该领域具有普通技能的人会知晓1′，6′－二氯蔗糖－6－酯会与其他二氯化产物一起在与“专利463”说明书所描述情况相同的情形下形成。此外，申诉人主张，在该领域具有普通技能的人可以使用已知的分析技术，如高效液相色谱法，实施检测，以确定包括1′，6′－二氯蔗糖－6－酯在内的二氯化后的蔗糖酯－6－酯是否存在。

签署人不认为申诉人的主张具有说服力。因为签署人能够解释上述所有存在争议的权利限制。因此，签署人认定，“专利463”不因不定性而无效。

五、锡专利——“专利969”和“专利551”（略）

六、“专利709”（略）

七、“专利435”（略）

八、国内产业－经济方面

申诉人认为，无可争议，其符合国内产业的经济方面。因为这是申诉人在美国实际生产争议产品的实例之一。申诉人主张，证据显示，申诉人制造大量商业数量的三氯蔗糖，都是按照或利用所主张的专利生产制造的。申诉人认为，其符合了国内产业所要求的三个经济方面。

此外，申诉人认为，被申诉人认为申诉人必须将自己的投资配置于专利中描述的各个子方法，被申诉人的这种主张是错误的。据申诉人称，申诉人的投资不需要分配到不同的子方法，因为各个子方法均是专门生产三氯蔗糖的，所以应基于三氯蔗糖生产这一单一产业进行经济方面分析。尽管如此，申诉人还认为，其已经证明，其对工厂和设备的实际性投资皆用于专利中所描述的每个子方法。

被申诉人认为，对专利所保护的货物的认定是争议的焦点，如果签署人同意被申诉人的主张，认为根据“专利463”保护的“货物”是中间产品“三氯蔗糖-6 -乙酯”，而不是三氯蔗糖本身，那么申诉人就未符合国内产业的要求，因为申诉人未能提出有关蔗糖-6-乙酯的任何证据。同样地，关于“专利551”，被申诉人主张，申诉人也不符合国内产业的要求，因为申诉人未能证明对提取DSDE所做的任何投资。关于“专利969”，被申诉人认为，申诉人不符合国内产业的要求，因为申诉人未能证明对锡催化剂所作的任何投资。调查人员认为，申诉人对其三氯蔗糖生产厂的投资足以符合国内产业要求的经济方面。据调查人员称，关于申诉人在麦金托什工厂生产商业数量的三氯蔗糖这一点，不存在真正意义上的争议。此外，调查人员称，申诉人作出了实际性的劳动力和资本投资。调查人员不对申诉人的研究和开发费用给出意见。

对于被申诉人就有关货物的问题的主张，调查人员称，被申诉人的主张是没有说服力的，因为无可争议地，每个方法皆被可执行的美国专利所保护。此外，对于被申诉人有关申诉人未将费用配置于每个所述的专利的主张，调查人员认为，考虑到投资的整体规模，很可能配置给每一个单个方法的投资也都是有意义的。

申诉人反对被申诉人主张，并认为，其提交了大量的有关专利所披露的各个子方法的证据。

签署人同意申诉人和调查人员的主张，考虑到申诉人所展示出的大规模投资，配置给各个子方法的投资满足国内产业的要求。

（一）对工厂和设备重大投资

申诉人认为，它们在亚拉巴马州麦金托什的三氯蔗糖工厂制造三氯蔗糖，在美国投入了大量的成本生产三氯蔗糖。申诉人认为，麦金托什工厂的运营成本是巨大的。申诉人认为，2007年经营费用（以下内容略）。据此，申诉人认为，根据《美国法典》第 19 部分第 1337 节第 1 条第 3 款第 1 项，申诉人符合对工厂和设备重大投资的要求。

签署人同意，在上述基础上，根据《美国法典》第 19 部分第 1337 节第 1 条第 3 款第 1 项，申诉人符合对工厂和设备重大投资的要求。

（二）对劳动力或资本使用重大投资

申诉人认为，它们已经通过雇佣大约（×××）在麦金什工厂从事三氯蔗糖生产而对劳动力雇佣进行了大量投资。具体来说，申诉人主张，在 2006 年，其花费了（×××）专门用于生产三氯蔗糖，（×××）专门用于生产三氯蔗糖，并超过（×××）专门用于生产三氯蔗糖。申诉人主张，在 2007 年，其花费超过（×××）专门用于生产三氯蔗糖，（×××）专门用于生产三氯蔗糖，并超过（×××）专门用于生产三氯蔗糖。据此，申诉人认为，其已符合《美国法典》第 19 部分第 1337 节第 1 条第 3 款第 2 项中要求的对劳动力或资本的使用的重大投资。

签署人同意，在上述基础上，申诉人证明其符合了《美国法典》第 19 部分第 1337 节第 1 条第 3 款第 2 项中要求的对劳动力或资本的使用的重大投资。

（三）研究和开发方面的重大投资

申诉人认为，其已经对与三氯蔗糖相关的研究和开发进行了大量投资，通过在麦金托什工厂使用（×××）。具体来说，申诉人认为，在 2006 年和 2007 年，其在美国用于三氯蔗糖制造的相关研究和开发费用达到了(×××)。据此，申诉人认为，其已符合《美国法典》第 19 部分第 1337 节第 1 条第 3 款第 3 项中要求的进行研究和开发的重大投资。

签署人同意，在上述基础上，申诉人证明其符合了《美国法典》第 19 部分第 1337 节第 1 条第 3 款第 2 项中要求的进行研究和开发的重大投资。

法律结论

（1）在本次对美国专利第 4980463 号、第 5470969 号、第 5498709 号和第 7049435 号的调查中，本委员会具有诉讼标的管辖权。

（2）在本次对美国专利第 5034551 号的调查中，本委员会不具有诉讼标的管辖权。

（3）本委员会对调查中的所有被申诉人皆具有管辖权。

（4）被申诉人美国 CJ 的被指控产品违反了《美国法典》第 35 部分第 271 节第 1 条，侵犯了美国专利第 4980463 号第 1 ~ 3 和 16 ~ 18 项权利。但其他被申诉人未违反《美国法典》第 35 部分第 271 节第 1 条，未侵犯美国专利第 4980463 号第 1 ~ 3 和 16 ~ 18 项权利。

（5）被申诉人美国 CJ 的被指控产品违反了《美国法典》第 35 部分第 271 节第 1 条，侵犯了美国专利第 5470969 号第 20 ~ 26、28 和 29 项权利。但其他被申诉人未违反《美国法典》第 35 部分第 271 节第 1 条，未侵犯美国专利第 5470969 号第 20 ~ 26、28 和 29 项权利。

（6）下列被申诉人违反了《美国法典》第 35 部分第 271 节第 1 条，其被指控的产品侵犯了美国专利第 5498709 号权利：

美国 CJ、禄桥、格莱蒙特、河北研究院、河北研究所、中土物产、Nu-Scaan、诺朗、上海奥瑞特、Vivion 和中津药业。

但其他被申诉人未违反《美国法典》第 35 部分第 271 节第 1 条，其被指控产品未侵犯美国专利第 5498709 号第 8、9 和 13 项权利。

（7）下列被申诉人违反了《美国法典》第 35 部分第 271 节第 1 条，其被指控产品侵犯了美国专利第 7049435 号第 1 项权利：

禄桥、格莱蒙特、河北研究院、河北研究所、中土物产、Nu-Scaan、诺朗、上海奥瑞特和 Vivion 公司。

但其他被申诉人未违反《美国法典》第 35 部分第 271 节第 1 条，其被指控产品未侵犯美国专利第 7049435 号。

（8）正如《美国法典》第 19 部分第 1337 节第 1 条第 2 款和第 3 款所要求的，与泰莱的产品相关的国内产业在美国存在，并受美国专利第 5470969 号、第 5498709 号和第 7049435 号的保护。

（9）正如《美国法典》第 19 部分第 1337 节第 1 条第 2 款和第 3 款所要求的，与泰莱的产品相关的国内产业在美国存在，并受美国专利第 4980463 号的保护。

（10）基于美国专利第 4380476 号和第 4617269 号、第 4362869 号和/或巴

拉得技术参考的相互集合，美国专利第 4980463 号第 1～3 和 16～18 项权利并不基于《美国法典》第 35 部分第 102 节和第 103 节所述的在先公开和显而易见性而无效。

（11）美国专利第 4980463 号第 1～3 和 16～18 项权利基于《美国法典》第 35 部分第 112 节所述的缺乏可传授性而无效。

（12）美国专利第 4980463 号第 1～3 和 16～18 项权利并不基于《美国法典》第 35 部分第 102 节所述的缺乏书面描述而无效。

（13）美国专利第 4980463 号第 1～3 和 16～18 项权利并不基于《美国法典》第 35 部分第 112 节所述的不定性而无效。

（14）基于美国专利第 4980746 号的现有技术参考，美国专利第 5470969 号第 20～26、28 和 29 项权利并不基于《美国法典》第 35 部分第 102 节所述的在先公开而无效。

（15）基于美国专利第 4980746 号与奥特拉参考、瓦格纳参考和大卫参考和/或美国专利第 5034551 号、美国专利第 5470969 号第 20～26、28 和 29 项权利并不基于《美国法典》第 35 部分第 103 节所述的显而易见性而无效。

初步裁定

基于上述意见、对事实的认定、法律结论、证据以及作为一个整体的记录，考虑到所有诉求和主张，包括建议的事实认定和法律结论，签署人初步裁定如下：

除未参与被申诉人和缺席被申诉人外，在向美国进口、为进口而销售或者在美国境内销售三氯蔗糖、含有三氯蔗糖的甜味剂以及相关中间化合物的行为中，未发现与美国专利第 4980463 号第 1～3 和 16～18 项权利，美国专利第 5470969 号第 20～26、28 和 29 项权利，美国专利第 5498709 号第 8、9 和 13 项权利以及美国专利第 7049435 号第 1 项权利有关的违反修正后的 1930 年《关税法案》第 337 节的行为。

此外，行政法法官裁定，存在实施美国专利第 5470969、5498709 和 7049435 号的国内产业，不存在实施美国专利第 4980463 号的国内产业。

签署人亦裁定，在向美国进口、为进口而销售或者在美国境内销售三氯蔗糖、含有三氯蔗糖的甜味剂以及相关中间化合物的行为中未发现与美国专利第5034551号第1～4和11～22项权利有关的违反修订后的1930年《关税法案》第337节的行为，因为委员会对该专利无诉讼标的管辖权。

行政法法官兹就本初步裁定及调查中听证会的记录向委员会予以确认，该记录由下列文件组成：证据性听证会的文本记录，及其后可能由行政法法官下令作出的适当更正，以及被列于所附展示证据清单中被接受为证据的展示证据。

依据美国《联邦法规汇编》第19部分第210.42节第1条，本初步裁定应当成为委员会的最终裁定，除非一方当事人依据美国《联邦法规汇编》第19部分第210. 43节第8条申请复议或委员会依据美国《联邦法规汇编》第19部分第210.44自行决定对本初步裁定或其中的特定问题予以复议。

关于救济和保证金的建议性裁定

根据委员会的规则第210.36节第1条和第210.42节第1条第1款第2项，行政法法官考量了关于救济和保证金的证据和主张，随即就此发布一项建议性裁定。

九、救济和保证金

（一）普遍排除令

根据美国关税法第337节第4条，委员会可以发出一个有限排除令或普遍排除令。有限排除令可指示美国海关排除进口本调查中所有源于被申诉人且被争议专利保护的货物。普遍排除令可指示美国海关排除进口所有被争议专利保护的货物，而不考虑货物的来源。申诉人要求发出一个普遍排除令，禁止进口所有侵权的三氯蔗糖、含有三氯蔗糖的甜味剂以及相关的中间化合物。此外，申诉人要求普遍排除令包含一个保证条款，进口商须对进口的三氯蔗糖未侵权和未侵权三氯蔗糖的原始来源作出保证。据申诉人称，除非发布此种排除令，否则其获得的救济将微乎其微。

被申诉人认为，排除令是不必要的，没有显示存在不公平行为。或者，被申诉人认为，即使显示存在违反规定的行为，救济的范围和形式也应是受限的，不能限制合法贸易。具体来说，被申诉人认为，适当的救济措施将是发布一个针对被进口的“专利463”下的1′，4，6′-trichlorosucrose－6－ester即蔗糖－6－乙酯，或中间化合物，或“专利969”和“专利551”下的锡催化剂的有限排除令。被申诉人还认为，与申诉人关于保证条款容易遵守的主张相反，保证条款将对被申诉人、第三人和海关施加过重的负担。

调查人员同意被申诉人的主张，因为申诉人并未证明任何所述的专利被参加或不参加被申诉人侵犯，所以侵权的救济措施应当限于针对缺席被申诉人的有限排除令和针对国内缺席被申诉人的停止令。或者，调查人员认为，如果显示存在侵权的行为，那么救济措施的形式应当是针对侵权被申诉人的有限排除令和针对侵权且拥有大量国内三氯蔗糖库存的国内被申诉人发出停止令。

1. 排除令的规避

申诉人认为，证据表明被申诉人可以很容易地回避有限排除令，因为有证据表明存在一个三氯蔗糖制造商利用自己独立的贸易公司进入美国市场的模式。据申诉人称，此种模式使这些公司能够掩盖产品的原产地，以致于无法确定侵权产品的来源。此外，申诉人认为制造商和经销商的名称都在不断变化，以致于难以监测其与侵权产品有关的活动。

具体来说，申诉人认为，有证据表明一些公司改变其三氯蔗糖批次的分析证书（“COA”），不将其产品分析证书随产品附上，由第三人提供分析证书，或仅通过复制信息而制造自己的分析证书，所有这些都掩盖了三氯蔗糖的真实来源。申诉人还认为，三氯蔗糖制造商很少在其产品包装上标明其名称，使海关不可能确定产品制造来源地。此外，申诉人详细谈论了其主张，认为复杂的分销系统掩盖了三氯蔗糖的来源。

2. 违反第337节的普遍模式

申诉人主张，一个普遍排除令是必要的，因为有证据表明存在一种违反第337节的普遍模式。据申诉人称，行业状况是：出现过被指控产品未经授权而使用的情况，在美国存在对被指控产品既有的需求，外国制造商有进入美国市场的经济动力，另外一些外国制造商有能力进口被指控产品，被指控产品的新的外国制造商进入美国的门槛很低。

被申诉人认为，申诉人未能证明存在一个侵权的普遍模式，因为除了被指控的被申诉人外，申诉人没有证明有任何公司生产三氯蔗糖。具体来说，被申诉人认为，韦尔·弗洛拉不应当被允许作为专家做针对非参与被申诉人的侵权分析，因为其不是一个在程序性安排截止日前提出的见证专家，而且其意见也无适当的基础。被申诉人还认为，如果申诉人打算将弗洛拉博士作为一个外行证人，那么这种依赖根据联邦证据规则第 701 条是不适当的，因为外行证人的意见只能来自日常推理过程而非专业训练。

调查人员称，如果认定存在违反了第 337 节的情形，也没有足够的证据证明存在侵权的普遍模式，并据此依据喷雾泵因素（Spray Pumps factors）发布普遍排除令。具体来说，调查人员认为，申诉人未能符合三个喷雾泵因素中的两个因素，即有证据证明基于与国内争议专利对应的外国专利的未决侵权诉讼，或有其他证据证明存在未经授权使用专利发明的历史。但是，调查人员称，如果所有 4 个制造商被申诉人被认定侵犯了“专利 463”，那么申诉人就符合喷雾泵因素，即存在一定的行业条件，并据此可以合理地推断外国制造商而非本调查中的被申诉人试图以侵权货物进入美国市场。因此，调查人员建议，如果侵权行为被认定，那么有限排除令应当指向被认定为侵权的被申诉人。调查人员不同意被申诉人的如下主张，即有限排除令仅针对被进口的“专利 463”下的 1′，4，6′-trichlorosucrose－6－ester 即蔗糖－6－乙酯，或中间化合物，或“专利 969”和“专利 551”下的锡催化剂。或者，如果普遍排除令被认为是适当的，那么调查人员主张，确证程序是合适的。

申诉人反对被申诉人的主张。对于弗洛拉的证词，申诉人认为，被申诉人关于弗洛拉博士不能作为合适专家的主张已经被签署人拒绝。对于被申诉人关于联邦证据规则第 701 条的抗辩，申诉人认为，弗洛拉博士的证词应被给予充分考虑，其证词植基于其从职业、研究、实践和经验中获得的专业知识。

关于弗洛拉博士的证词，与签署人上述裁定保持一致，签署人认定，弗洛拉博士的证词不足以肯定性地证明专利受到侵犯。签署人同意被申诉人和调查人员的主张，即申诉人未能符合喷雾泵因素（Spray Pumps factors），因为申诉人在本调查中未能肯定性地证明任何被指控的被申诉人和未被指控的被申诉人侵犯了其所主张的专利权。因此，在本调查中，普遍排除令是不必要的。

（二）停止令

根据第337节第6条第1款，除排除令外，或与排除令一起实施，委员会可以发布停止令。主要是在美国有大量被指控产品的库存时，停止令才是必要的。

申诉人要求对盐城捷康、哥鲁达、美国牛塘、Heartland甜味剂、美国富邦和分子技术和每一个未参与被申诉人发出停止令，因为这些被申诉人在美国拥有被指控产品的大量商业库存。被申诉人称，申诉人没有证明1′，4，6′－trichlorosucrose－6－ester在美国的大量库存，因此，申诉人无权要求发出停止令。被申诉人还认为，申诉人没有证明国内被申诉人拥有被指控产品的大量库存。调查人员称，当违反337条款时，制止令对国内拥有大量被指控产品库存的被申诉人是适当的。调查人员称，无可争议地，盐城捷康、哥鲁达、美国牛塘、Heartland甜味剂、美国富邦和分子技术均在美国拥有商业数量的三氯蔗糖。

签署人认定，如果委员会认定任何国内被申诉人侵权，并且申诉人已经证明国内被申诉人在美国拥有被指控产品的大量库存，那么针对它们的停止令是必要的。

（三）总统审查期内的保证金

如果委员会发布排除令或停止令，那么在提供了保证金且其金额由委员会裁定“足以保护申诉人不受损害”的前提下，当事人可以在总统审查未决期间继续进口和销售其产品。申诉人请求，保证金额应为被指控三氯蔗糖输入值的100%，因为除了其合作伙伴麦克尼尔实验室外，申诉人没有许可任何机构使用被主张的专利，使得无法确定一个合理的许可使用费率，这也使基于价格差计算保证金额变得困难且不可行。调查人员同意申诉人的主张。被申诉人认为，100%的保证金率是过度的，并要求基于价格差的50%确定保证金率。

委员会经常以试图消除被授予专利权的国内产品和侵权产品之间的价格差异来确定保证金率。在缺乏可靠价格信息的条件下，委员会曾经采用其他方法来确定一个合适的保证金额。例如，当比较价格不可行时，委员会曾经裁定100%的保证金率是合适的。在其他案件中，当直接比较发明人的产品和被申诉人的产品不可行时，委员会曾经以合理的许可使用费率确定保证金额。

在本案中，当事人没有提交如下足够证据，即关于可使签署人裁定价格差的价格信息的证据。各方也没有提供任何证据证明一个合理的专利费率。因此，签署人建议，以侵权产品输入价值的100%确定保证金额。

在本文件签发之日起7日内，任何当事人均可向行政法法官办公室提交关于是否从公开版本中删除本文件任何部分的声明。当事人必须以电脑打印稿（硬拷贝）的形式在上述日期前提交声明。

任何寻求从公开版本中删除本文件任何部分的当事人均须向行政法法官办公室提交一份本文件的复制件，其中须以红色括号标明其所主张的任何包含机密商业信息的部分。当事人关于本文件公开版本所提交的声明无须报委员会秘书存档。

此令

Charles E. Bullock

行政法法官

委员会委员

Shara L. Aranoff

主席

（马忠法主审　李文靓　叶倩文　王帅凡翻译）

附录 2：中国知识产权侵权救济“双轨制”的正当性*

——行政与司法比较的视角

目前我国知识产权侵权救济采用行政救济和司法救济并行的“双轨制”制度，对知识产权人和救济制度各自的成本效益进行分析后，可以认为，情况简单、易于判断的侵权案件，适用行政救济程序效率更高，而对于情况复杂、难于判断的侵权案件，适用司法救济程序效率更高，因此目前“双轨制”的存在仍具有其必要性。

知识产权❶侵权纠纷作为一种民事纠纷，目前我国分别有行政机关和司法机关对知识产权侵权提供行政救济❷和司法救济❸两种救济途径。从世界各国知识产权保护体系的情况看，与我国采取的行政和司法的双重执法体制不同，各国知识产权行政执法机构虽有权对侵权行为进行调查，但除了海关以外，一般无权作出决定或者处罚，是否构成侵权以及应当承担什么样的责任均须由法

---

* 该文在《知识产权》2008 年第 3 期上首发。

❶ 广义的知识产权体系，包括著作权、邻接权、商标权、商号权、商业秘密权、产地标记权、专利权、集成电路布图设计权等各种制度。参见卢海君：“知识产权体系论”，载《知识产权》2006 年第 4 期。但本文仅主要讨论专利权、商标权和著作权这三项传统的知识产权体系。

❷ 一般意义上所指的行政救济，指的是国家机关通过解决行政争议，使得行政相对人的合法权益获得补救的法律制度，参见刘恒著：《行政救济制度研究》，法律出版社 1998 年版，第 7 页。本文所指的行政救济，特指行政机关对在民事纠纷中合法权益受到损害的一方当事人提供救济的制度。

❸ 本文所指的司法救济，与上述的行政救济概念相对，指的是法院对在民事纠纷中合法权益受到损害的一方当事人提供救济的制度。

院裁决。因此，不少学者对于行政机关介入知识产权侵权民事纠纷的处理持否定或怀疑的态度，认为是行政权入侵司法权，是“行政权对司法权的挤压和渗透”。[1] 对此，笔者认为，知识产权是知识产权人的一项“私权”[2]，知识产权侵权救济，是通过对知识产权侵权纠纷的解决，达到保护知识产权拥有人的合法权利不受他人非法侵害的目的。由于存在两种可能的解决制度的供给方式——司法救济制度和行政救济制度，而且当事人可以选择，使得运用法律经济分析的方法与框架成为可能。

法律的经济分析的基本假定是：“人们总是理性地最大化其满足度，一切人（只有很小的小孩和严重智力障碍者例外）在他们的一切涉及选择的活动中（精神变态的或者其他因滥用毒品和酒精而产生类似精神错乱影响的活动除外）均如此。”[3] 假定人是理性的，理性人追求自益，以收益最大成本最小为目标，个人行为（并因此集体行动）将对未来可预测的成本收益变化做出反应。理性人行动基于多种动机，追求物质利益只是一方面，他还可以有感情、信仰、正义或荣誉感。成本－收益比较是经济分析的基本方法，经济学上行为人直接承担的成本为私人成本，直接获取的收益为私人收益，但个人行动还可能给他人带来成本或收益，产生外部性问题。私人成本加外部成本为社会成本，私人收益加外部收益即社会收益。理性人基于私人成本与收益比较进行选择，边际私人成本等于边际私人收益时，个人选择最优；边际社会成本等于边际社会收益时，达到帕累托最优。司法救济和行政救济都可能涉及外部成本。外部性产生了激励的需要，即促使个体行为的外部性内部化，将社会成本

---

[1] 袁明圣：“行政权对司法权的挤压和渗透”，载《中共长春市委党校学报》2004 年第 4 期。

[2] 长期以来，我国知识产权学界对于知识产权的性质属于“公权”还是“私权”的问题一直有较大争议，1993 年 12 月 15 日，发达国家与发展中国家达成了《与贸易有关的知识产权协议》（简称 TRIPs），并将该文件载入乌拉圭回合多边贸易谈判最后文件。TRIPs 在前言中明确规定：承认知识产权是私权。作为国际立法与贸易实践结果的 TRIPs 对知识产权性质的无可置疑的界定，使国内外一些学者长期以来就知识产权是公权还是私权的学术争论变得徒劳无益。笔者认为知识产权是私有财产权之说更符合事实，它告诉我们更多，也更有意义。

[3] 波斯纳著，苏力译：《法理学问题》，中国政法大学出版社 2002 年版，第 441 页。

和收益内化为私人成本和收益，行为人对行为承担完全责任，通过个体最优选择实现帕累托效率。因此，知识产权人基于理性人的假设，对行政救济和司法救济分别进行成本效益分析，并选择对其最优的救济方式，是完全可能的。同时，成本效益分析同样可以适用于救济制度本身，如果一项制度设计和运作的成本大于其收益，这项制度可以认为是非效率，其存在的必要性就要受到质疑。笔者将分别从知识产权人的角度和救济制度的角度，对其各自的成本效益进行比较分析，为我国目前知识产权救济“双轨制”的合理性问题提供一种分析思路。

一、收益比较

知识产权人之所以寻求救济，是因为可以为其带来收益。对于知识产权人而言，在侵权纠纷中其收益主要可以分为两部份：一是侵权人停止侵权行为；二是就其损失得到相应的补偿。在司法救济中，这两部分的收益知识产权人均可以完全得到。这主要包括：（1）法院颁发诉前禁令，要求侵权人停止侵权行为；（2）法院判决责令侵权人停止侵权；（3）法院判决侵权人赔偿损失；（4）法院判决侵权人赔礼道歉。而在行政救济中，由于行政机关只能责令侵权人停止侵权行为，对于补偿问题，行政机关只能进行调解，而不能直接就赔偿数额作出决定，知识产权人只能得到停止侵权行为的收益。因此，从制度设计上来看，当知识产权人需要得到赔偿的收益时，寻求司法救济似乎是最有效和直接的选择。

但是，知识产权人通过司法救济所得到的收益，往往不能完全兑现，其主要原因在于执行难。❶ 而如果知识产权人通过行政救济途径，由于行政机关拥有强大的行政资源，许多知识产权行政机关甚至拥有一个专门的执法队伍，而且由于行政机关的专业性特征，使得行政机关能够把更多的精力放在知识产权执法之中，因此执法力度相对于法院而言是比较大的。另外，在赔偿问题上，

❶ 以广东省为例，2007 年上半年权属侵权民事案件申请执行案件数量为 11 432件，结案为 6 942件，结案率仅为 60% 左右，执结标的占申请执行标的金额的比例亦为 60% 左右。

虽然行政机关不能直接就赔偿数额作出决定并予以执行，但是行政机关在主持调解过程中，可以运用行政优势，对侵权人施加压力，从而使得知识产权人得到赔偿的可能性，比其单独与知识产权人协商得到赔偿的可能性要高。

因此，知识产权人寻求司法救济还是行政救济，在收益方面主要需要考虑以下几个方面：（1）案件本身的执行难度，如果侵权人是容易执行的当事人，如公司法人或者有稳定住所和收入的自然人，则可能会更多考虑司法救济，反之则可能更多考虑行政救济；（2）是否需要赔偿，如果知识产权人只是需要侵权人停止侵权，或者行政机关愿意大力帮助知识产权人在赔偿调解中获得优势，❶ 可能更多考虑行政救济，反之则会考虑司法救济。

除了私人收益以外，知识产权侵权行政救济和司法救济还会带来外部收益。在这方面，司法救济和行政救济大致是相等的，即均是通过制止侵权行为，维护了正常的知识产权制度，保障了社会的创新意识。

二、成本比较

司法救济的成本指知识产权侵权民事诉讼诉讼中的各方主体所耗费的人、财、物力的总和，包括当事人诉讼成本和法院司法成本。行政救济成本指知识产权侵权行政查处中各方主体所耗费的人、财、物力的总和，包括当事人的申请查处成本和行政机关的行政成本。

（一）当事人成本

当事人的成本包括经济、时间、人力、伦理、机会和错误成本。人力成本指因诉讼耗费的精力，包括心理成本如诉讼产生的压力；机会成本指诉讼导致的机会损失；伦理成本指当事人因纠纷和诉讼招致的负面评价，如名誉损失。❷ 由于不同个体的人力、机会和伦理成本的差异很大，将上述三种成本进行比较，难以体现行政救济和司法救济体制上的差异，因此，笔者将重点就当

❶ 行政机关在调解中的力度，主要取决于两个方面：1. 双方当事人与行政机关之间的关系，如果知识产权人是当地的知名企业，或者与行政机关达成某种利益交换，那么行政机关的力度会加大，反之则减弱；2. 行政机关对待赔偿问题的一贯态度，如果并未将调解赔偿问题视为其主要工作职责，那么力度会减弱，反之则加大。

❷ 徐昕："为什么私力救济"，载《中国法学》2003 年第 6 期。

事人成本中的经济成本和时间成本进行分析。

（1）经济成本。经济成本主要指知识产权人请求侵权救济所花费的各种费用。在司法救济中，主要包括法院诉讼费用（案件受理费、申请费和证人等其他参加诉讼人员参加诉讼的费用）、代理费用、其他费用（包括各类灰色费用）。而在行政救济中，则主要包括行政机关调处费用、代理费用、其他费用（包括各类灰色费用）等。根据2007年4月1日开始实施的《诉讼费用交纳办法》规定：知识产权民事案件，没有争议金额的，每件交纳500～1 000元，有争议金额的，按照财产案件的标准交纳。与过去的法院诉讼收费标准相比，虽然没有争议金额的知识产权民事案件收费标准有所提高，但是由于财产案件的收费标准在下降，而知识产权侵权纠纷大多数都涉及到赔偿数额，因此知识产权人请求司法救济的诉讼费用成本总体仍有所下降。但即使如此，与行政救济的经济成本相比，司法救济的经济成本仍然较高。这主要体现在以下几个方面：一是将行政机关调处费用与法院诉讼费用相比，虽然目前行政机关调处费用并没有全国统一的收费模式，但由于行政救济不涉及到对赔偿数额作出决定的问题，因此一般是按件收费，有些地方甚至不收取费用，收费标准与司法救济中按照争议金额的比例收费相比，要相对较低。❶ 二是将行政救济中的代理费与司法救济中的代理费相比，由于行政救济程序相对简单，因此知识产权人申请救济时一般不必聘请律师，即使聘请了律师，收费也相对比诉讼代理费用要低，因此行政救济代理费比司法救济代理费相比较低。

（2）时间成本。时间成本主要指司法救济和行政救济各自所要花费的期间。现行《民事诉讼法》规定，第一审民事案件诉讼期间为6个月，第二审民事案件诉讼期间为3个月，司法救济一般只经历一审和二审阶段，❷ 如果不考虑诉讼期间延长的因素，一般9个月可以结案。而行政调处期间目前全国没有统一的规定，但一般要比诉讼期间短。但是，行政决定并不具有最终的效力，侵权人对行政查处决定不服的，可以提出行政复议或者行政诉讼，

---

❶ 如在专利查处方面，根据广东省物价部门的有关规定，专利机关调处费用参照法院诉讼收费办法收取。

❷ 虽然当事人对二审案件不服的，仍然可以提出再审，但是由于再审受理的几率较低，因此不纳入本文所指的诉讼期间范围。

如果计算行政复议或诉讼的期间，那么行政救济的时间成本有可能比司法救济要长。但是，知识产权行政复议和诉讼案件的数量占知识产权行政查处案件的数量比例很低，❶ 大多数案件被查处的侵权人均不会选择行政复议和行政诉讼。因此从总体来看，行政救济的时间成本比司法救济的时间成本要低。

（二）司法成本与行政成本

救济制度本身的成本包括直接成本和错误成本，试分别分析如下。

（1）直接成本。直接成本指建立并维持司法机构（行政机构）运作、司法（行政）及辅助人员薪金、办案支出等。❷ 直接成本主要由中央和地方财政负担。由于司法救济程序较为严格，包括需要至少三名法官和一名书记员组成合议庭、复杂的立案受理、审理和判决程序、专门的法庭进行开庭等，而行政救济的程序相对较为简单，如可以现场作出处理决定，一般不用专门的辅助人员等。因此，司法直接成本比行政直接成本要高。

司法与行政的直接成本，还与当事人的经济成本紧密相连。法院和行政机关收费越多，司法与行政成本通过当事人获得补偿就越多，司法与行政成本就相应降低，而当事人经济成本则相对提高。这实际上是一种人们利用救济机制购买正义行动策略的成本转嫁机制：第一次转嫁即将直接成本转化为法院和行政机关的收费策略，第二次转嫁即将该收费再转嫁给对方（如败诉者负担制度）。❸ 因此，地方政府的财政实力越强，财政可以负担司法与行政成本的比例就越大，当事人经济成本就可以相应减少。因而，在比较司法救济和行政救济各自的直接成本和当事人经济成本时，还需要考虑地方性

---

❶ 如在 2005 年，全国工商行政部门查处商标侵权假冒案件 29 853件，提起复议的有 17 件，提起诉讼的有 7 件，各占查处总数均不到 1%，数据来源：国家工商管理总局网站，www. saic. gov. cn。全国版权行政部门查处版权侵权案件 9 380件，提起复议的有 5 件，提起诉讼的有 2 件，亦均不到查处总数的 1%，数据来源：国家版权局网站，www. ncac. gov. cn。

❷ ［美］迈克尔 · D. 贝勒斯著，张文显等译：《法律的原则——一个规范的分析》，中国大百科全书出版社 1996 年版，第 25 页。

❸ ［日］棚濑孝雄著，王亚新译：《纠纷的解决与审判制度》，中国政法大学出版社 1994 年版，第 282 ~ 296 页。

因素。

（2）错误成本。错误成本指司法裁判（行政处理决定）发生错误，导致法律上所增加的成本。在知识产权侵权纠纷中，可以将判决（处理结果）分为4种，即：对侵权者认定为侵权（CG）；对侵权者认定为不侵权（－CG）；对不侵权者认定为侵权（CI）；对不侵权者认定为不侵权（－CI）。在上述4种结果中，CG和－CI是正确的结果，而－CG与CI是错误的结果。经济分析法学追求的主要目标是效率，而错误的结果将导致资源的无效率配置和使用，因而带来效率上的损失。如果某公司已经侵权，但却被认定为不侵权，那么将助长该公司继续侵权的动力，而并不会在知识产权方面投入足够的资源，损害的将是整个知识产权制度。反之，如果某公司并不侵权，但却被认定为侵权，将使得知识产权人滥用知识产权保护，从而阻挠社会上的知识产权创新意识。图1描述了错误决定的影响：

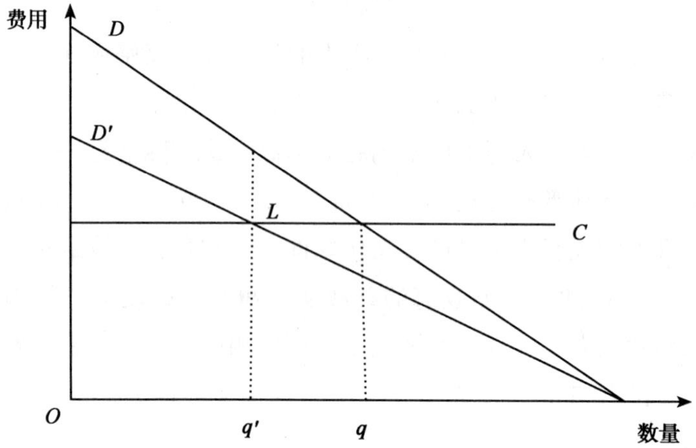

图1

速查处侵权行为是其主要目的，不可避免地带来程序上的简单和实体判断上的模糊。因此司法救济与行政救济相比，其产生错误决定的几率更低，其错误成本也更低。但是，由于有行政复议和行政在图1中，*D*表示产业申请知识产权的价值，即表示知识产权会带给该产业的收益，*D*的另一个名称是知识产权的边际产品。*C*表示产业申请知识产权的成本。当申请知识产权

的量为 q 时，价值就会最大化。如果该产业中所有单位对知识产权侵权均承担全部责任，那么，q 就成为整个产业对知识产权需求和申请的最佳规模。

但是，由于错误判决（决定）使得产业中的所有单位只承担知识产权侵权的 p 个百分点的责任，那么它对知识产权的需求将降低至 D'（$p * D$），而使其对知识产权需求和申请的规模也将变为 q'。这样，就会造成一定的社会福利和经济损失（L）。

司法救济的核心价值在于程序的正当性、个人应享有的实质权利和法律的平等保护权，以及平等理念❶，当事人各方有充分的机会阐明各自的观点，而且在实体的判断上，由于最高法院在知识产权方面颁布了大量的司法解释，使得法院对于侵权问题具有了更为明确和具体的判断标准。而行政救济更注重效率，❷ 迅诉讼制度的存在，使得行政救济的错误成本能够相应减少。

三、结　论

根据以上分别对司法救济和行政救济进行的成本效益分析，可以得出如下结论：无论对于知识产权人还是救济制度本身，情况简单、易于判断的侵权案件，适用行政救济程序效率更高；而对于情况复杂、难于判断的侵权案件，适用司法救济程序效率更高。这是因为：（1）对于前者而言，由于容易作出是否侵权的判断，赔偿问题相对容易解决，因此在收益方面，行政救济收益与司法救济收益相差不大，但在成本方面，行政救济具有当事人经济成本、时间成本以及行政直接成本较低的优势，导致行政救济的效率更高；（2）对于后者而言，由于侵权与否难以判断，赔偿问题非常复杂，因此在收益方面，司法救济能够一并解决赔偿争议的优势更为明显，而在成本方

❶ ［美］戴维·H. 罗森布鲁姆、罗伯特·S. 克拉夫丘克著：《公共行政学：管理、政治和法律的途径》（中译本），中国人民大学出版社 2002 年版，第 98 页。

❷ 作为行政学之开山著作的美国 28 届总统威尔逊 1887 年所著的《行政学研究》里，即认为行政学应当以行政职能作为研究的起点，研究政府用什么方式、方法进行管理，才能提高行政效率、完成任务。详见［美］威尔逊：《行政学研究》中译本，载《国外政治学》1988 年第 1 期，第 44 页。

面，在复杂侵权案件中，当事人对行政救济结果不服的，更偏向于寻求行政复议和行政诉讼，因此行政救济的成本优势便难以体现，反而司法救济的错误成本更低，总体上便导致了司法救济的效率更高。据此，笔者认为，在中国现阶段，知识产权的行政救济制度仍有其积极意义，可以在很大程度上作为司法救济制度的补充。

（刘峰撰稿）

主要参考文献

（以文献类型与参考引用先后为序）

一、著作

[1] 董世忠. 国际经济法 [M]. 上海：复旦大学出版社，2004.

[2] 张乃根. 国际贸易的知识产权法 [M]. 上海：复旦大学出版社，2007.

[3] 朱淑娣. 欧盟经济行政法通论 [M]. 上海：东方出版中心，2000.

[4] 朱淑娣. 运行中的国际经济行政法 [M]. 北京：时事出版社，2002.

[5] 朱淑娣. 国际经济行政法 [M]. 上海：学林出版社，2008.

[6] 苏珊·K. 塞尔. 私权、公法——知识产权的全球化 [M]. 董刚，周超，译，王传丽，审校. 北京：中国人民大学出版社，2008.

[7] 王名扬. 美国行政法 [M]. 北京：中国法制出版社，1995.

[8] 郑成思. 知识产权法 [M]. 北京：法律出版社，2003.

[9] 吴汉东. 知识产权法 [M]. 北京：法律出版社，2003.

[10] 李颖怡. 知识产权法 [M]. 广州：中山大学出版社，2002.

[11] 吴汉东，胡开忠. 走向知识经济时代的知识产权法 [M]. 北京：法律出版社，2002.

[12] 金海军. 知识产权私权论 [M]. 北京：中国人民大学出版社，2004.

[13] 富田彻男. 市场竞争中的知识产权 [M]. 廖正衡，译. 北京：商务印书馆，2000.

[14] 叶秋华，宋凯利，郝刚. 西方宏观调控法与市场规制法研究 [M]. 北京：中国人民大学出版社，2005.

[15] Adam B . Jaffe，Josh Lerner. 创新及其不满：专利体系对创新与进

步的危害及对策［M］. 罗建平，兰花，译. 北京：中国人民大学出版社，2007.

［16］王先林. 知识产权与反垄断法——知识产权滥用的反垄断问题研究［M］. 北京：法律出版社，2008.

［17］Debra A Valentine. Intellectual Property and Antitrust：Divergent Paths to the Same Goal［M］. 1996.

［18］王先林. 知识产权与反垄断法（修订版）［M］. 北京：法律出版社，2008.

［19］Friedrich-Karl Beier，Gerhard Schricker . From GATT to TRIPs ：the agreement on trade-related aspects of intellectual property rights［M］. Weinheim；New York ：VCH，c1996.

［20］郑成思. 知识产权论［M］. 北京：法律出版社，2007.

［21］Jayashree Watal. Intellectual property rights in WTO and developing countries［M］. Kluwer Law International, 2001.

［22］Daniel J. Gervais. The Trips Agreement：Drafting History and Analysis［M］. Sweet & Maxwell, 1998.

［23］Duncan Matthews. Global Intellectual Property Rights［M］. Routledge, 2002.

［24］孔祥俊. WTO 知识产权协定及其国内适用［M］. 北京：法律出版社，2002.

［25］中央电视台《公司的力量》节目组. 公司的力量［M］. 太原：山西出版集团山西教育出版社，2010.

［26］郑成思. WTO 知识产权协议逐条详解［M］. 北京：中国方正出版社，2001.

［27］朱秋沅. 知识产权边境保护制度理论与实务［M］. 上海：上海财经大学出版社，2006.

［28］冯晓青. 知识产权法理论与实践［M］. 北京：知识产权出版社，2002.

［29］王名扬. 英国行政法［M］. 北京：中国政法大学出版社，1996.

［30］邓建志. WTO 框架下中国知识产权行政保护［M］. 北京：知识产权

出版社，2009.

［31］刘世宽.知识产权理论与实践［M］.兰州：甘肃人民出版社，2006.

［32］曹新明，张建华.知识产权制度法典化问题研究［M］.北京：北京大学出版社，2010.

［33］范晓波.中国知识产权管理报告［M］.北京：中国时代经济出版社，2009.

［34］张江河.论利益与政治［M］.北京：北京大学出版社，2002.

［35］张树义.纠纷的行政解决机制研究：以行政裁决为中心［M］.北京：中国政法大学出版社，2006.

［36］张越.英国行政法［M］.北京：中国政法大学出版社，2004.

［37］胡建淼.行政法学［M］.北京：法律出版社，2001.

［38］何兵.论行政解决民事纠纷［M］.北京：行政法论丛，2002.

［39］吴汉东，等.知识产权法基本问题研究［M］.北京：中国人民大学出版社，2005.

［40］应松年.行政法学新论［M］.北京：中国方正出版社，1999.

［41］棚濑孝雄.纠纷的解决与审判制度［M］.王亚新，译.北京：中国政法大学出版社，1994.

［42］戈尔丁.法律哲学［M］.齐海滨，译.北京：三联书店，1987.

［43］汤宗舜.专利法教程［M］.北京：法律出版社，2003.

［44］姜明安.行政诉讼法［M］.北京：北京大学出版社，1993.

［45］苏力.法治及本土资源［M］.北京：中国政法大学出版社，1996.

［46］蒋南平.知识产权制度论［M］.成都：电子科技大学出版社，2007.

［47］叶京生.知识产权制度与战略——他山之石［M］.上海：立信会计出版社，2006.

［48］张玉台.中国知识产权战略转型与对策［M］.北京：中国发展出版社，2008.

［49］马先征，等.知识产权战略研究［M］.北京：知识产权出版社，2008.

［50］杨荣珍，蔡春林.国际知识产权保护与贸易［M］.北京：北京师范

大学出版社，2008.

［51］薄守省，杨麟，周勇. 美国 337 调查程序实务［M］. 北京：对外经济贸易大学出版社，2006.

［52］美国关税法［M］. 韩立余，译. 北京：法律出版社，1999.

［53］李顺德. 美国对外贸易中的知识产权保护［M］. 北京：知识产权出版社，2006.

［54］朱榄叶. 世界贸易组织国际贸易纠纷案例评析（1995～2002）［M］. 北京：法律出版社，2004.

［55］罗昌发. 美国国际贸易救济制度［M］. 北京：中国政法大学出版社，2003.

［56］李明德. 美国知识产权法［M］. 北京：法律出版社，2003.

［57］蒋志培. "入世"后我国知识产权法律保护研究［M］. 北京：中国人民大学出版社，2002.

［58］赵生祥. 贸易救济制度研究［M］. 北京：法律出版社，2007.

［59］吴嘉生. 美国贸易法三〇一条款评析：智慧财产权保护之帝王条款［M］. 台北：元照出版公司，2001.

［60］霍温坎普. 联邦反托拉斯政策：竞争法律及其实践［M］. 北京：法律出版社，2009.

［61］齐树洁. 美国司法制度［M］. 厦门：厦门大学出版社，2006.

［62］Jay Drawler. Jr. 知识产权许可［M］. 王春燕，等，译. 北京：清华大学出版社，2003.

［63］伯纳德·施瓦茨. 美国法律史［M］. 王军，等，译. 北京：中国政法大学出版社，1997.

［64］王名扬. 美国行政法［M］. 北京：中国法制出版社，1996.

［65］罗伯特·P. 墨杰斯，等. 新技术时代的知识产权法［M］. 齐筠，等，译. 北京：中国政法大学出版社，2003.

［66］熊继宁. 系统法学导论［M］. 北京：知识产权出版社，2006.

［67］叶京生. 美国知识产权案例与评述［M］. 上海：上海译文出版社，1998.

［68］王名扬. 美国行政法［M］. 北京：中国法制出版社，1995.

［69］程德理，戴欣，严灿. 外向型经济视角下的知识产权［M］. 上海：复旦大学出版社，2010.

［70］陈昌柏. 知识产权经济学［M］. 北京：北京大学出版社，2003.

［71］赵瑾. 全球化与经济摩擦［M］. 北京：商务印书馆，2002.

［72］郑成思. 知识产权与国际贸易［M］. 北京：人民出版社，1995.

［73］罗昌发. 美国贸易救济制度［M］. 台北：月旦出版社股份有限公司，1994.

［74］韩立余. 美国外贸法［M］. 北京：法律出版社，1999.

［75］王林生，张汉林. 反倾销热点剖析［M］. 北京：人民出版社，2004.

［76］迈克尔·波特. 国家竞争优势［M］. 北京：华夏出版社，2002.

［77］郑成思. 世界贸易组织与贸易有关的知识产权［M］. 北京：中国人民大学出版社，1996.

［78］刘力. 中国：直面国际经济摩擦［M］. 北京：中国大百科全书出版社，2004.

［79］维纳. 控制论［M］. 北京：科学出版社，1962.

［80］李良荣. 新闻学概论［M］. 上海：复旦大学出版社，2009.

［81］甘惜分. 新闻学大辞典［M］. 郑州：河南人民出版社，1993.

［82］郭庆光. 传播学教程［M］. 北京：中国人民大学出版社，1999.

［83］薛波. 元照英美法辞典［M］. 北京：中国法律出版社，2004.

［84］［英］英国培生教育出版有限公司. 朗文当代高级英语辞典［M］. 北京：外语教育与研究出版社，2004.

［85］国家知识产权局. 二○一○年中国知识产权保护状况（白皮书）［R］. 北京：国家知识产权局，2010.

［86］国家知识产权局. 关于加强知识产权保护和行政执法工作的指导意见［R］. 北京：国家知识产权局，2007.

二、期刊论文

［1］朱淑娣，赵宁可. 法律交融中的知识产权行政法保护［J］. 中国工商

管理研究，2010（11）.

［2］李秀华. 美国 337 条款对我国出口企业的影响及对策［J］. 法制与社会，2009（2）.

［3］李勇. 从捷康成功案例谈应对美国 337 调查法律对策［J］. 中国商贸，2011（5）.

［4］姜鸿，张艺影. 美国对华 337 调查的原因与我方对策［J］. 经济管理，2007（1）.

［5］肖志勇，陈永梅. 从捷康胜诉“三氯蔗糖案”解读美国对华 337 调查［J］. 软科学，2010（5）.

［6］吕璐. 从两起案例看如何应对美国 337 调查［J］. 对外经贸实务，2009（1）.

［7］尚炜. 自主创新铸就维权典范——捷康公司美国“337 知识产权调查”案胜诉记［J］. 太原科技，2009（7）.

［8］刘洋. 制定知识产权政策需要考虑两个“平衡”问题［J］. 安徽科技，2004（1）.

［9］乔生. 中国限制外国企业对知识产权滥用的立法思考［J］. 法律科学—西北政法学院学报，2004（1）.

［10］王源扩. 试论与知识产权有关的反竞争行为及其法律控制［J］. 政法论坛，1996（4）.

［11］沈木珠，解薇薇. 中国知识产权领域的反垄断立法思考——从中国企业面临的知识产权危机谈起［J］. 法律科学—西北政法学院学报，2005（3）.

［12］赵宇可，朱淑娣. 美国知识产权的反垄断限制及其对我国的启示［J］. 中国工商管理研究，2008（9）.

［13］张瑞萍. 反垄断法应如何对待知识产权［J］. 清华大学学报（哲学社会科学版），2001（4）.

［14］Susan K. Sell. Industry Strategies For Intellectual Property And Trade: The Quest For TRIPS, And Post-Trips Strategies［J］. Cardozo J. Int'l & Comp. L.，2002（10）.

［15］武际可. 从仙鹤喝水谈棘轮效应［J］. 百科知识，2010（19）.

［16］韦森. 棘轮效应与代理的动态行为［J］. 经济科学，1998（6）.

［17］王明辉，张光旭. 人力资源管理中“棘轮效应”的对策研究［J］. 生产力研究，2008（7）.

［18］Frank H. Easterbrook. Is There a Ratchet in Antitrust Law?［J］. 60 Tex. L. Rev. 705，1981～1982.

［19］Peter Drahos. Secure The Future Of Intellectual Property：Intellectual Property Owners And Their Nodally Coordinated Enforcement Pyramid［J］. 36 Case W. Res. J. Int'l L. 53.

［20］陶锋，邢会歌. 专利权国际保护的异化：棘轮效应［J］. 特区经济，2008（1）.

［21］PETER K. Yu. The International Enclosure Movement 82 Ind.［J］. L. J. 827，2007.

［22］Laurence Helfer. Regime shifting：the TRIPS agreement and new dynamics of international intellectual property law making［J］. 29 yale journal of international law 1.

［23］Margot Kaminski. The Origins And Potential Impact Of The Anti-Counterfeiting Trade Agreement (ACTA)［J］. 34 Yale J. Int'l L. 247 Winter 2009.

［24］余敏友，廖丽. 欧盟《知识产权执法指令》述评［J］. 欧洲研究，2009（6）

［25］陈福利. 亚太经合组织中的知识产权问题［J］. 知识产权，2008（2）.

［26］杨国华. G8峰会再议知识产权保护［J］. WTO经济导刊，2007（7）.

［27］金灿荣. G20的缘起与前景［J］. 现代国际关系，2009（11）.

［28］李雪. 达沃斯论坛指引知识产权风向标［J］. 今日财富（中国知识产权），2010（2）.

［29］李海娟. “软权力”竞争背景下的文化战略［J］. 毛泽东邓小平理论研究，2004（12）.

［30］于磊. 知识产权与企业盈利能力相关性研究——基于沪市 A 股市场的实证研究载［J］. 会计之友（上旬刊），2010（3）.

［31］武善学. 对抗、渗透与互动：知识产权法与行政法关系辨析［J］. 知识产权，2011（5）.

［32］孟庆刚. 行政调解在知识产权侵权纠纷中的适用［J］. 人民论坛，2009（21）.

［33］Christopher Wadlow. "Including Trade In Counterfeit Goods"：The Origin Of Trips As A GATT Anti- Counterfeiting Code［J］. Intellectual Property Quarterly，2007（3）.

［34］Joseph S. Nye，Jr. Soft power［J］. Foreign Policy，1990，Issue 80，Fall ，153 ~ 171.

［35］Michael Blakeney，Louise Blakeney. Stealth Legislation? Negotiating The Anti-Counterfeiting Trade Agreement（ACTA）［J］. International Trade Law and Regulation，2010，16（4）.

［36］陈泰锋. 美国"337 条款"特点与本质辨析［J］. 国际商务研究，2007，6（35）.

［37］万勇. 美国关税法 337 条款是否违反 GATT1994［J］. 知识产权，2005（3）.

［38］张乃根. 论 TRIPs 协议义务［J］. 浙江社会科学，2002（5）.

［39］朱雪忠，黄静. 试论我国知识产权行政管理机构的一体化设置［J］. 科技与法律，2004（3）.

［40］梁帅. 论我国多元纠纷解决机制的建立［J］. 法制与社会，2008（15）.

［41］李泰山. 我国知识产权行政保护制度的理论基础及构成［J］. 苏州教育学院学报，2008（25）.

［42］应松年. 完善我国的行政救济制度［J］. 江海学刊，2003（1）.

［43］姜明安. 完善行政救济机制与构建和谐社会［J］. 法学，2005（5）.

［44］孙益武. 美国知识产权执法的最新发展［J］. 理论界，2011（3）.

［45］王燕，张军亮. TRIPs 协议下我国知识产权司法保护的新机制探究

[J]. 南华大学学报（社会科学版），2009，10（4）.

[46] 杜中伟. TRIPs 协议与我国知识产权司法审查制度 [J]. 河北师范大学学报（哲学社会科学版），2003，26（2）.

[47] 刘斐莹. 从美国特别 301 条款到 TRIPs – WTO 框架下中美知识产权纠纷探析 [J]. 经济研究导刊，2009（17）.

[48] 刘秀风，郝利红. 试论美国的司法审查制度 [J]. 理论导报，2008.

[49] 杨兴义. 我国司法审查制度与美国司法审查制度比较研究 [J]. 专家论坛，2007（1）.

[50] 王从峰. 一种全新的司法审查理论策略最低限度主义 [J]. 理论前沿，2009（1）.

[51] 彭向阳. 在 TRIPs 协议视角下完善我国知识产权的司法审查制度 [J]. 广东科技，2007（6）.

[52] 邓治军. 论司法审查的正当程序法律标准 [N]. 人民法院报，2001-07-11.

[53] 席建林，洪涛，夏延堂. 浅谈对行政自由裁量权的司法审查 [N]. 人民法院报，2001-05-11.

[54] 周红耕，王振宇. 比例原则在司法审查中的应用 [N]. 人民法院报，2001-04-22.

[55] 徐土松，周晨，任亚丹. 美国知识产权保护和反倾销借鉴 [J]. 杭州科技，2006（8）.

[56] 陈志强. 美国知识产权保护组织的运作模式与作用 [J]. 工作研究，2006（7）.

[57] 黄欣. WTO、经济全球化、知识经济与我国反垄断立法关系研究 [J]. 政法论坛（中国政法大学学报），2001（5）.

[58] 刘洋. 制定知识产权政策需要考虑两个“平衡”问题 [J]. 安徽科技，2004（1）.

[59] 吕薇. 跨国公司利用知识产权占领我国市场我国企业遭遇越来越多的知识产权壁垒 [N]. 国际商报，2003-10-13.

[60] 沈木珠，解薇薇. 中国知识产权领域的反垄断立法思考——从中国

企业面临的知识产权危机谈起［J］. 法律科学（西北政法学院学报），2005（3）.

［61］孔祥俊. 建立与 WTO 要求相适应的司法审查制度［J］. 中国法学，2001（6）.

［62］赵红光. WTO 司法审查程序与成员方国内司法审查制度［J］. 武汉大学学报：社会科学版，2002（6）.

［63］戚建刚. WTO 与我国行政行为司法审查制度的新发展［J］. 法学，2001（1）.

［64］江必新. WTO 与我国的司法审查制度［J］. 法律适用，2001（3）.

［65］Robert H. Fischer，Aleksandra Fayer. 美国国际贸易委员会诉讼和联邦地区法院专利诉讼的异同［J］. 中国知识产权，2010（4）.

［66］杨国华. 美国贸易法"301 条款"［J］. 中国经贸，2002（12）.

［67］胡露露. 基于市场导向的我国企业知识产权战略研究［J］. 商场现代化，2006（25）.

［68］徐明华. 关于知识产权战略和国际竞争力的理论探讨［J］. 中国软科学，2003（8）.

［69］赖院根，朱东华，郭颖. 基于案例推理的企业专利战略制定研究［J］. 科学学与科学技术管理，2007（8）.

［70］王茜. 浅论企业知识产权保护的重要性［J］. 中国高新技术企业，2008（3）.

［71］包海波. 美国企业知识产权管理的构成及其特征分析［J］. 科技管理研究，2004（2）.

［72］张昌廷，田宝玉. 美日企业专利战略的差异及其启示［J］. 经济与管理，2004（10）.

［73］杨起全，吕力之. 美国知识产权战略及对中国的启示［J］. 标准与知识产权，2005（3）.

［74］明金维. 海外市场知识产权维权也是"投资"——访中国捷康公司总经理安立军［N］. 中国证券报，2009-05-21.

三、论文集

[1] 张伟君.论知识产权的垄断性以及与反垄断法的关系.上海知识产权论坛（第二辑）[C].北京：知识产权出版社，2004.

[2] 席涛，张宇燕.监管型市场与政府管制——美国政府管制制度变迁轨迹的实证分析.美国经济论集 [C].杭州：浙江大学出版社，2008.

[3] 张伟君.论知识产权的垄断性以及与反垄断法的关系.上海知识产权论坛（第二辑）[C].北京：知识产权出版社，2004.

[4] 席涛，张宇燕.监管型市场与政府管制——美国政府管制制度变迁轨迹的实证分析.美国经济论集 [C].杭州：浙江大学出版社，2008.

[5] 王晔.知识产权行政保护刍议.北大知识产权评论（第1卷）[C].北京：法律出版社，2002.

[6] E. Thomas Sullivan：The Confluence of Antitrust and Intellectual Property at the New Century，转引自：张伟君.论知识产权的垄断性以及与反垄断法的关系.上海知识产权论坛（第二辑）[C].北京：知识产权出版社，2004.

[7] Schmalensee，Richard. "Thoughts on the Chicago Legacy in U. S. Antitrust" eSapience Center for competition policy，2007，May 2007，转引自薛兆丰.商业无边界——反垄断法的经济学革命.北京：法律出版社，2008.

四、网络资料

[1] 史倩倩，黄贤涛.与狼共舞自有道 主动应诉树典范——盐城捷康胜诉三氯蔗糖"337调查"案启示 [N/OL].国家知识产权战略网 [2012-01-05]. http：//www. nipso. cn/onews. asp? id =534.

[2] 许小青.主动应诉美国337调查中国糖企"盐城捷康"获胜 [N/OL].和讯网 [2012-01-05]. http：//news. hexun. com/2009-06-08/118436432. html.

[3] Commission on intellectual property rights [J/OL]. http：//www. iprcommission. org/text/documents/final_ report. htm.

[4] South center，NGOs demand re-thinking on TRIPS [J/OL]. http：//www. southcenter. org/info/southbulletin21/bulletin21-01. htm.

[5] Continued Progress on ACTA Important for IP Protection [J/OL]. http://www.bsa.org/country/News%20and%20Events/News%20Archives/en/2010/en-04232010-acta.aspx.

[6] ACTA is secret. How transparent are other global norm setting exercises? [J/OL]. http://www.keionline.org/misc-docs/4/attachment1_transparency_ustr.pdf.

[7] Ambassador Kirk: People would be "walking away from the table" if the ACTA text is made public. [J/OL]. http://www.keionline.org/node/706.

[8] Doha Development Agenda: Negotiations, implementation and development. [J/OL]. http://www.wto.org/english/tratop_e/dda_e/dda_e.htm.

[9] Multilateral Agreement on Investment [J/OL]. http://www.oecd.org/document/35/0,3343,en_2649_33783766_1894819_1_1_1_1,00.html.

[10] James Love. White House shares the ACTA Internet text with 42 Washington insiders, under non disclosure agreements. [J/OL]. http://www.keionline.org/node/660.

[11] Petition to President Obama, regarding transparency of the Anti-Counterfeiting Trade Agreement. [J/OL]. http://keionline.org/acta-petition.

[12] Signatures to the petition to President Obama, regarding transparency of ACTA [J/OL]. http://keionline.org/acta-sign.

[13] APEC. Intellectual Property Rights Experts Group. [J/OL]. http://www.apec.org/Home/Groups/Committee-on-Trade-and-Investment/Intellectual-Property-Rights-Experts-Group.

[14] GATT L4817: Agreement On Measures To Discourage The Importation Of Counterfeit Goods [J/OL]. http://www.wto.org/gatt_docs/l.htm.

[15] GATT L5382: Agreement On Measures To Discourage The Importation Of Counterfeit Goods [J/OL]. http://www.wto.org/gatt_docs/l.htm.

[16] 中国广播网. 商标法修改将按四方向展开 将向社会公开征求意见 [N/OL]. 中国广播网, [2011-12-23]. http://www.cnr.cn/2011zt/2011lianghui/2011xwzx/

lhzb2011/313rd/zbzy/201103/t20110313_ 507784950. html.

［17］“超微虫草粉”专利权纠纷和解［EB/OL］. 知识产权报，2009- 2-3. http：//www. ipr. gov. cn/.

［18］商丘成功调解“恒昊玻璃”专利侵权纠纷［EB/OL］. 知识产权报，2009- 2-3. http：//www. ipr. gov. cn/.

［19］“Remarks by the President at the Export-Import Bank's Annual Conference, Omni Shoreham Hotel, Washington, D. C. ”. The Briefing Room, Speeches & Remarks. The White House, Office of the Secretary. 美国知识产权执法 2010 联合战略规划［J/OL］. 国家知识产权战略实施工作部际联席会议办公室，译. 中国知识产权保护网［2011-11-10］http：//www. ipr. gov. cn/bzznarticle/iprzhinan/iprzlxz/201006/938056_ 1. html.

［20］林民华. 美国知识产权的司法审查［J/OL］. 人民法院网［2011-11-19］http：//oldfyb. chinacourt. org/public/detail. php? id = 70646.

［21］王迅. 盐城捷康中国唯一主动加入 ITC 诉讼并胜诉一周年［J/OL］. 中国江苏网［2010-4-7］http：//news. jschina. com. cn/china/201004/t356174. shtml.

［22］操秀英. 海外胜诉赢来自主技术“话语权”，盐城捷康成为全球第二大三氯蔗糖企业［J/OL］. 中国科技网［2011-4-17］http：//www. stdaily. com/kjrb/content/2011-04/17/content_ 295671. htm.

［23］盐城捷康接受央视采访［J/OL］. 中国网［2010-7-7］http：//www. china. com. cn/news/people/2010-07/07/content_ 20438543. htm.

［24］王迅. 保护知识产权，促进可持续发展［J/OL］. 中国江苏网［2011-4-7］http：//jsnews. jschina. com. cn/yc/201104/t682726. shtml.

［25］梁恒. 新媒体公关暨企业社会责任研讨会举行［J/OL］. 半月谈网［2010-12-31］http：//www. banyuetan. org/xwtp/xwtpszjj/101231/24556. shtml.

［26］范进. 捷康海外胜诉获 2009 年度中国知识产权十大案例之首［J/OL］. 盐城新闻网［2010-4-8］http：//www. ycnews. cn/News/2010-04/08/content_ 135954. htm.

［27］王娟. 思想领先，掌控制胜格局—访江苏盐城捷康三氯蔗糖制造有限公司总经理安立军［J/OL］. 中国报道网［2010-12-27］http：//www. chinareports. org. cn/Article/kjww/201012/33365. html.

［28］中华人民共和国商务部网站 http：//www. mofcom. gov. cn.

［29］美国国际贸易委员会网站 http：//www. usitc. gov.

［30］盐城捷康三氯蔗糖制造有限公司（JK Sucralose Inc）网站 http：//www. jksucralose. com.

［31］Fish & Richardson 律师事务所网站 http：//www. fr. com.

后　记

我所在的团队研究的是 WTO 与国际贸易中的知识产权行政法律保护问题，是一个以法律问题为主的，交织着经济、政治、法律与社会诸问题的复杂问题域，在实践层面，商务部、国家知识产权局树立的先进典型——捷康公司主动参加美国 337 行政程序案则推进了中国法学界从（国际经济）行政法角度研究知识产权保护问题的进程。

本书是国家重点基地复旦大学美国研究中心“九八五”重点项目“美国知识产权法律”研究的部分成果。其原始来源是耶鲁—复旦国际合作项目“WTO 体制下的国际贸易行政法”。感谢耶鲁大学、复旦大学两大项目的支持。感谢耶鲁大学中国法研究中心副主任贺诗礼（Jamie Horsley）研究员、耶鲁大学法学院前院长、国际争端解决法研究专家高洪柱（Harold Hongju Koh）教授、耶鲁大学法学院行政法学专家杰里·马肖（Jerry L. Mashaw）教授和苏珊（SuSan Rose-Ackerman）教授的帮助。感谢上海哲学社会科学联合会党组领导沈国明教授、桑玉成教授鼓励复旦教授走出象牙塔，近距离接触实际。感谢行政法学界的应松年、姜明安等教授与国际法学界的陈安、曾令良、周洪钧、丁伟、朱榄叶等教授的帮助。感谢复旦大学法学院及宪法行政法学科点领导与同事的支持；特别感谢在复旦大学法学院工作的 WTO 法研究专家董世忠教授、张乃根教授、龚柏华教授的直接指导与支持。

这种道器兼具、理论与实务并重的研究还得到了商务部崇泉副部长、商务部条法司李成钢司长、条法司知识产权法律处纪文华副处长的热诚鼓励。他们不仅树立了捷康这一典型，为我们提供了案例研究基地，而且高度重视从（国际经济）行政法角度研究国际贸易问题，包括研究与国际贸易有关的知识产权行政法律问题，为本研究提供了高能加速器。此外，中国知识产权研究会领导张云飞、马秀山两位先生也对本领域的研究提出了颇具价值的建议，一并致谢！

一个基点可以支撑一个实体，大到一个星球，小到一个课题。本课题的实践基点是捷康337行政程序完胜案。捷康公司董事长吴堃先生、总经理安立军先生大力支持或直接参与了这项理论与实践结合的前沿研究。公司生产基地所在省份——江苏省国际经贸学会会长、商务厅公平贸易局原局长丁育生教授担任本书顾问，并参与部分章节的撰写。

感谢知识产权出版社白光清社长、欧剑总编辑、王润贵副总编辑的大力支持！感谢刘睿主任、蔡敏敏编辑以及美编设计、校印人员的辛勤劳动！他们的付出从真、善、美三个维度提升了本专著的境界。

十分荣幸而又辛劳的是我们团队的所有成员。秉承道器兼具、人知两和的理念与方法，齐心协力行进在行政法与知识产权法交叉、国内法与国际法交叉的新型研究路径上，向学界奉献了两份探索性的成果——中美知识产权行政法律保护研究、国际经济行政法视野下的知识产权保护研究。复旦大学校友李文靓律师率翻译团队提供了美国国际贸易委员会行政法法官对捷康案所作判决主要内容的中文译稿。马忠法副教授对译文提出了宝贵的建议。判决文书可能对学术界、管理层、实务界从行政法角度理解与运用美国337行政程序（包括行政法法官制度），从而保护中国相关方合法权益、推进中国行政程序法法治发展有一定的参考意义。

大音希声、大象无形，文字与形象的表现力是有限的，对于所有支持我们进行开拓性研究的前辈学长、同仁同学的积极付出，提及与未提及姓名的，我们都感念于心。

开发与保护自主知识产权是中国的国家战略，是一种实践创新；结合典型案例，从（国际经济）行政法角度研究知识产权保护是一种理论创新，小荷才露尖尖角。我们的研究、认知是初步的，成果是不完备的，期待各方批评指正，共同把该领域理性认识的边界向外推广些许，则不枉学术恩泽、各方抬爱、亲友支持及自身勤勉。

朱淑娣

2012 年 4 月